汽车维修职业技术基础教材

汽车底盘构造与检修

主　编　马才伏　沈　锦
副主编　龚耀武

机械工业出版社

本书是汽车专业核心课程教材。在理论与实用并重原则的基础上，本书详细介绍了汽车维修技术人员所必需的现代汽车底盘各总成的结构、工作原理、检修、调试、故障诊断与排除等知识，并重点讲述了自动变速器、电子控制悬架、电子控制四轮驱动与四轮转向、巡航控制系统、汽车防滑（ABS/ASR）控制系统的结构、检修和故障诊断。书中还对电子制动力分配调节装置（EBD）、电控行驶平稳系统（ESP）、电控液压制动系统（EHB）、电子制动控制系统（EBS）、全电路制动系统（BBW）等汽车新技术进行了必要的讲解。

本书是汽车维修技术专业教材，可作为技能型高级汽车维修技术人员、维修工人的学习参考书与工具书，也可作为大、中专汽车专业学生的学习参考书。

图书在版编目（CIP）数据

汽车底盘构造与检修/马才伏，沈锦主编．—北京：机械工业出版社，2021.7

汽车维修职业技术基础教材

ISBN 978-7-111-68309-4

Ⅰ.①汽⋯ Ⅱ.①马⋯ ②沈⋯ Ⅲ.①汽车-底盘-结构-高等职业教育-教材②汽车-底盘-车辆修理-高等职业教育-教材 Ⅳ.①U472.41

中国版本图书馆 CIP 数据核字（2021）第 095036 号

机械工业出版社（北京市百万庄大街 22 号　邮政编码 100037）

策划编辑：王　婕　　责任编辑：王　婕

责任校对：李　杉　　封面设计：王　旭

责任印制：郜　敏

三河市宏达印刷有限公司印刷

2021 年 10 月第 1 版第 1 次印刷

184mm×260mm · 25.5 印张 · 632 千字

0001—1900 册

标准书号：ISBN 978-7-111-68309-4

定价：69.90 元

电话服务　　　　　　　　　　网络服务

客服电话：010-88361066　　　机　工　官　网：www.cmpbook.com
　　　　　010-88379833　　　机　工　官　博：weibo.com/cmp1952
　　　　　010-68326294　　　金　书　网：www.golden-book.com

封底无防伪标均为盗版　　　　机工教育服务网：www.cmpedu.com

前言

近年来，随着我国经济持续快速发展，汽车需求日益旺盛，汽车保有量的迅猛增加使得车辆的维护和修理成为消费者日益关注的话题。维修量的增加必然造成社会对汽车维修方面的人才需求也快速上升。为了培养符合市场需求的高技能人才，积极落实教育部关于印发《职业院校教材管理办法》的通知（教材〔2019〕3号）要求，推进课程改革和教材建设，我们紧密结合目前汽车维修行业实际需求，编写了本书。

本书从高职教育的培养目标出发，以促进学生就业为导向，以培养高技能应用型人才为目的，在编写过程中注重知识的前后衔接和实用性。本书从零件的层面解剖并详细介绍了汽车底盘结构。剖析了在实际维修过程中出现概率最大的故障现象及其诊断过程，以及对主要零部件的快速准确的检修方法。引导学生在学习过程中积极探索汽车专业领域的新知识、新工艺和新方法。本书主要特色如下：

1) 在每个学习项目前提出"学习目标"。学习目标突出能力目标，使学生知道学完该项目的知识后能够解决什么实际问题、会做什么事情。

2) 书中采用大量的图形和照片来配合讲解概念、结构、拆装及检修，展示当前的设备、零部件和系统。

3) 在学习项目后有安全提示和实验实训，以指导学生的实际操作，提高学生的技能水平。

4) 每个学习项目后给出"项目小结"，来强调该学习项目中的重要概念，便于知识的进一步掌握和巩固。

5) 每个学习项目后配有"复习思考题"，通过自测，学生可自我检查掌握知识的程度，达到深化和巩固知识的目的。

在编写过程中，我们力求语言通俗、内容翔实、插图清晰、实用性强，便于读者学习掌握。

本书由湖南交通职业技术学院马才伏和沈锦担任主编，常德财经机电职业技术学院龚耀武担任副主编，湖南生物机电职业技术学院蒋瑞斌担任主审。马才伏编写项目1~项目7以及项目13~项目15，王铁强编写项目8、项目9，胡小坚编写项目10~项目12，龚耀武编写项目16、项目17。

本书在编写过程中参阅了许多参考文献，在此对文献作者表示感谢。由于水平有限，书中不足之处在所难免，敬请读者和专家批评指正。

编　者

目 录

前言
项目1　汽车底盘认识 …………………… 1
  1.1　汽车底盘技术国内外发展状况 …… 1
  1.2　汽车底盘的组成 ………………………… 3
  项目小结 …………………………………………… 4
  复习思考题 ……………………………………… 4
项目2　汽车传动系统认识 …………… 5
  2.1　传动系统的作用及组成 ……………… 5
  2.2　汽车的驱动形式与传动系统布置 … 6
  2.3　实验实训 …………………………………… 8
  项目小结 …………………………………………… 9
  复习思考题 ……………………………………… 9
项目3　离合器的构造与检修 ……… 10
  3.1　概述 ………………………………………… 10
  3.2　摩擦式离合器的构造 ……………… 13
  3.3　离合器的操纵机构 …………………… 23
  3.4　离合器的故障诊断与检修 ………… 30
  3.5　实验实训 ………………………………… 38
  项目小结 ………………………………………… 40
  复习思考题 …………………………………… 41
项目4　手动变速器的构造与检修 … 42
  4.1　手动变速器的认识 …………………… 42
  4.2　手动变速器的变速传动机构 ……… 45
  4.3　同步器 ……………………………………… 52
  4.4　变速器的操纵机构 …………………… 58
  4.5　变速器的故障诊断与检修 ………… 66
  4.6　实验实训 ………………………………… 72
  项目小结 ………………………………………… 78
  复习思考题 …………………………………… 79
项目5　自动变速器的构造与检修 … 80
  5.1　自动变速器的认识 …………………… 80
  5.2　液力变矩器 ……………………………… 82
  5.3　齿轮变速传动装置 …………………… 88
  5.4　自动变速器控制系统 ……………… 106
  5.5　自动变速器故障诊断与检修 …… 123
  5.6　实验实训 ………………………………… 143
  项目小结 ……………………………………… 149
  复习思考题 ………………………………… 150
项目6　万向传动装置的构造与检修 … 151
  6.1　概述 ………………………………………… 151
  6.2　万向节 …………………………………… 152
  6.3　传动轴与中间支承 ………………… 157
  6.4　万向传动装置的故障诊断与检修 … 158
  6.5　实验实训 ………………………………… 161
  项目小结 ……………………………………… 164
  复习思考题 ………………………………… 165
项目7　驱动桥的构造与检修 …… 166
  7.1　概述 ………………………………………… 166
  7.2　主减速器 ………………………………… 167
  7.3　差速器 …………………………………… 174
  7.4　半轴与桥壳 …………………………… 180
  7.5　驱动桥的故障诊断与检修 ……… 183
  7.6　实验实训 ………………………………… 190
  项目小结 ……………………………………… 195
  复习思考题 ………………………………… 195
**项目8　四轮驱动/全轮驱动系统的
　　　　构造与检修** ………………………… 196
  8.1　四轮驱动/全轮驱动系统的认识 … 196
  8.2　四轮驱动（4WD）系统 …………… 197
  8.3　全轮驱动（AWD）系统 …………… 200
  8.4　电子控制的四轮驱动/全轮驱动
　　　系统 ………………………………………… 202
  8.5　实验实训 ………………………………… 203
  项目小结 ……………………………………… 204
  复习思考题 ………………………………… 204
**项目9　汽车巡航控制系统的构造与
　　　　检修** ……………………………………… 205
  9.1　巡航控制系统的认识 ……………… 205
  9.2　巡航控制系统的基本结构组成 … 206
  9.3　巡航控制系统的使用 ……………… 209
  9.4　巡航控制系统的常见故障与检修 … 211
  9.5　实验实训 ………………………………… 215
  项目小结 ……………………………………… 215
  复习思考题 ………………………………… 216

项目 10　汽车行驶系统的认识 ………… 217
- 10.1　汽车行驶系统的组成和功用 …… 217
- 10.2　行驶系统受力简析 ………………… 218
- 项目小结 …………………………………… 218
- 复习思考题 ………………………………… 219

项目 11　车架与车桥的构造与检修 …… 220
- 11.1　车架 ………………………………… 220
- 11.2　车桥 ………………………………… 224
- 11.3　实验实训 …………………………… 234
- 项目小结 …………………………………… 235
- 复习思考题 ………………………………… 236

项目 12　车轮与轮胎的构造与检修 …… 237
- 12.1　车轮 ………………………………… 237
- 12.2　轮胎 ………………………………… 239
- 12.3　车轮与轮胎常见故障与检修 …… 242
- 12.4　实验实训 …………………………… 248
- 项目小结 …………………………………… 249
- 复习思考题 ………………………………… 250

项目 13　悬架的构造与检修 ……………… 251
- 13.1　概述 ………………………………… 251
- 13.2　弹性元件 …………………………… 252
- 13.3　减振器 ……………………………… 256
- 13.4　非独立悬架与独立悬架 ………… 259
- 13.5　电子控制悬架系统 ………………… 266
- 13.6　悬架系统故障诊断与检修 ……… 270
- 13.7　实验实训 …………………………… 277
- 项目小结 …………………………………… 281
- 复习思考题 ………………………………… 282

项目 14　汽车转向系统的构造与检修 … 283
- 14.1　汽车转向系统的认识 …………… 283
- 14.2　转向器 ……………………………… 286
- 14.3　转向操纵机构 ……………………… 288
- 14.4　转向传动机构 ……………………… 291
- 14.5　动力转向装置 ……………………… 295
- 14.6　电子控制动力转向系统及四轮转向系统 ………………………………… 302
- 14.7　转向系统故障诊断与检修 ……… 307
- 14.8　实验实训 …………………………… 312
- 项目小结 …………………………………… 322
- 复习思考题 ………………………………… 322

项目 15　汽车制动系统的构造与检修 … 324
- 15.1　汽车制动系统的认识 …………… 324
- 15.2　车轮制动器 ………………………… 326
- 15.3　驻车制动器 ………………………… 334
- 15.4　制动传动装置 ……………………… 337
- 15.5　制动力分配调节装置 …………… 349
- 15.6　制动系统故障诊断与检修 ……… 353
- 15.7　实验实训 …………………………… 359
- 项目小结 …………………………………… 367
- 复习思考题 ………………………………… 368

项目 16　汽车防滑（ABS/ASR）控制系统的构造与检修 ……………… 369
- 16.1　汽车防滑（ABS/ASR）控制系统的认识 …………………………… 369
- 16.2　防滑控制系统的组成与工作原理 … 371
- 16.3　防滑控制系统主要元件的结构及工作原理 ………………………………… 379
- 16.4　电子制动力分配调节装置（EBD）… 386
- 16.5　防滑控制系统的故障自诊断与检修 … 386
- 16.6　电控行驶平稳系统（ESP）……… 391
- 16.7　实验实训 …………………………… 392
- 项目小结 …………………………………… 394
- 复习思考题 ………………………………… 395

项目 17　电子伺服制动系统的构造与原理 ………………………………… 396
- 17.1　电子伺服制动系统的认识 ……… 396
- 17.2　电子伺服制动系统的基本工作原理 ………………………………… 397
- 项目小结 …………………………………… 400
- 复习思考题 ………………………………… 401

参考文献 …………………………………… 402

项目 1

汽车底盘认识

  学习目标:

1. 了解国内外汽车底盘技术的发展状况。
2. 了解汽车底盘各种新技术的功用。
3. 了解掌握汽车底盘的作用及其组成。

1.1 汽车底盘技术国内外发展状况

重点掌握

1. 汽车底盘的发展方向是什么?
2. 汽车底盘在安全性、舒适性、环保方面有哪些发展?

汽车作为最重要的现代化交通运输工具,是科学技术发展水平的标志。汽车工业是资金密集、技术密集、人才密集、综合性强、经济效益高的产业,世界各工业发达国家几乎都把它作为国民经济的支柱产业。现代汽车上采用了大量的新材料、新工艺和新结构,特别是现代化的微电子控制技术的应用,大大地提高了汽车的性能。从汽车诞生至今,其本身已与最初的代步工具相比发生了质的飞跃。

20 世纪 50 年代,汽车设计主要是考虑人体工程学和汽车外观完美的流线型。60 年代,随着汽车保有量和汽车速度的增加,交通事故频发成了比较严重的社会问题。为了防止交通事故的发生,除制定新的交通法规加以限制外,还改造了制动装置和添加了许多安全装置。70 年代,能源危机和环境保护是汽车业的重大问题。汽车设计强调轻量化、低油耗和在底盘方面如何减少行驶阻力,此时的汽车以机械控制系统或液压控制系统为主。80 年代,随着电子技术的发展,电子控制成为汽车上的主要控制形式。

进入 21 世纪,汽车设计主要解决的问题仍然是环保和安全问题。电子技术的发展,为汽车向电子化、智能化、网络化的方向发展创造了条件。机械系统的发展空间已经非常有限,只有引进电子技术,汽车的性能及安全、舒适、环保等指标才能进一步提高。随着电子信息技术的发展,几乎所有先进的电子信息技术及设备均可应用在汽车上。据国外专家预测,未来 3~5 年内汽车上装用的电子装置成本将占整车成本的 25% 以上,汽车将由单纯的机械产品向高级的机电一体化产品方向发展。

在汽车环保方面面临降低汽车排放、油耗的压力。在欧洲，汽车制造企业正面临逐年增加的降低 CO_2 排放的压力。过去几年，由于柴油发动机市场份额的增长，使基于 NEDC（新欧洲行驶工况标准）基础上的平均值远远低于欧洲汽车制造商协会的目标，这表明，开发新技术的压力将继续增加。与开发新的发动机技术相比，推动新的变速器技术更易于降低额外的成本。

目前已有的变速器技术包括手动变速器（MT）、传统的自动变速器（AT）、带式或链条式驱动无级变速器（CVT）、自动化手动变速器（AMT）以及双离合器变速器（DCT）。

大众公司的动力换挡变速器（DSG）作为第一种双离合器变速器，在市场上取得了巨大成功。

在现有的变速器系统中，AMT 和 DCT-W（浸油离合器系统）在新欧洲行驶工况标准范围内，AT 和 CVT 则比 MT 在低速时显示出更明显的低燃料经济性。与 DCT-W 相比，AT 较低效率以及相应速比的柔性化的特点造成了燃料消耗和驾驶性能的不足。将液力变矩器更换为湿式离合器的 AT（AT-W）、使用无油双离合器的 DCT（DCT-W），可以使油耗进一步降低。恢复、起步—停车步骤、内燃机缩小化等方法，可使中档轿车实现新欧洲行驶工况标准所要求的每公里 CO_2 排放小于 100g。

无级变速器（CVT）的速比的柔性化大于副轴式变速器（MT，AMT，DCT），但这种变速器内部所耗能量损失过大。AMT 和 DCT 可以通过软件来起动，因而不需要硬件的适配器。与 AT 和 CVT 相比，发动机不存在转速的限制（约 7000r/min），甚至可以超过 9000r/min。

对于舒适性，CVT、AT6/7 以及 DCT-W 处于领先位置；在成本上，CVT 和 MT 则标志着较高成本和较低成本，为将来的降低成本提供了多种可能；从技术角度来说，DCT 可以被认为是 AMT 发展的下一步。

由于未来混合动力市场份额的不确定性，对已有变速器技术应用的联合使用将十分重要。AMT 和 DCT 为混合电力驱动的配置构建了一个绝佳的平台。柔性模块整合混合动力（FMH，中级或全混合）综合了混合体系的灵活性和 AMT 和 DCT 的速比柔和性以及最佳的传动效率等优点。与 AT 和 CVT 相比，加入电动机的投入相应较小。

汽车安全性方面，主动安全系统——汽车制动防抱死系统（ABS）为汽车提供可靠的制动。驱动防滑系统（ASR）提高汽车行驶的方向稳定性，并尽可能利用车轮—路面间的纵向附着能力，提供最大的驱动力。电控车辆稳定行驶系统（ESP）和制动助力器（BA）安全系统新功能更使汽车驾驶安全系数大幅度的提高。轮胎气压监测系统则为驾驶员提供可靠的行驶稳定和安全性保障。

在汽车舒适性方面，以下的系统则给驾驶员带来轻松的驾驶和乐趣。

巡航控制（Cruise Control）系统可让驾驶员无需操作加速踏板就能保证汽车以某一固定的预选车速行驶的控制系统。当汽车在高速公路上长时间行驶时，一打开巡航控制开关，系统就能够根据道路行驶阻力的变化，自动地增减发动机节气门的开度，使汽车行驶速度保持一定，从而给驾驶带来了很大的方便，同时也可以得到较好的燃油经济性。

动力转向系统则是应用一种伺服助力机构进行动力放大，来减轻汽车转向时的操纵力。综合电子控制动力转向系统可以允许驾驶员选择自己最舒适的转向操纵力。

四轮转向（Four Wheel Steering, 4WS）系统是基于一个安装在后悬架上的后轮转向机构,它能够使驾驶员操纵转向盘时转动汽车前后四个车轮,不仅提高了高速时的稳定性和可控性,而且提高了低速时的机动性。

目前有些新型轿车配备有便于使用的电动驻车制动器。驾驶员只需按下仪表板上的按钮,即可激活制动器。在驾驶员挂挡并起步时,电动驻车制动器则自动松开。使驾驶操纵轻便、舒适。

可见,综合运用液力机械传动、电子控制技术与网络技术是现代汽车底盘的发展方向。

1.2 汽车底盘的组成

重点掌握

1. 什么是汽车底盘?
2. 汽车底盘主要由哪几个部分组成,其各自的主要作用是什么?

汽车底盘的作用是支撑、安装汽车发动机及其各部件、总成,形成汽车的整体造型,并接受发动机的动力,使汽车产生运动并按驾驶员的操控而正常行驶的部件。汽车底盘由传动系统、行驶系统、转向系统和制动系统四部分组成。

1. 传动系统

汽车发动机与驱动轮之间的动力传递装置称为汽车的传动系统。它应保证汽车具有在各种行驶条件下所必需的牵引力、车速,以及它们之间的协调变化等功能,使汽车有良好的动力性和燃油经济性;还应保证汽车能倒车,以及左、右驱动车轮能适应差速要求,并使动力传递能根据需要而平稳地接合或彻底、迅速地分离。传动系统包括离合器,变速器,传动轴,主减速器及差速器,半轴等部分。

2. 行驶系统

汽车行驶系统的功用是接受发动机经传动系统传来的转矩,并通过驱动轮与路面间附着作用,产生路面对汽车的牵引力,以保证整车正常行驶;此外,它应尽可能缓和不平路面对车身造成的冲击和振动,保证汽车行驶平顺性,并且与汽车转向系统很好地配合工作,实现汽车行驶方向的正确控制,以保证汽车的操纵稳定性。行驶系统包括车架,车桥,悬架和车轮等部分。

3. 转向系统

汽车转向系统是用来保持或者改变汽车行驶方向的机构。在汽车转向行驶时,还要保证各转向轮之间有协调的转角关系。驾驶员通过操纵转向系统,使汽车保持在直线或转弯运动状态,或者使上述两种运动状态互相转换。转向系统包括转向操纵机构、转向器、转向传动机构等部分。

4. 制动系统

制动系统是汽车装设的全部制动和减速系统的总称,其功能是使行驶中的汽车减低速度或停止行驶,或使已停驶的汽车保持不动。制动系统包括制动器、制动传动装置。现代汽车制动系统中还装设了制动防抱死装置。

项目小结

1. 综合运用液力机械传动、电子控制技术与网络技术是现代汽车底盘的发展方向。
2. 汽车底盘上应用电子控制的系统主要有电子控制自动变速器、电子控制巡航控制系统、电子控制悬架系统、电子控制动力转向系统、电子控制防滑系统（ABS/ASR）等。
3. 汽车底盘的作用是支撑、安装汽车发动机及其各部件、总成，形成汽车的整体造型，并接受发动机的动力，使汽车产生运动并按驾驶员的操控而正常行驶的部件。汽车底盘由传动系统、行驶系统、转向系统和制动系统四部分组成。

复习思考题

1. 简述汽车底盘电子技术应用的发展趋势。
2. 从汽车环保角度描述现今使用的各种变速器技术的优缺点。
3. 汽车底盘主动安全装置 ABS 有什么作用？
4. 什么是汽车底盘？主要由哪几个部分组成？

项目 2

汽车传动系统认识

学习目标：

1. 掌握汽车传动系统组成与功用。
2. 掌握汽车的驱动形式和汽车传动系统布置形式。
3. 能叙述汽车底盘各总成基本作用和基本布置情况。
4. 能判别传动系统的布置形式。
5. 能判别汽车的驱动形式。

2.1 传动系统的作用及组成

重点掌握

1. 汽车传动系统的功用有哪些？
2. 汽车传动系统的组成及各总成的功用是什么？

2.1.1 传动系统的功用及类型

1. 传动系统的功用

汽车传动系统的功用就是将发动机发出的动力按需要传给驱动轮。传动系统具有减速、变速、倒车、中断动力、轮间差速和轴间差速等功能，与发动机配合工作，能保证汽车在各种工况条件下的正常行驶，并具有良好的动力性和经济性。

2. 传动系统的类型

传动系统可按传动介质的不同，分为机械式、液力机械式、静液式、电力式等，其中以机械式和液力机械式运用最为广泛。

2.1.2 传动系统的组成及各总成的功用

传动系统的组成与传动系统的类型、布置形式及汽车驱动形式等诸多因素有关。本书主要介绍机械式传动系统和液力机械式传动系统（图2-1）。

1. 机械式传动系统

图2-1a所示为发动机前置、后轮驱动的机械传动系统示意图，它主要由离合器、变速器、万向传动装置、主减速器、差速器和半轴等组成。其各总成的基本功用如下：

1）离合器：设置在发动机与手动变速器之间，按照需要适时地切断或接合发动机与手

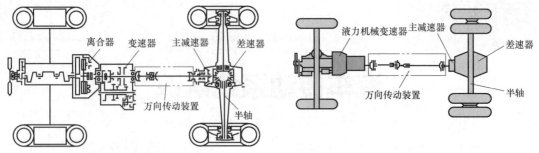

图 2-1 发动机前置后轮驱动的传动系统组成及布置形式示意图

动变速器之间的动力传递。

2）变速器：用于改变发动机输出转速的高低、转矩的大小和旋转方向，也可切断发动机向驱动轮的动力传递。

3）万向传动装置：将变速器输出的动力传递给主减速器，并适应两者之间距离和轴线夹角的变化。

4）主减速器：用于降速增矩，改变动力的传递方向（90°）。

5）差速器：将主减速器传来的动力分配给左、右两半轴，并允许左右两半轴以不同角速度旋转，以满足左右两驱动轮在行驶中差速的需要。

6）半轴：将差速器传来的动力传给驱动轮，使驱动轮获得旋转的动力。

2. 液力机械式传动系统

液力机械式传动系统是组合运用液力传动和机械传动，以液力机械变速器取代机械式传动系统中的摩擦式离合器和手动变速器，其他组成部件及布置形式均与机械式传动系统相同，如图 2-1b 所示。

2.2 汽车的驱动形式与传动系统布置

重点掌握

1. 汽车的驱动形式应如何表示？
2. 汽车传动系统的布置形式有哪几种，各有何特点？

2.2.1 汽车驱动形式的表示方法

汽车的驱动形式通常用汽车车轮总数×驱动车轮数（车轮数系指轮毂数）来表示。普通汽车多装 4 个车轮，常见的驱动形式有 4×2、4×4；重型货车多装 6 个车轮，其驱动形式有 6×6、6×4 和 6×2。

此外，也有用汽车车桥总数×驱动车桥数来表示汽车的驱动形式。

2.2.2 传动系统的布置形式

汽车传动系统的布置形式主要与发动机的安置及汽车驱动形式有关。汽车的传动系统布置可以分为五类：

1. 发动机前置后轮驱动（FR）

最早期的汽车绝大部分采用 FR 布局，如国产的货车东风、解放都是这种布置方式（图 2-1）。在轿车应用当中则主要应用在中、高级轿车中，如丰田皇冠 3.0、奔驰 S320、宝马 750、林肯等高档轿车，FR 的优点是附着力大，易获得足够的驱动力，整车的前后重量比较平衡，操控稳定性较好。缺点是传动部件多、传动系统质量大，贯穿乘座舱的传动轴占据了舱内的地台空间。

2. 发动机前置前轮驱动（FF）

FF 是现代小、中型轿车普遍采用的布置方案（图 2-2）。FF 的优点是降低了车厢地台，操控性有明显的转向不足特性，另外其抗侧滑的能力也比 FR 强。缺点是上坡时驱动轮附着力会减小；前轮由于驱动兼转向，导致结构复杂、工作条件恶劣。在发动机前置前轮驱动形式中又分发动机纵置和发动机横置两种情况。发动机纵置前轮驱动的轿车主要有桑塔纳、奥迪、帕萨特、本田极品等轿车，而采用发动机横置前轮驱动的轿车主要有本田雅阁 2.4、捷达、宝来、别克凯越等轿车。

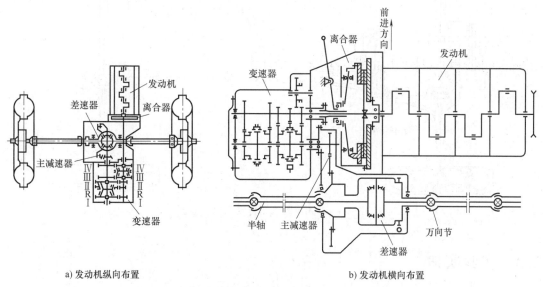

a) 发动机纵向布置　　　　　　　　　　b) 发动机横向布置

图 2-2　发动机前置前轮驱动的轿车传动系示意图

3. 发动机中置后轮驱动（MR）

发动机放置在前、后轴之间，同时采用后轮驱动，类似 F1 赛车的布置形式。还有一种"前中置发动机"，即发动机置于前轴之后、乘员之前，类似于 FR，但能达到与 MR 一样的理想轴荷分配，从而提高操控性。MR 的优点是轴荷分配均匀，具有很中性的操控特性。缺点是发动机占去了座舱的空间，降低了空间利用率和实用性，因此 MR 大都是追求操控表现的跑车。

4. 发动机后置后轮驱动（RR）

早期广泛应用在微型车上，现在多应用在大客车上（图 2-3），轿车上已很少用，但保时捷 911 的"甩尾"则是因 RR 出名的。RR 的优点是结构紧凑，没有沉重的传动轴，也没有复杂的前轮转向兼驱动结构。缺点是后轴荷较大，在操控性方面会产生与 FF 相反的转向过度倾向。

5. 四轮驱动（4WD）

无论上面的哪种布局，都可以采用四轮驱动，以前越野车上应用的最多（图2-4），但随着防滑差速器技术的发展和应用，四驱系统已能精确地调配转矩在各轮之间分配，因此高性能跑车出于提高操控性考虑也越来越多采用四轮驱动，奥迪轿车采用的是全时四驱结构。而一部分越野车采用的是分时四驱结构，如三菱帕杰罗、丰田普拉多等。4WD的优点是四个车轮均有动力，地面附着率最大，通过性和动力性好。

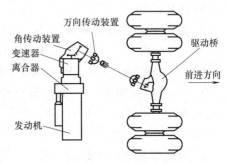

图 2-3　发动机后置后轮驱动的大型客车传动系统示意图

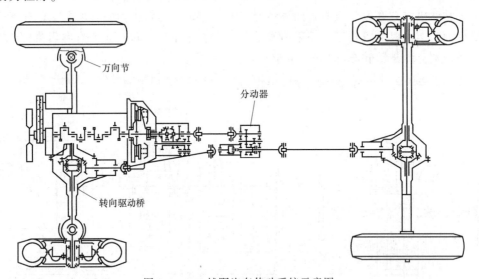

图 2-4　4×4越野汽车传动系统示意图

2.3　实验实训

汽车底盘的认识

1. 实验实训目的

1）了解汽车维修的安全基本规则。
2）了解常用及专用汽车维修工具的基本使用知识。
3）掌握常见轿车或货车底盘具体组成和大致构造。
4）掌握进口轿车的底盘具体组成和大致构造，并了解其先进性。

2. 实验实训设备及工、量具

1）轿车（常见车型）和货车2～5辆。
2）常用及专用汽车维修工具若干套。
3）两柱（或四柱）举升机2～4台或地沟两条。

3. 实验实训基本方法

（1）安全操作规则和工具使用

1）学习汽车维修工作的基本安全规则。如：工、量具的安全使用，汽油及电气设备的安全使用规定，维修废品的处理规则，汽车路试的安全要求，车底作业安全规则，维修作业的安全要求等。

2）学习常用和专用汽车维修工、量具使用的基本知识。如：常用汽车维修工、量具，举升设备等。

（2）汽车底盘结构的认识

1）驾驶室内操纵装置及仪表的认识。认识仪表板上的汽车速度表（里程表）、发动机转速表、机油压力表、燃油表、故障指示灯和各种指示灯或警告灯等。了解转向盘、安全气囊的位置，变速器操纵装置、离合器踏板（自动变速器无此踏板）、加速踏板、驻车制动装置和点火开关的位置及使用方法。

2）认识汽车左、右前部的相关部件。认识散热器、发动机、蓄电池、水泵、燃油供给系、空气供给装置。

3）认识转向系、前制动和前悬架装置。认识转向传动机构、前制动器的类型、前悬架装置和变速器等。

4）认识汽车后部、后制动器、主减速器等。认识后悬架装置、后轮制动器、传动轴与主减速器、备胎的位置和轮胎的种类。

项目小结

1. 汽车传动系统的功用就是将发动机发出的动力按需要传给驱动轮。汽车传动系统可划分为机械传动、液力传动、液压传动、电传动等。

2. 机械传动系统主要由离合器、变速器、万向传动装置、主减速器、差速器和半轴等组成。

3. 液力机械式传动系统由液力机械式变速器、万向传动装置、主减速器、差速器和半轴等组成。

4. 汽车的驱动形式通常用汽车车轮总数×驱动车轮数（车轮数系指轮毂数）来表示。也有用汽车车桥总数×驱动车桥数来表示汽车的驱动形式。

5. 汽车传动系统的布置形式有发动机前置后轮驱动（FR）、发动机前置前轮驱动（FF）、发动机中置后轮驱动（MR）、发动机后置后轮驱动（RR）、四轮驱动（4WD）等几种形式。

复习思考题

1. 汽车传动系统的基本功用是什么？有哪些类型？
2. 汽车传动系统有哪些布置形式？各有什么特点？分别列举一些与之对应的车型。
3. 描述汽车常见的驱动形式有哪几种并举例说明。

项目 3

离合器的构造与检修

 学习目标：

1. 了解离合器的功用，理解离合器的工作原理。
2. 掌握离合器的结构和具体组成部分，熟悉离合器的类型和应用特点。
3. 能描述机械式、绳索式和液压式离合器操纵机构的工作原理。
4. 掌握离合器自由间隙和踏板自由行程的概念、相互关系及调整方法。
5. 掌握离合器故障诊断与维修的基本理论知识。

3.1 概述

重点掌握

1. 汽车离合器的功用是什么？汽车离合器有哪些类型？
2. 摩擦式离合器的工作原理是怎样的？

在机械式传动系统中，要将发动机的转矩传递到驱动车轮上，转矩首先必须通过离合器送到变速器。离合器就是一种根据驾驶员意愿来连接或脱开通往变速器动力传递的机械装置。

3.1.1 离合器的功用、要求及类型

离合器是传动系中直接与发动机联系的总成。其主动部分与发动机飞轮相连，从动部分与变速器输入轴相连（图3-1）。

1. 离合器的功用

1）使发动机与传动系统逐渐接合，保证汽车平稳起步。在汽车起步时使离合器逐渐接合（与此同时，可逐渐踩下加速踏板使发动机输出转矩增大），它所能传递的转矩也就逐渐地增大。于是发动机的转矩可以由小到大地

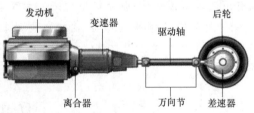

图 3-1 离合器的安装位置

逐渐传递至传动系统，当牵引力足以克服汽车本身质量及行驶阻力时，汽车便由静止状态开始缓慢地移动，逐渐加速实现平稳起步。

2）暂时切断发动机与传动系统的联系，便于发动机的起动和变速器的换挡以保证传动系统换挡时工作平顺。发动机在冷起动时，让离合器切断发动机与传动系统之间的联系，就

可除去部分阻力,提高起动转速,增大起动功率。在汽车行驶过程中,为了适应不断变化的行驶条件,传动系统经常要换用不同的挡位工作。实现齿轮式变速器的换挡,是将原用挡位的齿轮副退出传动,再使另一挡位齿轮副进入工作。在换挡前也必须踩下离合器踏板,中断动力传递,便于使原挡位齿轮副脱开,换入新的挡位。这样可减轻换挡时的冲击。

3)限制所传递的转矩,防止传动系统过载。在汽车进入紧急制动时,若没有离合器,则发动机将因和传动系统刚性相连而急剧降低转速,因而其中所有零件会产生很大的惯性力矩(其数值可能大大地超过发动机正常工作时发出的最大转矩),造成载荷超过传动系统的承载能力,而使其机件损坏。有了离合器,就可依靠离合器主动部件和从动部件之间可能产生的相对滑转来消除这一危险,从而防止传动系过载,起到一定的保护作用。

2. 对离合器的要求

1)从结构上首先应在保证传递发动机最大转矩的前提下满足两个基本性能的要求:分离彻底、接合柔顺。
2)离合器从动部分的传动惯性量要尽可能地小,以减小换挡时齿轮间冲击。
3)离合器应具有缓和转动方向冲击,衰减该方向振动的能力,且噪声小。
4)压盘压力和摩擦片的摩擦系数变化小,工作稳定。
5)操纵省力,维修保养方便。
6)离合器散热应良好,保证离合器工作可靠。

3. 离合器的类型

目前汽车多采用摩擦式离合器,主要根据以下方式进行分类:

1)按其从动盘的数目不同,分为单盘式、双盘式和多盘式。
2)按压紧弹簧的形式分,主要有周布弹簧式和膜片弹簧式。
3)按操纵方式不同,可分为机械操纵式、液压操纵式和气动操纵式等。

3.1.2 摩擦式离合器的组成与工作原理

摩擦式离合器结构简单、性能可靠、维修方便,目前为绝大部分汽车所采用,下面对它的结构和工作原理加以介绍。

1. 摩擦式离合器的组成

离合器由主动部分、从动部分、压紧装置、分离机构和操纵机构五部分组成。主从动部分和压紧装置是保证离合器处于接合状态并能传递动力的基本结构。而分离机构和操纵机构主要是使离合器分离的装置。离合器的组成,如图3-2所示。

离合器的主动部分主要包括飞轮、离合器盖和压盘。离合器盖用螺钉固定在飞轮的后端面上,压盘则通过铆接在其后端面边缘沿圆周均布的几组传动片与离合器盖连接。这样,曲轴旋转时,便通过飞轮、离合器盖、传动片带动压盘一起旋转。

离合器的从动部分包括从动盘和从动轴。

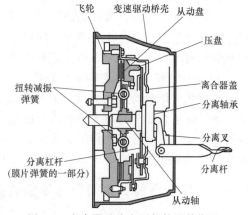

图3-2 离合器总成主要部件及其作用

双面带摩擦衬片的离合器从动盘通过中心滑动花键毂与从动轴（变速器输入轴）上的花键相啮合。

离合器的压紧装置由压紧弹簧组成。压紧弹簧（此处为膜片弹簧）装在离合器盖与压盘之间，把压盘和从动盘压向飞轮，使离合器接合。

离合器的分离机构由分离杠杆、分离轴承和分离套筒、分离叉等组成。分离轴承和分离套筒压装成一体，松套在从动轴的轴套上。

离合器的操纵机构由离合器踏板到分离杆（或离合器分泵，如图3-3所示）之间的一系列零件组成。

2. 离合器的工作原理

（1）接合状态

离合器结合状态时，压紧弹簧将压盘、飞轮及从动盘互相压紧。发动机转矩经飞轮及压盘通过摩擦面的摩擦力矩传递到从动盘，再经变速器输入轴向传动系输入（图3-3a）。

（2）分离过程

踏下踏板时，离合器分泵向前移动带动分离叉向前移动，分离叉内端则通过分离轴承推动分离杠杆内端向前移动，分离杠杆外端依靠安装在离合器盖上的支点拉动压盘向后移动，使其在进一步压缩压紧弹簧的同时，解除对从动盘的压力。于是离合器的主动部分处于分离状态而中断动力的传递（图3-3b）。

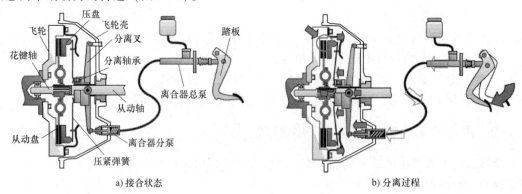

a）接合状态　　　　　　　　　　b）分离过程

图3-3　离合器的接合和分离

（3）接合过程

若要接合离合器，驾驶员应松开离合器踏板，控制操纵机构使分离轴承和分离叉向后移，压盘弹簧的张力迫使压盘和从动盘压向飞轮。发动机转矩再次作用在离合器从动盘摩擦面和带花键的毂上，从而驱动变速器的输入轴。

3. 压盘的传动、导向和定心方式

压盘在工作中既要接受离合器盖传来的动力，还要在离合器分离和接合过程中轴向移动。为了将离合器盖的动力顺利传给压盘，并使压盘在移动时只作轴线方向的平动而不发生歪斜，压盘应采用合适的传动、导向和定心方式。目前，不同车型压盘的传动、导向和定心方式有传动片式、凸台窗口式、传动销式和传动块式。

3.1.3　离合器的自由间隙与踏板的自由行程

离合器处于正常接合状态时，在分离杠杆内端与分离轴承之间所预留的间隙，即离合器的自由间隙。其作用是防止从动盘摩擦片磨损变薄后压盘不能前移而造成离合器打滑。

为消除离合器自由间隙及机件弹性变形所需的离合器踏板行程，称为离合器踏板的自由行程。其大小可以调整。

3.2 摩擦式离合器的构造

重点掌握

1. 膜片弹簧式离合器结构特点及其优点是什么？
2. 扭转减振器的作用是什么？

摩擦式离合器的种类虽然很多，但其组成和工作原理基本相同，都是由主动部分、从动部分、压紧装置、分离机构和操纵机构五部分组成。

3.2.1 膜片弹簧式离合器

膜片弹簧式离合器在轿车、轻中型车辆上应用较多，其构造如图3-4所示。

1. 主动部分

膜片弹簧离合器的主动部分由飞轮、离合器盖和压盘等组成。离合器盖是用低碳钢冲压而成的。为了保证离合器与飞轮的同心，离合器盖通常使用三个定位销定位，安装在飞轮上。汽车起步和换挡时，离合器频繁的接合和分离，为了使接合更加柔顺，需要缓慢抬起离合器踏板，这使得离合器接合时所产生的摩擦就越多，因而产生的热量就越多。为了散热，离合器盖的侧面制作有通风口。当离合器旋转时，热空气就由此处散出。压盘的平面与飞轮的平面共同组成了主动件的摩擦表面，该平面要平整并经过磨光。压盘承受很大的机械负荷和热负荷，为了防止使用过程中的变形，常采用强度和刚度都较大且耐磨性和耐热性能都比较好的高强度铸铁制成。

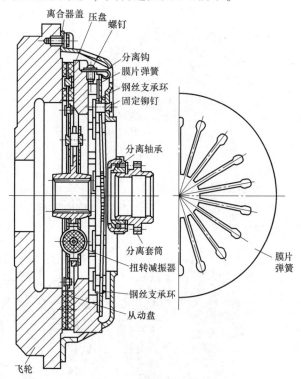

图3-4 膜片弹簧离合器

压盘的传动、导向和定心方式主要有凸台窗口式和传动片（径向传动片或切向传动片）。

凸台窗口式（图3-5）利用压盘凸起的部分（凸台）与盖上的方孔（窗口）将转矩经离合器盖传送至压盘。在离合器接合时，凸台和离合器盖窗口接触面受到滑动的轴向载荷，所以接触面易磨损,产生噪声,离合器脱开不良等现象。

径向传动片式(图3-6)采用弹簧钢片,将离合器盖沿径向与压盘连接,由于压盘和离合器盖之间没用相对运动,因此不会产生磨损和冲击噪声。

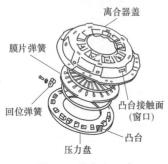
图3-5 凸台窗口式

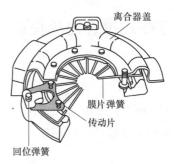
图3-6 径向传动片式

切向传动片式(图3-7)是现今运用比较多的一种传动形式,传动片沿弦向(切向)安装,以传递力矩。但这样安装的传动片的反向承载能力较差,汽车反拖时,传动片易折断。图3-8所示为三菱4G54膜片弹簧式离合器压盘组件。

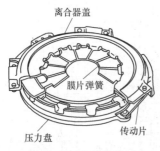
图3-7 切向传动片式

图3-8 三菱4G54膜片弹簧式离合器压盘组件

2. 压紧装置与分离机构

压紧装置是由压盘、离合器盖、膜片弹簧、支承环、支承固定铆钉、分离钩和传动片组成,如图3-9所示。

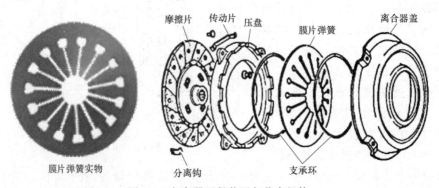
图3-9 离合器压紧装置与分离机构

膜片弹簧由弹簧钢制成。形状为碟形,其上开有若干个径向切槽,切槽的内端开通,外端为圆边孔(为防止应力集中而产生裂纹),每两切槽之间钢板形成一个弹性杠杆。钢材压制成形后，还需要进行热处理，以保证弹簧的适当刚度。膜片弹簧离合器的主要特点是用一个膜片弹簧代替了传统的螺旋弹簧和分离杠杆。开有径向槽的碟形膜片弹簧既起压紧弹簧的作用，又起分离杠杆的作用。

在通常情况下，上述各零件组成一个整体。在膜片弹簧中部的两侧都安装有支承环，用固定铆钉夹持在离合器盖上，在膜片弹簧工作时起支点作用。在压盘的周边，对称的分布有多个分离钩，将膜片弹簧连接到压盘上，它们将膜片弹簧的运动传递给压盘。

如图3-10所示，压盘在没有固定到飞轮上之前，离合器与飞轮端面之间有一定的距离，此时膜片弹簧的形变很小。当离合器外壳固定到飞轮上之后，从动盘和压盘迫使膜片弹簧以外侧支承环为支点发生弹性形变，这时，膜片弹簧的反弹力使其外缘对压盘和从动盘产生压紧力，此时离合器处于接合状态。分离时，分离轴承推动膜片弹簧内缘前移，膜片弹簧便以内侧支承环为支点，其外缘通过分离钩将压盘向后拉动，使离合器分离。

由此可见，膜片弹簧兼具压紧弹簧和分离杠杆的双重作用，从而使离合器的结构得到简化，同时也大大缩短了离合器的轴向尺寸。

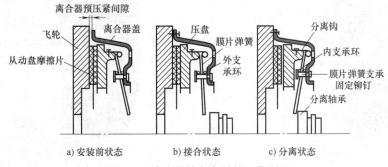

图3-10 膜片弹簧离合器的工作原理

膜片弹簧离合器根据分离杠杆内端受压力还是受推力，可分为推式膜片弹簧离合器和拉式膜片弹簧离合器。图3-11～图3-14所示，列举了推式及拉式膜片弹簧离合器的结构形式。汽车膜片弹簧离合器一般使用推式膜片弹簧结构（图3-15），拉式膜片弹簧结构（图3-16）使用较少。

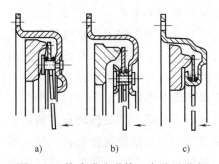

图3-11 推式膜片弹簧双支承环形式

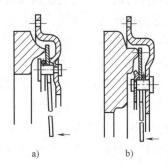

图3-12 推式膜片弹簧单支承环形式

拉式膜片弹簧离合器（图3-16）具有如下特点：结构简单，零件数目更少，质量更小；膜片弹簧的直径较大，提高了传递转矩的能力；离合器盖的变形量小，分离效率高；杠杆比大，传动效率较高，踏板操纵轻便。在支承环磨损后不会产生冲击和噪声。使用寿命更长。

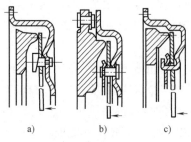

图 3-13 推式膜片弹簧无支承环形式

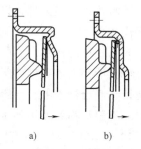

图 3-14 拉式膜片弹簧支承形式

拉式膜片弹簧需专门的分离轴承（图 3-16），结构较复杂，安装和拆卸较困难，且分离行程略比推式大些。但由于拉式膜片弹簧离合器综合性能优越，它已经得以应用。

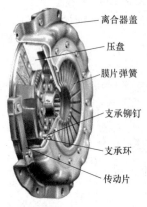

图 3-15 推式离合器

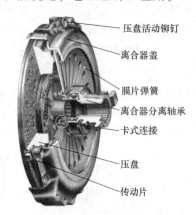

图 3-16 拉式离合器

3. 从动部分

从动部分的主要部件是从动盘。从动盘的基本结构（图 3-17）是由两片摩擦衬片、从动盘钢片和从动盘毂组成的，从动盘钢片通常是用薄钢板制成的，并与从动盘毂铆接在一起，其外围用以安装摩擦衬片的部位通常制作成波形薄钢片与从动盘钢片铆接在一起。衬片与从动盘钢片之间一般用铜或铝铆钉铆合在一起，每边单独与波形钢片铆接，其中一边损毁另一边不会马上掉落。此外，衬片也有用树脂粘接在从动盘钢片上的。

摩擦衬片一般为编织或模压而成，常优先采用模压衬面，因为它可以承受很高的压盘压紧力而不会损坏。当要求离合器结合过程特别柔顺时，常采用编织衬面，摩擦衬片的表面刻有沟槽，可使离合器结合平稳，提高散热性能，并在离合器从动盘发生磨损过程中留有存放表面磨屑的空间。与制动衬片材料一样，摩擦衬片会随着离合器频繁接合而发生磨损。石棉金属丝编织材料是从动盘最常用的衬片材料。鉴于近来有关石棉产生对健康有害的认识，已研制出新型衬片材料，并广泛使用在较新车辆中。最常用的为纸基和陶瓷材料，加入棉花和黄铜粒子及金属丝进行加强，从而提高了衬片的抗扭强度，延长了离合器从动盘的寿命。

为了使离合器接合柔和，起步平稳，从动盘应具有轴向弹性。而轴向弹性主要靠铆接在从动盘钢片周边的波形弹簧片来实现。波形弹簧片使后衬片与钢片之间有一定间隙，当离合器接合时，波形弹簧片弹性变形使压紧力逐渐增大，产生轴向弹性，吸收振动，接合柔顺。

有两种类型的离合器从动盘：刚性（不带扭转减振器）和柔性（带扭转减振器）。刚性

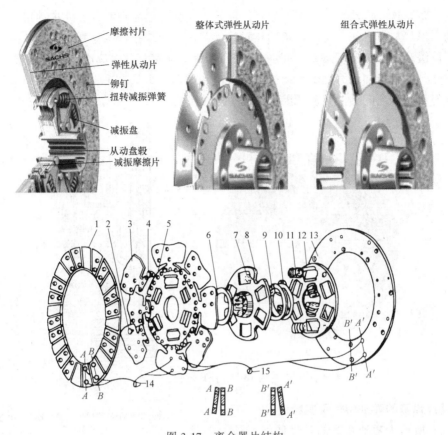

图 3-17 离合器片结构

1、13—摩擦衬片　2、14、15—铆钉　3—波形弹簧片　4—平衡块　5—从动片　6、9—减振摩擦片
7—限位销　8—从动盘毂　10—调整垫片　11—减振弹簧　12—减振盘

从动盘（图 3-18）为整体圆形盘，直接固定于花键毂上。柔性从动盘（图 3-19）在盘片和花键毂之间安装有扭转减振器。扭转减振器具有吸振特性，其主要作用是吸收来自发动机的

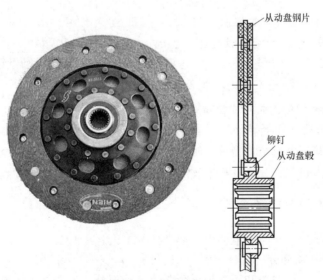

图 3-18 刚性从动盘

扭转振动，防止这些振动直接传至变速器的齿轮。当离合器接合时，会使传动系产生一定的扭转振动，使毂与盘之间产生一定量的相对转动，从而压缩扭转减振弹簧使扭转振动所产生的冲击得以缓和。当扭转振动产生的冲击过去之后，弹簧释放，离合器从动盘正常传递动力。这些弹簧的数量和张力是由发动机转矩大小和汽车的重量来决定的。限位销可将扭转振动所造成的毂与盘之间相对转动量限制在规定的范围内。

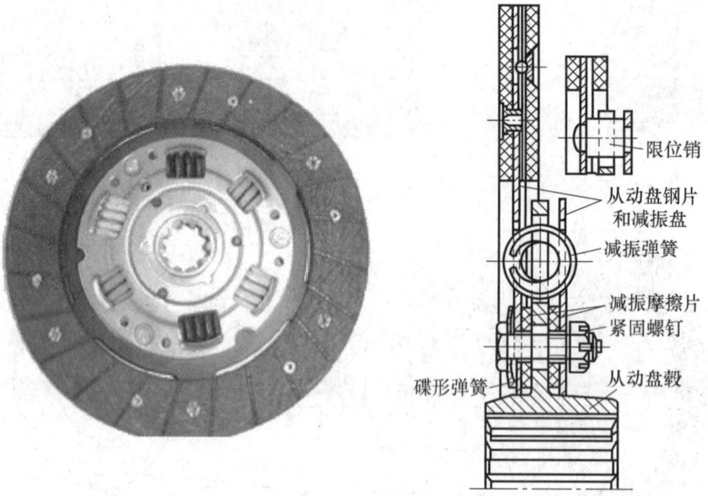

图 3-19　柔性从动盘

4. 膜片弹簧的弹性特性及其特点

图 3-20 所示为两种弹簧的特性曲线。图中实线所示为膜片弹簧的特性曲线，虚线所示为螺旋弹簧的特性曲线。若压盘在正常位置（即全新离合器盘的位置），压盘压力对于两种弹簧来说都是相同的，都为 p_0。而当压盘位置位于最大脱开位置时（如踏板踩到最低位置时），对应螺旋弹簧型的压力 p_2'，对应膜片弹簧的压力为 p_2，p_2 小于 p_2'，且 $p_2<p_0$，即膜片弹簧分离时的压力小于接合时的压力，因而具有操纵轻便的特点。

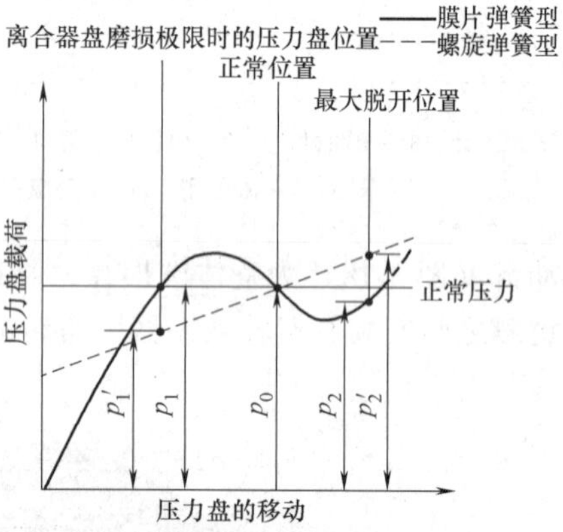

图 3-20　膜片弹簧特性曲线

当离合器摩擦片磨损至极限时，螺旋弹簧式离合器压盘上的压力减至 p_1'，而膜片弹簧式离合器压盘的压力为 p_1，p_1 约等于 p_0。因此膜片弹簧具有自动调节压紧力的特点。

此外，膜片弹簧还具有结构简单、轴向尺寸小；压紧力分布均匀，摩擦片的接触好，磨损均匀；高速压紧力稳定；分离杠杆平整勿需调整；维修保养方便等优点。

3.2.2　单片周布弹簧式离合器

单片周布弹簧式离合器的构造如图 3-21 所示。

1. 主动部分和从动部分

发动机的飞轮、离合器盖和压盘是离合器的主动部分。离合器盖用螺钉固定在发动机的

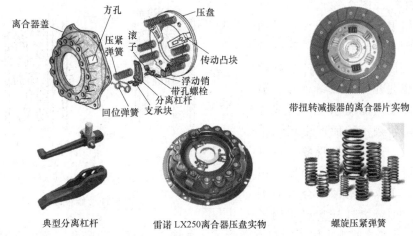

图 3-21 单片周布弹簧式离合器结构及组成元件

飞轮上,因此压盘能随飞轮一起旋转。离合器盖和压盘之间是通过 3 个分离杠杆安装座的传动凸台来传递转矩的,凸台本身与压盘铸造在一起,通过离合器盖上的方孔与离合器盖套接在一起。工作时,离合器盖通过方孔与凸台接触带动压盘旋转,对压盘起传动、导向和定心的作用。

在离合器分离时,与离合器盖套接在一起的压盘传动凸台沿离合器盖轴向作相对位移。为使离合器分离时不至于破坏压盘的对中和离合器的平衡,3 个传动凸台是相隔 120°沿圆周均匀分布的。

在飞轮和压盘之间装有一片带有扭转减振器的从动盘。摩擦衬片铆装在从动盘毂中间的薄钢片上,故其转动惯量较小。从动盘本体的两面各铆有一片用石棉合成物制成的摩擦衬片。从动盘毂的花键孔套在从动轴(即变速器输入轴)前端的花键上,并可在花键上做轴向移动。

2. 压紧装置

其压紧装置为 12 个沿圆周分布的螺旋弹簧,压紧弹簧将压盘压向飞轮,并将从动盘夹紧在中间,使离合器处于接合状态。这样,在发动机工作时,发动机的转矩一部分将由飞轮经与之接触的摩擦片直接传给从动盘本体;另一部分则由飞轮通过 6 个固定螺钉传到离合器盖上,并由此经 3 个传动凸台传到压盘,最后也通过摩擦片传给从动盘本体,从动盘本体再将转矩通过从动盘毂的花键传给变速器输入轴。

离合器须与曲轴飞轮组组装在一起进行动平衡校正。为了在拆下离合器后重新组装时保持动平衡,离合器盖与飞轮的相对角位置由沿飞轮圆周方向均匀布置的 3 个定位销确定。

3. 分离机构

位于离合器内部的分离机构主要有分离杠杆、带分离轴承的分离套筒和分离叉。分离杠杆一般有 3~6 个,沿周向均布。图 3-21 所示的离合器有 3 个径向安装的,用薄钢板冲压制成的分离杠杆,通过带孔螺栓用调整锁紧螺母与离合器盖连接在一起。分离杠杆中部以带销螺栓的浮动销为支点,外端通过支承块抵靠着压盘上的钩状凸起部。当在分离杠杆内端施加一个向前的水平推力时,杠杆将绕支点转动,其外端通过支承块推动压盘克服压紧弹簧的力而后移,从而撤除对从动盘的压紧力,使离合器分离。

从分离杠杆（图3-22）的动作情况可看出，如果分离杠杆的支点是简单的铰链，则当杠杆转动时，其外端的轨迹将为一圆弧。分离杠杆的外端如果与压盘也是用简单铰链连接，显然分离杠杆外端只能随压盘作直线移动，由于运动轨迹不同而产生运动干涉。为消除这一运动干涉现象，雷诺LX250离合器压盘型汽车离合器采用了支点移动，重点摆动的综合式防干涉结构措施。即分离杠杆支点采用了

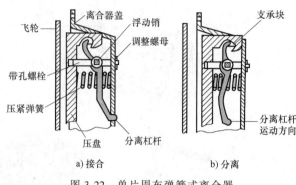

图3-22　单片周布弹簧式离合器分离杠杆动作情况

浮动销，而与压盘之间则采用了刀口支承形式，如图3-22所示。带孔螺栓的下端插在压盘上相应的孔内，而上端则借调整螺母固定在离合器盖上。浮动销的中部穿过带孔螺栓中部的圆孔内。分离杠杆的中部通过浮动销套装在带孔螺栓上，并用扭转弹簧使浮动销与方孔的支承面接触，分离杠杆连浮动销能以该接触点为支点摆动。摆动支承块呈凹字形，其平直的一边支在分离杠杆外端的凹处，而其凹边的底部则抵住压盘的钩状凸起部。这样可利用浮动销在方孔中移动和摆动支承块的摆动来消除运动干涉。

调整螺母用以保证3个分离杠杆的内端位于平行于飞轮端面的同一平面内。此种结构目前多用在中轻型汽车上。

分离叉前端装有分离轴承松套在变速器第一轴轴承盖的分离轴承导套的外圆面上（图3-23），并在分离轴承回位卡的作用下，以其两侧的凸台平面，抵靠在分离叉两股的圆弧表面上。分离叉以其中段分离叉座支承在飞轮壳中的球头螺栓上，其外侧拨叉的延伸端伸出飞轮壳与离合器操纵机构相连。分离叉以球头螺栓为支点向前移动，推动分离轴承向飞轮方面移动，而对分离杠杆内端施加推力。由于离合器工

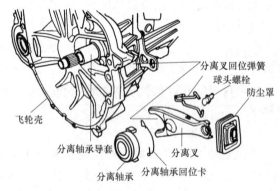

图3-23　离合器分离机构

作时，分离轴承外壳并不转动，而分离杠杆则是随离合器壳和压盘转动的，故为了避免二者之间的直接摩擦，设置结构形式为推力式或径向推力式的分离轴承。

3.2.3　扭转减振器

发动机传到汽车传动系统中的转矩是周期性地不断变化着的，这就使得传动系统中产生扭转振动。如果这一振动的频率与传动系的自振频率相重合，将发生共振，会对传动系统零件寿命有很大影响。此外，在不分离离合器的情况下进行紧急制动或猛烈接合离合器时，瞬时间内将对传动系统造成极大的冲击载荷，从而缩短传动系统零部件的使用寿命。为了避免共振，缓和传动系统所受的冲击载荷，在不少汽车传动系统中装设了扭转减振器。有些汽车上将扭转减振器制成单独的部件，但更多的是将扭转减振器附装在离合器从动盘中。

带扭转减振器的从动盘，其从动盘本体与从动盘毂之间是通过减振器来传递转矩的（图3-24）。在这种结构中，从动盘本体、从动盘毂和减振盘都开有相对应的几个矩形窗孔，在每个窗孔中装有一个减振器弹簧，借以实现从动盘本体与从动盘毂之间在圆周方向上的弹性连接。减振盘与从动盘本体用铆钉铆成一个整体，并将从动盘毂及其两侧的阻尼片夹在中间，从动盘本体及减振器盘上的窗孔有翻边，使6个弹簧不致脱出。在从动盘毂上开有与铆钉隔套相对的缺口，在缺口与隔套之间留有间隙，允许从动盘本体与从动盘毂之间相对转动一个角度。

图3-24 扭转减振装置

这样的从动盘，不工作时，如图3-25a所示。从动盘工作时，两侧摩擦片所受摩擦力矩首先传到从动盘本体和减振器盘上，如图3-25b所示，再经6个弹簧传给从动盘毂。这时弹簧被压缩，借此吸收传动系统所受的冲击能量。传动系统中的扭转振动导致从动盘本体及减振盘与从动盘毂之间的相对往复摆动，从而可依靠减振摩擦片与上述三者之间的摩擦来消耗扭转振动的能量，使扭转振动迅速衰减。

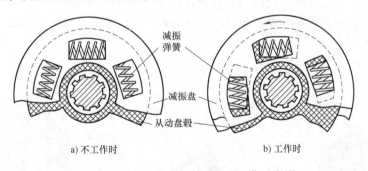

图3-25 弹簧摩擦式扭转减振器工作示意图

在有些汽车离合器从动盘中采用两组或更多组刚度不同的减振器弹簧，并将装弹簧的窗口长度制成不同的尺寸，利用弹簧先后起作用的办法获得变刚度特性（图3-26）。这种变刚度特性可以避免不利的传动系统共振，降低传动系统噪声。在减振器中也有采用橡胶弹性元件（图3-27），其形状有空心圆柱形以及星形等多种。

减振器中的摩擦阻尼片，靠从动盘本体与减振器盘间的连接铆钉建立正压力。这种方案结构简单，但摩擦阻尼片磨损后阻尼力矩便降低甚至消失。

目前通用的从动盘减振器在特性上存在如下局限性：

1) 它不能使发动机、变速器振动系统的固有频率降低到怠速转速以下，因此不能避免怠速转速时的共振。研究表明，发动机、变速器振动系统固有频率一般为40~70Hz，相当于四缸发动机转速1200~2100r/min，或六缸发动机转速800~1400r/min，一般均高于怠速

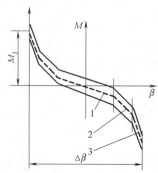

图 3-26 变刚度扭转减振器及其特性

转速。

2) 它在发动机实用转速 1000~2000r/min 范围内, 难以通过降低减振弹簧刚度得到更大的减振效果。因为在从动盘结构中, 减振弹簧位置半径较小, 其转角又受到限制, 若降低减振弹簧刚度, 就会增大转角并难于确保允许传递转矩的能力。

图 3-27 橡胶弹性元件扭转减振器

近年来出现了一种称为双质量飞轮的新型扭转减振器 (图 3-28), 其作用是取代离合器从动盘扭转减振器, 通过扭转刚度、转动惯量和扭振阻尼的综合匹配, 达到优于离合器从动盘扭转减振器的减振效果。它主要由第一飞轮、第二飞轮与扭转减振器组成。第一飞轮与联接盘以螺钉紧固在曲轴凸缘上, 并以滚针轴承和球轴承支承在与离合器盖总成紧固的同轴线的第二飞轮的短轴上。在从动盘中没有减振器。

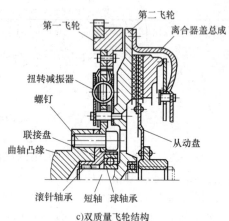

a) 带扭转减振器(中间配装有行星齿轮机构)的双质量飞轮　　b) GAT的双质量飞轮　　c) 双质量飞轮结构

图 3-28 双质量飞轮的扭转减振器

双质量飞轮减振器具有以下优点: 可以降低发动机、变速器振动系统的固有频率, 以避免在急速转速时的共振; 增大减振弹簧的位置半径, 降低减振弹簧刚度, 并允许增大转角; 由于双质量飞轮减振器的减振效果较好, 在变速器中可采用黏度较低的齿轮油而不致产生齿轮冲击噪声, 并可改善冬季的换挡过程。而且由于从动盘没有减振器, 可以减小从动盘的转动惯量，这也有利于换挡。

但是它也存在一定的缺点，如由于减振弹簧位置半径较大，高速时受到较大离心力的作用，使减振弹簧中段横向翘曲而鼓出，与弹簧座接触产生摩擦，使弹簧磨损严重，甚至引起早期损坏。这种结构对飞轮提出了更高的要求，加工难度大，技术性能指标严格。现主要装备车型为一汽宝来和上海帕萨特等中高档车型。

3.3 离合器的操纵机构

重点掌握

1. 什么是离合器操纵机构？
2. 离合器操纵机构主要有哪些类型？分别有什么优缺点？
3. 离合器操纵机构自由间隙自动调整机构的原理是怎样的？

离合器操纵机构是驾驶员用以使离合器分离，而后又使之柔和接合的一套机构。它起始于离合器踏板，终止于离合器壳内的分离轴承。本节中所要讨论的主要是其中位于离合器壳外面的部分。

3.3.1 离合器操纵机构的类型

按照分离离合器所需的操纵能源，离合器操纵机构有人力式（包括机械式和液压式）、气压式和助力式。前者是以驾驶员的肌体作为唯一的操纵能源。后者则是以发动机驱动的空气压缩机或其他形式能量作为主要操纵能源，而以人体作为辅助和后备的操纵能源。目前汽车离合器广泛采用的是机械式或液压式操纵机构。

机械式操纵机构使用两种类型：钢索式（图3-29）和杆系传动式（图3-30），杆系传动机构结构简单、工作可靠。但杆系传动机构中铰接点较多，随着铰接点磨损，操纵机构中过多的间隙使离合器踏板很难进行精密的空程调节，且质量大，机械效率低，车架和驾驶室的变形会影响其正常工作，在远距离操纵时布置也较困难。多用于东风、解放等大中型货车中。

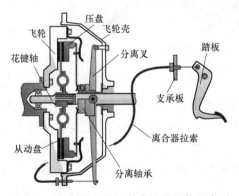

图3-29 离合器机械钢索式操纵机构示意图

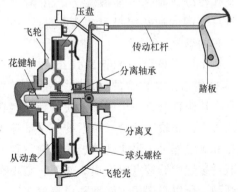

图3-30 离合器杆系传动式操纵机构示意图

钢索传动机构可克服上述缺点，且可采用适宜驾驶员操纵的吊挂式踏板结构。但其寿命较短，机械效率也不高。此形式多用于轻型轿车中。如国产桑塔纳、捷达等轿车及一汽佳宝、长安之星等微型面包车均采用这种形式。

液压式操纵机构主要由主缸、工作缸和管路等部分组成，具有传动效率高、质量小、布置方便、便于采用吊挂踏板、驾驶室容易密封、驾驶室和车架变形不会影响其正常工作、离合器接合较柔和等优点。此形式广泛应用于各种形式的汽车中。离合器液压式操纵机构又分为普通式外置分泵结构（图3-31）和同心式内置分泵（图3-32）两种结构。其中离合器普通式外置分泵的结构在小轿车上采用较多，丰田花冠、广州本田、帕萨特等轿车都采用此种结构。离合器液压同心式则在北京切诺基的离合器结构中得到运用。

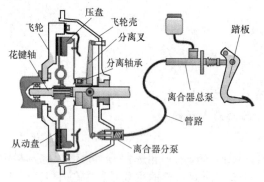

图3-31　离合器液压式普通操纵机构示意图

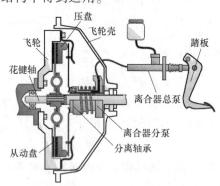

图3-32　离合器液压同心式操纵机构示意图

3.3.2　离合器操纵机构的结构与工作原理

1. 机械式操纵机构

典型杆系传动式离合器操纵机构总成（图3-33）包括踏板组件、调整推杆、调整螺母、分离叉、分离推杆、横轴、回位弹簧等。踩下踏板转动横轴，从而移动分离叉，使离合器分离。当放松踏板时，踏板回位弹簧使联动装置返回至其正常位置，并排除了分离叉上的压力。此动作使分离轴承与压盘分开。在调整推杆一端的调整螺母可实现踏板自由行程的调整。

典型离合器踏板和钢索式组件如图3-34所示，其拉索的一端连于踏板

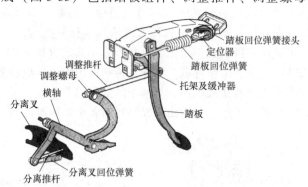

图3-33　杆系传动式离合器操纵机构

组件。该组件处有一个弹簧，使踏板保持在向上位置。拉索通过弹簧的张力和隔热板上固定的踏板缓冲止块支承着。拉索的另一端连于离合器分离叉的外端。此端上有螺纹，配有调整螺母和锁定螺母，可实现踏板的自由行程调整。该机构结构简单紧凑，柔性强，可消除轴和杆联动装置中铰接点的磨损。然而，它也有自身的缺点，钢索会逐渐拉长，并会由于电蚀产生断裂。所以只适用于轻型和微型汽车。

近年在许多车型上，拉索是自调节的。典型离合器钢索组件（带自动调整机构）如图3-35所示，其调整机构在离合器踏板4处。在踏板臂轴销2上自由套着棘轮1，离合器拉索6和棘轮1相连。只要能转动棘轮，就能拉动拉索，使离合器分离。从图中可以看到，在棘

轮上面有一棘爪 5，它和踏板上臂相连，通常情况下，棘爪总和棘轮相啮合。因此，只要踩下踏板，通过棘爪就能使棘轮转动，使离合器分离。当摩擦片磨损后，膜片弹簧的分离指连带分离轴承 14 向后退并以相反方向拉动拉索 6，由于棘轮可自由地逆时针方向转动，从而起到自动调整的作用，不会使分离指（或杆）和分离轴承之间出现负间隙。

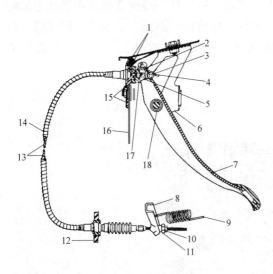

图 3-34　典型离合器踏板和钢索组件（不带自动调整机构）

1—钢索垫片　2—离合器踏板操纵机构　3—钢索球端　4—止推器　5—踏板缓冲止块　6—踏板支承　7—离合器踏板　8—分离杆　9—回位弹簧　10—锁定螺母　11—调整螺母　12—离合器壳　13—内钢索　14—钢索外皮　15—垫片　16—隔热板　17—钢索止动螺母　18—踏板轴

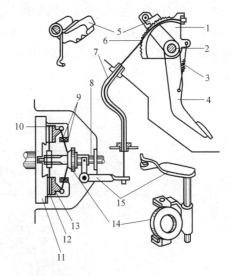

图 3-35　典型离合器钢索组件（带自动调整机构）

1—棘轮　2—踏板臂轴销　3—回位弹簧　4—离合器踏板　5—棘爪　6—拉索　7—拉索外套　8—套管　9—膜片弹簧支承环　10—分离钩　11—飞轮　12—从动盘　13—压盘　14—分离轴承　15—分离叉

2. 液压式操纵机构

液压式离合器操纵机构主要由离合器主缸（也称为总泵）、液压管路和离合器工作缸（也称为分泵）组成（图 3-36）。

（1）主缸的构造和工作原理

离合器液压式操纵机构如图 3-37 所示，主缸构造如图 3-37 上部所示。主缸的上部是储油罐，并有孔与主缸相通，阀杆后端穿在活塞的中心孔中，并可在孔中自由移动。后弹簧座紧靠在活塞的前端并被轴向定位，它可单向拉动阀杆，在阀杆的前端装有橡胶密封圈的阀门，后端装有锥形的回位弹簧。前弹簧座具有轴向中心孔和轴向径向的槽，回位弹簧安装在前后弹簧座之间。

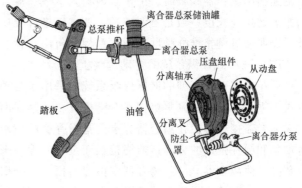

图 3-36　典型液压式离合器操纵机构

踩下离合器踏板时，活塞左移，在压缩回位弹簧的同时放松了阀杆，锥形回位弹簧使杆端阀门压紧在主缸的前端，密封了主缸与储油罐之间的通孔，继续踩下离合器踏板，则缸内油液就在活塞及皮圈的作用下，压力上升，并通过管路输向工作缸。工作缸内压力升高，推动活塞和推杆移动，使分离叉工作。

当抬起离合器踏板时，回位弹簧的一端使主缸活塞后移，另一端使前弹簧座压在主缸缸体的前端，活塞后移到位时，通过后弹簧座拉动阀杆及杆端密封圈阀门，压缩锥形弹簧，打开储油罐与主缸通孔，并通过前弹簧座径向和轴向槽，使管路与工作缸相通，整个系统无压力。

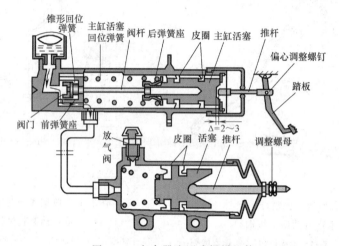

图 3-37 离合器液压式操纵机构

离合器主缸具有以下功能，使油液通过管路流至离合器分泵，通过使用进油孔和补偿孔对温度变化和最小油液损失进行补偿，以维持正确的流量；通过储油箱补偿孔排出流体，补偿了离合器从动盘和压盘的磨损，从而无须进行周期性调整。

（2）工作缸的构造

工作缸构造如图 3-37 下部所示。工作缸内装有活塞、两个皮圈、推杆和放气阀等。两个皮圈的刃口方向相反，其作用是不同的：左侧皮圈用来密封油液防止泄漏；右侧皮圈是防止迅速抬起离合器踏板时，工作缸内吸入空气。放气阀的作用是放净系统内的空气。主缸和工作缸的推杆长度一般是可调整的，如主缸推杆处所采用偏心螺钉和工作缸推杆处的调整螺母，以便通过调整推杆长度来调整踏板的自由行程。

（3）液压式操纵系统的自动调整机构

近年来在有些车型的液压操纵系统中采用了自动调整机构。不同于钢索式操纵系统，液压式操纵系统的自动调整机构不在踏板处，而是在离合器分泵处，其结构如图 3-38 所示。

离合器接合时，在离合器分泵内锥形弹簧的作用下通过分泵推杆经分离叉的推动，使分离轴承和膜片弹簧的分离指始终接触而没有间隙。来自总泵的油压进入分泵后，由活塞推动分泵推杆使离合器分离。离合器摩擦片磨损后，分离指连同分离轴承往后退，同时分泵推杆带动活塞克服锥形弹簧亦向后退，由于分泵中的锥形弹簧的弹力始终将分泵推杆抵压在分离叉上，从而使踏板的自由行程保持不变。由于锥形弹簧弹力甚小，所以对膜片弹簧压紧力的影响微不足道。

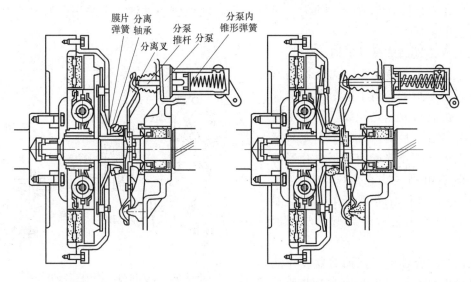

a) 离合器处于接合状态　　　　　　　b) 离合器处于分离状态

图 3-38　液压式操纵系统间隙自动调整机构

3. 助力式操纵机构

在机械式和液压式操纵机构中，为了降低踏板力，改善驾驶员的操作条件，常用各种助力器，其中用得较多的有机械式和气压助力式两种。

（1）弹簧助力机械式操纵机构

弹簧助力机械式助力器结构的工作原理如图 3-39 所示。离合器踏板上端轴销 A 处固联着一短臂，短臂末端 C 铰接了弹簧助力器，弹簧助力器另一端 B 则铰接在车身上。离合器踏板在松开位置时，短臂处于图中上方实线位置；当踩下离合器踏板时，短臂末端铰链 C 处的运动轨迹呈圆弧形。开始踩下踏板时，由于 C 点位于 AB 连线的上方，此时，助力弹簧所产生的作用力对销轴 A 的力矩是阻碍踏板运动的反力矩，反力矩随着踏板的下移而减少。当踏板转到 ABC 三点共线时，弹簧反力矩为零。踏板

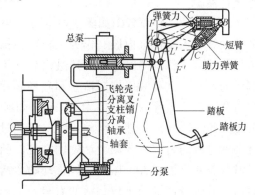

图 3-39　弹簧助力机械式助力器结构工作原理图

继续下移到 C 点位于 AB 连线下方，使弹簧作用力对销轴 A 的力矩方向与踏板力对销轴 A 的力矩方向一致时，就能起到助力作用。在踏板处于最低位置时，助力作用最大。助力弹簧的助力作用由负变正的过程是可以允许的，因为在踏板的前一段行程中，要消除自由行程，且离合器压紧弹簧的压缩力还不大，故总的阻力在允许的范围内。在踏板后段行程中，压紧弹簧的压缩量和相应的作用力继续增大到最大值。而在变速器换挡或汽车制动时，往往需要在离合器彻底分离后，将踏板保持在最低位置一段时间，这极易导致驾驶员疲劳，因而在踏板的后一段最需要助力作用。

弹簧助力机械式助力器结构简单，没有借助其他外力的帮助，故其助力效果有限（一

一般只能增加原踏板力的 20%～30%），所以只是在吨位较小的汽车上采用，如国产桑塔纳、捷达等轿车。

(2) 气压助力式操纵机构

在中型和重型货车上，离合器压紧弹簧的压紧力很大，为了减小所需踏板力，可在机械和液压式操纵机构中采用各种助力装置。目前，在汽车上尤其是在重型汽车上已经普遍使用了离合器助力器。图 3-40 所示为在东风 EQ 1141G 及东风 EQ 2100E6D 等型汽车的离合器操纵系统中使用了一种新型的气压助力器。

该汽车离合器的气压助力器设在液压操纵机构中，与气压制动系及其他气动设备共用一套压缩空气源。其主要由气压控制阀、液压缸、动力活塞、壳体四大部分组成。

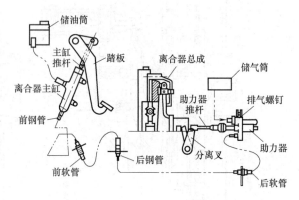

图 3-40　EQ 1141G 及 EQ 2100E6D 型汽车离合器操纵系统

为了使驾驶员能够随时感知并控制离合器分离或接合的程度，气压助力器的输出力与离合器踏板行程成一定的递增函数关系。此外，当气压助力系统失效时，也能保证借助人力操纵离合器。

助力器的工作原理图如图 3-41 所示。踩下离合器踏板时，从离合器主缸压出的液压油通过油管进入工作缸内腔，作为工作压力推动工作缸活塞右移。同时液压油还进入到气压控制阀的左腔，推动液压控制活塞和芯杆膜片总成右移，芯杆端部的排气口先被关闭，继而顶开提升阀，这样来自储气筒的压缩空气通过芯杆膜片总成的右腔进入动力活塞的左腔，随着提升阀开启行程增大，压缩空气推动动力活塞右移，并经推杆推动工作缸活塞右移，工作缸活塞所受的主缸液压作用力和助力气缸的气压作用力一起通过工作缸推杆传给离合器分离叉，使离合器分离。当松开离合器踏板时，油压下降，在压盘弹簧的作用下，反推助力器推杆、液压活塞、推杆和动力活塞，使动力活塞左腔压缩空气压力升高，推动芯杆膜片总成向左移动，提升阀在回位弹簧的作用下关闭。芯杆膜片右腔和动力活塞左腔的剩余压缩空气通过芯杆中的排气孔流入芯杆膜片左腔，经通气塞排入大气。在工作缸推杆的作用下，液压活塞回位，液压油反流入离合器主缸。

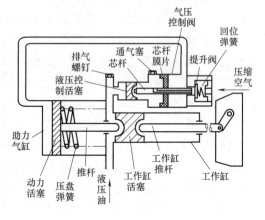

图 3-41　助力器工作原理图

如果气压助力系统失效，踩下踏板时，主缸来的液压油推动液压控制活塞右移至与提升阀座接触，液压控制活塞不再移动，由主缸来的液压油推动工作缸活塞使离合器分离。但这时踏板行程增大，所需的踏板力也较大。

3.3.3 电控式离合器

随着电子技术在汽车上应用，一种电控式自动离合器系统也进入了汽车领域。这种由电子控制单元（ECU）控制的离合器已经应用在一些轿车上，使手动变速器换挡的一个重要步骤——离合器的断开与接合能够自动地适时完成，简化了驾驶员的操纵动作。

传统离合器分有拉线和液压式两种，自动离合器也分为两种：机械电机式自动离合器和液压式自动离合器。机械电机式自动离合器的 ECU 汇集加速踏板、发动机转速传感器、车速传感器等信号，经处理后发送指令驱动伺服电动机，通过拉杆等机械形式驱使离合器动作；液压式自动离合器则是由 ECU 发送信号驱动电动液压系统，通过液压操纵离合器动作。下文主要介绍液压式自动离合器。

液压式自动离合器在目前通用的膜片式离合器的基础上增加了电子控制单元（ECU）和液压执行系统，将踏板操纵离合器液压缸活塞改为由开关装置控制电动液压泵去操纵离合器液压缸活塞。ECU 根据加速踏板、变速器挡位、变速器输入/输出轴转速、发动机转速、节气门开度等传感器反馈信息，计算出离合器最佳的接合时间与速度。自动离合器的执行机构由电动液压泵、电磁阀和离合器液压缸组成，当 ECU 发出指令驱动电动液压泵时，电动液压泵产生的高压油液通过电磁阀输送到离合器液压缸。通过 ECU 控制电磁阀的电流量来控制油液流量和油液的通道变换，实现离合器液压缸活塞的移动，从而完成汽车起动、换挡时的离合器动作。

图 3-42 所示为 EZ MATIC 自动离合器构成。该系统由执行器、ECU、变速杆及线束等部件组成。

ECU 通常放在驾驶室座位下，用于感应信号，发出指令控制执行器工作。执行器通常安装在发动机舱，对于液压式离合器则串联在离合器液压管路上即可，对于钢索式的则另加一条拉索就可以。无须改动原车的任何部件。线束上需要接发动机转速、车速、倒挡、制动、点火五个信号线。

变速杆上设有挂挡按钮和坡起（上坡起步控制）按钮。上方的按钮为变速时所使用，下方的按钮则帮助驾驶员在坡路起步时使用，避免车辆向后溜车。

ECU 接受汽车的速度、发动机转速、油压、制动踏板等的信号对其进行综合分析并根据驾驶员的意图将离合器分离及结合速度命令传至执行器的控制部件。控制离合器的油压或拉索并对离合器压盘进行直接控制。

另一种电控的自动离合器（Automatic Clutch System，ACS）是由 ECU、线束和插接器、传感器、离合器操纵机构、拉杆机构、显示单元等组成。

离合器操纵机构安装在变速器壳体上部，主要由电动机、螺旋传动、助力弹簧、拉索连杆、壳体、位移传感器、温度传感器等组成。拉杆机构安装在变速杆与下部横拉杆连接处，主要由连接构件、受力传感器等组成。ECU 安装在驾驶室内，由电源模块、单片机模块、电动机驱动模块、数据显示模块、控制软件等组成。挡位传感器安装在变速器壳体与选换挡轴连接处，制动传感器安装在制动踏板支架的制动灯开关连接处，共用传感器有原车配置的节气门位置传感器、发动机转速传感器、车速传感器、制动灯开关。显示单元安装在主仪表板内，主要由驱动模块、数码管等组成。线束和插接器利用原车主线束改制。

驾驶员拨动变速杆时，ECU 依据变速杆受力参数发出离合器分离指令，离合器操纵机构的电动机转动驱动螺母转动，螺母驱动螺杆在助力弹簧的助推下利用拉索连杆拉动离合器拉索实现离合器分离；ECU 依据新的挡位信号发出离合器结合指令时，电动机反向转动实现离合器结合。离合器操纵机构行程由传感器检测，据此 ECU 控制电动机的起动、停止和转速高、低来实现离合器位置与运行速度的自动调节，ACS 系统布置如图 3-43 所示。

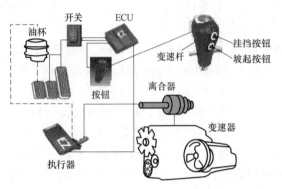

图 3-42　EZ MATIC 自动离合器构成

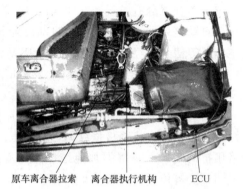

图 3-43　ACS 系统布置

具有自动离合器装置的汽车与自动变速器（AT）和无级变速器（CVT）汽车相比，它在运行经济性方面有优势，因为它的变速器还是手动变速器，因此耗油比较低，制造成本也低于 AT 和 CVT。但由于仍然要手动换挡，汽车操纵的便利性会逊色于 AT 和 CVT。

3.4　离合器的故障诊断与检修

重点掌握

1. 汽车离合器的常见故障有哪些？其诊断方法是怎样的？
2. 如何检查及调整离合器踏板自由行程？

离合器在使用过程中经常出现的故障有离合器打滑、离合器分离不彻底、离合器抖动、离合器异响等。

3.4.1　离合器常见故障与诊断

1. 离合器打滑

（1）故障现象

① 当汽车起步时，离合器踏板完全放松后，发动机的动力不能全部输出，造成起步困难。

② 汽车在行驶中车速不能随发动机转速提高而迅速提高，即加速性能差。

③ 汽车重载、爬坡或行驶阻力大时，由于摩擦产生高温而烧毁摩擦片，可嗅到焦臭味。

（2）故障原因

导致离合器产生打滑的根本原因：离合器压紧力下降和摩擦片表面技术恶化，使摩擦系数降低，从而导致摩擦力矩变小。其具体原因如下：

① 离合器踏板自由行程过小,当摩擦片稍有磨损,使分离轴承经常压在膜片弹簧上,导致压盘处于半分离状态。

② 离合器盖与飞轮的固定螺栓松动,膜片弹簧的弹力减弱,或弹簧因高温退火、疲劳、折断等原因而使弹力减小,致使压盘上的压力降低。

③ 摩擦片磨损过甚变薄,铆钉外露;摩擦片表面有油污、老化或烧毁。

④ 离合器压盘和从动盘变形或磨损变薄。

⑤ 分离轴承与分离套筒运动不自如。

(3) 故障诊断与排除方法

诊断方法:将驻车制动拉杆拉紧,变速器挂上低速挡,起动发动机后,踏下加速踏板,缓慢抬起离合器踏板,若汽车不能前进而发动机又不熄火,即为离合器打滑。

排除方法:首先检查离合器踏板自由行程,若不符合标准,故障由此引起;否则检查液压及机械操纵机构是否有卡滞。若有,则故障由此引起;否则应检查离合器盖与飞轮的固定螺栓是否松动。若松动,故障由此引起;否则应检查摩擦片表面是否粘有油污、硬化或铆钉外露等现象。若有,故障由此引起;若摩擦片完好,则应检查压紧弹簧的弹力,若弹力过弱,则故障由此引起。若上述检查均未发现问题,应检查压盘和飞轮摩擦表面的磨损及变形情况,若有伤痕或磨出台阶,或压盘、飞轮翘曲过大,则故障由此引起。

2. 离合器分离不彻底

(1) 故障现象

发动机在怠速运转时,离合器踏板完全踏到底,挂挡困难,并有变速器齿轮撞击声;若勉强挂上挡后,不等抬起离合器踏板,汽车就冲撞起动或发动机熄火;行驶时换挡困难,且变速器齿轮有撞击声。

(2) 故障原因

① 离合器踏板自由行程过大。

② 液压系统中有空气或油量不足有泄漏。

③ 分离叉支点或分离轴承磨损。

④ 分离杠杆内端高度不一致或过低、膜片弹簧分离指弹性衰损产生变形或内端磨损。

⑤ 新换摩擦片过厚或从动盘正反装错。

⑥ 从动盘毂键槽与变速器第一轴的花键配合过紧或拉毛、锈蚀而发卡。

⑦ 从动盘铆钉松脱、摩擦片破裂、钢片变形严重。

⑧ 压紧弹簧弹力不均或个别弹簧折断。

(3) 故障诊断与排除方法

诊断方法:

① 可在发动机起动后脱开离合器,试进行变速器齿轮啮合操作,此时若齿轮发出异响并难以啮合时,可判断为离合器分离不彻底。

② 也可将变速器挂入空挡,踏下离合器踏板,一人在下面用螺钉旋具拨动从动盘。如果能轻轻拨动,说明离合器能分离;如果拨不动,则说明离合器分离不彻底。

排除方法:首先检查离合器踏板自由行程,若行程过大则故障由此引起;否则,检查是否新换的摩擦片过厚。若过厚,则故障由此引起;否则,检查液压系统是否有泄漏或有空气,对机械式操纵机构则应检查钢索及传动杆件是否损坏、卡滞。若有,则故障由此引起。

如果上述调整、检查均无效，应将离合器拆卸并分解，检查各部件的技术状况，若有损伤部件则故障由此引起。

3. 离合器发抖（接合不平顺）

（1）故障现象

汽车起步时，离合器接合不平稳产生振抖，严重时会使整个车身发生振抖现象。

（2）故障原因

① 分离杠杆或膜片弹簧分离指内端面高度不一致。

② 压紧弹簧弹力不均、衰损、破裂或折断、扭转减振弹簧弹力衰损或弹簧折断。

③ 从动盘摩擦片接触不平、表面硬化或粘上胶状物，铆钉松动、露头或折断。

④ 飞轮工作面、压盘或从动盘钢片翘曲变形。

⑤ 从动盘上花键毂键槽磨损过甚或花键因锈蚀、脏污滑动不灵活。

⑥ 发动机前后支架的橡胶老化，固定螺栓松动或飞轮、离合器壳或变速器固定螺钉松动。

⑦ 变速器第一轴弯曲或与发动机曲轴中心线不同心。

⑧ 离合器总成与踏板之间的操纵机构连接松动。

（3）故障诊断与排除方法

诊断方法：使发动机怠速运转，反复以低速挡或倒车挡缓慢起步，判断离合器接合是否平顺，若车身抖动，即离合器发抖。当感觉不明显时，可改为陡坡道起步。

排除方法：首先用扳手检查变速器、发动机及飞轮的固定螺栓是否松动。若松动，则故障由此引起；若无松动，则检查离合器总成和踏板之间的液压操纵或机械操纵部件有无松动。若有，则故障由此引起；若无，则拆下离合器总成，检查各部件是否有损伤。若有，则故障由此引起。

4. 离合器异响

（1）故障现象

离合器在接合或分离时，出现不正常的响声。

（2）故障原因

① 离合器踏板没有自由行程，分离杠杆或膜片弹簧分离指内端和分离轴承总是接触。

② 离合器踏板回位弹簧过软、折断或脱落。

③ 分离套筒回位弹簧过软、折断或脱落。

④ 分离轴承或导向轴承润滑不良、磨损松旷或烧毁卡滞。

⑤ 从动盘扭转减振弹簧折断后，发生扭转振动时，发出振动声。

⑥ 从动盘摩擦片裂损、铆钉松动或露头、从动盘毂与变速器输入轴花键磨损严重。

（3）故障诊断与排除方法

诊断方法：发动机怠速运转，若在离合器接合时，或踩下离合器踏板少许消除自由行程后，或离合器踏板踩到底过程中，离合器发出不正常响声，则为离合器异响。

排除方法：

① 首先检查踏板自由行程是否正确，若不正确则故障由此引起。若正确，起动发动机进行下一步。

② 踩下离合器踏板少许，使分离轴承刚与分离杠杆接触时，若听到"沙、沙、沙"的

响声，先给分离轴承加油润滑，加油后若响声消失则为轴承缺油。若加油若响声仍不消失，则是分离轴承损坏。若不是，继续检查。

③ 改变发动机转速，并反复踩动离合器踏板，若发出"吭"或"咔"的响声，则故障可能是减振弹簧疲劳或断裂、从动盘与花键套铆接松动或是从动盘花键孔与轴配合松旷。若在离合器处于刚接合或刚分离时，发出"咔哒"的碰击声，则故障由摩擦片松动引起的；若发出金属刮研声，则故障是由铆钉露头引起的；若发出连续噪声或间断的碰击声，则故障由分离轴承与分离杠杆内端间隙引起的。若不是，继续检查。

④ 踏板踩到底，发出连续"咔嗒、咔嗒"声，分离不彻底时尤为严重，放松踏板后响声消失，则故障由离合器盖驱动窗孔与压盘凸块松旷或传动销与压盘孔配合松旷引起，双片离合器特别容易产生此故障。若不是，继续检查。

⑤ 当离合器踏板完全抬起时，听到有摩擦碰撞声，一般为分离轴承和膜片弹簧分离指之间间隙太小所致。若分离套筒回位弹簧失效，踏板虽已抬起，但分离轴承没有回位，或踏板回位弹簧失效，当用手将离合器踏板拉起时，声音消失，则证明是踏板回位弹簧失效。

故障诊所

故障一：一辆皇冠2.8L轿车，在急速踏下离合器踏板时，离合器可以分离，但踩住离合器踏板一段时间后或慢慢踏下离合器踏板时，离合器无法分离。

诊断与排除：造成此故障的原因是液压制动主缸皮碗老化、磨损，并有纵向沟槽，主缸筒内壁磨损严重。因此当急踩下离合器踏板时，由于制动液的黏性、流体惯性、制动液从主缸皮碗口及沟槽部位泄漏量较少，皮碗前方的制动液量和压力较大，离合器能够分离。当慢踩离合器踏板或踩住离合器踏板一段时间后时，主缸皮碗前方的压力油就会沿皮碗口及沟槽部位被挤回皮碗后方的真空腔，造成压力无法建立，离合器无法分离。进行换件修复后，故障排除。

故障二：一辆带离合器的车，驾驶员诉说当松开离合器踏板时会听到一种金属刮擦声。

诊断与排除：此故障为离合器从动盘摩擦片过度磨损后，固定摩擦片的铆钉外露刮擦到飞轮或压盘的表面并磨损表面。这时应拆解离合器，视飞轮或压盘磨损程度加工其表面或更换新件，同时更换离合器从动盘。

3.4.2 离合器主要零部件的检修

1. 从动盘的检修

从动盘的主要损伤有摩擦片的磨损变薄、烧蚀、表面龟裂、油污、铆钉外露或松动，以及从动盘钢片翘曲、减振弹簧损坏、花键轴套内的花键磨损等。

1）检查时用小锤敲击摩擦片，若声音沙哑时，说明铆钉松动，铆紧或更换铆钉即可。

2）检查从动盘表面存在烧焦、油污、开裂和减振器弹簧折断时，应更换新片。对有严重油污的，还应检查曲轴后油封与变速器一轴的密封情况。

3）检查摩擦片的磨损程度：用卡尺测量铆钉头的深度，如图3-44所示，铆钉头的最小深度为0.3～0.5mm，超过极限值应更换摩擦片。

4）检查从动盘的轴向圆跳动，如图3-45所示，其轴向圆跳动的最大值为0.5～0.8mm，超过此极限值，则应对从动盘进行校正（图3-46）或更换。

5）将从动盘装到输入轴上，检查滑动状态及旋转方向的松动。若滑动不良应予以清洗。若松动明显，应更换从动盘或输入轴，或同时更换两者。

图 3-44 从动盘摩擦片磨损的检查

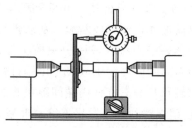

图 3-45 从动盘轴向圆跳动的检查

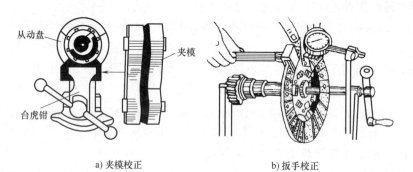

a）夹模校正　　　　　　b）扳手校正

图 3-46 从动盘的校正

2. 飞轮的检修

飞轮的主要损伤为飞轮后端面磨损或擦伤、飞轮翘曲变形、齿圈轮齿磨损等。当齿圈磨损超限时应更换；当飞轮端面磨损沟槽或平面度误差超过极限值时应修平平面或更换；当飞轮的轴向圆跳动超过极限值（极限值一般为 0.2mm），则应修理或更换飞轮，检查方法如图 3-47 所示。

3. 离合器压盘组件的检修

（1）压盘端面跳动的检查

离合器压盘的主要损伤有工作表面的磨损，严重时会出现磨损沟槽。使用不当时，甚至引起翘曲或破裂现象。

对于压盘的轻度磨损、不平或烧蚀可先进行光磨。光磨后，其厚度不应小于极限尺寸（或极限减薄量不得大于规定值，一般为 1~1.5mm）和平面度误差不得大于规定值（0.1~0.2mm）；修整后压盘应进行静平衡试验。对于有严重磨损刮痕，甚至出现裂纹，引起离合器工作振抖时，则必须予以更换。用百分表检查压盘轴向圆跳动，如图 3-48 所示，将压盘固定在芯轴上，使用极限为 0.2mm。若压盘铆接点损坏或开铆，应更换压盘。

（2）离合器盖的检修

离合器盖与飞轮的结合平面的平面度公差应符合规定值（0.5mm）。如有翘曲、裂纹或变形，应更换新件。

（3）压紧弹簧的检修

膜片弹簧因经受长时间负荷的作用而疲劳，易造成弯曲、折断或弹力减弱，影响其动力的传递。若弯曲必须进行校正，折断应予以更换。

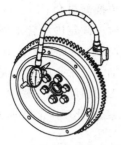
图 3-47 飞轮轴向圆跳动的检查

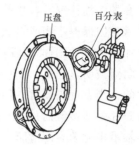
图 3-48 压盘轴向圆跳动的检查

用游标卡尺测量膜片弹簧内端磨损的深度和宽度，如图 3-49 所示，如丰田海狮汽车的宽度极限值为 5.0mm，深度极限值为 0.6mm，若超过上述极限值，应更换膜片弹簧。

膜片弹簧高度若发生变化，表示膜片弹簧弹力不足，必须更换。可用卡尺检查膜片弹簧的高度，如图 3-50 所示，其与标准高度相差不应大于 0.5mm。

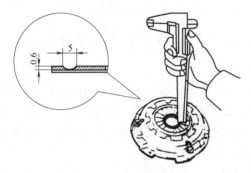
图 3-49 检查膜片弹簧

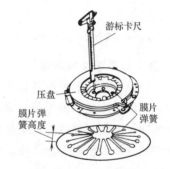
图 3-50 膜片弹簧高度的检查

膜片弹簧在使用中易出现弯曲，因此，需要进行检查与调整。具体方法如下：膜片弹簧装复后，使弹簧片的内端均在同一平面，然后用塞尺测量弹簧内端和平面之间的间隙，如图 3-51 所示，此间隙不得超过 0.5mm，若过大，则应进行调整。调整时用专用工具，把弹簧弯曲到正确的对准位置，如图 3-52 所示。

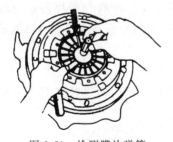
图 3-51 检测膜片弹簧

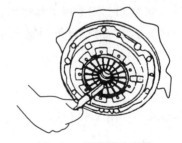
图 3-52 调整膜片弹簧

螺旋压紧弹簧当自由长度减小值大于 2mm，在全长上的偏斜超过 1mm，或断裂时，应予以更换。

4. 分离杠杆、分离叉和分离轴承的检修

分离杠杆的端面磨损严重或变形，应更换；若与分离轴承接触面有异常磨损，应予更换。安装前应对注油部位填充少量润滑脂。取出及注油参考图 3-53、图 3-54。检查离合器分离叉支承衬套的磨损情况，若松旷会使离合器操纵沉重，应更换新衬套。

分离轴承常因保养不当或自然磨损、松旷而损坏。检查时，固定内缘转动外缘，同时在轴向方向施加压力，如图3-55所示，检查轴承有无烧蚀、损伤、异常响声、旋转不平滑等现象，若有阻滞或明显间隙，则应更换分离轴承。由于分离轴承是永久的加注润滑而不需要加以润滑油的，当发现脏物时，用干布擦净即可，出现噪声无法消除时，必须更换。检查与分离轴承的膜片弹簧接触面是否有磨损。若与轴承的分离叉接触面有异常磨损，应予更换。

注意：分离轴承中充填有润滑脂，因此，请勿用油类等清洗。

  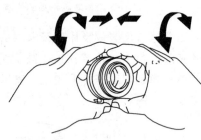

图3-53　分离叉的取出　　图3-54　分离叉注油部位　　图3-55　检查分离轴承

5. 总泵、分泵零件的检修

总泵、分泵是离合器操纵机构中的主要部件，一般情况下不易损坏。但有时也会出现漏油、卡滞或不能产生足够液压等故障。漏油一般是由于密封橡胶磨损、腐蚀所致，因此，对因磨损而腐蚀了的密封橡胶进行更换即可。如果是因为泵体损伤而出现的卡滞或缸与活塞磨损配合间隙超过极限值而不能产生足够液压等故障，则应更换泵体。

3.4.3　离合器装配与调整

1. 离合器的装配

离合器修复后应进行离合器的安装与调整，其装配顺序是先装配离合器盖与压盘总成，然后将总成和从动盘安装到飞轮上。

（1）安装从动盘

如图3-56所示，用专用工具将离合器从动盘装在飞轮上，使离合器片齿槽中心与导向轴承中心对正。装配时应仔细观察离合器从动盘的设计，表面是否有油污，并将从动片上较长的一端背向飞轮。

（2）安装离合器盖

安装时，首先应对正离合器盖飞轮上所做的装配记号，再均匀地以规定的力矩分2~3次拧紧各螺栓，如图3-57所示。

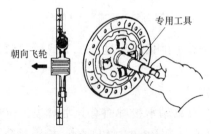 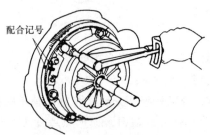

图3-56　从动盘的安装　　　　图3-57　离合器盖的安装

（3）分离拨叉及分离轴承的安装

装复前应在分离叉和套的接触部位、分离叉和推杆的接触点、分离轴承的内沟槽等部位涂上锂基润滑脂。然后再将防尘套、分离叉、轴承套和轴承装到变速器上。装后应再检查一下工作是否正常。

2. 离合器的调整

（1）分离杠杆高度的调整

对周布弹簧式离合器装配修复后，需查看各分离杠杆内端与分离轴承的接触情况，要求各分离杠杆内端位于同一平面，误差应符合原厂规定，一般不大于0.25mm。如果不符合要求，就应进行调整。方法就是旋动分离杠杆内端或外端的调整螺栓进行调整。

（2）离合器踏板自由行程的调整

1）机械操纵式离合器踏板自由行程的调整，一般是通过分离叉推杆调整螺母调整拉杆或钢索长度，使离合器踏板自由行程符合规定。

① 推杆式操纵机构。图3-58所示为金杯SY6480轻型客车离合器踏板自由行程的调整，调整步骤：拧松锁紧螺母，旋转推杆直到自由行程在5～15mm为止；拧紧锁紧螺母；调整自由行程后，检查踏板高度是否为170mm，否则应调整踏板高度和推杆行程。

② 钢索式操纵机构。如上海桑塔纳轿车离合器踏板的自由行程为15～25mm，总行程为（150±5）mm。它是靠离合器拉索的调整来进行的，具体方法可通过改变图3-59所示的螺母（箭头所指）来进行。

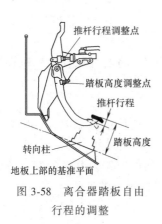

图3-58　离合器踏板自由
行程的调整

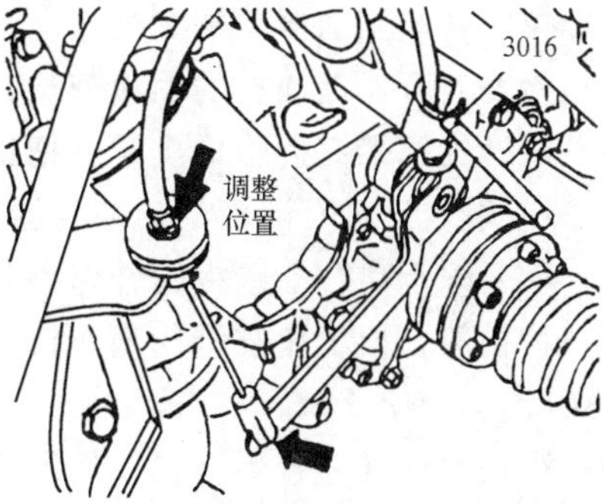

图3-59　桑塔纳离合器踏板
自由行程的调整

2）液压式操纵机构踏板自由行程一般是主缸活塞与其推杆之间和分离杠杆内端与分离轴承之间两部分间隙之和在踏板上的反映。因此，踏板自由行程的调整实际上就是这两处间隙的调整。

调整时，先调整主缸活塞与推杆的间隙。调整方法有两种：一种是通过调整螺母调整推杆长度；另一种是通过偏心螺栓调整推杆伸出长度。

BJ2020型汽车离合器液压式操纵机构如图3-60所示。BJ2020型是通过偏心螺栓调整推杆伸出长度，使其与活塞间隙为0.5～1.0mm，测量反映到踏板上的自由行程应为3～6mm。再通过调整分离叉推杆长度调整分离轴承与分离杠杆间的间隙，使踏板自由行程总量符合要求（BJ2020型汽车踏板自由行程总量为32～40mm）。这样分离轴承至分离杠杆的间隙也就达到了规定值（2～5mm）。

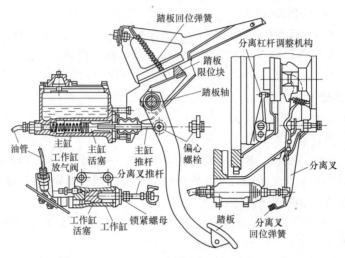

图 3-60 BJ2020 型汽车离合器液压式操纵机构

3. 离合器液压系统的放气

如果空气混入离合器液压回路，则会因离合器分离不彻底而引起其缓慢拖滞。当总泵储油罐制动液降得很低，或者拆开管路时，由于空气进入液压系统，离合器将不能正常工作，这时必须通过放气阀把液压系统中的空气放掉。放气操作需要由两人来协同进行，具体步骤如下：

1) 拉紧驻车制动器手柄。

2) 检查离合器储油杯的油液液位，需要时加以补注。

3) 从排气塞螺钉拆除橡皮罩，把排气塞螺钉擦拭干净，将乙烯软管的一端接到排气塞螺钉，另一端放进带有溶液的透明容器内。

4) 反复踩下离合器踏板，并保持其被踩下的状态。

5) 拧松离合器工作缸排气塞螺钉，将带气泡的离合器液排进容器内，然后立即拧紧排气塞螺钉。

6) 缓慢地放开离合器踏板。反复进行上述作业，直到往容器内泵送的制动液的气泡消失为止。在排气过程中，要使离合器储油杯内的制动液保持规定的液位。

3.5 实验实训

安全提示

1. 在对离合器进行拆装时，一定要用举升设备支承好车辆。
2. 在安装离合器时，注意不要将手指放在零件和盖或飞轮之间以免被夹伤。
3. 检修离合器要选用合适的工量具。

离合器的拆装、检修与调整

1. 实验实训目的

1) 熟悉离合器的拆装顺序。

2）初步掌握离合器各零部件的检修方法。

3）掌握离合器及其踏板自由行程的调整要领。

2. 实验实训设备及工、量具

1）轿车和货车离合器总成数台。

2）离合器拆装作业台，专用夹具数套。

3）常用工具、量具及专用工具数套。

3. 实验实训基本方法

(1) 离合器的拆卸（图3-61）

1）拆卸顺序

① 拆去变速器及其固连在第一轴上的分离轴承。

② 拆去分离拉杆、分离叉及其飞轮壳。

③ 将导向心轴插入离合器从动盘总成的花键毂中，起定位作用。

④ 按对角卸下离合器盖与飞轮间的连接螺栓，应先松一圈，然后逐渐卸下。

⑤ 卸下离合器盖压盘总成。若需要再在专用工具——压紧装置上继续分解。

⑥ 将从动盘总成和导向心轴一起取下。

2）拆卸时的注意事项

① 为了保持离合器的原有平衡，从飞轮上拆下离合器时，应检查其原有记号，若无拆装标志，应予补作后再开始拆卸。

② 离合器分解时，为防止离合器盖变形和零件的弹出，必要的地方应用专门的工具压紧拆卸。

③ 不得用油清洗摩擦片和分离轴承。其余零件清洗后，应放置整齐，以备检查。

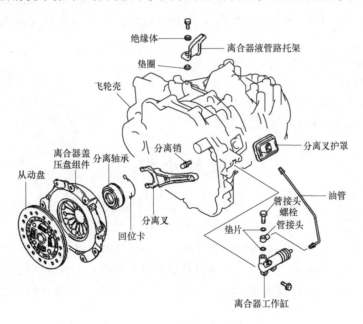

图3-61 离合器的拆卸

3）离合器的分解（图3-62）

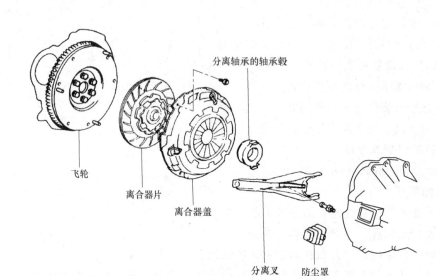

图 3-62 离合器部件分解图

① 膜片弹簧式离合器的分解:分解前应做出装配标记,以便装合时辨别,保持原有的平衡状态。分解时应用专用工具压紧拆卸。在拆卸变速器后,拆卸离合器盖组件和从动盘;将每个螺栓稍微拧松一圈,直到弹簧所受的压力完全消失为止,以避免外壳变形;拆卸最后一个螺栓时,用手扶着离合器,慢慢旋出螺栓,取下离合器盖及从动盘等;最后从变速器上拆下分离轴承、轴承套和分离叉。

② 周布弹簧式离合器的分解:在离合器盖和压盘上做好记号。用压床或压具将压紧弹簧压缩,拆下分离杆支架螺栓,放松压力,取下离合器盖、压紧弹簧及隔热垫圈;拆下开口销,冲下分离杆滚针轴承销,取出分离杆及滚针轴承;冲出分离杆支架销,取出支架及滚柱。

(2) 离合器零件的检修

离合器零件的检修参见 3.4.2。

(3) 离合器的装配调整

离合器的装配调整参见 3.4.3。

项目小结

1. 离合器是一种根据驾驶员意愿来连接或脱开通往变速器动力传递的机械装置。其功用包括:保证汽车平稳起步;便于变速器的换挡;防止传动系过载。
2. 离合器由主动部分、从动部分、压紧装置、分离机构和操纵机构五部分组成。
3. 压盘的传动、导向和定心方式有传动片式、凸台窗口式、传动销式和传动块式。
4. 离合器的自由间隙是指离合器处于正常接合状态时,在分离杠杆内端与分离轴承之间所预留的间隙。
5. 离合器踏板的自由行程是指为消除离合器自由间隙及机件弹性变形所需的离合器踏板行程。
6. 膜片弹簧式离合器具有自动调节压紧力的特点和操纵轻便的特点。

项目3 离合器的构造与检修

7. 为了避免共振、缓和传动系统所受的冲击载荷,在离合器中装设了扭转减振器。

8. 离合器的操纵机构分为机械式、液压式两种操纵形式,其中机械式操纵机构又分为杆系传动控制型和钢索操纵两种,液压式又分为普通式和同心式两种。

9. 电控式离合器能自动适时地断开与接合,简化了驾驶员的操纵动作。

10. 离合器常见故障有离合器打滑、离合器分离不彻底、离合器抖动、离合器异响等。

11. 检修离合器系统时,应按厂家提出的检修程序进行。

复习思考题

1. 汽车传动系统中为什么要装离合器?摩擦式离合器分为哪些类型?
2. 叙述离合器的基本组成和工作原理。
3. 什么是离合器踏板的自由行程?为什么要有自由行程?如何检测及调整?
4. 膜片弹簧离合器有何特点?膜片弹簧离合器主要有哪几种传动形式?
5. 从动盘主要有哪几种形式?简述带扭转减振器的从动盘的构造和工作情况。
6. 离合器的操纵机构有哪些类型?各有什么特点?
7. 离合器的常见故障有哪些?如何判断这些故障?

项目 4

手动变速器的构造与检修

 学习目标：

1. 掌握汽车传动系统中手动变速器的作用和变速、变矩的基本原理。
2. 掌握两轴式和三轴式手动变速器的构成、工作原理及动力传递过程。
3. 理解同步器的工作原理，掌握锁环式和锁销式同步器的结构和工作过程。
4. 掌握手动变速器换挡操纵装置构成及其工作原理。
5. 掌握手动变速器的拆装与检修。

4.1 手动变速器的认识

重点掌握

1. 什么是汽车变速器？
2. 汽车变速器主要有何功用？有哪些类型？
3. 手动变速器是怎样实现变速、变矩的？

4.1.1 变速器的功用

汽车上广泛采用的活塞式内燃机，其转矩和转速变化范围较小，而复杂的道路使用条件则要求汽车驱动力和车速能在相当大的范围内变化。为此，在汽车的传动系统中装有变速器，其功用如下：

1) 实现变速变矩。变速器通过改变传动比，扩大驱动轮转矩和转速的变化范围，以适应经常变化的行驶条件，同时使发动机在有利的工况下工作。

2) 实现汽车倒驶。由于内燃机是不能反向旋转的，利用变速器的倒挡，实现汽车的倒向行驶。

3) 必要时中断传动。利用变速器中的空挡，中断动力传递，使发动机能够起动和怠速运转，满足汽车暂时停车或滑行的需要。

4) 实现动力输出，驱动其他机构。若有需要，可将变速器作为动力输出器，驱动其他机构。如自卸车的液压举升装置等。

4.1.2 变速器的类型

1. 按传动比变化方式分类

（1）有级变速器

目前使用最广的一种。它采用齿轮传动，具有若干个定值传动比，传动比成阶梯式变化。轿车和轻、中型货车变速器的传动比通常有 3~6 个前进挡和一个倒挡，在重型货车用的组合式变速器中，则有更多挡位。

（2）无级变速器

其传动比在一定范围内可连续地变化。常见的有电力式和液力式两种，多用液力式。

（3）综合式变速器

它是由液力变矩器和齿轮式有级变速器组成的液力机械式变速器，目前应用较多。

2. 按操纵方式不同分类

（1）手动操纵式变速器

靠驾驶员直接操纵变速杆进行换挡。这种变速器的换挡机构简单，工作可靠并且经济省油，目前应用最广。

（2）自动操纵式变速器

其传动比的选择和换挡是自动进行的。所谓"自动"，是指机械变速器每个挡位的变换是借助反映发动机负荷和车速的信号系统来控制换挡系统的执行元件而实现的。驾驶员只需操纵加速踏板和制动装置来控制车速。此种方式因操作简便，目前运用较多。

（3）半自动操纵式变速器

此种变速器有两种形式：一种是几个常用挡位可自动操纵，其余几个挡位由驾驶员操纵；另一种是预选式的，即驾驶员先用按钮选定挡位，在踩下离合器踏板或松开加速踏板时，接通自动控制和执行机构进行自动换挡。

本章将以手动操纵普通齿轮变速器为重点进行学习。

4.1.3 手动变速器的工作原理

1. 变速变矩原理

手动变速器是利用不同齿数的齿轮啮合传动实现转速和转矩改变的。

我们知道，一对齿数不同的齿轮啮合传动时可以变速。两齿轮的转速与其齿数成反比。设主动轮转速为 n_1，齿数为 z_1，转矩为 M_1；从动轮转速为 n_2，齿数为 z_2，转矩为 M_2，则两轮传动比（主动轮转速与从动轮转速之比值）i_{12} 为

$$i_{12} = \frac{n_1}{n_2} = \frac{z_2}{z_1} \quad \text{故} \quad n_2 = n_1 \frac{z_1}{z_2}$$

当 $z_1 < z_2$ 时，$i > 1$，$n_2 < n_1$，称为减速传动（图 4-1a）；当 $z_1 > z_2$ 时，$i < 1$，$n_2 > n_1$，称为增速传动（图 4-1 b），这就是齿轮传动的变速原理。

由于 $i_{12} = \frac{n_1}{n_2} = \frac{M_2}{M_1}$，可见传动比既是变速比也是变矩比，齿轮式变速器在改变转速的同时也改变了输出转矩，降速则增矩，增速则降矩。汽车变速器就是利用这一原理，通过改变传动比来改变输出转速和转矩，以适应汽车行驶阻力的变化。

一对齿轮传动只能得到一个固定的传动比，从而得到一种输出转速，并构成一个挡位。为了扩大变速器输出转速和转矩的变化范围，普通齿轮的变速器通常都是采用多组大小不同的齿轮啮合传动，这样就构成了多个不同的挡位，对应于不同的挡位，均有不同的传动比值，从而可得到多种不同的输出转速和转矩。

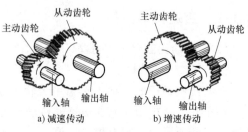

图 4-1 齿轮传动的基本原理

汽车上使用的手动变速器，可分为两轴式和三轴式两种。两轴式变速器如图 4-2 所示，其前进挡由输入轴（也称为第一轴）和输出轴（也称为第二轴）及其齿轮组成。其主动齿轮都安装在输入轴上，从动齿轮都安装在输出轴上，各挡的传动比都等于该挡从动齿轮齿数与主动齿轮齿数之比值，即前进挡均为单级齿轮传动。

三轴式变速器如图 4-3 所示，其前进挡均为双级齿轮传动，由输入轴（第一轴）、输出轴（第二轴）和中间轴及其齿轮组成。输入轴与输出轴在同一条轴线上。输入轴上只有一个齿轮 1（为主动齿轮）与中间轴上的齿轮 2（为从动齿轮）常啮合，构成第一级齿轮传动；中间轴上的其他齿轮均作为主动轮分别与输出轴上相应的齿轮（为从动齿轮）相啮合，构成第二级齿轮传动。

由齿轮传动的原理可知，这样的多级齿轮传动的传动比为

$$i=\frac{\text{所有各级从动齿轮齿数的连乘积}}{\text{所有各级主动齿轮齿数的连乘积}}=\text{各级齿轮传动比的连乘积}$$

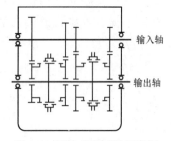

图 4-2 两轴式变速器示意图

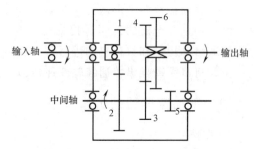

图 4-3 三轴式变速器示意图

2. 换挡原理

变速器的换挡，通常采用接合套、滑移齿轮或同步器等装置使齿轮或齿圈啮合或脱开来实现。如图 4-3 中，将齿轮 3 与齿轮 4 脱开，再将齿轮 6 与齿轮 5 啮合，传动比改变，输出轴的转速、转矩也发生变化，即挡位改变。

在变速器中，我们把传动比值 $i>1$ 的挡位称为降速挡，即其输出轴转速低于发动机转速；$i=1$ 的挡位称直接挡，即其输出轴转速与发动机转速相等；$i<1$ 的挡位称为超速挡，即其输出轴转速超过发动机的转速。习惯上把变速器传动比值较小的挡位称为高挡，传动比值较大的挡位称为低挡；由低挡向

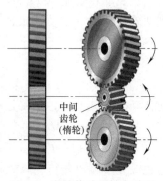

图 4-4 齿轮传动的转向关系

高挡变换称为加挡（或升挡），反之称为减挡（或降挡）。变速器就是通过挡位变换来改变传动比，从而实现多级变速的。

3. 变向原理

由齿轮传动原理可知，一对相啮合的外齿轮旋向相反，每经过一传动副，其轴改变一次转向（图 4-4）。故两轴式变速器在输入轴与输出轴之间加装了一倒挡轴和倒挡齿轮（也称为惰轮），而三轴式变速器则在中间轴与输出轴之间加装了一倒挡轴和倒挡齿轮，就可使输出轴转向改变，从而使汽车能倒向行驶。

4.2 手动变速器的变速传动机构

重点掌握

1. 手动变速器的变速传动机构主要由哪些部分组成？
2. 手动变速器的变速传动机构是如何进行传动的？
3. 两轴式变速器和三轴式变速器有什么区别？

变速器包括变速传动机构和换挡操纵机构两部分。

变速传动机构是变速器的主体，主要由一系列相互啮合的齿轮副及其支承轴，以及作为基础件的壳体组成。其功用是改变转速、转矩和旋转方向。操纵机构的功用是实现换挡。

4.2.1 二轴式变速器

在发动机前置前轮驱动（FF 型）和发动机后置后轮驱动（RR 型）的中、轻型轿车上，由于布置的需要，采用了两轴式变速器，如奥迪 100、一汽捷达、神龙富康、天津威驰、东南菱帅等轿车。其特点是，只有输入轴和输出轴（不包括倒挡轴）两根轴，无中间轴，且输入轴与输出轴平行。

前置发动机又有纵向布置（如奥迪 100、桑塔纳）和横向（宝来、一汽捷达、东南菱帅、花冠、威驰）布置两种形式，与其配用的两轴式变速器也有两种不同的结构形式。

1. 发动机前置纵向布置的二轴式变速传动机构

当发动机前置纵向布置时，发动机旋转方向与车轮旋转方向垂直，主减速齿轮为一对锥齿轮。图 4-5 所示为奥迪 100 型轿车变速器结构图。它有五个前进挡和一个倒挡，全部采用同步器换挡；主减速器、差速器与变速器均装于同一壳体中。

变速器壳体由铝合金的前壳体和后壳体（变速器盖）两部分组成。

变速器的输入轴由一个球轴承和两个输入轴滚针轴承支承。一挡、二挡、倒挡主动齿轮与轴制成一体，三挡、四挡主动齿轮分别用滚针轴承空套在输入轴上，而五挡主动齿轮压入在输入轴上。轴的花键上套有三/四挡同步器的花键毂。轴的油封装在离合器分离轴承的定位套筒上。

变速器的输出轴两端用圆锥滚子轴承支承在壳体上，且在后端轴承处有一控制轴热膨胀长度的调节器。轴前端与主减速器主动锥齿轮制成一体，一挡、二挡、五挡、倒挡从动齿轮分别用滚针轴承空套在轴上，并分别装有承受轴向力的卡环。五/倒挡和一/二挡同步器花键

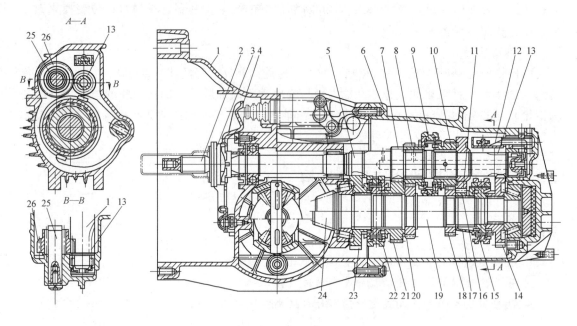

图 4-5 变速器结构图

1—变速器前壳体 2—输入轴 3—分离轴承 4—分离杠杆 5—输入轴一挡齿轮 6—变速器后壳体 7—输入轴二挡齿轮 8—输入轴三挡齿轮 9、15、22—接合套 10—输入轴四挡齿轮 11—输入轴五挡齿轮 12—集油器 13—输入轴倒挡齿轮 14—输出轴倒挡齿轮 16—输出轴五挡齿轮 17—隔离套 18—输出轴四挡齿轮 19—输出轴 20—输出轴三挡齿轮 21—输出轴二挡齿轮 23—输出轴一挡齿轮 24—主减速器主动锥齿轮 25—倒挡中间轴 26—倒挡中间齿轮

毂分别用花键和轴相连,且用卡环轴向定位。集油器把飞溅的润滑油收集起来,并通过孔道流至输入轴和输出轴右端的轴承处,以保证其充分润滑。

奥迪100型轿车变速器各挡齿轮的传动路线及传动比见图4-6及表4-1。

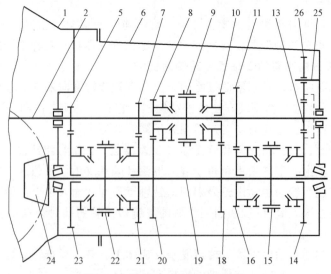

图 4-6 奥迪100型轿车变速器
(图注同图4-5)

表 4-1 奥迪 100 型轿车变速器的动力传递路线及传动比

挡位	动力传递路线	传动比
空挡	操纵变速杆,使各挡同步器接合套处于中间位置,此时动力不传给输出轴	
一挡	操纵变速杆,将接合套 22 左移,动力由输入轴依次经齿轮 5、齿轮 23、同步器花键毂传给输出轴	39/11 = 3.545
二挡	操纵变速杆,将接合套 22 右移,动力由输入轴依次经齿轮 7、齿轮 21、同步器花键毂传给输出轴	40/19 = 2.105
三挡	操纵变速杆,将接合套 9 左移,动力由输入轴依次经同步器的花键毂、齿轮 8、齿轮 20 传给输出轴	40/28 = 1.429
四挡	操纵变速杆,将接合套 9 右移,动力由输入轴依次经同步器花键毂、齿轮 10、齿轮 18 传给输出轴	35/34 = 1.029
五挡	操纵变速杆,将接合套 15 左移,动力由输入轴依次经齿轮 11、齿轮 16、同步器花键毂传给输出轴	31/37 = 0.838
倒挡	操纵变速杆,将接合套 15 右移,动力由输入轴依次经倒挡齿轮 13、倒挡中间齿轮 26、输出轴倒挡齿轮 11 及同步器花键毂传给输出轴,反向输出动力	35/10 = 3.5

由上述分析可知,两轴式变速器挂前进挡时,从输入轴到输出轴只通过一对齿轮传动,而倒挡传动路线也只加一个中间齿轮,因而机械传动效率高,噪声小。

2. 发动机前置横向布置的二轴式变速传动机构

当发动机横置时,由于变速器的输出轴与驱动桥轴线平行,故主减速器采用一对圆柱斜齿轮,如宝来、捷达、东南菱帅、花冠、威驰等新型国产轿车的变速器均为该种形式。

图 4-7 所示为一汽宝来的 MQ200—02T 五挡变速器结构图。它有五个前进挡和一个倒挡,全部采用同步器换挡。输入轴也是离合器的从动轴,其前端通过滚针轴承支承在离合器壳体上,后端用滚珠轴承支承在变速器壳体上,其上制有倒挡和一挡、二挡固定齿轮,安装有三挡、四挡、五挡换挡齿轮及同步器。输出轴的前端通过滚针轴承支承在离合器壳体的支承孔内,后端则通过滚珠轴承支承在变速器壳体上。输出轴上用花键套

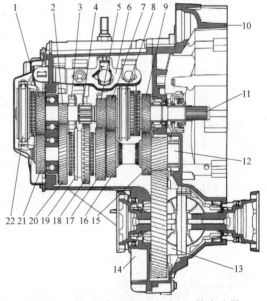

图 4-7 一汽宝来 MQ200—02T 五挡变速器
1、2、4、5、7、9—五、一、倒、二、三、四挡主动齿轮
3—倒挡齿轮 6—换挡操纵装置 8—三/四同步器
10—离合器壳 11—输入轴 12—输出轴 13—差速器 14—变速器壳 15、16、17、18、20、21—四、三、二、倒、一、五挡从动齿轮 19—一/二挡同步器 22—五挡同步器

装着三挡、四挡、五挡固定齿轮与一/二挡同步器的花键毂和接合套,在一/二挡同步器处于中间位置时,其接合套上的直齿倒挡换挡齿轮与输入轴上的倒挡齿轮,通过安装在倒挡轴上的中间齿轮的移动可以形成倒挡。

倒挡轴是固定式轴,其轴端以过盈配合装配于壳体上的轴承孔内,其上套装有倒挡齿轮。

一汽宝来 MQ200—02T 各挡齿轮动力传递路线如下：

一挡：操纵换挡装置使一/二挡同步器左移，发动机动力经一挡主动齿轮、一挡从动齿轮、同步器接合套和花键毂传至输出轴输出。一挡传动比 $i_1 = 33:10 = 3.3$，由于一挡传动比数值较其他挡位大，可产生较大的减速增矩效果，有利于汽车起步，如图 4-8 所示。

二挡：操纵换挡装置使一/二挡同步器右移，发动机动力经二挡主动齿轮、二挡从动齿轮、同步器接合套和花键毂传至输出轴输出。二挡传动比 $i_2 = 35:18 = 1.944$，仍产生减速增扭效果，但相对于一挡车速较快，有利于汽车升速，如图 4-9 所示。

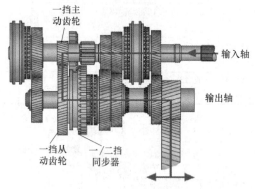

图 4-8　一挡动力传递路线

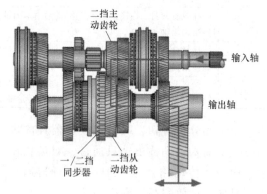

图 4-9　二挡动力传递路线

三挡：操纵换挡装置使三/四挡同步器左移，发动机动力经三挡主动齿轮、三挡从动齿轮、同步器接合套和花键毂传至输出轴输出。三挡传动比 $i_3 = 34:26 = 1.308$。仍产生减速增扭效果，但相对于二挡车速较快，有利于汽车升速，如图 4-10 所示。

四挡：操纵换挡装置使三/四挡同步器右移，发动机动力经四挡主动齿轮、四挡从动齿轮、同步器接合套和花键毂传至输出轴输出。四挡传动比 $i_4 = 35:34 = 1.029$，由于四挡传动比接近 1，所以近似直接挡效果，如图 4-11 所示。

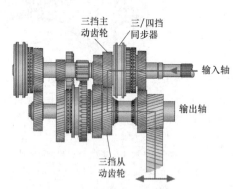

图 4-10　三挡动力传递路线

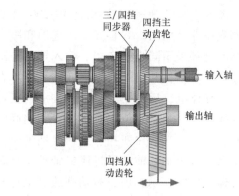

图 4-11　四挡动力传递路线

五挡：操纵换挡装置使五挡同步器右移，发动机动力经五挡主动齿轮、五挡从动齿轮、同步器接合套和花键毂传至输出轴输出。五挡传动比 $i_5 = 36:43 = 0.837$，由于五挡传动比小于 1，所以产生超速效果，输出转速增加，转矩减小，见图 4-12。

倒挡：操纵换挡装置使倒挡轴上的倒挡齿轮移向与处于空挡位置的一/二挡同步器接合套外壳上的直齿轮啮合，发动机动力经倒挡主动齿轮、倒挡齿轮、倒挡从动齿轮、一/二挡同步器花键毂传至输出轴输出。因为相对于其他前进挡位多出一个传动齿轮，改变了转向，所以得到反向输出效果，如图 4-13 所示。

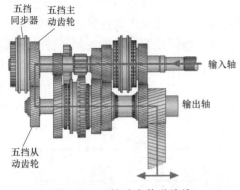

图 4-12　五挡动力传递路线

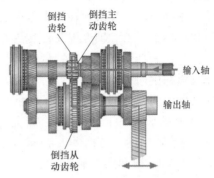

图 4-13　倒挡动力传递路线

4.2.2　三轴式变速器

在发动机前置后轮驱动（FR 型）的汽车上，常采用三轴式变速器，如丰田皇冠、日产公爵等轿车、各类皮卡、面包车及国产解放型和东风载货汽车等。其特点是传动比范围较大，有直接挡，传动效率高。

1. 丰田皇冠轿车 W55 型变速器

（1）基本结构

图 4-14 为丰田皇冠轿车 W55 型变速器，有五个不同传动比的前进挡和一个倒挡。变速器有互相平行的第一轴（输入轴）、第二轴（输出轴）、中间轴和倒挡轴。其中第一轴和第

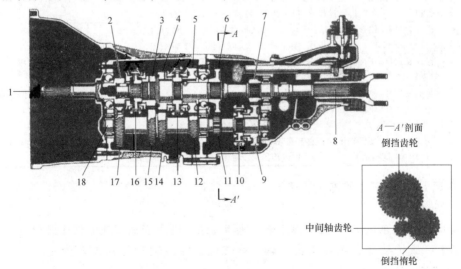

图 4-14　丰田皇冠轿车 W55 型变速器

1—第一轴　2—第一轴常啮合齿轮（四挡齿轮）　3—第二轴三挡齿轮　4—第二轴二挡齿轮　5—第二轴一挡齿轮
6—第二轴倒挡齿轮　7—第二轴五挡齿轮　8—第二轴　9—中间轴五挡齿轮　10、13、16—接合套
11—中间轴倒挡齿轮　12—中间轴一挡齿轮　14—中间轴二挡齿轮　15—中间轴三挡齿轮
17—中间轴四挡齿轮　18—中间轴

二轴轴线互相重合。

第一轴（即离合器的从动轴）的前端支承在曲轴尾端的中心孔内，后端用球轴承支承在变速器壳体上。其后端制有常啮合齿轮及齿圈。

第二轴的前端通过滚针轴承支承在第一轴后端的内孔中，后端则通过圆柱滚子轴承支承在变速器壳体上。第二轴上用花键套装着三/四挡与一/二挡同步器的花键毂和接合套，以及三挡、二挡、一挡、倒挡及五挡齿轮。在一挡齿轮与倒挡齿轮之间装有中间板，第二轴中间球轴承支承在中间板上。

中间轴的两端分别用圆柱滚子轴承和球轴承支承在变速器壳体上，中间轴承支承在中间板上。其上固装着中间轴常啮合齿轮、三挡、二挡、一挡、倒挡、五挡齿轮，它们分别与第一轴和第二轴上的齿轮啮合传递动力。

倒挡轴是固定式轴，其轴端以过盈配合装配于壳体上的轴承孔内，其上套装有倒挡齿轮。

（2）各挡齿轮传动过程

如图4-15所示为丰田皇冠轿车W55型变速器传动机构简图，各挡的动力传递路线见表4-2。

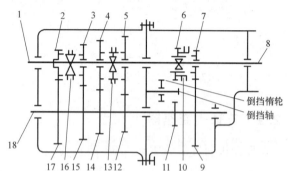

图4-15 丰田皇冠轿车W55型变速器传动机构简图

（图注同图4-14）

表4-2 丰田皇冠轿车W55型变速器的动力传递路线

挡位	动力传递路线
空挡	操纵变速杆，使各挡同步器接合套处于中间位置，此时动力不传给输出轴
一挡	操纵变速杆，使接合套13右移与齿轮5的接合齿圈接合，动力由第一轴1、依次经齿轮2、齿轮17、中间轴18、齿轮12、齿轮5、再经过齿圈、接合套13、花键毂传给第二轴8
二挡	操纵变速杆，使接合套13左移与齿轮4的接合齿圈接合，动力由第一轴1、依次经齿轮2、齿轮17、中间轴18、齿轮14、齿轮4、再经过齿圈、接合套13、花键毂传给第二轴8
三挡	操纵变速杆，使接合套16右移与齿轮3的接合齿圈接合，动力由第一轴1、依次经齿轮2、齿轮17、中间轴18、齿轮15、齿轮3、再经过齿圈、接合套16、花键毂传给第二轴8
四挡	操纵变速杆，使接合套16左移与齿轮2的接合齿圈接合，动力由第一轴1、接合套16、花键毂传给第二轴8
五挡	操纵变速杆，使接合套10右移与齿轮7的接合齿圈接合，动力由第一轴1、依次经齿轮2、齿轮17、中间轴18、齿轮9、齿轮7、再经过齿圈、接合套10、花键毂传给第二轴8
倒挡	操纵变速杆，使倒挡惰轮右移与齿轮11和齿轮6同时啮合，动力由第一轴1、依次经齿轮2、齿轮17、中间轴18、齿轮11、倒挡惰轮、齿轮6、花键毂传给第二轴8。此时动力反向输出

2. 东风EQ1090E型汽车的变速器

（1）基本构造

图4-16所示为东风EQ1090E型汽车变速器的结构图。变速器通过四个螺栓固定在飞轮壳后端面上，其传动部分主要由第一轴、第二轴、中间轴和传动齿轮构成。另外还有倒挡轴。

第一轴的前后端分别用轴承支承在曲轴后端及变速器壳前壁的轴承孔内，利用轴承外圈上的弹性挡圈及轴承盖上的止口进行轴向定位。其后端制有常啮合齿轮。中间轴两端均由轴承支承在壳体上，齿轮20、21、22、23通过半圆键固定在中间轴上，齿轮18与中间轴制成一体。第二轴后端通过凸缘与万向传动装置相连，将动力输出。其前端用滚针轴承支承在第

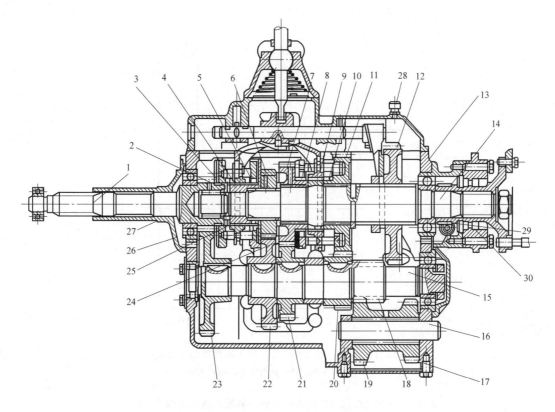

图 4-16 东风 EQ1090E 型汽车变速器

1—第一轴 2—第一轴常啮合传动齿轮 3—第一轴齿轮接合齿圈 4、9—接合套 5—四挡齿轮接合齿圈 6—第二轴四挡齿轮 7—第二轴三挡齿轮 8—三挡齿轮接合齿圈 10—二挡齿轮接合齿圈 11—第二轴二挡齿轮 12—第二轴一挡、倒挡滑动齿轮 13—变速器壳体 14—第二轴 15—中间轴 16—倒挡轴 17、19—倒挡中间齿轮 18—中间轴一挡、倒挡齿轮 20—中间轴二挡齿轮 21—中间轴三挡齿轮 22—中间轴四挡齿轮 23—中间轴常啮合传动齿轮 24、25—花键毂 26—第一轴轴承盖 27—轴承盖回油螺纹 28—通气孔 29—里程表传动齿轮 30—中央制动器底座

一轴后端轴承孔内,后端用滚柱轴承支承在壳体后壁的轴承孔内。后端轴承外圈也装有弹性挡圈进行轴向定位。第二轴上的各挡齿轮与中间轴相应的各挡齿轮均为常啮合齿轮副,因此第二轴上的齿轮都通过衬套或滚针轴承空套在轴上。为了使这些齿轮在挂挡后与第二轴连接起来传递动力,在各齿轮的一侧均制有接合齿圈,并在第二轴上相应的装有花键毂和接合套或同步器等换挡装置。为了防止各齿轮的轴向移动,在第二轴与齿轮端面之间装有卡环对齿轮进行轴向定位。另外,第二轴后轴承盖内还装有车速里程表驱动蜗杆及其蜗轮。

倒挡轴是固定式轴,其轴端与壳体上的轴承孔为过盈配合以防止漏油,轴外端还用锁片固定在壳体上,防止其转动和轴向移动。倒挡中间齿轮 17、19 通过滚针轴承空套在倒挡轴上,它同时与第二轴上的倒挡齿轮 12 及中间轴上的倒挡齿轮 18 常啮合。它作为惰轮置于齿轮 18 与齿轮 12 之间,可使第二轴旋转方向与第一轴旋转方向相反,即可实现倒向行驶。变速器中除一、倒挡齿轮为直齿轮外,其余齿轮均为斜齿轮。

(2) 各挡传动路线及传动比

图 4-17 为东风 EQ1090E 型汽车变速器的传动示意图。各挡的动力传递路线及传动比见表 4-3。

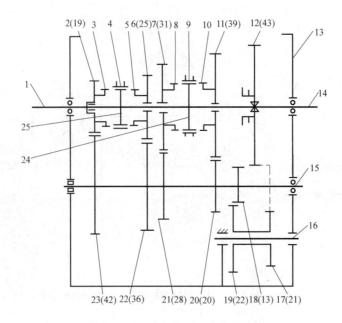

图 4-17 东风 EQ1090E 型汽车变速器传动示意图

(图注同图 4-16，括号内数字为齿轮的齿数)

表 4-3 东风 EQ1090E 型汽车变速器的动力传递路线及传动比

挡位	动力传递路线	传动比
空挡	操纵变速杆，使各挡同步器接合套处于中间位置，此时动力不传给输出轴	
一挡	操纵变速杆，将一挡从动齿轮 12 左移，与齿轮 18 相啮合，动力便从第一轴依次经过齿轮 2、齿轮 23、中间轴 15、齿轮 18、齿轮 12 经花键传给第二轴输出	7.31
二挡	操纵变速杆，将接合套 9 右移，与接合齿圈 10 接合，动力由第一轴依次经过齿轮 2、齿轮 23、中间轴 15、齿轮 20、齿轮 11、接合齿圈 10、接合套 9 和花键毂 24 传给第二轴	4.31
三挡	操纵变速杆，将接合套 9 左移，与接合齿圈 8 接合，动力由第一轴依次经过齿轮 2、齿轮 23、中间轴 15、齿轮 21、齿轮 7、接合齿圈 8、接合套 9 和花键毂 24 传给第二轴	2.45
四挡	操纵变速杆，将接合套 4 右移，使之与接合齿圈 5 接合，动力由第一轴依次经过齿轮 2、齿轮 23、中间轴 15、齿轮 22、齿轮 6、接合齿圈 5、接合套 4 和花键毂 25 传给第二轴	1.54
五挡	操纵变速杆，将接合套 4 左移，使之与接合齿圈 3 接合，动力由第一轴依次经过齿轮 2、接合齿圈 3、接合套 4 和花键毂 25 传给第二轴	1
倒挡	操纵变速杆，将一挡从动齿轮 12 右移，与齿轮 17 相啮合，动力便从第一轴依次经过齿轮 2、齿轮 23、中间轴 15、齿轮 18、齿轮 19、齿轮 17、齿轮 12 经花键传给第二轴反向输出	7.66

4.3 同步器

重点掌握

1. 手动变速器的换挡方式有哪些？各有什么特点？
2. 变速器换挡为什么要设置同步器？

4.3.1 手动变速器的换挡方式

变速器的换挡装置有三种：直齿滑动齿轮式换挡、接合套式换挡和同步器式换挡。

1. 直齿滑动齿轮式换挡装置

在采用直齿轮传动的挡位（如某些变速器中的倒挡）中常采用这种换挡装置。它是通过移动齿轮直接换挡，齿轮为直齿，内孔有花键孔套在花键轴上，由拨叉移动齿轮与另一轴上的齿轮进入啮合或退出啮合。由于直齿轮传动冲击大、噪声大、承载能力低，这种换挡装置应用得越来越少。

2. 接合套式换挡装置

这种换挡装置用于常啮合斜齿轮传动的挡位，它利用移动套在花键毂上的接合套与传动齿轮上的接合齿圈相啮合或退出来进行换挡。该换挡装置由于其接合齿短，换挡时拨叉移动量小，故操作轻便，且换挡元件承受冲击的工作面积增加，使换挡冲击减小，换挡元件的寿命增长。

3. 同步器式换挡装置

它是在接合套式换挡装置的基础上又加装了同步元件而构成的一种换挡装置，可以保证在换挡时使接合套与待啮合齿圈的圆周速度迅速达到同步，并防止二者同步前进入啮合，从而可消除换挡时的冲击，并使换挡操纵简单，因而得到广泛应用。

4.3.2 无同步器的换挡过程

当采用直齿滑动齿轮式或接合套式换挡时，必须在待啮合的一对齿轮或接合齿圈的圆周速度相等（即同步）时，进入啮合，才能保证换挡时齿轮之间无冲击、无噪声，做到平顺换挡。为了达到这一要求，驾驶员在换挡时必须采取合理的换挡操作步骤。现以图4-18所示的无同步器的两个挡位之间的换挡过程予以说明。

带有接合齿圈的齿轮4空套在第二轴上，接合套3通过花键毂与第二轴相连，接合套3向右移动与齿轮4上的接合齿圈相接合构成低速挡；接合套3向左移动与齿轮2上的接合齿圈相接合构成高速挡（即直接挡）。其换挡过程如下：

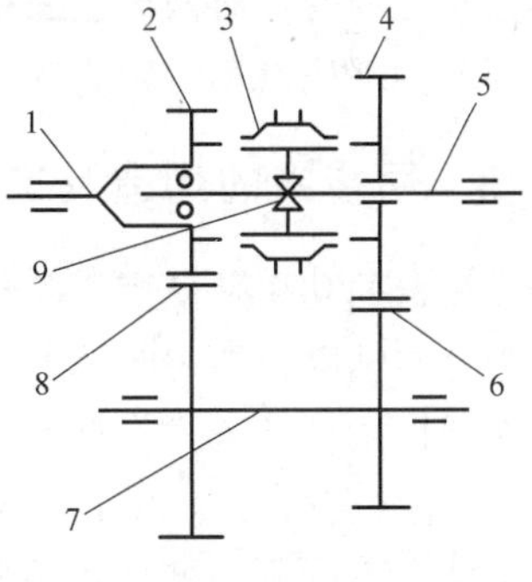

1. 由低速挡换入高速挡

当变速器在低速挡工作时，接合套3与齿轮4上的接合齿圈接合，此时两者接合齿的圆周速度相等，即$v_3 = v_4$。欲由低速挡换入高速挡时，驾驶员应先使离合器分离，随即将变速器拨入空挡位置，使接合套3与齿轮4齿圈脱离接合。

图4-18 无同步器变速器的换挡机构
1—第一轴 2—第一轴常啮合传动齿轮
3—接合套 4—第二轴低挡传动齿轮
5—第二轴 6—中间轴低挡传动齿轮
7—中间轴 8—中间轴常啮合传动齿轮 9—花键毂

刚拨入空挡瞬时，$v_3 = v_4$，而低挡齿轮4的转速低于齿轮2的转速，因而$v_4 < v_2$。故有$v_3 < v_2$，为了避免产生冲击，此时不能立即挂高速挡，而应在空挡位置稍停片刻。由于空挡位置时，已中断了发动机动力传递，v_2和v_3都将会逐渐地下降，但两者下降的快、慢程度不同：v_2下降得较快（第一轴及其随动零件因动力中断，其转动惯量较小，

加之中间轴齿轮有搅油阻力,故速度下降快),v_3下降较慢(因接合套3与第二轴及整个汽车相联系,其转动惯量大,要维持原速,故速度下降慢),两者因斜率不同而相交,该点即为同步点($v_2=v_3$),如图4-19a所示,如果驾驶员恰好在此时将接合套3左移与齿轮2上的齿圈接合,就会使两者平顺地进入啮合而不会产生冲击。但这种依靠其惯性自然减速出现同步的时刻太晚,使换挡过程延长。为此,实际换挡操作时,应在踩下离合器踏板将变速器拨入空挡后,立即抬起离合器踏板使离合器重新接合,利用发动机的怠速迫使变速器第一轴及齿轮2等迅速减速,使v_2迅速下降,如图4-19a中虚线所示,这样可尽早出现同步点,从而缩短了换挡时间。

2. 由高速挡换入低速挡

同样道理,当变速器在高速挡工作时,以及刚刚由高速挡拨入空挡时,接合套3与齿轮2的接合齿圈的圆周速度相等,即$v_3=v_2$,并且$v_2>v_4$,因而$v_3>v_4$,此时两者不同步,不能挂入低速挡。变速器在退入空挡后,v_4与v_3也同时下降,但v_4比v_3下降

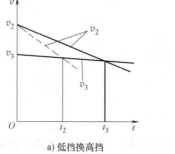
a) 低挡换高挡

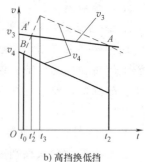
b) 高挡换低挡

图4-19 无同步器的换挡过程

快,两者不会自然地出现两者相交的同步点,如图4-19b实线所示。为此驾驶员应在变速器由高速挡退入空挡时随即抬起离合器踏板,使离合器重新接合,同时踩一下加速踏板使发动机加速,并带动变速器第一轴及齿轮4等加速到$v_4>v_3$,如图4-19b中虚线所示。然后再踏下离合器踏板,使离合器分离并稍等片刻,待到v_3与v_4出现相交的同步点时即可挂入低速挡。

采用直齿滑动齿轮的换挡过程与上述的接合套换挡过程相同。可见,采用上述无同步器的换挡装置的变速器操纵起来相当复杂,不仅易使驾驶员产生疲劳,而且容易加速齿轮的损坏。因此,现代汽车齿轮式变速器越来越多地采用同步器换挡装置。

4.3.3 同步器的构造及工作原理

同步器的功用是使接合套与待接合的齿圈二者之间迅速达到同步,并阻止二者在同步前进入啮合;消除换挡时的冲击,缩短换挡时间;简化换挡过程,使换挡操作简捷而轻便。同步器有惯性式、常压式、自增力式等多种类型,它们均是由同步装置(包括推动件和摩擦件)、锁止装置和接合装置三部分组成。常压式同步器结构虽然简单,但有不能保证啮合件在同步状态下(即角速度相等)换挡的缺点,现已不用,得到广泛应用的是惯性式同步器。

1. 锁环式惯性同步器

汽车变速器所采用的锁环式惯性同步器有多种结构形式,但其构造和工作原理基本相同。现以大众MQ200—02T变速器汽车五挡变速器中的三/四挡同步器为例说明其构造和工作原理。

(1)构造

主要由同步器花键毂、接合套、两个锁环(也称同步环)、三个滑块和滑块弹簧等组成。同步器在第一轴上的装配关系如图4-20所示。

同步器花键毂用内花键固定于其轴上,接合套与同步器花键毂的外花键相连,并可轴向滑动。花键毂上有三个均布的轴向槽,每个键槽内有一个滑块,滑块中央有凸出部分,滑块

总是由环形弹簧推压在接合套上。当齿轮换挡杆位于空挡时,每一滑块的凸出部分都固定在接合套凹槽里面。换挡时,滑块可以随接合套在花键毂的轴向槽内轴向移动。锁环位于花键毂的两端,并置于接合套和接合齿圈之间。锁环具有内锥面,与接合齿圈的外锥面锥角相同。锁环内锥面上车有细密的螺纹槽,用以两锥面接触后破坏锥面间的油膜,增加摩擦。锁环外圆上制有短花键齿,与接合套花键齿、接合齿圈、花键毂外花键齿均相同。接合齿圈及锁环上的花键齿,在对着接合套的一端都制有与接合套内花键齿端相同的倒角,称为锁止角。锁环上有三个缺口,以嵌入滑块,但滑块的宽度较缺口的宽度为小,两者之差略大于锁环上的花键齿宽。

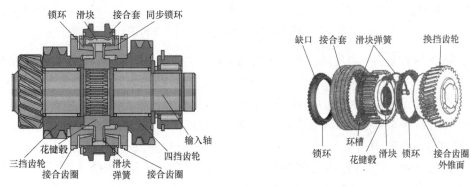

图 4-20 锁环式惯性同步器

(2) 工作原理

现以该变速器由三挡换入四挡的过程为例说明锁环式惯性同步器的工作原理。

1) 空挡位置:接合套刚从三挡退到空挡,此时,锁环是轴向自由的,故其内锥面并不接触。在圆周方向上,接合套通过滑块靠在锁环缺口的一侧,推动锁环一起旋转。此时,接合套、锁环随同输入轴旋转,其转速分别为 n_1、n_2。接合齿圈则随同输出轴旋转,其转速为 n_3。显然此时 $n_1=n_2$,$n_3>n_1$,故 $n_3>n_2$。

2) 第一阶段——变速杆行程开始(开始同步),如图 4-21a 所示。要挂入四挡时,操纵变速杆沿图中箭头 A 所示方向推动接合套,由于接合套与同步器滑块通过滑块中心的凸起部分相啮合,将接合套的运动传给滑块,当滑块右端面与锁环的缺口的端面接触后,便同时推动锁环压在齿轮锥形部分上(同步器锥面),以起动同步器运作。由于齿圈与锁环转速不相等,即 $n_3>n_2$,所以两者一经接触便在其锥面之间产生摩擦力矩 M_1。齿圈便通过摩擦力矩 M_1 的作用带动锁环相对于接合套超前转过一个角度,直到锁环缺口的一侧(图中为下侧)压紧。移动的量等于缺口与滑块宽之差。所以,从上往下看时,接合套里的花键与同步器锁环上的花键并未处于互相啮合的位置。

由于接合套与齿圈间的速度差异,以及锁环与齿圈锥形部分(同步器锥面)之间的摩擦力,锁环沿齿轮旋转方向运动。

3) 第二阶段——继续推变速杆(同步继续及锁止过程),如图 4-21b 所示。当变速杆继续移动时,使得相对峙的接合套齿端倒角与锁环齿端倒角恰好互相抵住(由设计保证),因而接合套不能再向右移动进入啮合,即被"锁止"。由于驾驶员始终作用在接合套上一个轴向推力,于是在相互抵触的倒角斜面上产生正压力 F_N。F_N 可分解为轴向力 F_1 和切向分力 F_2。F_2 便形成一个力图拨动锁环相对于接合套向后倒转的拨环力矩 M_2。同时 F_1 则使锁

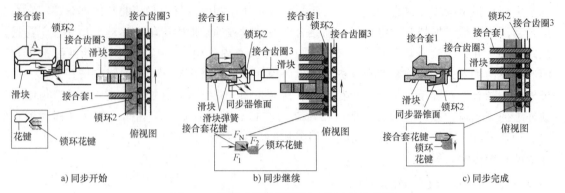

图 4-21 锁环式惯性同步器工作过程示意图

环 2 与齿圈 3 的锥面进一步压紧,产生更大的摩擦力矩 M_1,迫使待啮合的齿圈 3 相对于锁环 2 迅速减速,以尽早与锁环同步。由于齿圈 3 及与其相联系的第一轴等零件的减速旋转,便产生一个与其旋转方向相同的惯性力矩,作用到锁环上,阻止锁环相对于接合套向后倒转。在待接合齿圈 3 与锁环 2 未达到同步之前,摩擦锥面的摩擦力矩在数值上就等于此惯性力矩(即 M_1)。如果 $M_1>M_2$,锁环则不能够倒转,并通过其齿端锁止角阻止接合套进入啮合,这就是锁环的锁止作用。由于锁环的锁止作用是依靠待啮合的齿圈及与其相联系的零件的惯性力矩而形成的,因此称为惯性式同步器。

拨环力矩 M_2 的大小取决于锁环及接合套齿端倒角(即锁止角)的大小,而惯性力矩 M_1 的大小则取决于摩擦锥面的锥角大小。在同步器设计时,经过适当地选择齿端倒角和摩擦锥面锥角,便能保证在达到同步之前始终保持 $M_1>M_2$。而且,不论驾驶员施加的轴向力 F_1 有多大,锁环都能够有效地阻止接合套进入啮合,从而使同步器起到锁止作用,防止在同步前挂上挡。

4)第三阶段——继续推下变速杆(完成同步),如图 4-21c 所示。随着驾驶员继续对接合套施加推力,摩擦锥面之间的摩擦力矩就会使齿圈 3 的转速迅速降低,直至与接合套和锁环同步,赖以产生阻止作用的惯性力矩也就消失。此时驾驶员还在继续向前拨动接合套,故拨环力矩 M_2 仍存在,M_2 使锁环及接合齿相对接合套向后退转一个角度,两锁止角不再接触,接合套得以继续右移与待啮合的四挡接合齿圈进入啮合。但是,如果此时接合套的花键齿恰好与齿圈的花键齿发生抵触,则作用于接合套上的轴向力在齿圈的倒角面上也将会产生一个切向分力,靠此切向分力便可拨动齿圈及与其相联系的零件相对于接合套转过一个角度,从而使接合套与齿圈进入啮合,即最终完成换入四挡的过程。锁环式惯性同步器多用于轿车和轻型货车。近年来也用于中型货车变速器的中、高挡中。

当前,国内汽车普遍采用单锥同步器齿环,而国外早在 10 多年前已普遍采用目前世界上先进的、性能优越的双锥面/三锥面同步器齿环。使用量已达到齿环总用量的 40%,而且用量仍在持续增长。

同步器锁环是汽车变速器的关键零部件,新型双锥面同步器锁环在传统单锥锁环基础上进行了重大改进和创新。新型双锥面同步器锁环采用了新的结构形式,由同步内环和同步外环组成,为嵌套式结构,性能大大超过单锥齿环。新型双锥面同步器锁环增加了摩擦元件,使摩擦面数目增加一倍,从而增大了摩擦力矩,与单锥同步器锁环相比,具有转矩容量大,热负荷低，输出功率大等优点。采用双锥面同步器齿环不仅能够实现快速无撞击换挡，减小换挡力，而且还能够大大减轻驾驶员的劳动强度，使换挡更容易。能显著提高汽车行驶的安全性、乘坐舒适性和操纵舒适性，提高同步器的耐久性、可靠性和换挡轻便性，减少换挡时间，有效提高齿轮及传动系统的平均使用寿命。

图 4-22 所示为一汽大众 MQ200、MQ250 手动变速器中一/二挡同步器采用的三锥面同步器。齿轮的双同步装置主要由以下部件组成：内同步环、外同步环和圆锥环，在三锥面同步器中圆锥环的摩擦面积约增加两倍，从而使同步性能提高了 50%，

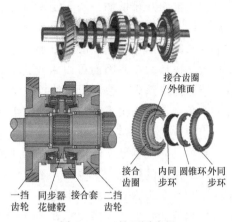

图 4-22 三锥面同步器

并使需要的换挡力大约减小了一半，从而改善了操纵舒适性。如三挡减为二挡，二挡减为一挡时即是如此。

2. 惯性锁销式同步器

惯性锁销式同步器结构如图 4-23 所示（以东风 EQ1090E 型汽车变速器四/五挡同步器为例）。该同步器主要由两个摩擦锥环、三个均布的锁销和定位销、接合套及花键毂等组成。

两个有内锥面的摩擦锥盘分别固定在带有外花键齿圈的常啮合第一轴常啮合齿轮和四挡齿轮上。与之相配合的两个有外锥面的摩擦锥环，通过三个锁销和三个定位销与接合套连接。锁销的两端固定在摩擦锥环的孔中，其两端的工作表面直径与接合套凸缘上相应的销孔的内径相等，其中部直径则小于孔径。只有在锁销与接合套孔对中时，接合套方能沿锁销轴向移动。锁销中部和接合套上相应的销孔两

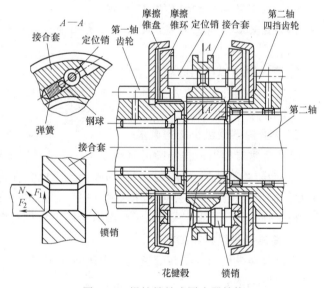

图 4-23 惯性锁销式同步器结构

端有角度相同的倒角——锁止角。在接合套的定位销孔中部钻有斜孔（图 4-23 的 A—A 剖面），内装弹簧，把钢球顶向定位销中部的环槽，以保证同步器处于正确的空挡位置。定位销两端伸入锥环内侧面，但有间隙，故定位销可随接合套轴向移动。

其工作原理与锁环式惯性同步器的工作过程类似，当接合套受到拨叉轴向前的推力 F 作用时，接合套便通过定位钢球和定位销推动左侧摩擦锥环向左移动，使之与左侧摩擦锥盘相接触。由于此时锥环与锥盘转速不相等，两者一经接触，便在其摩擦锥面之间的摩擦力矩作用下使锥环连同锁销一起相对于接合套转过一个角度，使锁销与接合套相应销孔的中心线相对偏移，于是锁销中部环槽偏向接合套上销孔的一侧，锁销中部环槽倒角便与接合套销孔

端倒角的锥面互相抵触，从而使锁销产生锁止作用，阻止接合套向左移动。与锁环式惯性同步器一样，在锁止倒角上的切向分力 F_1 也形成一个拨环力矩而力图使锁销和锥环倒转，但在锥盘与锥环未达到同步前，由锥盘及与其相联系的旋转零件的惯性力矩所形成的摩擦力矩总是大于拨环力矩，因而可以阻止接合套与齿圈在同步之前进入啮合，而只有当达到同步后，惯性力矩消失，拨环力矩便可拨动锁销及摩擦锥环、锥盘和齿圈等一起相对于接合套转过一个角度，使锁销重新与接合套的销孔对中，接合套便在轴向推力的作用下，压下定位钢球而沿定位销和锁销向左移动，与五挡接合齿圈进入啮合，即完成挂入五挡的换挡过程。

目前，同步器已广泛应用在机械式齿轮传动的汽车变速器中。由于它的使用，使得机械式手动变速器的性能大大改善，不但使换挡轻便，避免冲击，同时使得变速器以及整个传动系的平均寿命也得到提高，也有利于提高汽车的动力性和燃料经济性。并且改变了用两脚离合器换挡的操作方法，减少了驾驶员的疲劳，增加了驾驶员的安全感和舒适感。

4.4 变速器的操纵机构

重点掌握

1. 变速器操纵机构的功用是什么？
2. 变速器操纵机构的锁止定位装置有哪些？分别起什么作用？

1. 变速器操纵机构的功用

变速器操纵机构的功用是保证驾驶员根据使用条件，准确可靠地使变速器挂入所需要的挡位工作，并可随时使之退入空挡。

2. 对变速器操纵机构的要求

要使变速器操纵机构准确可靠地工作，应满足以下要求：

1）能防止变速器自动换挡和自动脱挡，为此，在操纵机构中应设有自锁装置。
2）能保证变速器不会同时挂入两个挡位，为此，在操纵机构中应设有互锁装置。
3）能防止误挂倒挡，为此，在操纵机构中应设有倒挡锁装置。

3. 变速器操纵机构的类型

变速器操纵机构根据其变速杆与变速器的相互位置的不同，可分为直接操纵式和远距离操纵式两种类型。

（1）直接操纵式

直接操纵式变速器的变速杆及所有换挡操纵装置都设置在变速器盖上（图 4-24），驾驶员可直接操纵变速杆来拨动变速器盖内的换挡操纵装置进行换挡。它具有换挡位置易确定、换挡快、换挡平稳等优点。一般前置发动机后轮驱动汽车的变速器距离驾驶员座位较近，使用此种操纵形式较多。

（2）远距离操纵式

在发动机后置或前轮驱动的汽车上，通常汽车变速器距离驾驶员座位较远，因而变速杆不能直接布置在变速器盖上，变速杆和变速器之间通常需要用连杆机构联接，进行远距离操纵。为此在变速杆与变速器之间加装了一套传动杆件构成远距离操纵的形式。它具有变速杆占据的驾驶室空间小，驾驶室乘坐方便等优点，但换挡操作的准确性和可靠性稍差。

图 4-25 所示为变速杆安装在驾驶室地板上的控制杆换挡联动装置（东风蓝鸟），其变速杆在驾驶员座位近旁穿过驾驶室地板安装在车架上，中间通过一根支承杆定位，通过控制杆的摆动及旋转控制选挡，前后移动进行挂挡。桑塔纳、奥迪轿车也是采用此种操纵形式。

图 4-26 所示为变速杆安装在驾驶室地板上的典型双钢索换挡联动装置（捷达、宝来），其变速杆在驾驶员座位近旁穿过驾驶室地板安装在车架上，中间通过一根选挡拉索传递变速杆的左右摆动动作 B 实现选挡，挂挡拉索传递变速杆的前后移动动作 A 实现挂挡。丰田花冠、威驰、东南菱帅、北京现代等都是采用此种操纵形式。

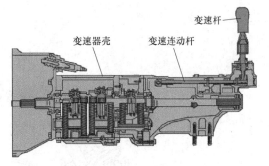

图 4-24 直接操纵式换挡机构

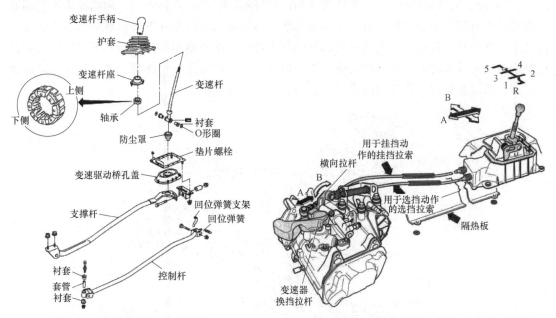

图 4-25 控制杆换挡联动装置　　图 4-26 典型双钢索换挡联动装置（捷达、宝来）

还有一些轿车和轻型货车的变速杆被安装在转向柱管上，如图 4-27 所示，因此，变速杆与变速器之间也是通过一系列的传动件进行传动，这是远距离操纵的另一种形式。它具有变速杆占用驾驶室空间小、乘坐空间大、舒适等优点。在很多美国产车型中较为多见。

4.4.1　换挡拨叉机构

换挡拨叉机构主要由变速杆、叉形拨杆、换挡轴、各挡拨块、拨叉轴及拨叉等组成。各种变速器由于挡位及挡位排列位置不同。其拨叉和拨叉轴的数量及排列位置也不相同。

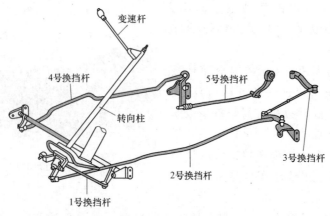

图 4-27 柱式换挡操纵装置

图 4-28 所示为解放 CA1091 型六挡变速器操纵机构的组成与布置图。拨叉轴的两端均支承于变速器盖的相应孔中，可以轴向移动。所有的拨叉和拨块都固定于相应的拨叉轴上。三/四挡拨叉的上端具有拨块。三/四挡拨叉和一/二挡拨块、五/六挡拨块、倒挡拨块的顶部制有凹槽。变速器处于空挡时，各凹槽在横向平面内对齐。叉形拨杆下端的球头则伸入到这些凹槽中。选挡时，驾驶员首先操纵变速杆绕其中部球形支点横向摆动，则其下端推动叉形拨杆绕换挡轴的轴线转动，从而使叉形拨杆下端对准所选挡位的拨块凹槽，然后操纵变速杆纵向摆动，带动拨叉轴及拨叉向前或向后移动，即可实现换挡。

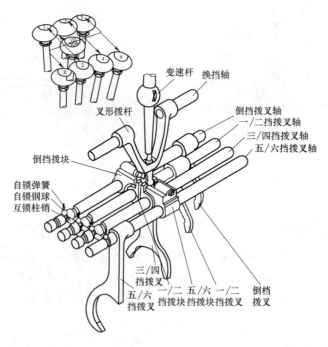

图 4-28 解放 CA1091 型六挡变速器操纵机构

如图 4-29 所示为一汽捷达、宝来型轿车变速器的操纵机构。它由外操纵机构和内操纵机构组成。其外操纵机构主要由变速杆、选挡机构壳体、横向（选挡）拉线、纵向（挂挡）

拉线等组成。变速杆通过一系列中间连接杆件操纵变速器的内操纵机构,以进行选挡、换挡。变速杆以球形轴承为支点,可以直接左右、前后摆动。

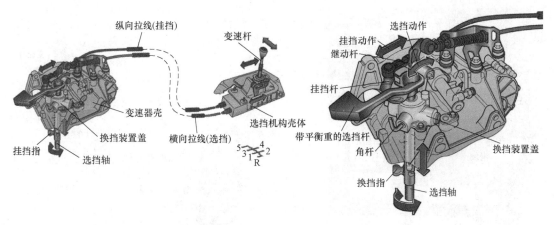

图 4-29　一汽捷达、宝来 MQ200—02T 变速器外操纵机构

拉索操纵装置隔离了传动系统的振动,拉索连接着变速杆和变速器,将变速杆的动作传递给变速器(换挡轴)。

内操纵机构组成(图 4-30)。其内操纵机构主要由带换挡机构盖的换挡轴,所有凸轮块、弹簧和换挡机构的导向元件,以及调整换挡机构的角杆均安装在该模块上。内部换挡模块包括换挡拨叉、选挡盘和轴承。变速杆通过一系列中间连接杆件操纵变速器的内操纵机构,以进行选挡、换挡。

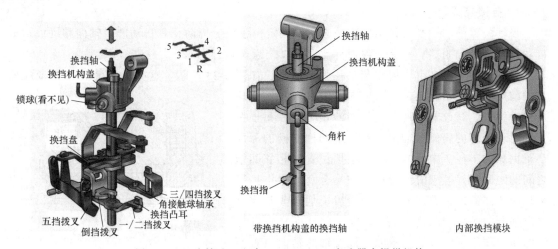

图 4-30　一汽捷达、宝来 MQ200—02T 变速器内操纵机构

选挡动作(图 4-31):变速杆的选挡动作(左-右)通过选挡杆转换为选挡拉线的前后动作。选挡杆安装在支承轴的旋转轴承上。选挡拉线的前后动作通过变速器的外部换挡机构转化为换挡轴的上下移动。在变速器内,这个上下动作使换挡轴上的换挡指与相应的齿轮盘啮合,从而选定挡位。

挂挡动作(图 4-32):通过选挡杆将挂挡动作传递到挂挡拉索。变速杆沿挡位方向前后移动,并按选挡动作的相反方向拉或推挂挡拉索。换挡过程中,前后移动的挂挡拉索使选挡轴转动。滑块保持通道选挡拉索的继动杆在选定位置不变。变速器内，换挡轴的换挡指旋转时，移动换挡盘，然后，换挡轴驱动换挡拨叉和换挡滑套，使挡位啮合。

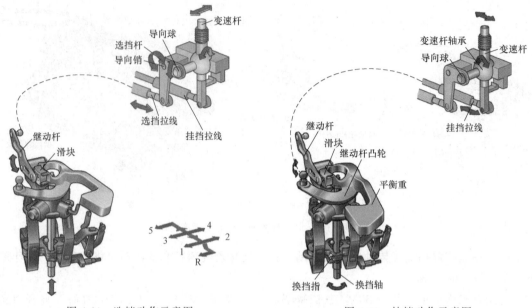

图 4-31　选挡动作示意图　　　　　　　　图 4-32　挂挡动作示意图

4.4.2　定位锁止机构

1. 自锁装置

自锁装置的功用是对各挡拨叉轴进行轴向定位锁止，以防止其自动产生轴向移动而造成自动挂挡或自动脱挡，并保证各挡传动齿轮以全齿长啮合。

自锁装置一般由自锁钢球及自锁弹簧组成，如图 4-33 所示。这类自锁装置是在变速器盖的前端凸起部钻有三个深孔，在孔中装入自锁钢球及自锁弹簧，其位置正处于拨叉轴的正上方，每根拨叉轴对着钢球的表面沿轴向设有三个凹槽，槽的深度小于钢球的半径。中间的凹槽是空挡位置，相邻凹槽之间的距离正好等于滑动齿轮（或接合套）由空挡移至相应工作挡位并保证齿轮处于全齿长啮合或是完全退出啮合的距离。凹槽对正钢球时，钢球便在自锁弹簧的压力作用下嵌入该凹槽内，拨叉轴的轴向位置便被固定，其拨叉及相应的接合套或滑动齿轮便被固定

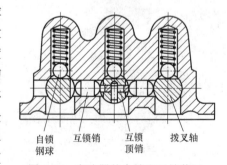

图 4-33　变速器的自锁和互锁装置

在空挡位置或某一工作挡位置，而不能自行挂挡或自选脱挡。当需要换挡时，驾驶员通过变速杆对拨叉轴施加一定的轴向力，克服弹簧的压力而将自锁钢球从拨叉轴凹槽中挤出并推回孔中，拨叉轴便可滑过钢球进行轴向移动，并带动拨叉及相应的接合套或滑动齿轮轴向移动，当拨叉轴移至其另一凹槽与钢球相对正时，钢球又被压入凹槽（此动作传到手柄上，使驾驶员具有手感），此时拨叉所带动的接合套或滑动齿轮便被拨入空挡或被拨入另一工作挡位。

除了采用自锁装置防止自动脱挡外，往往还在换挡齿轮或花键齿的结构上采取一些措施来防止自动跳挡。常见的防止自动跳挡的结构有齿端倒斜面式和减薄齿式两种形式。

图4-34所示为齿端倒斜面式防跳挡结构示意图。它是将接合套2的两端及接合齿圈1、4的齿端都制有相同斜度的倒斜面。当接合套2左移与接合齿圈1接合时（图示位置）。接合齿圈将转矩传到接合套的一侧，再经过接合套的另一侧传给花键毂3。由于接合齿圈1与接合套2齿端部为斜面接触，便产生一个垂直斜面的正压力F_N，其分力分别为F_F和F_Q，其轴向分力F_Q即可防止自动跳挡。

图4-35所示为减薄齿式防跳挡结构示意图。它是在花键毂3的外齿圈两端，齿厚各减薄0.3~0.4mm。使各齿中部形成一凸台，当同步器的接合套2左移与接合齿圈1接合时（图示位置），接合齿圈将转矩传到接合套的一侧，再经接合套的另一侧传给花键毂。由于接合套的后端被花键毂中部凸台挡住，在接触面上便产生一个正压力F_N，其轴向分力F_Q即可防止自动跳挡。

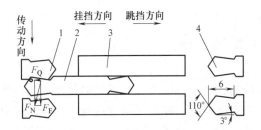

图4-34 防止跳挡的齿端倒斜面结构示意图
1、4—接合齿圈 2—接合套 3—花键毂 F_F—圆周力
F_N—倒锥齿面正压力 F_Q—防止跳挡的轴向力

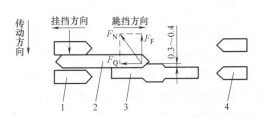

图4-35 防止跳挡的减薄齿结构示意图
1、4—接合齿圈 2—接合套 3—花键毂
F_F—圆周力 F_N—凸台对接合套的总阻力 F_Q—防止跳挡的轴向力

2. 互锁装置

互锁装置的功用是阻止两个拨叉轴同时移动，防止同时挂入两个挡位。避免因同时啮合的两挡齿轮其传动比不同而互相卡住，造成运动干涉甚至造成零件损坏。互锁装置的结构形式很多，最常用的有锁球式和锁销式。

（1）锁球式装置（图4-33）

它由互锁钢球和互锁顶销组成。在变速器盖前端三根拨叉轴之间的孔道中装有两个互锁钢球，每根拨叉轴朝向互锁钢球的侧面上都制有一个深度相等的凹槽，中间拨叉轴的两侧都有凹槽，凹槽之间钻有通孔，互锁顶销就装在此孔中。两个互锁钢球的直径之和正好等于相邻两拨叉轴圆柱表面之间的距离加上一个凹槽的深度，互锁顶销的长度则等于拨叉轴的直径减去一个凹槽的深度。

互锁装置的工作情况如图4-36所示，当变速器处于空挡位置时，所有拨叉轴的侧面凹槽同钢球、顶销都在同一直线上。在移动中间拨叉轴3时（图4-36a），拨叉轴2两侧的钢球从其侧面凹槽中被挤出，两侧面外钢球分别嵌入拨叉轴1和拨叉轴3的侧面凹槽中，将拨叉轴1和拨叉轴3锁止在空挡位置。若要移动拨叉轴3，必须先将拨叉轴2退回至空挡位置，拨叉轴3移动时将轴凹槽内钢球挤出，通过顶销推动另一侧两个钢球移动，拨叉轴1、拨叉轴2均被锁止在空挡位置上（图4-36b）。拨叉轴1工作情况与上述相同（图4-36c）。从上述互锁装置工作情况可知,当一根拨叉轴移动的同时,其他两根拨叉轴均被锁止。即可防止同时换入两个挡。

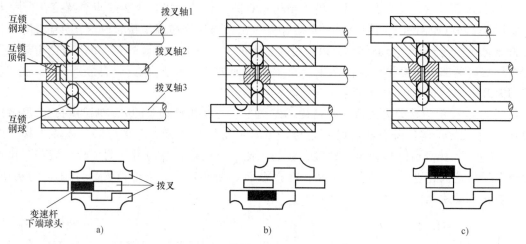

图 4-36 变速器互锁装置工作示意图

(2) 锁销式互锁装置 (图 4-37)

它是将上述相邻两拨叉轴之间的两个互锁钢球制成一个互锁销,互锁销的长度相当于两个互锁钢球的直径,其工作原理与钢球式互锁装置完全相同。有的三挡变速器,由于其操纵机构中只有两根拨叉轴,因而将自锁和互锁装置合二为一,如北京 BJ2020 型汽车变速器的自锁和互锁装置 (图 4-38)。两根空心锁销内装有自锁弹簧,在图示的空挡位置时,两锁销内端面间的距离 a 等于一个槽深 b,因而同时拨两根拨叉轴是不可能的。自锁弹簧的预压力使锁销对拨叉轴具有自锁定位作用。

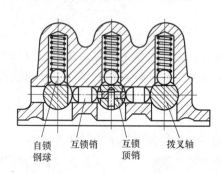

图 4-37 变速器的自锁和互锁装置

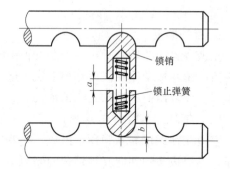

图 4-38 BJ2020 型汽车变速器自锁和互锁装置

(3) 转动钳口式互锁装置 (图 4-39)

变速杆下端球头置于钳口中,钳形板可绕轴摆动。换挡时,变速杆先拨动钳形板处于某一拨叉轴的拨叉凹槽中。然后换入需要的挡位,其余两个换挡拨叉凹槽被钳形板挡住,将这两个换挡轴锁止在空挡位置,起到互锁作用。

3. 倒挡锁装置

倒挡锁装置的功用是防止汽车在前进中因误挂倒挡而造成极大的冲击,使零件损坏,并防止在汽车起步时误挂倒挡而造成安全事故。它要求驾驶员必须进行与挂前进挡不同的操纵方式或对变速杆施加更大的力,才能挂入倒挡,起到提醒作用,从而防止汽车行进过程中无意中误挂倒挡。

倒挡锁也是多种类型，最常用的是弹簧锁销式倒挡锁。它一般由倒挡锁销及倒挡锁弹簧组成，并将其安装一/倒挡拨块相应的孔中，图 4-40 所示。锁销内端与拨块的侧面平齐，锁销可以在变速杆下端球头推压下，压缩弹簧而轴向移动。当驾驶员要挂倒挡（或一挡）时，必须有意识地用较大的力向侧面摆动变速杆（从图上看为向左侧摆动），使其下端球头右移，克服倒挡锁弹簧

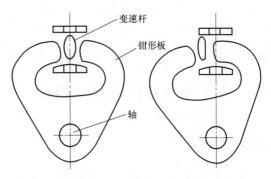

图 4-39 转动钳口式互锁装置

的张力将锁销推入孔中，这样才能使变速杆下端球头进入一/倒挡拨块的凹槽内，以拨动一/倒挡拨叉轴进行挂挡。

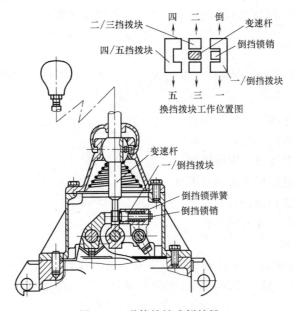

图 4-40 弹簧锁销式倒挡锁

在一汽捷达、宝来 MQ200—02T 变速器的换挡操纵装置中，倒挡锁止装置被安装在变速杆下方的选挡机构壳体中。其工作原理如图 4-41 所示。挂前进挡时，在换挡行程内，换挡

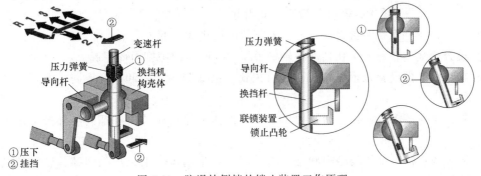

图 4-41 防误挂倒挡的锁止装置工作原理

杆锁止凸轮向上运动，防止锁止（是选挡壳体一个内部件）。挂倒挡时，驾驶员首先必须克服压下锁止装置中的压力弹簧，换挡杆通过球型导向杆向下运动，使锁止杆凸轮绕过联锁装置，挂入倒挡。之后弹簧又将换挡杆上推到啮合位置，并将它保持在倒挡位置。

4.5 变速器的故障诊断与检修

重点掌握

1. 变速器常见的故障主要有哪些？如何判断？
2. 变速器主要零件如何进行检修？

4.5.1 变速器常见故障与诊断

变速器常见的故障为换挡困难、跳挡、乱挡、异响及漏油等。

1. 换挡困难

（1）故障现象

在进行正常变速操作时，变速杆不能挂入挡位，或者勉强挂上挡后又很难摘下来。

（2）故障原因

① 变速杆下端磨损或控制杆弯曲。
② 拨叉或拨叉轴磨损、松旷、弯曲。
③ 自锁或互锁弹簧过硬、钢球损伤。
④ 操纵机构中控制连杆机构动作不良。
⑤ 同步器故障（磨损或损坏）。
⑥ 变速器轴弯曲变形或花键损伤。

（3）故障诊断与排除

诊断方法：首先应确认离合器分离状态正常，然后使发动机怠速运转，踩下离合器踏板，试进行各挡位变换。检查变速杆是否卡滞、沉重等。当用这种方法不易判断时，可进行实车行驶试验。

排除方法：

① 汽车行驶时发生换挡困难现象，首先检查离合器能否分离彻底，操纵机构能否工作。
② 若上述情况良好，应拆开变速器盖，检查拨叉是否弯曲，拨叉的固定螺栓是否松动，拨叉轴与导向孔是否锈蚀，若有故障则由此引起。
③ 检查自锁和互锁装置是否卡滞，若有故障则由此引起。
④ 检查变速器轴花键损伤情况或轴是否弯曲，若有故障则由此引起。
⑤ 检查同步器磨损或损坏情况，若有损伤，则故障由此引起。一般同步器可检查以下几个方面：

a. 同步环与锥体接触状态和制动作用：在锥体上涂齿轮油，再把同步环推上锥体并回转，若环与锥体可紧密接合即为良好。

b. 同步环油槽与锥体的磨损状态：测量同步环推到锥体上以后的间隙，若该值与规定值相等即为良好。

c. 同步环与接合套安装面的位置关系是否正确。

2. 变速器跳挡

（1）故障现象

汽车在加速、减速或爬坡时，变速杆自动跳回空挡位置。

（2）故障原因

① 变速杆没有调整好或变速杆弯曲，远程控制杆机构磨损或调整不良。

② 拨叉轴向自由行程过大或凹槽位置不正确，拨叉轴凹槽磨损及拨叉磨损、变形。

③ 自锁钢球磨损或破裂，自锁弹簧弹力不够或折断。

④ 变速器轴、轴承磨损松旷或轴向间隙过大以及变速器壳松动或与离合器壳没对准，造成轴转动时齿轮啮合不足而发生跳动和轴向窜动。

⑤ 齿轮或接合套严重磨损，沿齿长方向磨成锥形。

⑥ 同步器磨损或损坏。

（3）故障诊断与排除

诊断方法：使车辆行驶，反复加速、减速、检查在各挡位上变速杆是否容易脱出，若这种方法效果不明显时，可在爬陡坡等条件下以发动机制动进行检查。

排除方法：

① 发现某挡跳挡时，仍将变速杆挂入该挡，将发动机熄火。先检查操纵机构调整是否正确，然后拆开变速器盖检查齿轮啮合情况和同步器啮合情况。如果啮合情况不好，应检查轴承是否磨损松旷，拨叉是否变形，拨叉与接合套上的叉槽间隙是否过大；如果啮合情况良好，应检查操纵机构锁止情况。若锁止不良，须拆下拨叉轴，检查自锁钢球、弹簧或拨叉轴凹槽情况。

② 若齿轮啮合和操纵机构均良好，应检查齿轮是否磨成锥形，以及轴是否前后移动。若有则故障由此引起。否则故障为变速器壳松动或与离合器壳没对准而引起的跳挡。

3. 变速器乱挡

（1）故障现象

在离合器技术状况正常情况下，变速器同时挂上两个挡或虽能挂上挡，但却不能挂入所需要的挡位，或者挂入后不能退出。

（2）故障原因

主要为变速操纵机构失效。

① 变速杆球头定位销磨损、折断或球孔、球头磨损、松旷。

② 拨叉槽互锁销、球磨损严重或漏装。

③ 变速杆下端工作面或拨叉轴上导块的导槽磨损过度。

（3）故障诊断

诊断方法：使车辆行驶，操纵变速杆进行换挡试验。检查是否有同时挂上两个挡或挂上的挡位不是所需要的挡位。

排除方法：

① 挂需要挡位时，结果挂入别的挡位：检查变速杆摆转角度，若能任意摆，且能打圈，则为定位销损坏或失效。

② 当变速杆摆转角正常，仍挂不上或摘不下挡，则多为变速杆下端工作面磨损或导槽磨损，使变速杆下端从导槽中脱去。

③ 若同时挂上两个挡，则为互锁装置磨损或漏装零件。

4. 变速器异响

（1）故障现象

变速器工作时，发出不正常声响，如金属的干摩擦声，不均匀的碰撞声等。

（2）故障原因

① 轴承发响：轴承缺油、磨损松旷、疲劳剥落或轴承滚动体破裂。

② 齿轮发响：齿轮磨损严重，齿侧间隙太大，齿面有金属疲劳剥落或个别齿损坏折断等；齿轮制造精度差或齿轮副不匹配，维修中未成对更换相啮合的两齿轮；齿轮与轴或轴上花键配合松旷；安装齿轮的轴弯曲等。

③ 操纵机构发响：变速器操纵机构各连接处松动，拨叉变形或磨损松旷。

④ 其他原因发响：变速器缺油、齿轮油过稀，过稠或质量变坏；变速器与发动机安装时曲轴与变速器第一轴轴线不同心，或变速器壳体变形；壳体轴承孔修复后，轴心发生变动或使两轴线不同心，变速器壳体前端面与第一轴、第二轴轴心线垂直度或第一轴、第二轴与曲轴同轴度超差；变速器内掉入异物或某些紧固螺栓松动。

（3）故障诊断与排除

诊断方法：当发动机怠速运转时，使变速杆处于空挡位，检查接合和分离离合器过程中有无异响，若离合器接合时发生异响，离合器分离时异响消失，说明异响发生在变速器。也可进行实车行驶，检查在变速挡位有无异响。此时，应区别驱动时与怠速的异响。

排除方法：在排除变速器异响时，要根据响声的特点、出现响声的时机和发响的部位判断响声的原因，然后予以排除。

① 发动机怠速运转，变速器空挡时发响，多为常啮合齿轮响。

② 变速器换入某一挡位时，响声明显，应检查该挡齿轮和同步器的磨损及齿轮啮合情况。

③ 变速器各挡均有异响，多为基础件、轴、齿轮、花键磨损使形位误差超限。

④ 变速器运转时有金属干摩擦声，多为变速器内齿轮油有问题，应检查油面高度和油的质量。

⑤ 变速器工作时有周期性撞击声，则为齿轮个别齿损坏。变速器工作时有间断性的异响，可能为变速器内掉入异物引起。

5. 变速器漏油

（1）故障现象

变速器壳体外围有油泄漏，变速器的齿轮油减少。

（2）故障原因

① 变速器的盖与壳体之间安装松动或者密封垫损坏。

② 油封磨损、变形或损伤；通气口堵塞、放油螺塞松动。

③ 齿轮油过多或齿轮油选用不当，产生过多泡沫。

④ 变速器壳龟裂或损伤或延伸壳破裂。

⑤ 车速里程表接头锁紧装置松动或破损。

(3) 故障诊断

诊断方法：按油迹部位检查油液泄漏原因。

排除方法：

① 检查调整变速器油量。检查齿轮油质量，若质量不佳，应更换合适的齿轮油。

② 疏通堵塞的通气口，更换损坏的密封垫和油封。

③ 更换损坏的变速器壳和延伸壳。

④ 紧固松动的变速器盖、壳螺栓及放油螺塞。

⑤ 拧紧车速表接头锁紧装置，如果锁紧装置破损，应予以更换。

故障诊所

故障一：某驾驶员诉说其驾驶的车辆在加、减速时，四挡脱挡。行驶里程为115000km。

排除方法：造成手动变速器脱挡的主要原因有操纵机构和变速传动机构中零件的变形、松脱或过度磨损等。经检查变速器操纵机构正常，没有松脱之处。拆解变速器后，发现输入轴的四挡齿轮处的轴颈处和滚针轴承磨损严重。更换四挡齿轮、滚针轴承和输入轴后，故障排除。

故障二：某驾驶员诉说其驾驶车辆的手动变速器从五挡减至一挡很困难而且越来越糟，该车多在城市里用，在交通繁忙时要减到一挡才行驶方便。但减挡越来越难，并伴有齿轮撞击声。

排除方法：手动变速器内的同步器使换挡平稳，同步器损坏会造成换挡困难。更换一挡同步器后故障排除。

4.5.2　变速器主要零件的检修

国产汽车变速器壳体、一轴、二轴、中间轴及各传动齿轮修理的具体要求，应按相关标准执行。其他车型的变速器应按厂家所提供的维修手册进行。这里仅介绍检修要点。

1. 变速器壳体

变速器壳体的主要损伤形式有壳体的变形、裂纹及轴承孔、螺纹孔的磨损等。

1) 变速器壳体不得有裂纹。对受力不大的部位的裂纹，可用环氧树脂粘结修复；重要和受力较大部位的裂纹，可进行焊修。与轴承孔贯通的和安装固定孔处的裂纹不能修理，应更换变速器壳体。

2) 变速器壳体的变形，将造成各轴轴线间的平行度误差，轴心距改变，导致齿轮副啮合精度的破坏，造成轮齿表面的阶梯形磨损，这不但使传动噪声加大，也会形成轴向力，当齿面上有冲击载荷时，就会形成变速器的早期自动脱挡的故障。检查时，对三轴式变速器用专用量具检查：

① 各轴承孔公共轴线间的平行度、轴心距。

② 上孔轴线与上平面间的距离。

③ 前后两端面的平面度。

两轴式变速器的壳体一般由前、后两部分组成，其变形主要是检查输入轴与输出轴的平行度及前后壳体接合面的平面度。当上述各项检查超过规定时应进行修复。

当变速器壳体承孔磨损超限、变形时，可在单柱立式镗床上，用长度规作定位导向镗削各轴承孔,以修正各轴线间的平行度。镗削扩孔时,常以倒挡轴的承孔为基准,因为此处的强度最大,其变形逾限率较低。扩孔后再镶套或刷镀修复。超过修理极限时应更换。当壳体平面度超差时,可采用铲、刨、锉、铣等方法修复或更换。

3)壳体上所有连接螺孔的螺纹损伤不得多于2牙,螺纹孔的损伤可用换加粗螺栓或焊补后重新钻孔加工的方法修复。

2. 变速器盖

变速器盖的主要损伤形式有盖的裂纹、变形及轴承的磨损等。

变速器盖应无裂纹,其与变速器壳体结合平面的平面度误差(0.10~0.15mm)超差时,可采用铲、刨、锉、铣等方法修复或更换;拨叉轴与承孔的间隙(0.04~0.20mm)超限时,应更换。

3. 齿轮与花键

齿轮的主要损伤形式有齿面、齿端磨损;齿面疲劳剥落、腐蚀斑点;轮齿破碎或断裂等。

1)齿轮的啮合面上出现明显的疲劳麻点、麻面、斑疤或阶梯形磨损时,必须更换。齿面仅有轻微斑点或边缘略有破损时,可用油石修磨后继续使用。

2)固定齿轮或相配合的滑动齿轮的端面损伤长度不得超过齿长的15%。

3)齿轮的啮合面中线应在齿高中部,接触面积不得小于工作面的60%。

4)齿轮与齿轮、齿轮与轴及花键的啮合间隙,径向间隙和轴向间隙应符合原厂规定。

4. 轴

轴的主要损伤形式有变形、裂纹、轴颈和花键齿的磨损等。

1)用百分表检查轴的变形,超过标准时应校正或更换。

2)检查轴齿、花键齿(图4-42),损伤达到前述齿轮损伤的程度时应更换。

3)用千分尺检查各轴颈的磨损,超过规定值时,可堆焊、镀铬后修复或更换。

4)检查轴上定位凹槽的最大磨损量,超过规定值时应换新。

5)轴体上不得有任何性质的裂纹,否则更换。

5. 轴承

轴承主要的损伤形式有磨损、疲劳点蚀及破裂等。

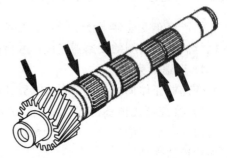

图4-42 轴花键检查

1)检查轴承应转动灵活,滚动体与内外圈滚道不得有麻点、麻面、斑疤和烧灼磨损或破碎等缺陷,保持架完好,否则更换。

2)检查轴承的径向间隙不得超过规定值,滚动轴承与承孔、轴颈或齿轮的配合,应符合技术条件要求。否则更换。

6. 同步器

目前多数变速器采用锁环式或锁销式同步器。

(1)锁环式同步器的检修

锁环式同步器的主要损伤包括:锁环内锥面螺纹槽及锁止角磨损、滑块磨损、接合套和花键毂的花键齿损伤。锁环与滑块的磨损会破坏换挡过程的同步作用；锁环与接合套锁止角的磨损，会使同步器失去锁止作用，这些都会造成换挡困难，发出机械撞击噪声。

锁环的检查如图4-43所示。检查锁环内锥面螺纹槽及锁止角磨损，将锁环压到接合齿圈锥面上，按压转动锁环时要有阻力，用塞尺测量锁环与接合齿圈端面之间的间隙 A。该间隙的标准值：解放CA1091型变速器为1.2~1.8mm，磨损极限是0.3mm；奥迪、桑塔纳的变速器为1.1~1.9mm，磨损极限为0.5mm。超过极限值时，应更换。

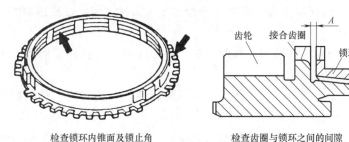

图4-43 锁环的检查

同步器滑块顶部凸起磨损出现沟槽，会使同步作用减弱，必须更换。锁环、接合套的接合齿端磨秃，接合套和花键毂的花键齿磨损，都会导致换挡困难，都需要更换。

将同步器接合套与花键毂组合在一起使它们滑动时，应能平滑地滑动而无阻滞现象（图4-44）。接合套内表面的前后端应无损伤。注意：更换时，同步器接合套与花键毂应作为一组同时更换。检查齿轮及齿圈齿端、齿圈外锥面及齿轮轴孔的磨损（图4-45）逾限应更换。

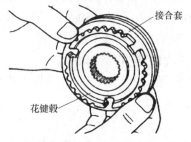 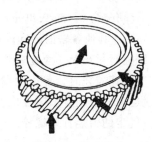

图4-44 同步器接合套与花键毂组合检查　　图4-45 滑套检查

（2）锁销式同步器的检修

锁销式同步器的主要损伤包括：换挡操作不当、冲击过猛使锥盘外张，摩擦角变大造成同步效能降低；锥环锥面上的螺纹槽的磨损严重，使摩擦系数过低，甚至两者端面接触，使同步作用失效。

当锥环锥面螺纹磨损，使锥环端面与锥盘锥面接触，可用车削锥环端面修复，但车削总量不得大于1mm。如有锥环外锥面螺纹槽的深度小于0.1mm，而锥环端面未与锥盘接触，应更换同步器总成。更换新总成时，可保留原有的锥盘，但两者的端面间隙不得小于3mm。

同步器的锁销和支承销松动或有散架，会引起同步器突然失效，应更换新同步器。

7. 操纵机构的检修

变速器操纵机构的主要损伤形式有连接松动、磨损、变形和弹簧失效等。

1）检查操纵机构各零件的连接应无松动现象，否则应及时紧固。

2）检查变速杆、拨叉、拨叉轴等应无变形，否则应校正或更换。

3）检查拨叉与接合套、拨叉与拨叉轴、选挡轴等处的磨损，磨损逾限时应更换。

4）检查定位钢球、定位锁销、锁止弹簧、复位弹簧，当出现磨损逾限或弹簧失效时，应更换。

4.5.3 变速器的装配与调整

变速器装配质量的好坏直接关系到变速器的工作质量，因此在变速器的装配过程中应特别注意以下几个方面：

1）装配前，必须对零件进行认真的清洗，除去污物，毛刺和铁屑等。尤其要注意第二轴齿轮上的径向齿轮油孔的畅通。

2）装配各部轴承键槽时，应涂质量优良的齿轮油进行预润滑。总成修理时，应更换所有的滚针轴承。

3）对零件的工作表面不得用硬金属直接锤击，避免齿轮轮齿出现运转噪声。

4）注意同步器锁环或锥环的装配位置。装配过程中，若有旧件时应原位装复，以保证两元件的接触面积。因此，在变速器解体时，应注意各挡齿轮、同步器固定齿座、止推垫圈的方向及位置，以保证齿轮的正确啮合位置。

5）安装第一轴、二轴及中间轴的轴承时，只许用压套垂直压在内圈上，禁止施加冲击载荷，轴承内圈圆角较大的一侧必须朝向齿轮。

6）装入油封前，需在油封的刃口涂少量润滑脂，要垂直压入，并注意安装方向。

7）变速器装配后，要检查各齿轮的轴向间隙和各齿轮副的啮合间隙及啮合印痕。常啮合齿轮的啮合间隙为 0.15~0.40mm；滑动齿轮的啮合间隙为 0.15~0.50mm。第一轴的轴向间隙≤0.15mm，其他各轴的轴向间隙≤0.30mm。各齿轮的轴向间隙≤0.40mm。

8）装配密封衬垫时，应在密封衬垫的两侧涂以密封胶，确保密封效果。

9）安装变速器盖时，各齿轮和拨叉均应处于空挡位置。必要时，可分别检查各个常用挡的齿轮副是否处于全齿长接合位置。

10）按规定的力矩拧紧螺栓。

4.6 实验实训

安全提示

1. 在拆装变速器时，需要使用到压力拆装设备。使用时一定要确保所要拆装的组件全部可靠地紧固在工具设备中，以防伤害事故的发生。

2. 严格拆装程序并注意操作安全，分解变速器时不能用手锤直接敲击零件，必须采用铜棒或硬木垫进行冲击。

手动变速器的拆装与检修

1. 实验实训目的

1）熟悉机械变速器动力传递路线及自锁、互锁、倒挡锁止装置的结构及其工作过程。

2) 掌握机械变速器的拆装和调整要领。

3) 能熟练进行二轴式或三轴式变速器的拆检。

2. 实验实训设备及工、量具

1) 两轴式和三轴式手动变速器各两台。

2) 常用拆装工具和测量工具。

3. 实验实训基本方法

(1) 变速器的分解

以东南菱帅轿车 F5M41 手动变速器为例说明。变速器分解图如图 4-46~图 4-48 所示。

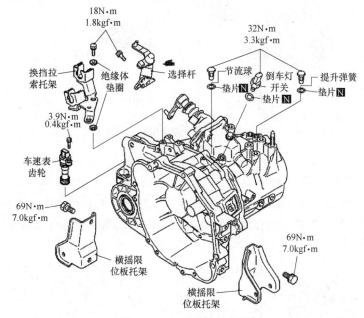

图 4-46　变速器外部附件

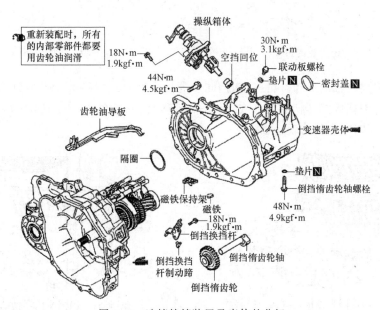

图 4-47　选挡挂挡装置及壳体的分解

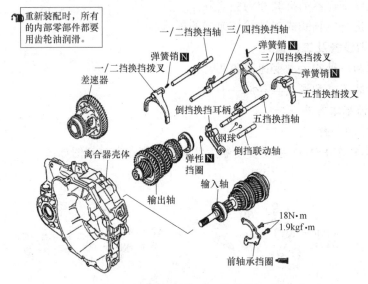

图 4-48 拨叉及传动组件的分解

分解的具体步骤如下：

1）密封盖的拆卸（图 4-49）。

2）变速器壳体的拆卸：张开弹性挡圈，将其从球轴承的弹性挡圈槽内拆下（图 4-50）。注意：如张开弹性挡圈，则在输入轴自重的作用下，弹性挡圈槽会偏移。

图 4-49 密封盖的拆卸

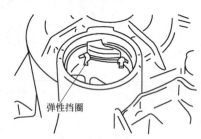

图 4-50 弹性挡圈的拆卸

3）倒挡惰齿轮轴的拆卸。将三/四挡同步器接合套向四挡移动（图 4-51）。

4）一边将倒挡换挡耳柄朝图 4-52 所示方向移动，一边拆下五挡换挡拨叉轴及倒挡耳柄、弹性挡圈、钢球、倒挡联动轴。

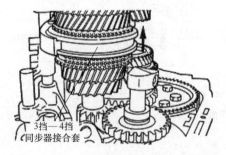

图 4-51 三/四挡同步器接合套向四挡移动

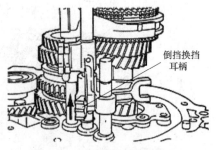

图 4-52 倒挡换挡耳柄的拆卸

5）将三/四挡换挡轴朝如图 4-53 所示方向移动，将其与换挡拨叉同时拆下。

6）同时拆下输入轴和输出轴（图 4-54）。

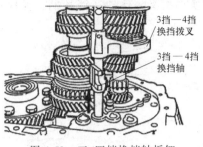

图 4-53　三/四挡换挡轴拆卸

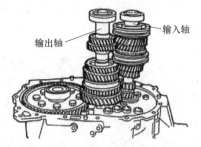

图 4-54　输入轴、输出轴的拆卸

7）分解输入轴和输出轴（图 4-55、图 4-56）

（2）重新装配前的调整

选择隔圈来调整差速器体的轴向间隙：

1）在变速器壳体如图 4-57 的位置，放上焊锡（长约 10mm，直径约 1.6mm），然后安装差速器。

2）安装离合器壳体，将螺栓拧紧到规定力矩。

3）若焊锡没有被压偏，再用更粗的焊锡进行上述 1）2）的操作。

4）用千分尺测量（图 4-58）被压偏的焊锡的厚度（T），根据下面的公式来选择隔圈。

选择隔圈的厚度：（$T-0.05$mm）至（$T-0.17$mm）。

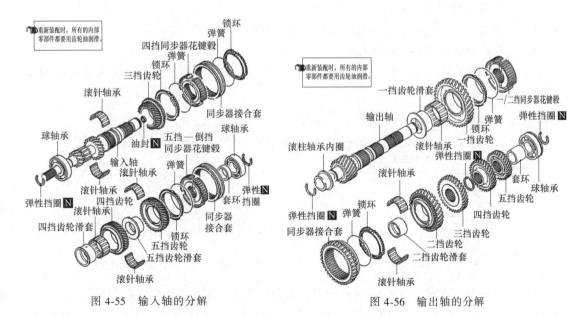

图 4-55　输入轴的分解　　　　　图 4-56　输出轴的分解

（3）变速器的装配

1）同时安装输出轴和输入轴（图 4-54）。

2）前轴承挡圈的安装。在前轴承挡圈的安装螺栓（仅埋头螺钉）上涂密封胶

（图4-59）。使用规定的密封胶。

3）安装三/四挡换挡轴及拨叉。（图4-53）

4）安装倒挡联动轴、钢球、五挡换挡轴、五挡换挡拨叉、倒挡换挡耳柄、弹性挡圈，使它们处于图4-60位置。

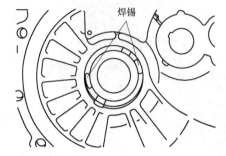

图4-57 隔圈厚度检测部位

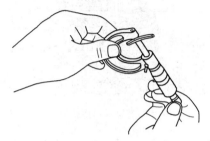

图4-58 焊锡丝厚度检查

图4-59 埋头螺钉涂胶

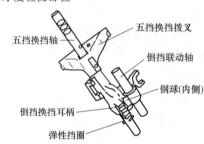

图4-60 安装五挡换挡轴及倒挡联动轴

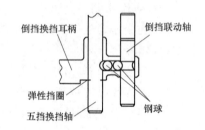

5）安装弹簧销（图4-61）。

6）安装在"重新装配前的调整"中所选择的隔圈。

7）齿轮油导板的安装（图4-62）

8）安装倒挡惰齿轮轴。将三/四挡同步器滑套向四挡侧移动，将倒挡惰齿轮轴上的螺孔朝着图4-63所示方向。

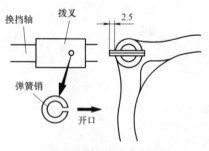

图4-61 弹簧销的安装

图4-62 齿轮油导板的安装

9）挤出密封胶涂在如图4-64所示的变速器壳体位置。注意：使用规定的密封胶，一定要在密封胶未干时迅速地装好变速器壳体（在15min内），用规定的力矩拧紧变速器壳体。安装好后，在约1h内不要让密封部位接触到油类。

10）安装张开弹性挡圈（图4-50）。

11）安装密封盖。用压装方法（图4-65）将密封盖压入到图4-66所示位置。

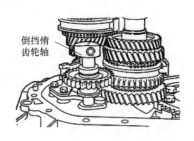

图 4-63　倒挡惰齿轮轴的安装

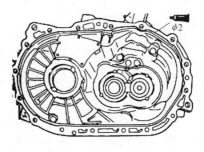

图 4-64　壳体密封面涂胶

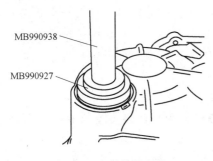

图 4-65　密封盖的安装

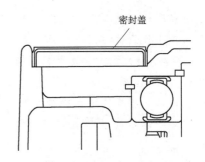

图 4-66　密封盖的安装位置

12）倒挡惰齿轮轴螺栓的安装。使用螺钉旋具等（杆粗 8mm），找出螺孔的中心，如图 4-67 所示。

13）操纵箱体的安装。挤出密封胶涂在如图 4-68 所示的变速器壳体的位置。

图 4-67　倒挡惰齿轮轴螺栓的安装

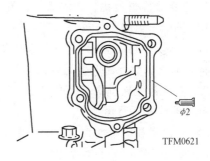

图 4-68　操纵箱体的安装

注意：使用规定的密封胶。均匀地挤出密封胶，不得断开或涂得过多。一定要在密封胶未干时迅速地装好变速器壳体（在 15min 内）。安装好后，在约 1h 内不要让密封部位接触到油类。

14）安装车速表齿轮。在车速表齿轮的 O 形环上涂变速器油。使用准双曲面齿轮油 SEA 75W-85W 并保证在 APIGL-4 级以上。

15）安装选择杆。在选择杆制动轴滑动部分涂润滑脂。

（4）手动变速器的检修

手动变速器的检修方法参见本章 4.5.2 小节。

项目小结

1. 变速器的功用：实现变速变矩；实现汽车倒驶；必要时中断传动；实现动力输出，驱动其他机构。

2. 变速器的类型按分类方式的不同

1) 按传动比变化方式分类有有级变速器、无级变速器、综合式变速器。

2) 按操纵方式不同分类有手动操纵式变速器、自动操纵式变速器、半自动操纵式变速器。

3. 手动变速器是利用不同齿数的齿轮啮合传动实现转速和转矩改变的。

4. 汽车上使用的手动变速器，可分为两轴式和三轴式两种。两轴式变速器用于发动机前置前轮驱动（FF型）和发动机后置后轮驱动（RR型）的中、轻型轿车上。三轴式变速器用于发动机前置后轮驱动（FR型）的汽车上。

5. 变速器包括变速传动机构和换挡操纵机构两部分。

6. 手动变速器的换挡装置有三种：直齿滑动齿轮式换挡、接合套式换挡和同步器式换挡。

7. 采用无同步器的换挡装置的变速器操纵起来相当复杂，不仅易使驾驶员产生疲劳，而且容易加速齿轮的损坏。因此，现代汽车齿轮式变速器越来越多地采用同步器换挡装置。

8. 同步器的功用是使接合套与待接合的齿圈二者之间迅速达到同步，并阻止二者在同步前进入啮合；消除换挡时的冲击，缩短换挡时间；简化换挡过程，使换挡操作简捷而轻便。

9. 同步器有惯性式、常压式、自增力式等多种类型，应用广泛的是惯性式同步器。

10. 同步器由同步装置（包括推动件和摩擦件）、锁止装置和接合装置三部分组成。

11. 变速器操纵机构的功用是保证驾驶员根据使用条件，准确可靠地使变速器挂入所需要的挡位工作，并可随时使之退入空挡。

12. 变速器操纵机构根据其变速操纵杆与变速器的相互位置的不同，可分为直接操纵式和远距离操纵式两种类型。

13. 变速器操纵机构的定位锁止装置

1) 自锁装置：用于对各挡拨叉轴进行轴向定位锁止，以防止其自动产生轴向移动而造成自动挂挡或自动脱挡，并保证各挡传动齿轮以全齿长啮合。

除了采用自锁装置防止自动脱挡外，还常用齿端倒斜面式和减薄齿式两种结构形式来防止自动跳挡。

2) 互锁装置：用于阻止两个拨叉轴同时移动，防止同时挂入两个挡位。避免因同时啮合的两挡齿轮其传动比不同而互相卡住，造成运动干涉甚至造成零件损坏。互锁装置常用的结构形式有锁球式、锁销式和转动钳口式。

3) 倒挡锁装置：用于防止汽车在前进中因误挂倒挡而造成极大的冲击，使零件损坏，并防止在汽车起步时误挂倒挡而造成安全事故。

14. 变速器常见的故障为换挡困难、跳挡、乱挡、异响及漏油等。

15. 国产汽车变速器壳体、第一轴、第二轴、中间轴及各传动齿轮修理的具体要求，应按相关标准执行。其他车型的变速器应按厂家所提供的维修手册进行。

复习思考题

1. 变速器有何功用？有哪些类型？
2. 两轴式和三轴式变速器各有何特点？各用于什么场合？
3. 同步器的作用是什么？有哪些类型？由哪几部分组成？
4. 对变速器操纵机构有哪些要求？各用什么装置和措施来保证？
5. 变速器换挡装置有哪些结构形式？防止自动脱挡的结构有哪些？
6. 变速器操纵机构的定位锁止装置有哪些？各有何作用？
7. 对变速器壳体的变形应如何检查和修理？
8. 锁环式和锁销式同步器主要的损伤形式有哪些？
9. 变速器装配时应注意哪些问题？
10. 变速器常见的故障有哪些？试述自动脱挡的原因。
11. 乱挡的原因是什么？如何诊断和排除？
12. 什么是变速器异响？如何诊断和排除？

项目 5

自动变速器的构造与检修

 学习目标：

1. 掌握液力变矩器和锁止离合器的作用及工作情况。
2. 会分析自动变速器所用行星齿轮系的工作原理。
3. 能区分离合器、制动器和单向离合器，叙述它们的作用。
4. 能叙述自动变速器液压控制系统和电子控制系统的作用和基本元件的工作情况。
5. 能识别自动变速器的常见故障，并进行基本的故障诊断及检修。

5.1 自动变速器的认识

5.1.1 自动变速器的基本组成及作用

重点掌握

1. 什么是自动变速器？
2. 自动变速器/变速驱动桥由哪几部分组成，它们各自的作用是什么？

自动变速器是一种能实现自动变速、连续变矩的动力传动装置。它从低挡自动换到高挡，无需驾驶员进行离合器操作，具有操作方便、换挡平稳、乘坐舒适、过载保护性好等特点。但其结构较复杂，成本较高，修理较麻烦。

自动变速器的基本组成如图 5-1 所示。由图中可知，自动变速器由液力变矩器、机械传动装置、液压控制系统、电子控制系统等组成。此外还有自动变速器油冷却和滤清装置。要充分发挥自动变速器的功能，这些部件就必须协调一致，正确地进行工作。为全面理解自动变速器的运作，就要充分理解这些部件的基本作用，这一点非常重要。

自动变速器各组成部分的作用如下：
（1）液力变矩器

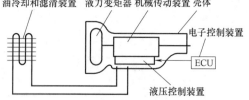

图 5-1 自动变速器基本组成

使发动机产生的转矩成倍增长；起到自动离合器的作用，传送发动机转矩至变速器；缓冲发动机及传动系的扭转振动；兼起到飞轮的作用，使发动机转动平稳；驱动液压控制系统的油泵。

（2）机械（齿轮变速）传动装置

根据行车条件及驾驶员所需，提供几种传动比，以获得适当的转矩及转动速度；为倒车提供倒挡挡位；提供停车时所需要的空挡挡位，以使发动机怠速运转。

（3）液压控制系统

向变矩器提供变速器液；控制油泵产生的液压；根据发动机载荷及车速等调节系统压力；对离合器及制动器施加液压，以控制行星齿轮机构动作；用变速器液润滑转动部件及为变矩器及变速器散热。

（4）电子控制系统

利用传感器采集各种数据，并且将其转换为电信号；ECU根据传感器的信息确定换挡正时及锁止正时，并发出指令操纵阀体中电磁阀，调节管道压力，控制换挡阀和锁止控制阀的动作，实现自动换挡和变矩器锁止控制。

5.1.2 自动变速器的类型

自动变速器按照车辆的驱动方式可分为自动变速器（FR车）和自动变速驱动桥（FF车），如图5-2所示。按照车辆前进的挡位数可分为3速自动变速器、4速自动变速器和5速自动变速器。按照自动变速器的控制方式可分为全液压控制自动变速器和电子控制自动变速器。按照齿轮变速器的类型可分为普通齿轮式和行星齿轮式。普通齿轮式自动变速器的体积比较大，目前只有日本本田公司生产的轿车在应用。行星齿轮变速器由于体积小结构紧凑而得到广泛的应用，主要应用的形式为辛普森式行星齿轮变速器和拉维娜式行星齿轮变速器。

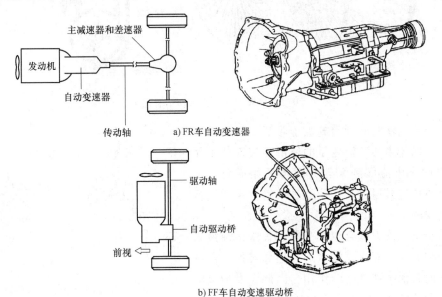

图5-2 不同驱动方式的自动变速器

5.2 液力变矩器

重点掌握

1. 什么是液力变矩器？
2. 液力变矩器由哪几个元件组成，它们各自的作用是什么？
3. 液力变矩器中为什么要采用单向离合器和锁止离合器？

在手动变速器中，是用离合器来结合和分离发动机与变速器的连接。在自动变速器中，是用液力变矩器来结合和分开发动机与变速器的连接，它利用液力或流体进行耦合。

5.2.1 液力耦合器

液力耦合器主要由泵轮和涡轮壳体组成，如图5-3所示。它的工作原理可用两个对置的电风扇来描述，如图5-4所示。当一台接通电源的电扇（相当于泵轮）旋转时，产生的气流可以吹动不接电源的风扇（相当于涡轮）使其旋转。只是耦合器中对置的泵轮与涡轮之间使用的是液体，而不是空气。即当曲轴驱动泵轮转动时，带动泵轮中的工作液回转。随着泵轮转速升高，离心力使工作液沿着泵轮叶片表面从泵轮中心开始向外侧喷出，将工作液喷射到涡轮的叶片上，驱使涡轮转动，将动力传递至变速器输入轴。

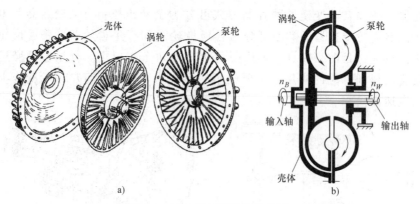

图 5-3 液力耦合器结构示意图

当工作液在涡轮叶片上施放能量后，再沿着涡轮叶片流入涡轮中心，涡轮呈曲线的内表面使工作液改变方向，再流回到泵轮，即再开始循环。可知，转矩的传递是通过工作液经过泵轮和涡轮进行循环来实现的。

可以看出，液力耦合器在工作过程中，油液只是在泵轮和涡轮之间进行能量的传递和转换，而没有受到任何其他附加外力的作用，因此，发动机输入到泵轮上的转矩 M_B 与涡轮上所输出的转矩 M_W 总是相等的。也就是说，液力耦合器只能等量地传递转矩，而不能改变转矩的大小。

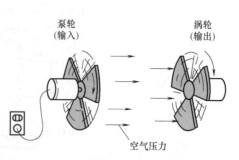

图 5-4 液力耦合器工作原理模拟图

5.2.2 液力变矩器的结构和工作原理

液力变矩器是为了改善液力耦合器的性能而在其基础上发展起来的,它不仅传输而且还成倍地增大来自发动机的转矩。变矩器主要由泵轮、涡轮、导轮组成,如图5-5所示。

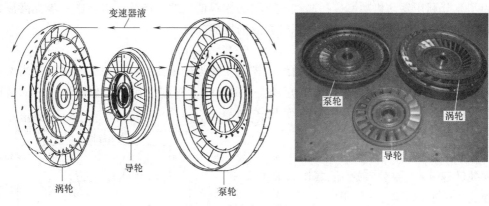

图 5-5 液力变矩器的组成

泵轮与变矩器壳体连成一体,其内部径向装有许多弯曲的叶片,而叶片内缘则装有让工作液平滑流过的导环。

涡轮也装有许多叶片。但涡轮叶片的弯曲方向却与泵轮叶片的弯曲方向相反。涡轮装在变速器输入轴上,这样,其叶片与泵轮叶片相对放置,中间有一很小的间隙。

导轮位于泵轮与涡轮转轮之间,通过单向离合器安装在导轮轴上,导轮轴则固定在变速器壳体上。

上述三元件安装在完全充满变速器液(ATF)的密封变矩器壳体内,壳体通过驱动盘与曲轴相连。当发动机运转时,带动泵轮一同旋转,泵轮内的ATF依靠离心力向外喷出,其喷射速度随发动机转速的提高而升高。高速喷出的ATF冲击静止的涡轮使其转动,正如图5-4中的空气流冲击风扇一样。导轮叶片截住离开涡轮的变速器液,改变其方向,使其冲击泵轮的叶片背部,给泵轮一个额外的"助推力",使得液力变矩器能有效地增大涡轮的输出转矩。其原理就像给两个对置的电风扇添加了一个空气管道,如图5-6所示。空气通过空气道从没有电源的电风扇回流到有电源的电风扇,从而增加了有电源电风扇吹出的气流。导轮就起到了这种空气管道的作用,增加了从泵轮流出ATF的动能。实际上ATF以循环的方式流过液力变矩器,在其内部形成一条首尾相接的环行螺旋流线,如图5-7所示。

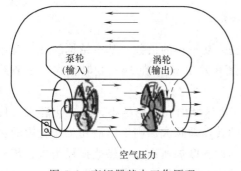

图 5-6 变矩器基本工作原理

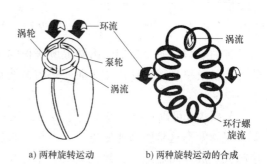

图 5-7 液力变矩器内的液流运动

由上可知，泵轮将发动机的机械能转变为 ATF 的动能，涡轮将 ATF 的动能转变为涡轮轴上的机械能，而导轮改变 ATF 的流动方向，从而达到增矩的作用。

5.2.3 液力变矩器的性能改善及其结构

为了充分利用发动机功率，提高汽车行驶的燃料消耗的经济性，需要进一步提高液力变矩器的传动效率。为此，人们进行了积极有效的性能改进。

1. 液力变矩器的性能分析

液力变矩器的性能一般用其特性曲线来描述。液力变矩器的特性曲线反映的是当发动机转速和转矩一定（即泵轮转速 n_B 和转矩 M_B 一定）时，液力变矩器的转矩比（K）、转速比（i）和传动效率（η）三者之间的变化关系。
图 5-8 为车用液力变矩器的特性曲线。

（1）转速比（速比）i

涡轮转速 n_W 与泵轮转速 n_B 之比为液力变矩器的速比，一般以 i 来表示，即

$$i = \frac{n_W}{n_B} \leq 1$$

速比说明液力变矩器输出转速降低的倍数，用来描述变矩器的工况。

（2）转矩比（变矩系数）K

涡轮输出转矩 M_W 与泵轮输入转矩 M_B 之比为液力变矩器的转矩比，用 K 来表示，即

$$K = \frac{M_W}{M_B}$$

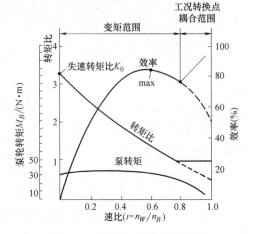

图 5-8 液力变矩器的特性曲线

转矩比说明变矩器输出转矩增大的倍数，它随变矩器转速比而变化。

从图 5-8 中可以看出，液力变矩器的运作分为两个工作区域：当 $i<0.8$（$K>1$）时，为变矩器的变矩区，在变矩区转矩成倍放大，当传动比 i 为零时，即在涡轮转轮停转时，转矩比 K 达到最大；当 $i \geq 0.8$（$K \leq 1$）时，为变矩器的耦合区，只是传送转矩而并无转矩放大。$K=1$ 的速比点是这两个区域的转换点，亦称为"耦合点"。

（3）传动效率 η

涡轮输出功率与泵轮输入功率之比为变矩器的传动效率，用 η 表示。即

$$\eta = \frac{N_W}{N_B} = \frac{M_W n_W}{M_B n_B} = Ki$$

传动效率说明变矩器输出轴上所获得的功率比输入功率小的倍数。基本结构的液力变矩器的传动效率是随传动比变化而变化的抛物线，其最高效率 η_{max} 在 $i=0.6$ 时获得，一般约为 80%～86%。

从图 5-8 可以看出，液力变矩器在速比较小的变矩区域内，速比越小，转矩比越大，传动效率越低。这是因为速比越小，涡轮与泵轮之间的转速差越大，则工作液在工作轮内的流速越大。液体的流速大，致使其与工作轮叶片之间的冲击摩擦所产生的热能损耗增大，传动效率随之减小；但同时由于其经导轮回流冲击泵轮叶片背面的力矩增大，使得输出转矩增

大，即转矩比变大。当汽车起步时，$n_W=0$，$i=0$，泵轮与涡轮的转速差达最大，此时涡轮输出转矩 M_W 最大，足以克服静态阻力矩，使汽车顺利起步。此时转矩比 K_0 一般在 1.7~3.5 之间，该点（即 $i=0$ 的速比点）称为"失速点"。了解失速点的概念很有必要，以便利用"失速试验"检验发动机和变矩器及齿轮传动系统的性能好坏。汽车起步后，逐渐加速，则 n_W 增大，速比 i 随之增大，泵轮与涡轮的转速差减小，热能损耗减小，传动效率 η 增大，与此同时，转矩比 K 逐渐降低，达到耦合点时，$K=1$，$M_W=M_B$。由于液力变矩器的转矩比 K 有随涡轮转速 n_W 减小而增大，即随行驶阻力矩的增大而增大的特性，这对行驶阻力变化较大的汽车最合适，即其自动适应性好，在一定范围内能自动无级变矩。

若液力变矩器中的导轮在工作时始终固定，则自耦合点起在大速比的耦合范围内，转矩比曲线变成 $K<1$，且传动效率急剧下降（图 5-8 中的虚线）。这是由于固定不动的导轮，在速比较小的范围内，能起到增大转矩的作用，因为此时由循环流动的速度 A 和圆周流动的速度 B 所合成的工作液按速度 C 流向导轮前部，经固定不动的导轮后改变了液流方向冲向泵轮的背面（图 5-9a），产生增矩作用。但在速比较大的工作范围内，工作液的合成速度 C 将流向导轮的背面，固定不动的导轮使工作液产生涡流，将阻碍涡轮的旋转（图 5-9b），降低其传动效率。其解决的办法就是在导轮上增设单向离合器。

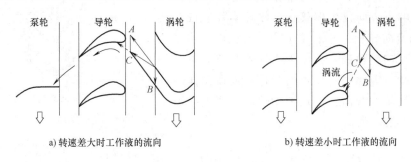

图 5-9 速比变化时工作液的流向

2. 导轮增设单向离合器用以提高传动效率

导轮单向离合器的作用是使其所连接的两个元件间只能相对的向一个方向转动，而无法朝相反方向转动，即它按受力关系不同，自动地实现锁定不动或分离自由旋转两种状态。其常见的结构形式有楔块式（图 5-10）和滚柱式（图 5-11）两种。

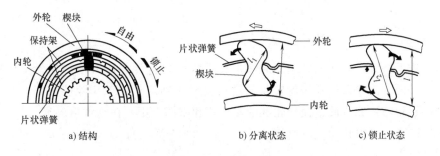

图 5-10 楔块式单向离合器的结构和工作原理

为了改善液力变矩器在大速比下的传动效率，将液力变矩器的导轮通过单向离合器固定在变速器外壳上（图 5-12），单向离合器内圈与导轮轴和变速器外壳相连，是固定不动的；

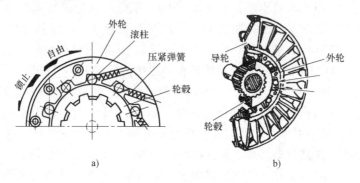

图 5-11 滚柱式单向离合器

其外圈与导轮相连,可与导轮一起按泵轮同一方向转动。

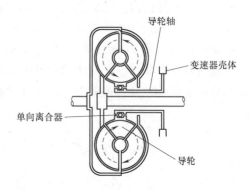

图 5-12 带单向离合器的导轮结构

设置单向离合器后,当速比较小,泵轮与涡轮转速差较大时,沿涡轮叶片流动的工作液速度(涡流速度)A 亦大,速度 A 在涡轮旋转速度(环流速度)B 的影响下方向发生偏移,工作液实际上按速度 C 的方向流向导轮,冲击导轮叶片的正面,使导轮与泵轮有反向转动趋势,但由于导轮被单向离合器锁住不转动。因此固定导轮的叶片使液体流向改变,冲击到泵轮的背面,增强泵轮转动,产生增矩作用,如图 5-13a 所示。

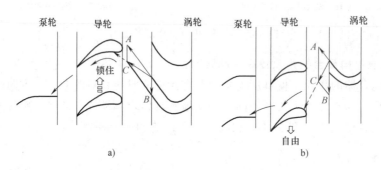

图 5-13 增设单向离合器后导轮的工作状况

当速比较大,泵轮与涡轮转速差较小时,同涡轮转轮一起同方向转动的液体速度 B 就升高。另一方面,流经泵轮及涡轮转轮的液体速度 A 则降低,工作液按速度 C 的方向流向导轮,冲击导轮叶片的背面,使导轮叶片对液流起阻挡作用。在这种情况下,单向离合器使导轮与泵轮同方向自由转动,从而使液流顺利流回至泵轮,如图 5-13b 所示。此时,变矩器不产生增矩作用,其功能同普通液力耦合器一样,传动效率为图 5-8 中斜直线所示,性能大幅度改善。

由上述可知,当涡轮转速达到泵轮转速的某一给定比例时,导轮就开始与泵轮同一方向转动。这就是所谓的耦合器工作点或耦合点。在达到耦合点以后,转矩成倍放大效应不再发生,变矩器也仅起到普通液力耦合器的作用。

3. 采用锁止离合器提高液力变矩器高速比工况下的传动效率

从图 5-8 液力变矩器的特性曲线中可以看出,当速比较高,进入耦合工作区时,变矩器没有增矩作用,几乎以 1∶1 的比例将来自发动机的输入转矩传送至变速器。但在泵轮与涡轮之间存在着至少 4%~5% 的转速差,因此变矩器并不是将发动机动力 100% 地传送至变速器,而是有能量损失。为防止这种现象发生,也为了降低油耗,在液力变矩器上采用了锁止离合器。当车速在大约 60km/h 或以上时,锁止离合器会通过机械方式将泵轮与涡轮相连接,使发动机产生的动力 100% 地传送至变速器。

液力变矩器的锁止离合器位于涡轮的前端,装在涡轮轮毂上,如图 5-14 所示。由锁止活塞、减振盘和涡轮传动板等组成。锁止活塞和减振盘用键连接,可前后移动;减振盘和涡轮传动板通过减振弹簧固定,能衰减在离合器接合时的扭转振动;在变矩器壳体或变矩器锁止活塞上粘有一种摩擦材料,用以防止离合器接合时打滑。

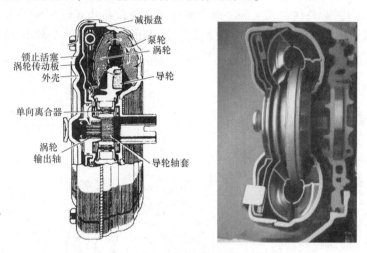

图 5-14 带锁止离合器的液力变矩器

锁止离合器的接合及分离由变矩器中的液压油的流向决定。当车辆低速行驶时,由液压控制系统控制工作液流至锁止活塞的前端,使锁止活塞向后移动(图 5-15a),故锁止离合

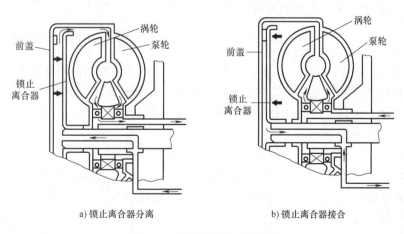

a) 锁止离合器分离　　　　b) 锁止离合器接合

图 5-15 锁止离合器工作原理

器分离。当车辆转入中、高速（通常60km/h）行驶时，由液压控制系统控制工作液流至锁止离合器的后端。使锁止活塞向前移动（图5-15b），这样，变矩器壳体就受到锁止活塞挤压，从而使锁止离合器及前盖一起转动，即锁止离合器接合。动力直接由发动机、驱动盘、前盖、锁止离合器、涡轮到变速器输入轴。由于泵轮与涡轮锁为一体，动力传递无需通过液体，从而提高了高速下液力变矩器的传动效率。

5.3 齿轮变速传动装置

重点掌握

1. 自动变速器的齿轮变速传动装置主要由哪几部分组成？
2. 单排行星齿轮机构获进超速、降速和倒转的约束条件是什么？
3. 辛普森式行星齿轮传动装置和拉维娜式行星齿轮传动装置的结构特点是什么？

自动变速器的齿轮变速传动装置主要由齿轮机构和换挡执行元件组成。自动变速器的齿轮机构主要有行星齿轮机构和平行轴齿轮机构，目前多采用行星齿轮机构。

5.3.1 齿轮机构

1. 单排行星齿轮机构

（1）结构

图5-16所示为单排行星齿轮机构。它主要由太阳轮、行星轮、行星架和齿圈组成，其中行星轮通常有3~6个，沿行星架圆周均匀布置。行星轮一方面可绕自己的轴线回转，另一方面又可随着行星架一起绕其固定轴线旋转，即它既有自转又有公转。

（2）特点

行星齿轮机构在结构方面具有下列特点：

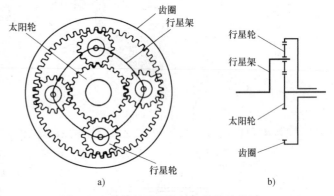

图5-16 单排行星齿轮机构结构及简图

① 太阳轮、行星架和齿圈都是同心的，即围绕公共轴线旋转。这能够取消诸如手动变速器所使用的中间轴和中间齿轮。

② 所有齿轮始终相互啮合，换挡时无需滑移齿轮，因此摩擦磨损小，寿命较长。

③ 结构简单、紧凑，其载荷被分配到数量众多的齿上，强度大。

④ 可获得多个传动比。

（3）变速原理及传动比

设图5-16所示行星齿轮机构中的太阳轮、齿圈、行星架的转速分别为 n_1、n_2、n_3，太阳轮、齿圈的齿数分别为 z_1、z_2，齿圈与太阳轮的齿数比为 α。根据能量守恒定律，可得单一行星齿轮机构一般运动规律特性方程式：

$$n_1 + n_2 - (1+\alpha)n_3 = 0$$

式中 $\alpha = \dfrac{z_2}{z_1} > 1$。

由上式知，单一行星齿轮机构有两个自由度，因此它不能直接用于变速传动。为了组成具有确定传动比的齿轮机构，应将行星齿轮机构中的太阳轮、齿圈和行星架三个基本构件中的一个强制固定不动或使其运动受到一定的约束（称为制动），再将另外两个中的一个作为主动件与输入轴相连，另一个作为从动件与输出轴相连；或将某两个基本元件相互连接一起旋转，从而获得确定的传动比，实现动力传递。

表 5-1 为固定不同的构件，并选不同的构件作为输入件和输出件，所得到的传动方案和传动比。

表 5-1　单排行星齿轮机构的传动方案和传动比

状态	固定件	主动件	从动件	传动比	旋转方向	挡位
1	太阳轮	齿圈	行星架	$i = 1 + \dfrac{z_1}{z_2} = 1 + \dfrac{1}{\alpha}$	相同	降速挡
2		行星架	齿圈	$i = \dfrac{z_2}{z_1 + z_2} = \dfrac{\alpha}{1+\alpha}$		超速挡
3	齿圈	太阳轮	行星架	$i = 1 + \dfrac{z_2}{z_1} = 1 + \alpha$	相同	降速挡
4		行星架	太阳轮	$i = \dfrac{z_1}{z_1 + z_2} = \dfrac{1}{1+\alpha}$		超速挡
5	行星架	太阳轮	齿圈	$i = -\dfrac{z_2}{z_1} = -\alpha$	相反	倒挡（超速）
6		齿圈	太阳轮	$i = -\dfrac{z_1}{z_2} = -\dfrac{1}{\alpha}$		倒挡（降速）
7	将任意两基本构件连接在一起			1∶1	相同	直接挡
8	太阳轮、齿圈、行星架均不固定					空挡

注：z_1 为太阳轮齿数；z_2 为齿圈齿数；$\alpha = z_2/z_1$。

由表 5-1 可知：当行星架为主动件，得到加速效果；当行星架为从动件，得到减速效果；当行星架固定，得到倒转效果。

2. 复合行星齿轮机构

由于单排行星齿轮机构不能满足汽车行驶中速比范围的要求，为了增加自动变速器的速比范围，常将两组或多组单排行星齿轮机构组合为复合行星齿轮机构，用以满足汽车行驶中需要的速比范围。目前常见的复合行星齿轮机构有辛普森式行星齿轮机构和拉维娜式行星齿轮机构，如图 5-17 所示。

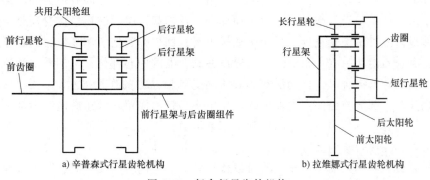

a) 辛普森式行星齿轮机构　　b) 拉维娜式行星齿轮机构

图 5-17　复合行星齿轮机构

5.3.2 换挡执行元件

为使行星齿轮机构发挥功能，必须利用换挡执行元件进行控制，才能提供自动变速器所需的速比。换挡执行元件包括离合器、制动器和单向离合器。

1. 离合器

离合器的作用是将输入或输出轴与行星齿轮机构中某个基本元件连接起来，或将行星齿轮机构中某两个基本元件连接在一起，使之成为一个整体转动，以传递动力。

现代自动变速器中所使用的离合器多为湿式多片式离合器，它通常由离合器鼓、离合器活塞、回位弹簧、一组钢片、一组摩擦片、花键毂等组成，如图5-18所示。

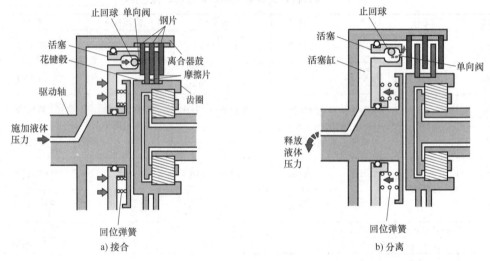

图 5-18 多片式离合器

离合器鼓内装有环状的离合器活塞，它与离合器鼓形成一个封闭环状液压缸，由活塞内外圆上的密封圈保证其密封。钢片和摩擦片交错排列，两者统称为离合器片。钢片的外花键齿安装在离合器鼓的内花键齿槽内，摩擦片则以内花键齿与花键毂的外花键槽配合，钢片和摩擦片均可作一定量的轴向移动。

离合器处于分离状态时，离合器片之间存在一定的轴向间隙，以保证钢片和摩擦片之间无轴向压力。当液压油通过油道进入活塞左腔油室时，液压力克服回位弹簧张力推动活塞右移，使所有钢片、摩擦片压紧，离合器接合。由于钢片与摩擦片之间有很大的摩擦系数，在液压力的作用下产生很大的摩擦力，使从动部分的花键毂连接，转矩经离合器鼓、钢片、摩擦片、花键毂传至行星齿轮机构。当液压油排出时，回位弹簧使活塞复位，离合器脱开。

一般在离合器内部只有一条油道，油道设在离合器的中心部位，进油和泄油均要通过这一条油道。在离合器接合时，推动活塞的液压油受到惯性力的作用被甩到液压腔的外壁上，在离合器脱开时，部分液压油在惯性力的作用下不易排出滞留在液压腔内，造成离合器没有完全脱开，从而导致钢片和摩擦片间出现不正常滑磨，影响离合器的使用寿命。为了避免这种现象的出现，在离合器的活塞内装有止回球。当离合器接合时，液压力使止回球压紧在阀座上，液压腔成为封闭的油腔，离合器可以传递转矩。当离合器脱开时，随着液压油的排出液压力下降，止回球与阀座脱开，液压油从阀座处被排出，使离合器迅速分离完全脱开。

2. 制动器

制动器的作用是约束行星齿轮机构中某个基本构件，使其不能运动，以获得必要的传动比。制动器由液压操纵。目前最常见的是湿式多片式制动器和带式制动器两种。

（1）湿式多片制动器

湿式多片式制动器结构与离合器结构相似，如图 5-19 所示，由制动器活塞、回位弹簧、制动器毂、制动器摩擦片、制动器钢片等组成。其工作原理也与离合器的基本相同，不同之处是制动器的制动鼓（相当于离合器鼓）与变速器壳体制成一体。制动器钢片外花键安装在变速器壳体上的制动器鼓内花键齿圈中不能转动，摩擦片则通过内花键齿与制动器毂上的外花键

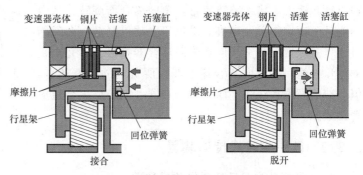

图 5-19 制动器零件分解图

齿连接。当制动器不工作时，钢片和摩擦片之间无液压力，制动毂可以旋转。当制动器工作时，液压油进入制动器液压缸，液压力作用在制动器的活塞上，推动活塞将钢片与摩擦片压紧在一起，使制动毂以及与其相连的行星齿轮机构某一基本元件被固定而不能旋转。

（2）带式制动器

带式制动器是利用围绕在鼓周围的制动带收缩而产生制动效果的，它由制动带和伺服机构组成。

制动带的内侧涂有摩擦材料，以产生较大的摩擦力，帮助夹紧离合器鼓或制动器鼓。制动带的一端固定或支撑在间隙调整装置上，另一端由伺服机构中的活塞杆或推杆驱动。

制动器的伺服机构用来控制制动带的工作。它主要由壳体、活塞、活塞杆（或推杆）、弹簧合盖组成。伺服机构有直接作用式和间接作用式两种类型。

图 5-20 所示为直接作用式伺服机构。当变速器内的液压系统的油压施加到活塞上时，推动活塞右移，使活塞连杆移动并收紧制动带，锁止旋转元件。当油压泄掉时，弹簧推动活塞回位并放松制动带，制动解除。

图 5-21 所示为间接作用式伺服机构。当变速器内的液压系统的油压施加到活塞上腔时，推动活塞下移，使杠杆右端下移、上端左移，推动推杆移动

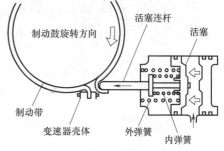

图 5-20 直接作用式伺服机构

并收紧制动带，锁止旋转元件。当无油压施加到活塞上腔时，活塞在复位弹簧作用下上移并放松制动带，制动解除。图中的调整螺钉用以调整制动带间隙。

3. 单向离合器

单向离合器的作用是单向锁止行星齿轮机构中某个基本元件的旋转。它只能沿一个方向传送转矩，其结构有楔块式和滚柱式两种（如前所述）。通常液力变矩器采用滚柱式，而行

星齿轮变速器采用楔块式。

单向离合器无需附加的液压或机械操纵装置，结构简单，且灵敏度高，可瞬间锁止或解除锁止，提高了换挡时机的准确性。

单向离合器在任何时候都只允许单向转动，因此在输出轴转速大于输入轴转速时，单向离合器旋转，动力不能从驱动轮传至发动机，避免了发动机制动。在降挡时还可避免换挡冲击。但若单向离合器打滑，将完全丧失工作效能；若单向离合器卡滞，所负责的挡位还有，但会造成异响和烧蚀；而单向离合器一旦装反，会造成严重故障。

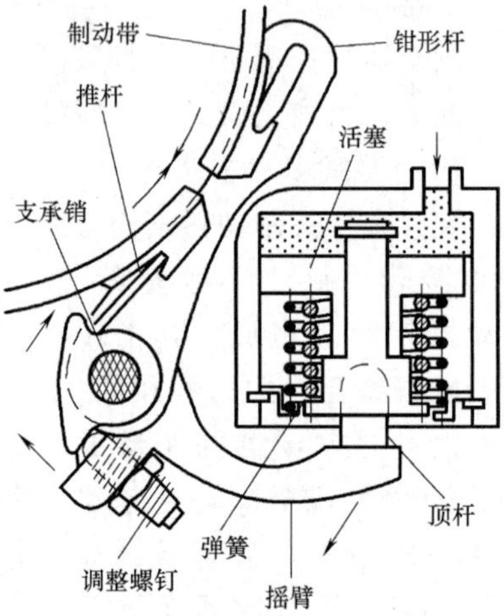

图 5-21 间接作用式伺服机构

5.3.3 行星齿轮式传动装置

1. 3速辛普森式行星齿轮传动装置

辛普森式行星齿轮传动装置由辛普森式行星齿轮机构和换挡执行元件组成。

辛普森式行星齿轮机构是由共用一个太阳轮的两组行星轮、两个齿圈和两个行星架组成的双排行星齿轮机构。它是应用最为广泛的一种复合式行星齿轮机构，可以提供3个前进挡和一个倒挡。其前后排行星齿轮机构的尺寸或齿轮的齿数不必一定相同。其尺寸和齿轮的齿数决定了辛普森式行星齿轮机构所实现的实际传动比。辛普森式行星齿轮机构的排列方式有两种：前齿圈输入式（图5-22）和后齿圈输入式（图5-23）。

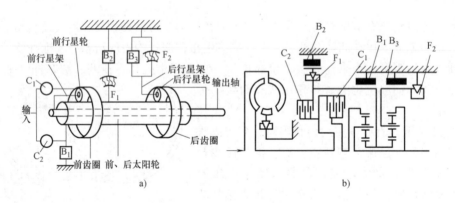

图 5-22 前齿圈输入排列方式

3速辛普森式行星齿轮传动装置的执行元件有2个离合器、3个制动器和2个单向离合器。它们的名称及作用见表5-2。

各换挡执行元件在不同挡位的工作情况见表5-3。

3速辛普森式行星齿轮传动装置各挡的传动路线分析如下（以图5-22为例）：

（1）D_1 或 2_1 挡

前进挡离合器 C_1 接合，将输入轴与前行星齿圈连接，一挡单向离合器 F_2 锁止，使后排行星架不能逆时针方向转动而固定。此挡前、后行星排均参与动力输出。

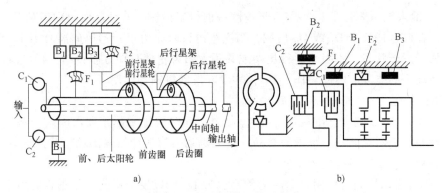

图 5-23 后齿圈输入排列方式

表 5-2 3速辛普森式行星齿轮传动装置换挡执行元件名称及作用

元件代号	名称	作用
C_1	前进挡离合器	将前(或后)齿圈与动力输入轴连接起来,使前(或后)齿圈成为主动元件。它在所用前进挡都结合
C_2	高挡、倒挡离合器	将太阳轮与动力输入轴连接起来,使太阳轮成为主动元件。它只在三挡(直接挡)或倒挡时结合
B_1	二挡滑行制动器	将公用太阳轮与变速器壳体连接使其固定。它只在变速器操纵手柄位于二(S)挡时工作
B_2	二挡制动器	通过固定单向离合器 F_1 可以阻止太阳轮逆时针转动。它只在二挡时工作
B_3	低、倒挡制动器	将后(或前)行星架与变速器壳体连接使其固定,可以阻止前行星架转动。它只在倒挡或在变速器操纵手柄位于1(L)挡时工作
F_1	二挡单向离合器	在其外圈被制动器 B_1 固定时,可以阻止太阳轮逆时针转动
F_2	一挡单向离合器	可以阻止后(或前)行星架逆时针转动。它只在一挡时工作

表 5-3 3速辛普森式行星齿轮传动装置换挡执行元件工作情况表

操纵手柄位置	挡位	换挡执行元件						
		C_1	C_2	B_1	B_2	B_3	F_1	F_2
P	停车挡					●		
R	倒挡		●			●		
N	空挡							
D	D_1	●						●
	D_2	●			●		●	
	D_3	●	●					
2(S)	2_1	●						●
	2_2	●		●	●		●	
1(L)	1_1	●				●		●

传动路线:

　　输入轴→离合器 C_1 →前行星齿圈→前行星轮 →共用太阳轮→
　　后行星轮 → 后齿圈 → 输出轴←前行星架←

(2) D_2 挡

前进挡离合器 C_1 结合。将输入轴与前行星齿圈连接,二挡制动器 B_2 结合,二挡单向离合器 F_1 锁止,使共用太阳轮不能逆时针方向转动而固定。此挡只有前行星排参与动力输出,后行星排处于空转状态。

传动路线:

输入轴→离合器 C_1→前行星齿圈→前行星齿轮→前行星架→输出轴

注意：在变速杆置于 D_1 或 D_2 挡域，当汽车滑行时，由于一挡单向离合器 F_2 或二挡单向离合器处于滑转状态，不阻止后行星架或共用太阳齿轮顺时针方向转动，行星齿轮机构失去反向传递动力的能力，因此，D_1、D_2 挡均没有发动机制动作用。

(3) D_3 挡

前进挡离合器 C_1 和高、倒挡离合器 C_2 结合，此时前排太阳轮和齿圈均与输入轴连接，故行星架也与它们同速转动，形成直接挡。输入轴动力直接传给输出轴。此挡也只有前行星排参与动力输出，后行星排处于空转状态。

在 D_3 挡有发动机制动作用，但因为传动比为 1，所以发动机制动作用相对最小。

(4) 2_2 挡

传动路线和传动比与 D_2 挡相同。只是参与工作的执行元件中多了一个二挡滑行制动器 B_2，使太阳轮固定，从而使汽车滑行时可以用发动机制动。

(5) L 挡

在变速杆置于 L 挡域时，其驱动功率传输路径和传动比与变速杆置于 D_1 或 2_1 挡域时相同，但在 L 挡，参与工作的执行元件中多了低、倒挡制动器 B_3，从而使汽车滑行时有发动机制动作用。

(6) R 挡

倒挡时，直接挡离合器 C_2 运作，将输入轴的顺时针方向转动直接传送前、后太阳齿轮，因此前、后太阳轮顺时针方向转动。同时低、倒挡制动器 B_3 工作，使后行星轮架固定不能转动，这样，前、后太阳轮的顺转，带动后行星轮逆转，使后齿圈也逆转。结果，输出轴逆时针方向旋转，驱使车轮倒转。

通过上述几个挡位的分析，可以得出一个带有普遍性的结论：凡使用单向离合器的挡位没有发动机制动，如 D_1、2_1 和 D_2；不使用单向离合器的挡位有发动机制动，如 L、2_2、D_3 和 R 挡位。

(7) P 挡和 N 挡

当变速杆置于 N 或 P 挡域时，由于前进挡离合器（C_1）与直接挡离合器（C_2）不运作，所以来自输入轴的输入并不传送至中间轴主动齿轮。

此外，当变速杆置于 P 挡域时，机械锁止机构中驻车锁定爪将输出轴上的外齿锁住（图 5-24），从而阻止车辆移动。

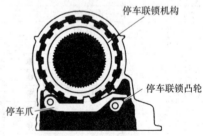

图 5-24 P 挡锁止机构

从换挡执行元件工作表中可以看到，在 P 挡时制动器 B_3 工作，其原因是为了避免变速杆从 P 位移动到 R 位置时，两个液压元件离合器 C_2 和制动器 B_3 同时工作不同步而引起换挡冲击。

2. 4 速辛普森式行星齿轮传动装置

4 速辛普森式行星齿轮传动装置是在 3 速辛普森式行星齿轮机构基础上发展起来的。它有两种类型：

1) 在 3 速辛普森式行星齿轮机构添置一个行星齿轮组（即超速挡行星排），成为 3 行星排 4 速辛普森式行星齿轮传动装置。

2) 仍采用两排行星齿轮机构，但改变了行星齿轮机构的连接关系，增加了换挡执行元件的数量，使其成为采用两排行星齿轮机构就可获得带超速挡的 4 速行星齿轮传动装置。由于双排行星齿轮不再共用太阳轮，故称其为辛普森改进型，如图 5-25 所示。

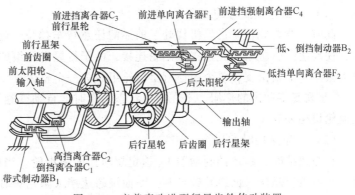

图 5-25 辛普森改进型行星齿轮传动装置

限于篇幅，在这里只介绍 3 行星排 4 速辛普森式行星齿轮传动装置。

3 行星排 4 速辛普森式行星齿轮传动装置所增加的超速行星排可安装在 3 速行星齿轮机构的后部（多用于 FF 型车）或前部（多用于 FR 型车），如图 5-26 所示。

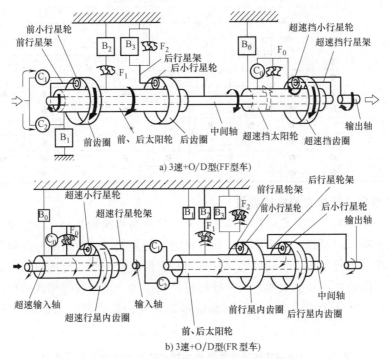

a) 3速+O/D型(FF型车)

b) 3速+O/D型(FR型车)

图 5-26 4 速辛普森式行星齿轮传动装置

超速挡行星齿轮机构，主要由一个单行星齿轮组和三个换挡执行元件组成。换挡执行元件的名称和作用见表 5-4。

表 5-4 超速挡行星齿轮机构换挡执行元件名称及作用

元件代号	名　　称	作　　用
C_0	超速挡离合器	连接超速挡太阳轮与超速挡行星架。除超速挡外均工作
B_0	超速挡制动器	固定超速挡太阳轮，只在超速挡工作
F_0	超速挡单向离合器	防止超速挡行星架相对超速挡太阳轮逆时针转动

（1）不在超速挡时的运作

此时辛普森式行星齿轮机构处于前述的任意行车挡位。超速行星齿轮组的离合器 C_0 工作，使超速挡行星架与超速挡太阳轮连接，由于行星齿轮组的任意两个元件的连接使第三元件失去原有的自由度，整个超速行星齿轮组成为一个整体旋转，超速行星齿轮组的传动比为 1，不起改变传动比的作用。不在超速状态工作时，自动变速器的挡位由原 3 速辛普森式行星齿轮机构来确定。

（2）在超速挡时的运作

在超速挡时，超速挡制动器 B_0 锁定超速挡太阳齿轮。当超速挡行星架顺时针方向转动时，超速挡行星轮一面绕其轴自转，一面绕超速挡太阳轮顺时针方向公转。带动超速挡齿圈快于超速挡行星架顺时针方向转动。

4 速辛普森式行星齿轮传动装置各换挡执行元件在不同挡位的工作情况见表 5-5。

表 5-5　4 速辛普森式行星齿轮传动装置换挡执行元件工作情况表

操纵手柄位置	挡位	换挡执行元件									
		C_0	C_1	C_2	B_0	B_1	B_2	B_3	F_0	F_1	F_2
P	停车挡	●						●			
R	倒挡	●		●				●			
N	空挡	●									
D	D_1	●	●						●		●
	D_2	●	●				●		●	●	
	D_3	●	●	●			●		●		
	D_4		●	●	●				●		
2(S)	2_1	●	●						●		
	2_2	●	●			●	●		●		
1(L)	1_1	●	●					●	●		

3. 4 速拉维娜式行星齿轮传动装置

拉维娜式行星齿轮传动装置由拉维娜式行星齿轮机构和换挡执行元件组成。拉维娜式行星齿轮机构也采用双行星排：前太阳轮、长行星轮、行星架和齿圈组成一个单星轮式行星排；而后太阳轮、短行星轮、长行星轮、行星架和齿圈组成一个双行星轮式行星排。前后行星排共用一个齿圈输出，且前后两个行星排的行星架连为一体。拉维娜式行星齿轮传动装置的换挡执行元件包括 4 个离合器、2 个制动器和 2 个单向离合器，它们的名称及作用见表 5-6。

表 5-6　拉维娜式行星齿轮传动装置换挡执行元件名称及作用

元件代号	名　称	作　用
C_1	前进挡离合器	通过前进挡单向离合器 F_2 将输入轴与后(小)太阳轮连接
C_2	倒挡离合器	将输入轴与前(大)太阳轮连接
C_3	前进挡强制离合器	将输入轴与后(小)太阳轮连接
C_4	高挡离合器	将输入轴与行星架连接
B_1	二/四挡制动器	用于固定前(大)太阳轮
B_2	低、倒挡制动器	用于固定行星架
F_1	一挡单向离合器	一挡时阻止行星架逆时针转动
F_2	前进挡单向离合器	防止后(小)太阳轮超越输入轴转动

4 速拉维娜式行星齿轮传动装置各挡的传动路线分析：

(1) D_1 挡

前进挡离合器 C_1 接合，前进挡单向离合器 F_2 锁止，将输入轴与后太阳轮连接，一挡单向离合器 F_1 锁止，将行星架固定。（在 D_1 挡无发动机制动作用。只有后行星排参与工作）

传动路线：

输入轴→离合器 C_1→单向离合器 F_2→后太阳轮→短行星轮→长行星轮→齿圈→输出轴

(2) D_2 挡

前进挡离合器 C_1 接合，前进挡单向离合器 F_2 锁止，将输入轴与后太阳轮连接，二/四挡制动制动器 B_1 接合，前太阳轮被固定。D_2 挡无发动机制动作用。前、后行星排均参与工作。

传动路线：

输入轴→离合器 C_1→单向离合器 F_2→后太阳轮→短行星轮→长行星轮

（前太阳轮固定，使行星架运动确定）→齿圈→输出轴

(3) D_3 挡

前进挡离合器 C_1 接合，前进挡单向离合器 F_2 锁止，将输入轴与后太阳轮连接；高挡离合器 C_4 接合，将输入轴与行星架连接，这样后太阳轮与行星架同步转动，使得齿圈随其一起同步转动，形成直接挡。D_3 挡无发动机制动作用。只有后行星排参与工作。

(4) D_4 挡

高挡离合器 C_4 接合，将输入轴与行星架连接；二/四挡制动器 B_1 工作，前太阳轮被固定。D_4 挡为超速挡。只有前行星排参与工作。

传动路线：

输入轴→离合器 C_4→行星架→长行星轮→齿圈→输出轴

(5) L_1 挡（或 2_1 挡，或 1_1 挡）

前进挡强制离合器 C_3 接合，将输入轴与后太阳轮连接；低/倒挡制动器 B_2 接合，行星架固定，传动路线和传动比与 D_1 挡相同。但由于单向离合器 F_2 不起作用，制动器 B_2 又代替了单向离合器 F_1 的工作，从而使汽车滑行时可以用发动机制动。

(6) L_2 挡（或 2_2 挡，或 1_2 挡）

前进挡强制离合器 C_3 接合，将输入轴与后太阳轮连接；二/四挡制动器 B_1 接合，前太阳轮被固定，传动路线和传动比与 D_2 挡相同。但由于单向离合器 F_2 不起作用，使汽车滑行时可以用发动机制动。

(7) L_3 挡（或 2_3 挡）

前进挡强制离合器 C_3 接合，将输入轴与后太阳轮连接；低/高挡离合器 C_4 接合，将输入轴与行星架连接，使后太阳轮与行星架一起带动齿圈转动，形成直接挡。传动路线与传动比与 D_3 挡相同。

当汽车滑行时，离合器 C_3 与离合器 C_4 都能反向传递动力，因此有发动机的制动作用。

(8) R 挡

倒挡离合器 C_2 接合，将输入轴与前太阳轮连接，低/倒挡制动器 B_2 接合，行星架被固定。（只有前行星排参与工作）

传动路线：

输入轴→离合器 C_2→前太阳轮（顺时针）→长行星轮→齿圈（逆时针）→输出轴

4. 大众 01N 自动变速器的挡位分析

大众 01N 自动变速器采用拉维娜式行星齿轮机构，它是一种双单排、双级复合式行星齿轮机构，其前排为单级结构，后排是双级结构，前、后排共用一个内齿圈和一个行星架。当液力变矩器中没有锁止离合器时，K_3 离合器直接与液力变矩器泵轮通过花键连接，K_3 离合器兼起锁止离合器的作用。液力变矩器中安装锁止离合器的变速器，K_3 与变矩器涡轮连接，将涡轮动力传给行星架，01N 自动变速器挡位传动简图如图 5-27 所示。

01N 自动变速器各个换挡执行元件作用见表 5-7。

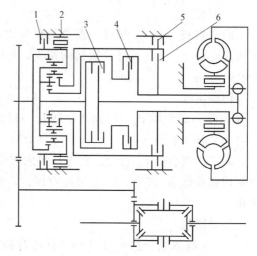

图 5-27 挡位传动简图
1—制动器 B_1 2—单向离合器 F 3—离合器 K_3
4—离合器 K_1 5—制动器 B_2 6—离合器 K_2

表 5-7 01N 自动变速器换挡执行元件名称及作用

元件代号	名称	作用
K_1	一/三挡离合器	K_1 接合可以将输入轴动力传入小太阳轮
K_2	倒/高挡离合器	K_2 接合可以将动力传入大太阳轮
K_3	高挡离合器	将动力传入行星架（没有锁止离合器的 K_3 输入轴与泵轮连接）
B_1	低/倒挡制动器	B_1 接合可以固定行星架
B_2	二/四挡制动器	B_2 接合可以固定大太阳轮
F	一挡单向离合器	阻止行星架逆时针转动

01N 型自动变速器换挡执行元件工作情况见表 5-8。

表 5-8 01N 型自动变速器换挡执行元件工作情况表

变速杆位置	挡位	K_1	K_2	K_3	B_1	B_2	F
D	D_1	●					●
	D_2	●				●	
	D_3	●	●	●			
	D_4			●		●	
3	3_1	●					●
	3_2	●				●	
	3_3	●	●	●			
2	2_1	●					●
	2_2	●				●	
1(L)	1_1	●			●		
R	倒挡		●		●		

注：●表示接合工作状态。

各挡位动力传递路线分析如下：

(1) D_1 挡：K_1、F 工作

当离合器 H 接合时，将输入轴的动力传到小太阳轮，小太阳轮顺时针转动，齿圈与输

出轴连接，汽车起步时阻力大，使行星架有逆时针转动的趋势，单向离合器 F 阻止行星架逆时针转动，因此，行星架被固定。小太阳轮顺时针转动，与之相啮合的短行星轮逆时针转动，使长行星轮顺时针转动，齿圈与长行星轮是内啮合，因此，齿圈也做顺时针转动。根据单排双级行星齿轮的运动规律，此时，齿圈是做减速运动，完成一挡的动力传递，如图 5-28 所示。

动力传递路线：

涡轮轴→离合器 K_1→小太阳轮→短行星齿轮（自转）→长行星齿轮（自转）→齿圈

（2）D_2 挡：K_1、B_2 工作

D_2 挡是在 D_1 挡的基础上，增加 B_2 制动器，将大太阳轮固定，使齿圈加速转动。在 D_1 挡时，大太阳轮做逆时针空转。D_2 挡时，由于大太阳轮固定，使长行星轮开始绕着大太阳轮做公转，从而，行星架做顺时针转动，使单向离合器 F 自动脱开传力，行星架的顺时针转动加速了齿圈的顺时针转动，使汽车进入 D_2 挡行驶，如图 5-29 所示。

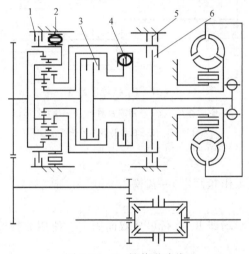 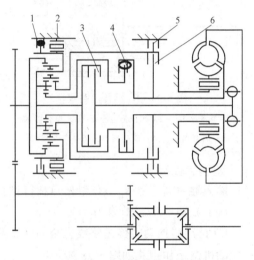

图 5-28　D_1 挡传递路线　　　　　　　　图 5-29　D_2 挡传递路线

1—制动器 B_1　2—单向离合器 F　3—离合器 K_3　　　　1—制动器 B_1　2—单向离合器 F　3—离合器 K_3
4—离合器 K_1　5—制动器 B_2　6—离合器 K_2　　　　4—离合器 K_1　5—制动器 B_2　6—离合器 K_2

动力传递路线：

涡轮轴→离合器 K_1→小太阳轮→短行星轮（自转且公转）→齿圈→长行星轮（自转）→齿圈

（3）D_3 挡：K_1、K_2（或 K_3）工作

K_1 将动力传到小太阳轮，由于齿圈接输出轴，阻力大，使行星架有逆时针转动的趋势；K_2 将动力传到大太阳轮，使行星架有顺时针转动的趋势，因此，行星架不能转动，即行星轮、太阳轮、齿圈都没有相对运动，只能作为一个整体一同旋转，动力如何输入即如何输出，实现同向等速传动直接挡，传动比等于 1，如图 5-30 所示。

变速器处于机械三挡时，离合器 K_3 接合，直接驱动行星齿轮架，手动阀控制离合器 K_1、K_2 接合，行星齿轮组被锁定，动力直接通过离合器 K_3 进行传递。

动力传递路线：

输入轴→离合器 K_1、离合器 K_2、离合器 K_3→行星齿轮机构一起转动→齿圈

(4) D_4 挡：K_3、B_2 工作

K_3 将动力传到行星架，B_2 将大太阳轮固定，齿圈输出，实现同向增速传动，即超速挡。超速挡是根据单排单级行星齿轮的运动规律实现的，如图 5-31 所示。

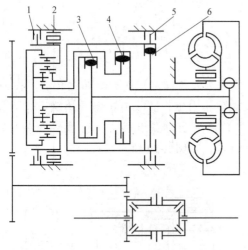

图 5-30　D_3 挡传递路线

1—制动器 B_1　2—单向离合器 F　3—离合器 K_3
4—离合器 K_1　5—制动器 B_2　6—离合器 K_2

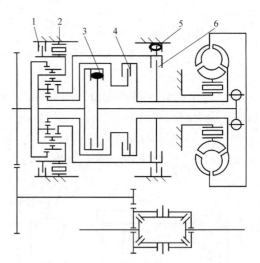

图 5-31　D_4 挡传递路线

1—制动器 B_1　2—单向离合器 F　3—离合器 K_3
4—离合器 K_1　5—制动器 B_2　6—离合器 K_2

动力传递路线：

输入轴→离合器 K_3→行星架→长行星轮（大太阳轮固定）→齿圈

(5) L 挡：K_1、B_1 工作

L 挡与 D_1 挡动力传递路线完全一样，只是用制动器 B_1 将行星架双向固定，使用 L 挡时有发动机制动作用，如图 5-28 所示。

(6) R 挡：K_2、B_1 工作

倒挡时，阀体手动阀供给离合器 K_2 和制动器 B_1 压力，离合器 K_2 驱动大太阳轮顺时针转动，制动器 B_1 制动行星轮架，动力传递到齿圈，逆时针输出，遵循单排单级行星轮运动规律，如图 5-32 所示。

动力传递路线：

输入轴→离合器 K_2→大太阳轮→长行星轮→齿圈

拉维娜式齿轮变速机构挡位的一般规律：一挡是小太阳轮输入，行星架固定；二挡是小太阳轮输入，大太阳轮固定；三挡是小太阳轮、大太阳轮和行星架同时输入，无固定件；四挡是行星架输入，大太阳轮固定；倒挡是大太阳

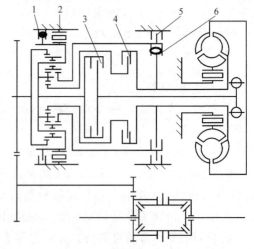

图 5-32　倒挡传动路线

1—制动器 B_1　2—单向离合器 F　3—离合器 K_3
4—离合器 K_1　5—制动器 B_2　6—离合器 K_2

轮输入，行星架固定。或只看大太阳轮的运动状态，可总结如下：一挡时大太阳轮逆时针转动；二挡、四挡时大太阳轮固定不动；三挡时大太阳轮顺时针转动。因此，通过检测大太阳轮的运动状态，可以检测到自动变速器的换挡时刻，速度传感器 G38 就是利用这一原理来检测挡位信号的。

5. 莱派特自动变速传动装置

（1）传动装置结构

莱派特式行星齿轮机构是由一个单级单排行星齿轮机构和一个拉维娜式行星齿轮组合而成，如图 5-33 所示。莱派特自动变速器有六个换挡执行元件：三个离合器 K_1、K_2、K_3，两个制动器 B_1、B_2，一个单向离合器 F。可以实现六个前进挡、一个倒挡和空挡。

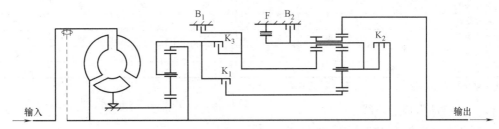

图 5-33　莱派特式自动变速器挡位传动简图

采用这种行星齿轮机构的变速器有福特 AWP21 六速自动变速器、日本 AISINAW 公司新开发的 TF-60SN 系列，可配用许多厂家的不同型号的车型。如奥迪、保时捷、马自达、标致、雪铁龙、菲亚特、宝马、大众等系列，都是基于莱派特式行星齿轮机构生产设计的。还有大众途锐 1C609D09G 自动变速器的结构原理与之相近，学习时可以相互参考。所配用的发动机排量不同，需传递的转矩也不同，因此变速器的尺寸、执行元件的片数也不同，但动力传递是相同的。

最早使用莱派特式行星齿轮机构的是德国 ZF 公司生产的 ZF6HP-19A 和 ZF6HP-26。这两款自动变速器分别装在宝马 E60 和 E65 上。这两款自动变速器传动系统的机构基本相同，只是与不同的发动机匹配，传递的额定转矩不同（6HP-19A 和 6HP-26 的转矩分别是 450N·m 和 650N·m）。在结构上，换挡执行元件的摩擦片数量略有不同。在 2005 款奥迪车上装用的 09L 和 09E 自动变速器，也是这两款变速器在大众公司的不同名称而已。

其结构特点：采用前、后两个行星齿轮组，前面是一个单排单级行星齿轮机构，称为初级行星齿轮组；后面是一个拉威娜式行星齿轮机构，它由一个单级行星齿轮机构和一个双级行星齿轮机构复合而成，称为次级行星齿轮组。初级行星齿轮组的太阳轮是永久固定不动的。次级行星齿轮组的齿圈是动力输出端。优点：挡位分布合理：只用了五个或六个换挡执行元件就实现了六个前进挡和一个倒挡。元件布置合理紧凑：在 09L/09E 自动变速器中只有五个换挡执行元件，即三个片式离合器 K_1、K_2、K_3 和两个片式制动器 B_1、B_2，没有单向离合器，使得自动变速器的结构大为简化、质量减小、损耗减小、效率提高，且每个挡位都有发动机制动。缺点：在换挡过程中存在着换挡重叠，发动机转矩有重叠或干涉，这对电控系统提出了更高的要求。

各换挡执行元件的作用如下：

1）离合器 K_1：连接前排行星架与拉维娜小太阳轮。

2)离合器 K_2:连接输入轴与拉维娜行星架。

3)离合器 K_3:连接前排行星架与拉维娜大太阳轮。

4)制动器 B_1:固定拉维娜大太阳轮。

5)制动器 B_2:固定拉维娜行星架。

6)单向离合器 F:阻止拉维娜行星架逆时针转动。

换挡执行元件工作情况表,见表 5-9。

表 5-9 换挡执行元件工作情况表

挡 位	D_1	D_2	D_3	D_4	D_5	D_6	R
离合器 K_1	●	●	●	●			
离合器 K_2				●	●	●	
离合器 K_3			●		●		●
制动器 B_1		●				●	
制动器 B_2	○						●
单向离合器 F	●						

注:●表示接合工作状态;○表示有发动机制动时接合。

(2)一挡动力传递路线

一挡动力传递路线:K_1、F、B_2 工作。

一挡动力传递路线如图 5-34 所示,初级单排单级行星齿轮组太阳轮与壳体连接,为永久固定件,齿圈输入,行星架输出,减速后向后输出。经离合器 K_1 接合,传到小太阳轮,由于齿圈有阻力,使得行星架有逆时针转动的趋势,被单向离合器 F 固定,由齿圈减速输出。经过初级行星齿轮组和次级行星齿轮组两次减速后,完成一挡动力传递。为能表述清楚,现将初级、次级行星齿轮组的状态分别说明如下:

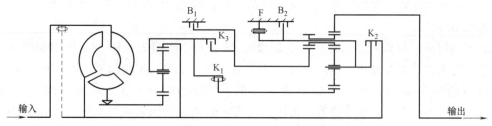

图 5-34 D 位一挡传动分析
○—处于工作状态

1)初级行星齿轮组:动力由涡轮轴直接传至齿圈,太阳轮固定,则行星架同向减速输出;离合器 K_1 工作,将初级行星齿轮组的行星架和次级行星齿轮组后排小太阳轮连接在一起,将涡轮轴动力经初级行星齿轮组减速后传至次级行星齿轮组后排小太阳轮。

2)次级行星齿轮组:动力由次级行星齿轮组后排太阳轮输入;单向离合器 F 阻止了次级行星齿轮组行星架的逆时针转动,固定次级行星齿轮组的共用行星架,次级行星齿轮组后排是双级行星齿轮机构,故次级行星齿轮组共用齿圈同向减速输出,大太阳轮在逆时针空转。

在 D 位一挡,单向离合器 F 工作,没有发动机制动作用。当驾驶员选用 D 位一挡时,制动器 B_2 工作,将次级行星齿轮组的行星架双向固定,此时有发动机制动作用,在路况不好或下坡时使用该挡位。

（3）二挡动力传递路线

二挡动力传递路线：K_1、B_1工作。

二挡动力传递路线如图 5-35 所示，初级行星齿轮组太阳轮固定，齿圈输入，行星架输出。同向减速后由离合器 K_1 将动力传递到小太阳轮。在一挡的基础上，由制动器 B_1 将大太阳轮固定。使行星轮绕着太阳轮做公转，使得行星架也做顺时针转动，使齿圈加速转动，实现二挡。为能表述清楚，现将初级、次级行星齿轮组的状态分别说明如下：

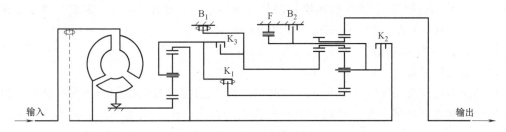

图 5-35　D 位二挡传动分析
○—处于工作状态

1）初级行星齿轮组：动力由涡轮轴传给齿圈，太阳轮固定，则行星架同向减速输出；离合器 K_1 工作，将初级行星齿轮组的行星架和次级行星齿轮组后排小太阳轮连接在一起，将涡轮轴动力经初级行星齿轮组减速后传至次级行星齿轮组后排小太阳轮。

2）次级行星齿轮组：动力由次级行星齿轮组后排小太阳轮输入；制动器 B_1 工作，固定次级行星齿轮组前排大太阳轮，次级行星齿轮组共用齿圈同向减速输出。

在一挡时，次级行星齿轮组共用行星架被单向离合器 F 单向固定，前排行星齿轮顺时针旋转，前排大太阳轮逆时针空转。二挡时前排大太阳轮被固定，则共用行星架也顺时针旋转，驱动共用内齿圈顺时针旋转，故齿圈的转速比一挡时要快些。

（4）三挡动力传递路线

三挡动力传递路线：K_1、K_3工作。

三挡动力传递路线如图 5-36 所示，由初级行星齿轮组减速后由 K_1 输给小太阳轮，K_3 输给大太阳轮，次级行星齿轮组被卡死，作为整体旋转，没有改变传动比。因此，三挡的传动比只由初级行星齿轮组单独完成。为能表述清楚，现将初级、次级行星齿轮组的状态分别说明如下：

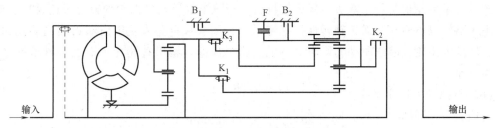

图 5-36　D 位三挡传动分析
○—处于工作状态

1）初级行星齿轮组：动力由涡轮传至内齿圈，太阳轮被固定，行星架同向减速输出；离合器 K_1 工作，将初级行星齿轮组的行星架和次级行星齿轮组后排小太阳轮连接在一起，将涡轮轴动力经初级行星齿轮组减速后传至次级行星齿轮组后排小太阳轮。同时，离合器 K_3 工作，将涡轮轴动力经初级行星齿轮组减速后传至次级行星齿轮组前排大太阳轮。

2）次级行星齿轮组：由以上分析可知，次级行星齿轮组前、后两个太阳轮被同时驱动，由整个行星齿轮机构以一个整体旋转，次级行星齿轮组的齿轮传动比为 1∶1，即次级行星齿轮组共用齿圈相对离合器 K_1、K_3 的输入转速而言是同向等速输出。自动变速器的总传动比等于初级行星齿轮组和次级行星齿轮组传动比的乘积，初级行星齿轮组是减速传动，传动比大于 1；在三挡时，次级行星齿轮组是等速传动，传动比等于 1，则整个自动变速器的传动比等于初级行星齿轮组传动比，即总传动比大于 1。

（5）四挡动力传递路线

四挡动力传递路线：K_1、K_2 工作。

四挡动力传递路线如图 5-37 所示，四挡时，K_2 离合器将输入轴的动力直接传到次级行星齿轮组的共用行星架，没有经过初级行星齿轮的减速，由于大太阳轮是自由空转的，且 K_2 的转速快于 K_1 的转速，K_1 的转速输到小太阳轮后被减速，然后由齿圈输出。由于 K_2 的转速快，使得齿圈最后的输出转速在 K_1 和 K_2 的转速之间，因此是减速传动，传动比仍大于 1。为能表述清楚，现将初级、次级行星齿轮组的状态分别说明如下：

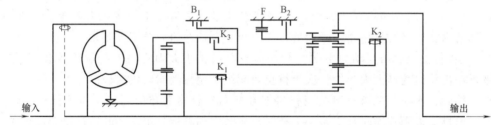

图 5-37 D 位四挡传动分析
○—处于工作状态

1）初级行星齿轮组：动力由涡轮轴传到前齿圈，太阳轮被固定，则行星架同向减速输出；离合器 K_1 工作，将初级行星齿轮组的行星架和次级行星齿轮组后排小太阳连接在一起，将涡轮轴动力经初级行星齿轮组减速后传至次级行星齿轮组后排小太阳轮。

2）次级行星齿轮组：离合器 K_2 工作，将涡轮轴与次级行星齿轮组行星架连接为一体，涡轮轴动力未经减速直接传至次级行星齿轮组行星架。

次级行星齿轮组是一个双级行星齿轮机构，行星架被驱动以涡轮轴转速等速运行，如果后排小太阳轮也被驱动，涡轮轴转速也等速运行，则次级行星齿轮组齿圈为同向等速输出；现在，后排太阳轮被减速驱动，则次级行星齿轮组齿圈的输出转速介于以上两种情况之间，即同向减速。

（6）五挡动力传递路线

五挡动力传递路线：K_2、K_3 工作。

五挡动力传递路线如图 5-38 所示，K_2 将输入轴的动力传到次级行星齿轮组行星架，K_3 将初级行星齿轮组减速后的动力传递到大太阳轮。K_2 的转速大于 K_3 的转速，均为顺时针转动，如果 K_3 的转速与 K_2 相等，那么输出的转速也与 K_2、K_3 相等；如果 K_3 速度为 0，那么输出转速为最大超速。现在 K_3 的转速比 K_2 略小，介于以上两种情况之间，输出的转速比

K_2 略有增大,因此也是超速传动。为能表述清楚,现将初级、次级行星齿轮组的状态分别说明如下:

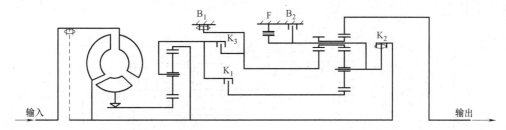

图 5-38 D 位五挡传动分析
○—处于工作状态

1)初级行星齿轮组:动力由涡轮轴传至内齿圈,太阳轮被固定,则行星架同向减速,输出离合器 K_3 工作,将初级行星齿轮组的行星架和次级行星齿轮组前排大太阳轮连接在一起,涡轮轴动力经初级行星齿轮组减速后传至次级行星齿轮组前排大太阳轮。

2)次级行星齿轮组:离合器 K_2 工作,将涡轮轴与次行星齿轮组行星架连接为一体,涡轮轴动力未经减速直接传至次级行星齿轮组行星架。

次级行星齿轮组的前排是一个简单的单级行星齿轮机构,行星架被驱动以涡轮轴转速等速运行,如果前排大太阳轮固定,则次级行星齿轮组齿圈为同向增速输出;如果前排太阳轮也被驱动以涡轮轴转速等速运行,则次级行星齿轮组齿圈为同向等速输出;现在,前排大太阳轮被减速驱动,则次级行星齿轮组齿圈的输出转速介于以上两种情况之间,即同向增速。

(7)六挡动力传递路线

六挡动力传递路线:K_2、B_1 工作。

六挡动力传递路线如图 5-39 所示。六挡时,只有次级行星齿轮组参与动力传递与传动比形成,离合器 K_2 工作,将涡轮轴与次级行星齿轮组行星架连接为一体,涡轮轴动力未经减速直接传至次级行星齿轮组行星架。制动器 B_1 工作,固定前排太阳轮。次级行星齿轮组前排是一个简单的单级行星齿轮机构,行星架被驱动以涡轮轴转速等速运行,前排太阳轮被固定,则次级行星齿轮组齿圈为同向增速输出。传动比的定性分析参见五挡动力传递路线分析。

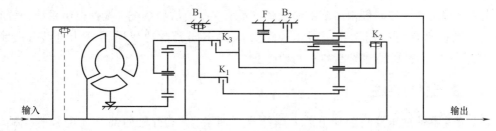

图 5-39 D 位六挡传动分析
○—处于工作状态

(8)倒挡动力传递路线

倒挡动力传递路线:K_3、B_2 工作。

倒挡动力传递路线如图 5-40 所示,涡轮轴转速经初级行星齿轮组减速后,通过离合器

K_3，将动力传递到次级行星齿轮组前排大太阳轮，制动器 B_2 将行星架固定，齿圈反向减速。倒挡时，有初级和次级两次减速。为能表述清楚，现将初级、次级行星齿轮组的状态分别说明如下：

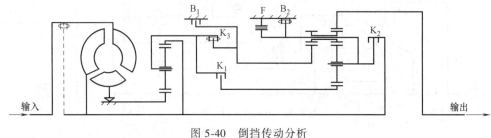

图 5-40　倒挡传动分析
◯—处于工作状态

1）初级行星齿轮组：动力由涡轮轴传至内齿圈，太阳被固定，则行星架同向减速输出；离合器 K_3 工作，将初级行星齿轮组的行星架和次级行星齿轮组前排大太阳轮连接在一起，涡轮轴动力经初级行星齿轮组减速后传至次级行星齿轮组前排太阳轮。

2）次级行星齿轮组：动力由前排大太阳轮输入，制动器 B_2 工作，固定次级行星齿轮组行星架，因次级行星齿轮组前排是一个简单的单级行星齿轮机构，则次级行星齿轮组齿圈反向减速输出。

5.4　自动变速器控制系统

重点掌握

自动变速器液压控制系统和电子控制部分由哪几部分组成。其作用是什么？

自动变速器控制系统主要由动力源、控制机构和执行机构三部分组成。动力源是指由液力变矩器泵轮驱动的油泵，它除了用于向控制机构和执行机构提供压力油以实现换挡外，还向液力变矩器提供冷却补偿油，向行星齿轮变速器提供润滑油。执行机构是指各离合器、制动器及其伺服装置。控制机构主要指油压调节系统、换挡信号系统、换挡控制系统、缓冲安全系统和锁止离合器控制系统。根据控制方式的不同，自动变速器分为全液压控制式（图 5-41）和电子控制式（图 5-42）两种类型。

5.4.1　液压控制系统

自动变速器的液压控制系统由动力源部分（油泵）、执行机构部分（离合器、制动器等）和控制机构部分（控制阀体、蓄能器等）组成。有关离合器、制动器在前已述，故此处重点介绍油泵和控制机构的结构和工作原理。

1. 油泵

油泵一般位于液力变矩器和行星齿轮传动装置之间，由液力变矩器外壳驱动。常用的油泵有三种类型：齿轮泵、转子泵和叶片泵，如图 5-43 所示。

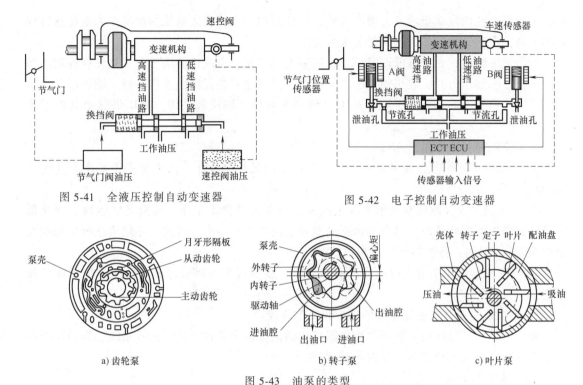

图 5-41 全液压控制自动变速器　　图 5-42 电子控制自动变速器

图 5-43 油泵的类型

自动变速器常用的是内啮合的齿轮泵，图 5-44 为齿轮泵的典型结构。较小的外齿轮是主动齿轮，安装在较大的内齿轮中，外齿轮是从动齿轮偏心地安装在泵体中，在内外齿轮之间安装一个月牙形的隔块，将内外齿轮之间的容积分为两部分，因此这种泵俗称月牙泵。油泵主动齿轮由变矩器驱动，在齿轮转动时，月牙形隔块一侧的容积因齿轮退出啮合而增大是进油腔，另一侧容积因齿轮进入啮合而减小是出油腔。在进油腔产生一定的真空度将自动变速器油吸入油泵内，油液充满齿槽在齿轮转动时被带入月牙形隔块的另一侧，在出油腔内因齿轮进入啮合，齿轮之间的间隙减小，容积减小使油液压力增加从出油口排出进入液压回路。由于主动齿轮转动一圈油泵输出的油量是固定的，因此齿轮泵是一种定量油泵。

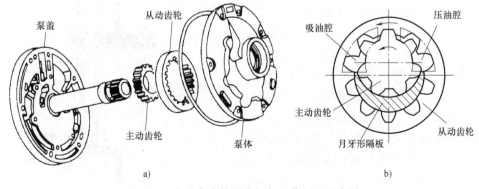

图 5-44 内啮合齿轮泵分解与工作原理示意图

由于油泵由变矩器驱动，其转速与发动机转速完全相同，则油泵的输出油量和压力实际上在很大的范围内变化。在某些转速下油泵的输出压力可能高于变速器工作需要的压力，这时除了油泵消耗的发动机功率会增加以外，过高的油压还会引起系统的渗漏。为避免这种现象的出现，在自动变速器的主油道上设置限压阀。

主油道的油压在允许范围内时，限压阀不参与工作。主油道的油压由其他元件控制。当主油压超过限制压力时，限压阀克服弹簧的作用打开原来被封闭的油道，液压油通过开启的油道流回油底壳，油压下降。当油压下降到安全数值，限压阀关闭，油压仍然由其他元件控制。

油泵使用时应注意以下几点：

① 发动机不工作时，油泵也不工作，变速器内无控制油压，故无法采用推车方式起动发动机。

② 当车辆出现故障而被其他车辆拖拽时，由于发动机不工作，油泵无法运转，变速器内没有润滑油的循环流动，离合器和制动器片会出现严重磨损。因此，必须将拖拽的速度控制在30km/h以内，拖拽距离不能超过50km。

③ 当变速器齿轮系统有故障或严重漏油时，在拖拽车辆时应将驱动轮脱离地面或拆掉传动轴。

2. 控制机构各系统主要元件的结构和工作原理

液压系统的控制机构主要指由控制阀组成的油压调节装置、换挡信号系统、换挡控制系统、缓冲安全系统和锁止离合器控制系统。

（1）油压调节装置

液压油从油泵输出后，即进入供液压系统。若油路压力过高，会引起换挡冲击和增加功率消耗；而主油路压力太低时，又会使得离合器、制动器等执行元件打滑，因此在供液压系统中必须设置油压调节装置，它主要由主调节阀、副调节阀、限压阀等组成。

1）主调节阀。主调节阀根据发动机的转速和节气门的开度自动调节整个液压控制系统的油压，经调节的压力为主油压，也被称为管路压力或管路油压。主油压是自动变速器中最基本和最重要的油压，其作用有两个：一是用于操作变速器内的离合器和制动器；二是用于进一步调节变速器内的其他压力。

主调节阀由阀芯、阀体和弹簧等组成，其结构及工作原理见图5-45。在主调节阀的下方有弹簧和节气门油压作用，产生一个向上的作用力。而来自油泵的油压进入主调节阀后作用在主调节阀的上方，产生一个向下的作用力。主调节阀上、下作用力决定阀芯所处的位置。

在前进挡时，若驾驶员踩下加速踏板，反映发动机负荷的节气门油压增加，推动主调节阀上移关闭泄油口。与此同时，随着加速踏板的踩下，发动机的转速提高，油泵的转速也随之上升，主油道内的油压也增加了。当主油压增加到一定程度时，反馈到主调节阀上方的主油压克服阀下方的阻力，使主调节阀下移，同时使泄油口开启一定开度而泄油，主油压不再

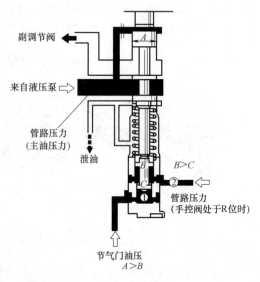

图5-45 主调节阀

增加并稳定在与此时加速踏板位置相适应的数值上。如果放松加速踏板，主调节阀因下方节气门油压减小而下移，泄油口开度加大，主油压下降。与此同时发动机的转速也随着加速踏板的放松而降低，油泵的转速也随之下降，当主油压下降到一定程度时，反馈到主调节阀上方的主油压小于阀下方的阻力，主调节阀上移使主油压不再继续下降，又稳定在与此时加速踏板位置相适应的数值上。

在倒挡行车时，手控阀位置的改变使油道②开通，主油压进入主调节阀下方的环槽内，使得作用在主调节阀向上的作用力增加了，此时泄油口开启的主油压相应增加，即在加速踏板位置相同的前提下，倒挡时主油压要高于前进挡。

2）副调节阀（第二调节阀）。副调节阀的作用是根据发动机的转速和节气门的开度自动调节变矩器油压和润滑油压。变矩器油压用于液力变矩器的工作，因为发动机的转矩全部都要经过变矩器传递，而变矩器传递转矩的能力与变矩器的工作油压有关，所以变矩器油压的变化必须与发动机负荷的变化一致。润滑油压用于变速器内所有旋转零件的润滑。副调节阀的工作原理与主调节阀相似。

副调节阀由阀芯、阀体和弹簧等组成，其结构及工作原理如图5-46所示。副调节阀的下方作用有弹簧和加速踏板控制油压，其上方来油的油道与通向变矩器的油道并联，仍然作用着调节后的变矩器油压。驾驶员踩下加速踏板时，节气门油压增加破坏了第二调节阀的平衡位置，第二调节阀上移封闭其中部的泄油口。与此同时，主油压的增加使通向变矩器的油压也增加，当反馈到第二调节阀上方的油压克服阀下方的阻力使其下移时，泄油口开启泄油，第二调节阀进油

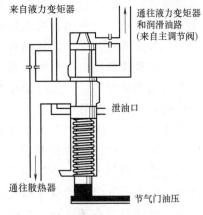

图5-46　副调节阀

口处油压（即变矩器油压）不再增加并稳定在与此时加速踏板位置相适应的数值上。由于第二调节阀的进油口与变矩器的油道并联，通向变矩器的油压也会稳定在相同的数值上，即变矩器的工作油压被调节。如果放松加速踏板，第二调节阀因下方负荷油压减小而下移，泄油口开度加大，变矩器油压下降。当变矩器油压下降到一定程度时，第二调节阀上、下作用力平衡，使变矩器油压不再继续下降，又稳定在与此时加速踏板位置相适应的数值上。

第二调节阀的油道在通往变矩器的同时，还通向变速器所有的旋转元件，并通过壳体和零件上的油道为其提供润滑油，以免零件产生过量的磨损。

3）限压阀。限压阀由弹簧和钢球组成（图5-47），并联在油泵的进、出油口上，以限制油泵压力。当油泵压力过高时，压开钢球，油经钢球和油道流回油底壳。

(2) 换挡信号系统

全液压控制自动变速器的换挡信号系统，主要由节气门阀和速控阀组成。其提供的节气门油压和速控油压作为自动变速器的换挡信号。由于换挡信号是两个，所以也称两参数控制换挡自动变速器。

图5-47　限压阀

1）节气门阀。节气门阀的作用是产生一个与发动机负荷相关的节气门油压。此油压的

主要作用如下：作用于主调节阀下端，使主调节阀所调节的主油压压力与节气门开度相适应；作用于副调节阀下端，控制变矩器和润滑油压的高低；作用于各换挡阀的上端，作为换挡信号。

节气门阀的上下方都有弹簧支撑着，上方的调压弹簧支撑是固定的，下方弹簧支撑在强制降挡阀上，而强制降挡阀的位置随加速踏板位置的变化而变化。主油压通过油道进入节气门阀中部的环槽，由于进油口的节流作用，出口油压低于进口的主油压，出口的油压即为需要的节气门油压。

节气门阀有三种控制方式：拉索凸轮式、真空调节式和线性电磁阀式。

① 拉索凸轮式。拉索凸轮式节气门阀的结构和工作原理如图 5-48 所示。

加速踏板位置的变化会改变进油口的开度大小，进而改变节流作用，使出口的节气门油压得到调节。驾驶员踩下加速踏板，强制降挡阀上移并推动弹簧使节气门阀的进口开大，出口的节气门油压增加。节气门油压在输送到用油部位的同时，还作用在环槽 B 上。由于环槽 B 上下截面不等，因而产生向下的作用力，当节气门油压上升到一定数值时，作用在环槽 B 的油压使节气门阀下移，使节气门阀的进口开度减小，并使节气门阀的位置稳定，此时的节气门油压也就稳定在某一特定数值，并与此时加速踏板的位置相适应。

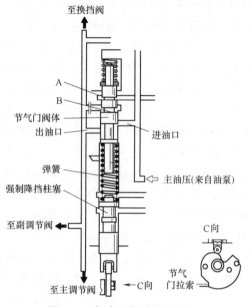

图 5-48　拉索凸轮式节气门阀

节气门拉索过紧，节气门油压和主油压会过高，造成升挡延迟和换挡冲击；节气门拉索过松，节气门油压和主油压会过低，造成升挡过早，离合器、制动器打滑。

② 真空调节式。其结构和工作原理如图 5-49 所示。真空调节器的真空气室与发动机节气门后的进气歧管相通，因此真空气室内的真空吸力随节气门开度大小而变化，使真空气室膜片克服膜片弹簧连同推杆的作用将节气门滑阀上下移动，从而达到调节节气门阀输出油压的高低。

当发动机负荷增大时（节气门开度增大），真空气室内的膜片受到的真空吸力减小，膜片受弹簧张力作用推动节气门滑阀下移，节气门阀的油口开度增大，产生较大的节气门油压。当发动机负荷减小，转速升高时或节气门开度减小时，真空气室内的膜片受到的真空吸力增大，膜片克服弹簧张力作用拉动节气门滑阀上移，节气门阀的油口开度减小，节气门油压随之减小。

如果真空调节器膜片破裂或真空管泄漏，使节气门

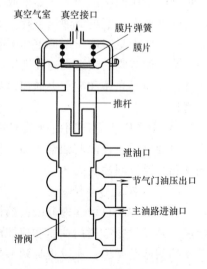

图 5-49　真空调节式节气门阀

油压和主油压过高，会升挡延迟和换挡冲击。膜片破裂还可能造成自动变速器油被吸入发动机气缸参与燃烧，排气管冒白烟。

如果真空调节器推杆调节过短，节气门油压和主油压会过低，造成离合器、制动器打滑。

③ 线性电磁阀式。有些自动变速器既没有节气门拉索也没有真空调节器，节气门油压是根据节气门位置传感器的信号，通过发动机和自动变速器的 ECU 来控制线性电磁阀进行调节的（图 5-50）。

2）速控阀。速控阀为全液压控制自动变速器所独有，在电控自动变速器中被车速传感器所取代。速控阀用来产生一个与车辆行驶速度相关的速控油压，作用于各换挡阀的下端，控制换挡。自动变速器中采用的速控阀有许多不同类型，但无论哪种类型的速控阀，都是根据车速提供不同的油压信号。常见的类型有由自动变速器输出轴驱动的线轴滑阀式和止回阀式，以及安装在输出轴上的离心重块式三种，如图 5-51 所示。它们都有大小两个重块和弹簧，大的离心重块在低速时向外移动，而小的离心重块在高速时向外移动。车速越高速控油压越高。

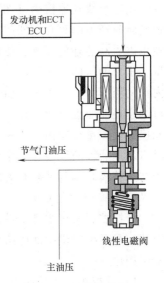

图 5-50　线性电磁阀

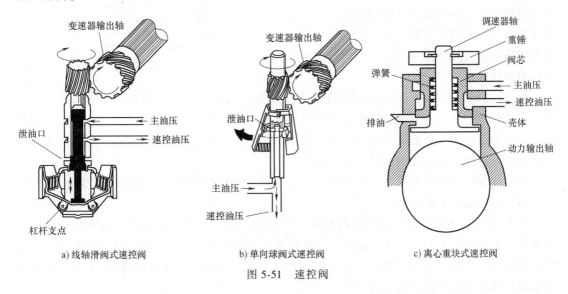

a) 线轴滑阀式速控阀　　b) 单向球阀式速控阀　　c) 离心重块式速控阀

图 5-51　速控阀

线轴滑阀式速控阀（图 3-51a），利用在转动离心力作用下大小离心重块位移的不同，改变滑阀在阀孔中的轴向位置（即改变滑阀油口的开度大小），将手控阀的主油压改变为速控油压并作用到换挡阀上。

单向球阀式速控阀（图 5-51b），则是在阀中心油道上端有两个泄油孔，其开度大小由落座在孔口球座钟的两个单向球阀控制。速控阀工作时两个离心重块向外移动，改变压紧相应单向球阀上的力度，从而控制泄油量的大小，产生速控油压，并输送至换挡阀上。速控阀泄油量越小，速控油压越高。

离心重块式速控阀（图5-51c），安装在变速器的输出轴上，与输出轴同步旋转。输出轴旋转时产生的离心力使调速器轴、重锤和阀芯向外移，打开进油口，关闭泄油口。同时主油压进入阀芯外的环槽，使阀芯内移进油口的开度逐渐减小，因此环槽内的油压会低于主油压，出口油压即为速控油压。由于车速会影响作用在阀上的离心惯性力，进而影响到使阀芯内移的液压力。当车速增加时惯性力也增大，使阀芯内移所需的液压力也必须增加，这样出口的速控油压也增加。在车速较低时，调速器轴不能外移到其凸缘与壳体接触的位置，此时调速器轴和重锤向内的平衡力由液压力通过速控阀芯、弹簧提供。但在车辆中、高速行驶时，调速器轴凸缘会与壳体接触，调速器轴和重锤向内的平衡力由壳体来提供，液压力仅用于与速控阀芯本身平衡有关的力，因此这时随车速的增加，速控油压增加比较缓慢。

（3）换挡控制系统

换挡控制系统主要由手控阀、换挡阀、强制降挡阀、超速挡电磁阀等组成。该系统根据换挡信号系统提供的油压信号，控制自动变速器中液压，操纵油路的方向，由此决定所处的不同挡位。

1) 手控阀。手控阀为一个多路换向阀，由变速杆通过联动装置控制，根据变速杆位置的不同，将主油压导入相应的各挡油路。

手控阀的结构如图5-52所示，在阀体上开有多条油道，其中只有一个进油道，其余为出油道，分别通往与变速杆对应的挡位油路，对不同的滑阀或换挡执行元件进行控制，实现不同的换挡要求。

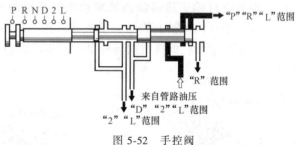

图5-52 手控阀

2) 换挡阀。换挡阀是一种由弹簧和液压力作用的方向控制阀，当自动变速器为全液控时，它根据作用其两端的速控油压和节气门油压的平衡状况，自动切换通往执行器来完成换挡。当自动变速器为电控时，它则由电磁阀控制作用其一端的主油压与其另一端的弹簧力的平衡状况，自动切换通往执行器来完成换挡。

因为每个换挡阀只有两个工作位置，只能在两个挡位之间切换，故对4速变速器而言，要有三个换挡阀。下面是工作原理。

图5-53为全液控自动变速器换挡阀的工作原理。阀的上端作用着向下的节气门油压和弹簧力，下端作用着向上的速控油压。当速控油压力小于向下的合力时，柱塞位于下方，此时变速器处于低挡。当速控油压升高（车速增加）时，速控油压将柱塞推向上方，从而改变油路，此时变速器自动升入高一挡。

图5-54为电控式自动变速器换挡阀的工作原理。换挡电磁阀通过开启或关闭换挡阀控制油路的泄油孔来控制换挡阀的工作。主油压经电磁阀后，通至换挡阀的上端。当电磁阀开启时，泄油孔打开，没有主油压作用在换挡阀上端，换挡阀在下端弹簧力的作用下处于上端；当电磁阀关闭时，泄油孔关闭，主油压作用在换挡阀上端，使换挡阀克服弹簧力下移，从而改变油路，实现挡位变换。

注意：换挡阀轻微卡滞会造成一定的换挡冲击；换挡阀严重卡滞会造成缺挡。

3) 强制降挡阀（换低速变速旋塞）。在车辆行驶过程中，如果将加速踏板踩到底（节

项目 5　自动变速器的构造与检修

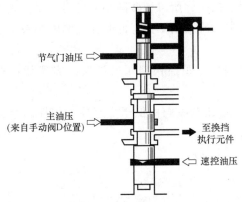

图 5-53　全液控自动变速器换挡阀的工作原理

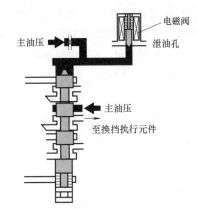

图 5-54　电控式自动变速器换挡阀的工作原理

气门开度>85%），变速器会在原来挡位的基础上自动降低一个挡位，这个过程叫强制降挡。一般在以下两种情况下，驾驶员会将加速踏板踩到底：一是在较高车速时要超车；二是在较低车速时需要很大的驱动力。对于自动变速器的车辆来讲，驾驶员能够操作的只有加速踏板，无论是高转速还是大转矩都只能通过控制加速踏板来实现。另外，我们已经知道，变速器挡位的变换只能通过换挡阀的移动来实现。

强制降挡阀在节气门阀的下方，兼起节气门阀活动弹簧座的作用。强制降挡阀的位置由节气门凸轮的转动角度来决定，而节气门凸轮通过节气门拉索受控于加速踏板的位置。

在节气门的开度较小时，强制降挡阀上端的阀芯将锁止油压的进油口与出油口隔开，锁止油压不能进入换挡阀的油道。当节气门的开度超过 85% 时，强制降挡阀上移使锁止油压的进油口与出油口相通，锁止油压进入各换挡阀的油道。

如图 5-55 所示，当汽车在超速挡运行，若将加速踏板踩到底（节气门开度达 85%）时，从降挡阀出来的锁止油压被送至三/四挡换挡阀上端的第三滑行变速阀上端，这一向下的力，压下三/四挡换挡阀，使阀体下移，自动变速器从四挡降至三挡。

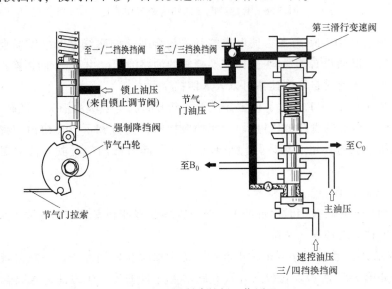

图 5-55　强制降挡阀工作原理

在进入强制降挡后,由于牵引力和车速都得到了提高,所以稍微减小节气门开度,就会退出强制降挡状态,换挡阀节气门油压一侧的附加主油压退出工作。此时速度油压如果高于节气门油压和弹簧力,自动变速器就会自动升挡。

4)超速挡电磁阀。超速挡电磁阀的作用是控制三/四挡换挡阀的油路,实现降挡的目的。

超速挡电磁阀结构和工作原理如图 5-56 所示,超速电磁阀由位于变速杆上的控制开关(O/D OFF 开关)控制。

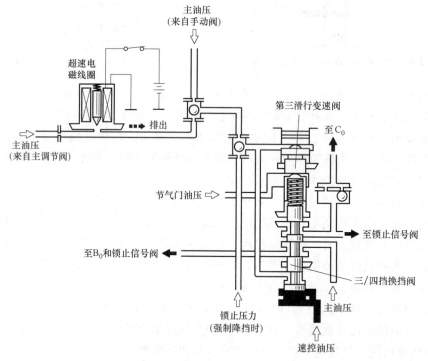

图 5-56 超速挡电磁阀结构和工作原理

若驾驶员按下 O/D OFF 开关,使电磁阀开关闭合时,电磁线圈产生磁场吸力将针阀吸起,泄油口开启,泄油口右侧通向三/四挡换挡阀的油路泄压。由于三/四挡换挡阀上方无油压作用,达到相应车速时自动变速器可以升入四挡。

若驾驶员断开 O/D OFF 开关,使电磁阀开关断开时,电磁吸力消失,针阀被弹簧复位,泄油口关闭,经节流后的管路油压进入三/四挡换挡阀的上方和下方环槽内,将换挡阀强制压下,变速器将不能进入超速挡运行。如果开关断开同时在四挡行驶,自动变速器将降至三挡。

(4)缓冲安全系统

为防止自动变速器在换挡时出现冲击,装有许多起缓冲和安全作用的液压阀和蓄能减振器。这类装置统称为缓冲安全系统。

1)蓄能减振器。蓄能减振器也称蓄能器,常用来缓和换挡冲击,一般由减振活塞和减振弹簧组成,如图 5-57 所示。它与离合器或制动器并联安装,压力油进入离合器或制动器活塞液压缸 A 的同时也进入蓄能减振器,将减振活塞压下,以此方式延长液压缸 A 的充油

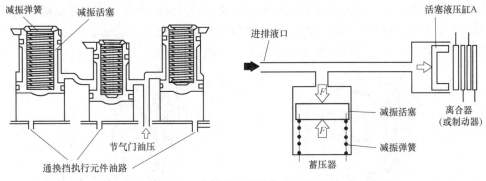

图 5-57 蓄能减振器结构和工作原理

时间,使其油压的增长速度减缓,防止离合器或制动器片瞬间接合加载,因而减小了换挡冲击。

2)顺序阀。某些离合器或制动器采用内、外双活塞结构,因此可利用顺序阀控制进入内、外活塞的先后顺序,使离合器或制动器接合更平顺。以减小换挡冲击,如图 5-58 所示。

当离合器或制动器将要作用时,主油压一方面作用在离合器或制动器内活塞,另一方面经通道 B 作用在顺序阀中间槽上,由于工作油压低于弹簧力,柱塞开始处于靠右的位置,工作油液先向内活塞充油,待内活塞使离合器或制动器接触

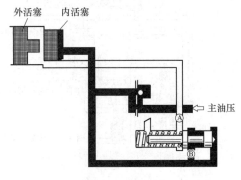

图 5-58 顺序阀

后,工作液压力升高,克服弹簧力使柱塞左移,打开通向外活塞的通道 A,工作液充入外活塞的油腔内,增加离合器或制动器的压紧力。

3)单向球阀。在自动变速器中采用了若干单向球阀,其作用是当液压油进入执行元件时,单向球阀堵死一个油孔(图 5-59a),液压油只能通过一个油孔进入执行元件,油压上升减缓,减小了换挡冲击。在执行元件退出工作时,回油将单向球阀推开(图 5-59b),两个油孔同时回油,油压下降很快,避免执行元件不能及时解除而发生换挡方面的故障。

(5)锁止离合器控制系统

液力变矩器中锁止离合器的工作是由锁止信号阀和锁止继动阀共同控制的。如图 5-60 所示,锁止

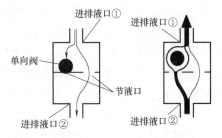

a)慢速压力上升 b)快速压力上升

图 5-59 单向球阀工作原理

信号阀阀芯上方作用着速控压力调节阀油压,下方与超速挡换挡阀油路相通。当车速较低时,速控压力调节阀油压也低,锁止信号阀在弹簧的作用下保持在上方位置,从而将通往锁止继动阀下端的主油路切断,使锁止继动阀在上方弹簧力和油压力的作用下保持在下方位置,变矩器的锁止离合器压盘左侧与变矩器的进油道相通,锁止离合器处于分离状态,发动机动力全部经液力变矩器传递(图 5-60a)。

当汽车以超速挡行驶,且达到一定的车速时,速控压力调节阀油压的作用力增大,将锁

止信号阀推至下端,来自超速挡油路的压力油经锁止信号阀中部进入锁止继动阀下端,锁止继动阀芯升至上位,锁止离合器左侧油腔与泄油口相通,锁止离合器离合器接合,发动机动力经锁止离合器直接传至行星齿轮变速器输入轴(图5-60b)。

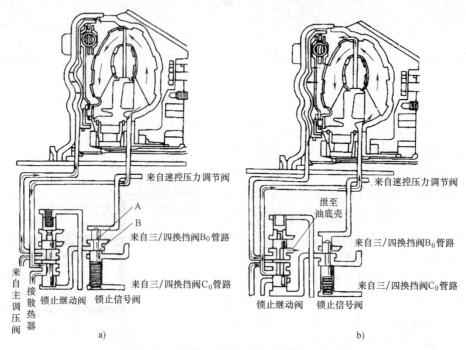

图 5-60 锁止信号阀和锁止继动阀工作原理

锁止离合器锁止时对应的车速,即称为锁止工作点。若自动变速器带有多功能开关,且功能开关未置于超速挡状态,则锁止继动阀保持在下方位置。

车速下降,速控液压阀油压降低,锁止信号阀在其回位弹簧的作用下回到上位,锁止继动阀芯也回至下位,锁止离合器左侧油腔通压力油,离合器解锁,即又处分离状态。

为防止锁止离合器因车速在锁止点附近变化而出现反复地锁止、解锁工作,必须使锁止点与解锁点的车速不同,即有一个滞后。滞后是这样实现的:锁止信号阀芯中段上部 A 的直径较下部 B 的直径小。当作用在锁止信号阀上端的速控调节油压大于弹簧力,锁止信号阀下移,锁止离合器锁止。此时来自超速挡换挡阀 B_0 的主油压作用在锁止信号阀中部 A、B 段之间,产生向下的作用力。正因为此油压,即使车速(即速控调节油压)较锁止点略低,锁止信号阀的回位弹簧也不能将阀芯推至上位。只有当车速较锁止点低得多时,回位弹簧才能克服其阀芯中部超速挡油压和上端的速控调节油压,使锁止信号阀上移,锁止继动阀芯下移,锁止离合器左侧油腔通压力油,离合器解锁。这样就避免了锁止离合器频繁地锁止和解锁。

(6)阀体

控制机构除包括上述控制阀外,还包括一些其他的控制阀,它们都组装在阀体中(图5-61)。自动变速器的实际液

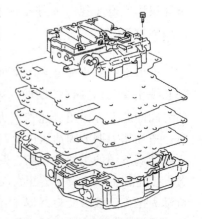

图 5-61 自动变速器控制阀体

压控制系统及油路因不同车型而有所差异,限于篇幅此处不再加以介绍。读者需要时可参阅相关维修手册。

5.4.2 自动变速器的电子控制系统

随着电子控制技术的发展,现代自动变速器在液控系统基础上广泛采用电子控制系统。电控自动变速器(ECT)与全液控自动变速器的区别在于:全液控自动变速器中用于控制换挡的发动机负荷与车速信号被节气门阀和速控阀转换为节气门油压和速控油压信号,输入到液压控制系统,控制换挡阀动作完成换挡和锁止任务。而电控自动变速器中用于换挡的发动机负荷与车速信号被节气门位置传感器和车速传感器分别转换成电信号输入电脑,电脑经过分析、对比、运算后发出相应的信号给液压控制系统,再由液压控制系统控制换挡阀进行挡位变换。

由于计算机能储存处理多种换挡规律,电子控制系统不仅可以按汽车行驶的需要选择相应的挡位,而且能实现更复杂、更合理的控制,简化液压控制系统,提高控制精度和反应速度,并可实现与整车其他控制系统匹配,如发动机控制、巡航控制等。因此可得到更理想的燃料经济性和动力性。

1. 电子控制系统的组成和基本工作原理

自动变速器的电子控制系统由输入部分(即传感器/开关)、电子控制单元(即ECT的ECU)和执行器(即电磁阀)等组成(图5-62)。

自动变速器的电子控制系统根据各传感器和开关获得车辆和节气门开度等信号,并将此类信号输入ECT的ECU,与ECU内储存的数据进行比较,经ECU处理后,输出最适合于发动机及变速器行驶条件的换挡指令给电磁阀,利用电磁阀控制液压换挡阀移动,切换换挡执行元件(离合器和制动器)的油路,实现换挡时机的精确控制。

2. 电控系统的输入装置

自动变速器电子控制系统的输入部分包括多个传感器和开关,常用的有节气门位置传感器、车速传感器、输入轴转速传感器、变速器油温度传感器、超速挡开关、模式开关、空挡起动开关、强制降挡开关、制动灯开关和巡航控制信号等。

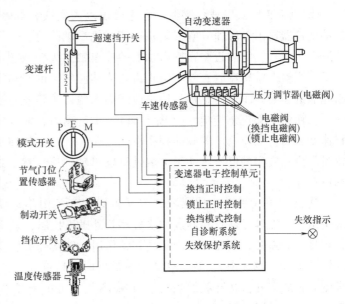

图5-62 电子控制自动变速器

(1)节气门位置传感器

节气门位置传感器是将节气门开启角度转换为电压信号送至电子控制单元,作为决定换挡点和变矩器锁止时机的基本信号之一。它安装在发动机节气门体上并与节气门联动。

节气门位置传感器采用输出型,其结构、外形及线路连接如图5-63所示。传感器的 V_C

端子为发动机控制单元送来的稳压5V电源，当节气门开度变化时，触点跟着滑动，V_{TA}端子输出与节气门开度变化成比例的电压信号到ECU。当节气门全闭时，检测怠速状态的动触点使$IDL—E_2$两个端子接通，从而输出怠速状态信号。

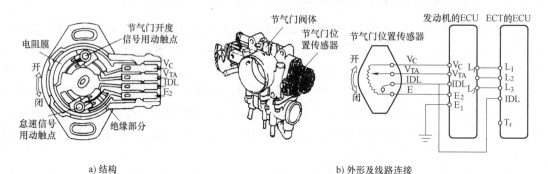

a) 结构　　　　　　　　　　　　b) 外形及线路连接

图 5-63　节气门位置传感器

（2）车速传感器

用于产生信号频率与车速成正比的电信号，并输入给自动变速器的ECU，作为确定换挡点和变矩器锁止时机的基本依据之一。

车速传感器的种类较多，下面介绍常用的两种车速传感器。

① 电磁感应式车速传感器。它主要由永久磁铁和电磁感应线圈两部分组成，用于检测自动变速器输出轴转速。它安装在变速器输出轴附近，为了获取感应信号，需靠近装在输出轴上的停车锁止齿轮或感应转子。当输出轴转动时，停车锁止齿轮或感应转子的凸齿不断地靠近和离开车速传感器，使感应线圈内的磁通量发生变化，从而产生交流感应电压（图5-64）。车速越高，输出轴转速就越高，感应电压的脉冲频率也就越高。ECU则按照单位时间内感应出的电压脉冲频率数计算输出轴转速，然后换算成车速。

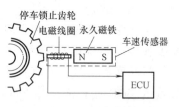

图 5-64　电磁感应式车速传感器工作原理

② 笛簧开关式车速传感器。笛（舌）簧开关由小玻璃管内安装的两个细长触头构成，触头由铁、镍等磁性材料制成。受玻璃管外磁极控制，触头可因互相吸引而闭合，也可由于互相排斥而断开，从而形成触头的开关作用。笛簧开关置于车速表的转子附近（图5-65），当车速表软轴旋转时磁铁也旋转，N、S磁极则靠近或离开笛簧开关的触头。当N、S极接近笛簧开关时，上、下两触头变为同一极性的磁极，互相排斥，开关断开。因为所用磁铁一般是4极的，所以当软轴转一圈，就会输出4个脉冲。

（3）输入轴转速传感器

输入轴转速传感器与车速传感器类似，也是一种电磁感应式转速传感器。它安装在行星齿轮变速器输入轴（液力变矩器涡轮输出轴）附近或与输出轴连接的离合器鼓附近的壳体上（图5-66）。用于检测输入轴转速，并将信号送入ECU，以便精确地控制换挡过程。它还作为变矩器涡轮的转速信号，与发动机转速即变矩器泵轮转速信号进行比较，计算出变矩器的转速比，以优

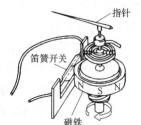

图 5-65　笛簧开关式车速传感器

化闭锁离合器的解、闭锁控制过程，减小换挡冲击，改善汽车的行驶平顺性。

（4）变速器油温度传感器

变速器油温度传感器安装在自动变速器油底壳内或液压阀阀板上，用于连续监控自动变速器中变速器油的温度，作为微电脑进行换挡控制、油压控制、闭锁离合器控制的依据。

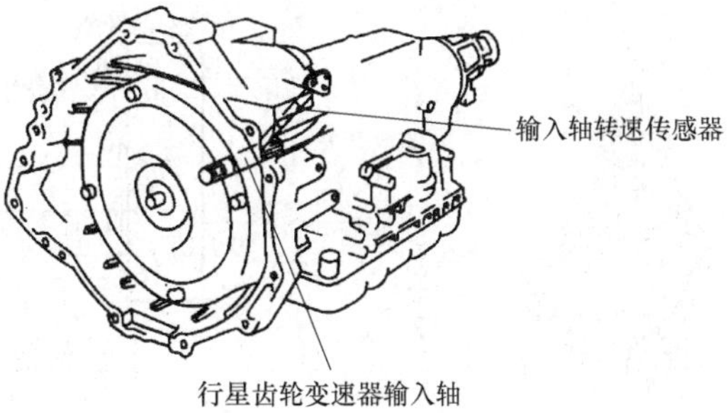

图 5-66 输入轴转速传感器

变速器油温度传感器内部有一热敏电阻，如图 5-67 所示。它是依靠热敏电阻阻值随温度变化而变化这一特性来检测油温的。通常使用具有负温度系数的热敏电阻。即温度越高时，电阻值越小。微电脑就是根据其电阻值的变化计算出变速器油的温度。

（5）超速挡开关

超速挡开关通常安装在自动变速器变速杆上（图 5-68），由驾驶员自主选择是否需要超速挡。当该开关打开时，超速挡电磁阀通电，作用在三/四挡换挡阀阀芯上端的压力油卸荷。此时，只要变速器变速杆处于 D 位，作用在三/四挡换挡阀下端的速控油压随着车速提高到足够高，就可以将三/四挡换挡阀推至四挡位置（即超速挡）。而该开关关闭时，超速挡电磁阀断电，主油压作用在三/四换挡阀阀芯上端，使阀芯不能移动到四挡位置。此时，无论车速怎样高，自动变速器最多只能升至三挡。

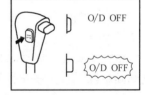

图 5-67 变速器油温传感器

在驾驶室仪表盘上，有"O/D OFF"指示灯显示超速挡开关的状态。当超速挡开关打开时，"O/D OFF"指示灯熄灭，而当超速挡开关关闭时，"O/D OFF"指示灯随之亮起。

（6）模式开关

模式开关又称程序开关，用于选择自动变速器的控制模式，即选择自动变速器的换挡规律，以满足不同路况的使用要求。换挡规律不同，提供的换挡点也不同。如图 5-69 所示为一安装在换挡操纵手柄旁的模式开关。一些车型的模式开关有动力模式（PRW）和常规模式（NORM）两种驾驶模式供选择。而有车型还有经济模式（ECONO）、运动模式（SPORT）、雪地模式（SNOW）、手动模式（MANUL）供选择。

图 5-68 超速挡开关

（7）空挡起动开关

空挡起动开关装在变速器壳体的手动阀臂轴或操纵手柄上，由变速杆进行控制，故有时也被称为挡位开关（图 5-70）。其作用如下：

① 指示变速杆位置，将选位信息传给自动变速器控制单元。

② 控制倒挡信号灯的开启。

③ 控制起动继电器线圈电路的功能。

图 5-69 模式开关

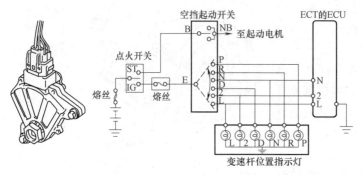

图 5-70 空挡起动开关

发动机只有当变速杆在位置 P 或 N 时才能起动。当空挡起动开关探测到变速杆位置处于 P 位或 N 位时，将信号传给起动机继电器，使点火开关能工作。同时，在挂前进挡时中断起动机，即制止起动机在汽车进入行驶状态后啮合，并锁住变速杆。

（8）强制降挡开关

强制降挡开关如图 5-71 所示，用来检测加速踏板打开的程度。当加速踏板超过节气门全开位置时，强制降挡开关接通，并向电控单元输送信号，这时电控单元按其内存设置的程序控制换挡，并使变速器降一个挡位，以提高汽车的加速性能。

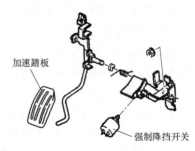

图 5-71 强制降挡开关

（9）制动灯开关

制动灯开关用以判断制动踏板是否被踩下。当制动踏板被踩下时，制动灯开关输送信号给 ECT 的 ECU，ECU 便取消锁止离合器的结合，保证车辆的稳定行驶，如图 5-72 所示。

该开关安装在制动踏板支架上。当制动踏板踩下时，该开关传送一个信号至 ECU，通知 ECU 制动器已经使用了。

3. 电控系统的执行器

电控自动变速器用电磁阀作为控制系统的执行器。通过它们控制液压系统中的换挡阀，以使离合器、制动器等执行组件工作，从而实现自动换挡和变矩器闭锁。

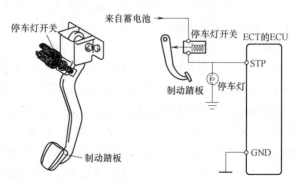

图 5-72 制动灯开关

（1）开关式电磁阀

开关式电磁阀的作用是开启和关闭变速器油路，可用于控制换挡阀及液力变矩器的闭锁离合器锁止阀。

开关式电磁阀由电磁线圈、衔铁、阀芯和回位弹簧等组成，如图 5-73 所示。它只有两种工作状态：全开或全关。当线圈不通电时，阀芯被油压推开，打开泄油孔，该油路的压力油经电磁阀卸荷，油路压力为零；当线圈通电时，电磁力使阀芯下移，关闭泄油孔，油路压力上升。

（2）脉冲式电磁阀

脉冲式电磁阀的结构与开关式电磁阀基本相似，也是由电磁线圈、衔铁、阀芯等组成，如图5-74所示，其作用是控制油路中油压的大小。与开关式电磁阀不同之处在于，控制脉冲式电磁阀工作的电信号不是恒定不变的电压信号，而是一个频率固定的脉冲电信号，电磁阀在脉冲电信号的作用下不断反复地开启和关闭泄油孔，计算机通过改变脉冲的宽度，或者说是每个脉冲周期内电流接通和断开的时间比例，即所谓占空比（其定义是，在一个脉冲周期内，通电的时间长为 A，断电的时间长为 B，则占空比 $= A/(A+B) \times 100\%$，故其变化范围为 $0\sim100\%$）来改变电磁阀开启和关闭的时间比例，而达到控制油路压力的目的。占空比越大，经电磁阀泄出的变速器油就越多，油路压力就越低；反之，占空比越小，油路压力就越高。

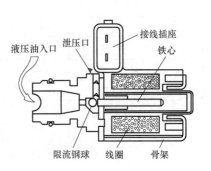

图5-73 开关式电磁阀

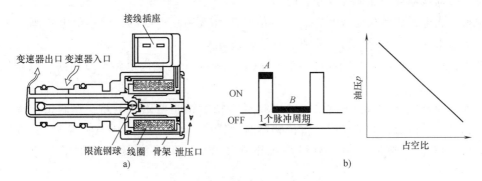

图5-74 脉冲式电磁阀

脉冲式电磁阀一般安装在主油路或减振背压油路中，通过计算机控制，在变速器自动升挡及降挡瞬间，或者在变矩器锁止离合器闭锁及解锁动作开始时使油压下降，以减少换挡和闭解锁的冲击，使车辆行驶平稳。

4. 自动变速器 ECU 的控制功能

（1）换挡正时控制

换挡正时控制即换挡点（变速点）控制，它是 ECT 的 ECU 最基本的控制功能。在 ECT 中，挡位（速比）自动进行切换的点称为换挡点，换挡点由节气门开度和车速决定。换挡（升挡或降挡）车速与节气门开度的关系通常称为换挡规律。图5-75所示为变速杆处于 D 位时常规与动力驾驶模式的换挡规律图。

当变速杆在前进挡位 D，且节气门开度相同时，动力型换挡规律的各挡升挡车速以及降挡车速都要比常规（或经济）型换挡规律的升挡及降挡车速高，这样升挡车速越高，加速动力性越好，降挡时亦然。反之，升挡车速越低则燃油经济性就越好。

在选定换挡模式后，ECU 按照换挡模式的程序，根据速度传感器输入的车速信号和节气门位置传感器输入的节气门开度信号控制换挡电磁阀线圈电流的通或断。用这种方法，ECU 即可控制换挡阀，使其切换行星齿轮装置中的离合器、制动器的油路，实现升挡或

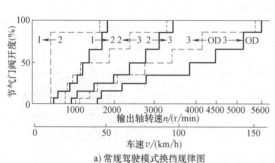
a) 常规驾驶模式换挡规律图

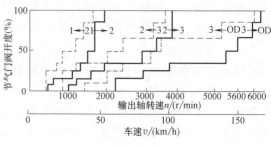
b) 动力驾驶模式换挡规律图

图 5-75 换挡规律图

降挡。

(2) 变矩器离合器锁止正时控制

在发动机和 ECT 的 ECU 存储器中，已存入了每种行驶方式（不同挡位、不同换挡模式）下锁止离合器工作程序，依照这种程序，ECU 可根据车速信号和节气门开度信号使锁止电磁阀接通或断开，从而控制锁止时间。

根据锁止电磁阀的接通或断开，锁止信号阀（或锁止控制阀，锁止继电器阀）变换作用于变矩器上的液压油路，使锁止离合器结合或分离。

在锁止系统工作时、升挡或降挡期间 ECU 会把锁止电磁阀电路暂时切断，以减轻换挡冲击。

此外，当发生下述四种情况之一，ECU 都将切断锁止电磁阀电路，强制锁止离合器分离：①制动开关接通；②节气门位置传感器的"IDL"触点接通（节气门全闭）；③冷却液温度低于 70℃；④巡航控制计算机系统正在工作，实际车速低于其预置车速，但高于 10km/h 时。

ECT 的 ECU 不仅可利用锁止电磁阀来控制锁止正时，还可利用电磁阀来调节锁止离合器液压，从而使锁止离合器平顺地结合和分离。

(3) 发动机转矩控制

当发动机和 ECT 的 ECU 根据接收的各种信号判定变速器需要换挡变速时，会暂时使发动机点火时间滞后点火延迟，使发动机转矩下降以使离合器结合平缓，换挡平顺。

(4) 自诊断功能

当速度传感器、电磁阀等发生故障时 ECU 通过 O/D OFF 指示灯的闪烁输出故障码以指示故障发生的部位。

当 ECU 监测和识别出上述元件有故障时，便将相应的故障码存储在存储器中，由于有备用电源，即使发动机熄火也不会消失。所以，在故障排除后要通过消除故障码的专门程序才能将故障码从存储器中抹掉。

(5) 失效安全保护功能

若换挡电磁阀（1号或2号）失灵时，ECT 的 ECU 将继续控制正常电磁阀工作，使一些换挡仍能进行，车辆能继续行驶。当换挡电磁阀（1号和2号）都失灵时。可通过变速杆换挡。如丰田 A140E 自动变速器，当变速杆移到前进1（L）位、2（S）位和 D 位时，变速器将分别在一挡、三挡和超速（OD）挡工作。另外，在正常情况下，ECT 的 ECU 利用主速度传感器（NO.2）信号进行控制，当主速度传感器失灵时，则利用辅助速度传感器（NO.1）信号。

5.5 自动变速器故障诊断与检修

重点掌握

1. 为什么要进行自动变速器的基本检查和试验？它们主要包括哪些项目？
2. 自动变速器常见故障有哪些？应如何分析和诊断？
3. 怎样进行自动变速器的检修？

1. 故障诊断原则

电控自动变速器的故障诊断是一项非常复杂的工作，必须按照一定的原则和程序进行。

1) 分清引起故障的部位。故障是由发动机还是自动变速器液压自动操纵系统、电子控制系统引起的，亦或是液力自动变速器本身引起的。只有分清了故障部位，才能针对性地去查找故障根源，少走弯路。

2) 坚持先简后难、逐步深化的原则。按故障的难易程度，先从最简单、最容易检查的地方开始检查，如开关、拉索、油液状况等，从那些最易于接近的部位、易于忽视的部位和影响因素开始，最后再深入实质性故障。

3) 区别故障的性质。故障是机械性质的、液压系统的，还是电子控制系统的；是需要维护方面的，还是需拆卸自动变速器彻底修理的。

4) 充分利用自动变速器各检验项目（基本检查、手动换挡试验、失速试验、时滞试验、油压试验、道路试验），为查找故障提供思路和线索。通过这些检验项目的试验，一般可以发现自动变速器的故障所在。

5) 充分利用电子控制自动变速器的故障自诊断功能。电子控制自动变速器 ECU 内部有一个故障自诊断电路，它能在汽车行驶过程中不断地监视自动变速器控制系统各部分的工作情况，并能检验出控制系统中大部分故障，将故障码的形式记录在 ECU 中。维修人员可以按照特定的方式将故障码从 ECU 中读出。为自动变速器控制系统的检修和故障排除提供依据。

6) 必须在拆检后才能确诊的故障，应是故障诊断的最后程序，电子控制自动变速器是绝不要轻易分解的。

7) 在进行故障诊断与排除前，最好先阅读有关故障指南、使用说明书和该车型的维修手册，掌握必要的结构原理图、油路图、电子控制系统电路等有关技术资料。

2. 故障诊断程序

虽然各国厂商所生产的自动变速器千差万别，但是它们的基本原理是一致的，因此检修时也有一定的规律可循。一般情况下，自动变速器的检修过程按照由简单到复杂的程序，一步一步地进行。检修内容包括基本检查、故障自诊断测试、手动换挡试验、机械系统试验、电控系统测试及按故障诊断表检测等几部分。检修程序可按图 5-76 进行。

5.5.1 自动变速器的检查与试验

1. 基本检查

在诊断自动变速器之前，应首先执行以下过程：检查变速器油高度和油质；检查和调整节气门拉索；检查和调整变速杆位置；检查和调整挡位开关；发动机怠速检查和变速器漏油检查等。

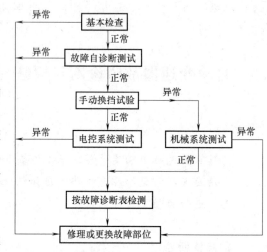

图 5-76 电子控制自动变速器故障诊断检修程序

（1）变速器油的油面高度检查和油质检查

1）油面高度检查方法

① 行驶被检车辆，使发动机和变速器达到正常工作温度（50~80℃）。

② 将汽车停放在水平地面上，并拉紧驻车制动。将变速杆拨至 P 位后起动发动机。

③ 使发动机保持怠速运转。踩住制动踏板，将变速杆拨至倒挡（R）、前进位（D）、前进低位（S、L 或 2、1）等位置并在每个挡位上停留几秒钟，使液力变矩器和所有换挡执行元件中都充满液压油。

④ 最后将变速杆拨至 P 位。

⑤ 从加油管内拔出自动变速器油尺，将擦干的油尺全部插入加油管后再拔出，检查油尺上的油面高度应在 HOT 范围内（图 5-77）。

若油位高度不满足要求，应及时加油或放油。对没有放油螺塞的进口自动变速器来讲，少量放油时，可从加油管处向外吸。

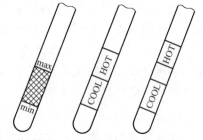

a）双刻线油尺　b）三刻线油尺　c）四刻线油尺

图 5-77 三种自动变速器油面高度检查油尺

2）油质检查方法。检查油位的同时要注意检查油液品质。判断油液品质可以从颜色、气味和是否含有杂质等方面入手。

检查方法：将油尺上的液压油滴在干净的白纸上，检查液压油颜色、气味和杂质情况。正常变速器油的颜色应当是鲜红色。但是某些 DexronⅡ型变速器油在使用初期颜色会变暗，这是正常现象。如果呈棕色或黑色，说明油液中含有烧蚀的摩擦材料等大量杂质。若油液呈粉红色或白色，表明发动机散热器的油冷却器出现泄漏冷却液的故障。

合格的变速器油应该有类似新的机油的气味。烧焦的味道意味着执行元件打滑或自动变速器过热。如果有清漆味则说明油液氧化或变质。若油液带有泡沫，可能是由于油泵进油道渗入空气而造成的。

一旦变速器油液出现上述现象中的任何一种，就应该立即更换。

（2）节气门拉索和节气门阀的检查与调整

1）节气门拉索的检查和调整。检查拉索连接是否正常，有无损坏、固定是否可靠，与车体上的固定部分是否弯曲，拉锁金属丝是否有折断等现象。检查固定在节气门体支架上的节气门拉索端头的拉索套和拉索上的限位块之间的距离 A，其标准距离为 0~1mm。若距离不符合标准，应根据厂家提供的调整方法进行调整。即使是同年生产的同型号自动变速器，如果与不同缸数的发动机配合使用，其节气门拉索的调整方式也会有所不同。一般节气门拉索通过调整螺母对其拉线长度进行调节（图 5-78）。

① 将加速踏板踩到底，检查节气门是否处于全开位置。如果不是，应利用调整螺母调整拉线长度，直至符合要求为止。

② 在节气门全开的情况下松开调整螺母，调整拉索套端部的位置，使其与限位标记之间存在 1mm 的标准距离，然后拧紧调整螺母。

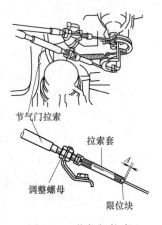

图 5-78 节气门拉索的检查与调整

2）真空控制式节气门阀的调整。在奔驰和马自达等车型上自动变速器节气门阀采用真空控制式，如图 5-79 所示。它装有一真空膜盒，膜盒通过一个真空管与进气管相连，当进气管真空度随节气门开度变化而发生变化时，膜盒的膜片伸缩，膜片通过拉杆拉动节气门阀移动，以使油压随节气门开度的变化而变化。对这种装置应着重检查真空管和膜盒是否有泄漏。

调整奔驰轿车自动变速器节气门阀真空控制装置时，应将橡胶盖打开，取出孔内一个钥匙状的调整片，顺时针方向或逆时针方向调整膜盒内的调整螺母，通过改变作用在膜盒上真空度的大小，来达到改变油压的目的。

在空膜盒泄漏时，会使变速器内的油液吸入进气管参与混合气的燃烧，造成发动机工作不良的故障。对其检查时，可用真空枪检查膜片是否泄漏。

（3）变速杆位置的检查与调整

图 5-79 真空控制式节气门阀的调整

当变速杆位于不同位置时，手控制阀通过控制液压系统的工作回路，使自动变速器处于相应的工作状态。如图 5-80 所示，位于变速杆与控制阀体总成之间的这套机械装置就是手控连杆机构。

手控连杆机构传动间隙过大或锁止元件严重磨损，会造成手控制阀与变速杆工作不协调，引发各种故障。故需加以检查和调整，检查和调整的重点部位是手控连杆机构位于变速器壳体外的部分。

1）变速杆位置的检查

① 用千斤顶或举升机将汽车顶起。

② 将变速杆推至 P 位，然后转动驱动轴。如果驱动轴无法转动，说明手控连杆机构工作可靠。如果驱动轴可以被转动，表明手控连杆机构需要按以下步骤进行调整。

2）变速杆位置的调整

① 将变速杆与自动变速器手动阀之间的连杆处的调整部位放松。将变速杆拨至空挡位（图 5-81）。

② 先将手动阀摇臂向后拨至极限位置（P 位），然后再回退 2 格至 N 位。

③ 稍稍用力将变速杆靠向 R 位方向，然后拧紧连杆上的螺母。

④ 重复步骤②，检查驱动轴是否已可靠锁止。

(4) 挡位开关的检查与调整

1) 挡位开关的检查

① 采取可靠的行车制动。

② 变速杆拨至各个挡位，检查挡位指示灯与变速杆位置是否一致，P 位和 N 位时发动机能否起动、R 位时倒挡灯是否亮起。若有不符，应松开挡位开关的固定螺钉进行调整。

2) 挡位开关的调整

① 对在自动变速器的挡位开关外壳上刻有基准线的，调整时应将基准线和手动阀摇臂轴上的槽口对齐（图 5-82a）。

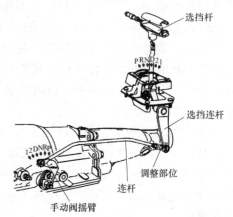

图 5-80 自动变速器手控连杆机构

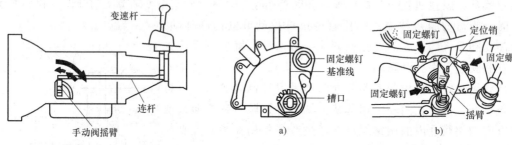

图 5-81 变速杆位置的调整　　图 5-82 挡位开关的调整

② 对在自动变速器的挡位开关上开有一个定位孔的，调整时应使摇臂上的定位孔和挡位开关上的定位孔对准（图 5-82b）。

(5) 发动机怠速检查

不同型号发动机的怠速转速各不相同。怠速过高会造成换挡冲击，当汽车换至前进挡时，车辆出现"蠕动"现象。如果怠速过低，当选挡操纵手柄从 N 位换到其他位置时，车身将产生振动，甚至造成发动机熄火，因此必须检查发动机怠速是否正常。

发动机怠速检查一般步骤：安装发动机转速表（无转速仪表时）；将自动变速器操纵手柄置于 P 位或 N 位，起动发动机；检查发动机怠速转速应符合厂家要求（通常装有自动变速器的汽车发动机怠速为 750r/min）。若怠速过高或过低应予以调整。

(6) 自动变速器漏油检查

液压控制系统的各连接部位上都有油封和密封垫，这些部位是常见发生漏油的地方。液压系统漏油会引起油路压力下降，油位下降是换挡打滑和延迟的常见原因。

常见的漏油部位如下：有油封或密封垫圈的部位、有接头的部位、零件损坏的部位等。造成外部泄漏的原因主要是上述部位的密封、连接元件老化、松脱或损坏，也有可能是加油过量。进行漏油检查时，要找出漏油的具体部位，及时更换或加固。

2. 手动换挡试验

自动变速器在基本检查时无故障，但运行中仍存在故障。为了确定故障存在的部位，区分故障是由机械、液压系统引起的,还是由电子控制系统引起的,可以进行手动换挡试验。这是在读取故障码和完成变速器基本检查后进行的试验。

所谓手动换挡试验就是将电控自动变速器所有换挡电磁阀的线束插接器全部脱开,此时自动变速器 ECU 不能通过换挡电磁阀来控制换挡,自动变速器的挡位只取决于变速杆的位置。通过手动换挡试验可以确定故障发生在控制电路还是变速器内部机械或液压系统故障。不同车型的电子控制自动变速器在脱开换挡电磁阀线束插接器后的挡位和变速杆的关系不完全相同。如丰田轿车的电子控制自动变速器在手动换挡试验时,变速杆位置和挡位的关系见表 5-10。

表 5-10 丰田自动变速器手动换挡试验时变速杆位置和挡位的关系

变速杆位置	P	R	N	D	2	L
挡位	停车位	倒车位	空挡位	前进位	3 挡	1 挡

试验步骤如下:

① 脱开电子控制自动变速器的所有换挡电磁阀线束插头。

② 起动发动机,将变速杆拨至不同位置,然后做道路试验(也可以将驱动轮悬空,进行台架试验)。

③ 观察发动机转速和车速的对应关系,以判断自动变速器所处的挡位。不同挡位时,发动机转速与车速的关系可以参考表 5-11,由于变矩器的减速作用与传递的转矩有关,因此表中的车速仅作为参考,实际车速将随着节气门开度的不同而有一定的变化。

表 5-11 变速杆置不同位置时发动机转速与车速

变速杆位置	发动机转速/(r/min)	车速/(km/h)
D	2000	70~75
2	2000	50~55
L	2000	18~22

④ 若变速杆位于不同位置时自动变速器所处的挡位与表 5-8 相同,说明电子控制自动变速器的阀体及换挡执行零件基本上工作正常。否则,说明自动变速器的阀体或换挡执行元件有故障。

⑤ 试验结束后,接上电磁阀线束插头。

⑥ 清除电脑中的故障码,防止因脱开电磁线束插头而产生的故障码保存在电脑中,影响自动变速器的故障自诊断工作。

3. 自动变速器试验

若通过手动换挡试验判定故障发生在变速器内部机械或液压系统,则可通过自动变速器试验来进一步发现和缩小故障范围,为维修提供依据。自动变速器试验包括失速试验、时滞试验、液压系统试验、道路试验等。

(1) 失速试验(图 5-83)

变速杆置于 D 位或 R 位时,踩下制动踏板不动并当完全踩下加速踏板时,发动机处于最大转矩工况,而此时自动变速器的输出轴及输入轴均静止不动,即液力变矩器的涡轮不动,只有液力变矩器壳及泵轮随发动机一同转动,此工况称为发动机失速工况,此时发动机的转速称为失速转速，此种试验称为失速试验。

1）试验目的。通过测试发动机在失速状态下能达到的最高转速，检查发动机的总体性能和变速器执行元件的工作性能。做失速试验之前，要先找到执行元件在不同挡位下的工作情况表，用以分析试验结果。

2）准备工作

① 让汽车行驶至发动机和自动变速器均达到正常工作温度。

② 检查汽车的行车制动和驻车制动，确认其性能良好。

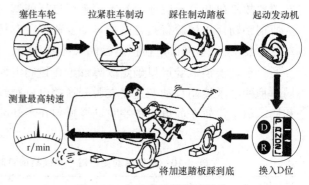

图 5-83　自动变速器失速试验

③ 检查自动变速器液压油高度，应正常。

3）试验步骤

① 将汽车停放在宽阔的水平地面上，前后车轮用三角木块塞住。

② 拉紧驻车制动，左脚用力踩住制动踏板。

③ 起动发动机，将变速杆拨入 D 位。

④ 在左脚踩紧制动踏板的同时，用右脚将加速踏板踩到底，在发动机转速不再升高时，迅速读取此时的发动机转速。读取发动机转速后，立即松开加速踏板。注意时间一般不能超过 5s。

⑤ 将变速杆拨入 P 位或 N 位，让发动机怠速运转 1min，以防止液压油因温度过高而变质。

⑥ 将变速杆拨入其他挡位（R、S、L 或 2、1）。做同样的试验。

⑦ 对照厂家提供的标准失速范围分析试验结果。

4）失速转速不正常的原因分析（表 5-12）

表 5-12　失速转速不正常的原因

变速杆	失速转速	故障原因
所有位置	过高	①主油路油压过低；②前进挡和倒挡的换挡执行元件打滑；③油量不足
	过低	①发动机动力不足；②变矩器导轮的单向离合器打滑
仅在 D 位	过高	①前进挡油路油压过低；②前进挡离合器打滑；③一挡单向离合器打滑
仅在 R 位	过高	①R 位油路油压过低；②低/倒挡制动器或高/倒挡离合器打滑

（2）时滞试验（图 5-84）

在怠速状态将变速杆从 N 位换入 D 位或 R 位瞬间，液压控制系统发生作用，动力经行星齿轮、传动装置到达驱动轮时，存在一定的时差，称为时滞。时差大小取决于自动变速器油路油压高低、油路密封情况、离合器和制动器磨损情况。测量自动变速器时差大小的试验称为时滞试验。

1）试验目的。测出自动变速器换挡的时滞时间，根据时滞时间的长短来判断主油路油压及换挡执行元件的工作是否正常。

2）试验方法

① 让汽车行驶，使发动机和自动变速器达到正常工作温度（50~80℃）。

② 将汽车停放在水平地面上，拉紧驻车制动。

③ 起动发动机，检查发动机怠速，使发动机保持怠速运转。

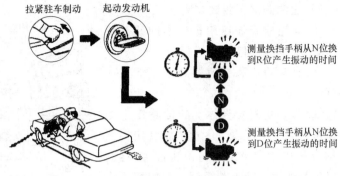

图 5-84 自动变速器时滞试验

④ 将自动变速器变速杆从 N 位拨至 D 位，用秒表测量从拨动变速杆开始到感觉振动为止所需的时间，该时间称为 N-D 时滞时间。标准 N-D 时滞时间不应超过 1.2s。

⑤ 将变速杆拨至 N 位，让发动机怠速运转 1min 后，再做一次同样的试验。做 3 次试验，取平均值。

⑥ 按上述方法，将变速杆由 N 位拨至 R 位，测量 N-R 时滞时间。标准 N-R 时滞时间不应超过 1.5s。

⑦ 根据执行元件工作情况表，分析试验结果。

3）时滞时间不正常的原因分析（表 5-13）。影响时滞时间长短的因素有油液是否脏污、控制油压的高低、执行元件的间隙、蓄能器工作行程的长短等。

表 5-13　时滞时间不正常的原因分析

现　象	原因分析
从 N 位换入 R 和 D 位时滞时间都大于规定值	①油液过少或脏污；②主油路压力过低；③超速挡离合器间隙过大
从 N 位换入 D 位时滞时间大于规定值	①前进挡离合器磨损、间隙过大；②前进挡油路或换挡执行元件活塞有泄漏，使压力降低；③D 位或相应执行元件的液压蓄压器背压泄漏或弹簧变软及折断
从 N 位换入 R 位时滞时间大于规定值	①倒挡油路或倒挡执行元件活塞及蓄压器等有泄漏，使压力降低；②高、倒挡离合器磨损；③低、倒挡制动器磨损；④倒挡蓄压器背压泄漏或弹簧过软与折断
从 N 位换入 D 位和 R 位时滞时间均小于规定值	①主油路油压过高；②制动器或离合器工作间隙过小

（3）液压系统试验

1）试验目的。油压测试是在自动变速器工作时，通过测量液压控制系统各油路的压力来判断液压控制系统及电子控制系统各零部件的功能是否正常。目的是检查油泵、油压调节阀、节气门阀、油压电磁阀、调速器及变速器油等的工作状况，是变速器性能分析和故障判断的主要依据。

2）油压测试的准备工作

① 行驶汽车，让发动机及自动变速器达到正常工作温度。

② 将车辆停放在水平地面上，检查发动机怠速和自动变速器液压油的油面高度。若不正常，应予以调整。

③ 准备一个量程为 2MPa 的压力表，找出自动变速器各个油路测压孔的位置（图 5-85）。

3）主油路油压测试方法

① 首先检查加速踏板拉索的调整情况，必要时重新调整。

② 使发动机和变速器处于正常工作温度。

③ 拆下变速器壳体上的油路压力测试螺塞，装上油压表。注意：软管接头螺纹部分的尺寸和类型应与检测接头一致，可以轻松地用手旋入若干圈，再用扳手将它拧紧。安装时要尽量让连接软管远离旋转元件和发动机排气系统。

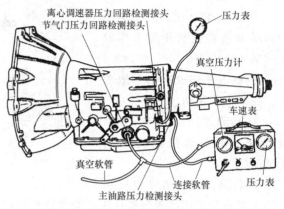

图 5-85 自动变速器油路测压孔的位置

④ 用三角木塞塞住前、后轮。

⑤ 将驻车制动器拉到底（制动）。

⑥ 起动发动机，并检查发动机怠速。

⑦ 使发动机保持怠速运转，将制动踏板踩到底。

⑧ 将变速杆推至 D 位，读取压力值。

⑨ 将加速踏板踩到底，测量在发动机失速情况下的油压。

⑩ 用同样的方法测量 R 位的工作压力。如果测量值低于规定范围，应检查并调整节气门连杆机构，然后将上述试验重做一遍。

主油路油压不正常的原因分析（表 5-14）。

表 5-14 主油路油压不正常的原因分析

工况	测试结果	故障原因
怠速	所有挡位的主油路油压均太低	①油泵故障；②主油路调压阀卡死；③主油路调压阀弹簧软；④节气门拉索或节气门位置传感器调节不当；⑤节气门阀卡滞；⑥主油路泄漏
怠速	前进位和前进低位的主油路油压均太低	①前进位离合器活塞漏油；②前进位油路泄漏
怠速	前进位的主油路油压正常，前进低位的主油路油压太低	①一挡强制离合器或二挡强制离合器活塞漏油；②前进低位油路泄漏
怠速	前进位主油路油压正常，倒挡主油路油压太低	①倒挡及高挡离合器活塞漏油；②倒挡油路泄漏
怠速	所有挡位的主油路油压均太高	①节气门拉索或节气门位置传感器调整不当；②主油路调压阀卡死；③节气门阀卡滞；④主油路调压阀弹簧太硬；⑤油压电磁阀损坏或线路故障
失速	稍低于标准油压	①节气门拉索或节气门位置传感器调整不当；②油压电磁阀损坏或线路故障；③主油路调压阀卡死或弹簧太软
失速	明显低于标准油压	①油泵故障；②主油路泄漏

4）速控油压测试方法

① 拆下自动变速器壳体上的调速器测压孔螺塞，接上油压表。

② 用举升机将汽车举升起来，使驱动轮悬空。

③ 起动发动机。

④ 将变速杆拨至 D 位。
⑤ 松开手制动拉杆，缓慢地踩下加速踏板，让驱动轮转动。
⑥ 读取不同车速下的调速器油压。
⑦ 将测试结果与标准值进行比较。

速控油压不正常的原因分析（表 5-15）

表 5-15　速控油压不正常的原因分析

测 试 结 果	原 因 分 析
速控油压过低	①主油路油压太低；②速控阀油路泄漏；③速控阀工作不正常
速控油压过高	①主油路油压太高；②速控阀工作不正常
速控油压一直保持在某一数值上，不随车速变化	可能是速控阀卡滞在某一位置上不能运动

（4）道路试验

1）道路试验的目的。对自动变速器各项性能的综合性测试，以确定自动变速器工作是否正常及其故障部位。自动变速器内部的各离合器、制动器是否打滑；变速杆在各位置时换挡点的速度是否正确；换挡时车辆的平顺性，行驶时自动变速器内有无异常响声；各种行驶模式时车辆的行驶性能；液力变矩器的锁止离合器工作状况和发动机制动作用等。

2）试验前的准备

① 发动机、底盘等各总成或系统的技术状态完好，自动变速器已通过基本检查，车辆以中低速行驶约 10min，使发动机和自动变速器都达到正常工作温度（50~80℃）。

② 将超速挡开关置于 ON 位置（O/D OFF 指示灯熄灭），并将模式开关置于常规模式。

3）道路试验的方法

① 升挡检查。将变速杆拨至 D 位，踩下加速踏板，节气门保持在 1/2 开度左右，让汽车起步加速，检查自动变速器的升挡情况。升挡时，发动机转速瞬时下降，同时车身有轻微的振动感。正常情况下，起步后随着车速的升高，试验者应能感觉到自动变速器顺利地逐级由一挡升二挡、二挡升三挡、三挡升四挡（超速挡）。如果自动变速器不能升入高速挡，表明控制系统或换挡执行元件有故障。

② 升挡车速检查。将变速杆拨至 D 位，踩下加速踏板，并使节气门保持在某一固定开度，让汽车起步并加速，当察觉到自动变速器升挡时，记下升挡车速。一般 4 速自动变速器由一挡升二挡的升挡车速为 25~35km/h，二挡升至三挡的升挡车速为 55~70km/h，三挡升至四挡的升挡车速为 90~120km/h。只要升挡车速基本保持在上述范围内，而且试车行驶中加速良好，无明显的换挡冲击，就可认为其升挡车速正常。若升挡车速过低（即升挡过早）或升挡车速过高（即升挡过迟），可能是控制系统或换挡执行机构的故障所致，则应重点检查节气门位置传感器、车速传感器、主油路调压阀、节气门阀拉索和控制阀中的节气门调压阀或速控阀。

③ 升挡时发动机转速的检查。将变速杆拨至 D 位。踩下加速踏板，使节气门保持某一固定开度（如 50%），让汽车起步并加速，当观察到自动变速器升挡时，记下发动机转速表值。通常汽车由起步加速直至升入高速挡的整个行驶过程中，发动机转速将低于 3000r/min。通常在加速至即将升挡时，发动机转速可达到 2500~3000r/min。在刚升挡后的短时间内发动机转速将下降至 2000r/min 左右。

如果在整个行驶过程中发动机转速始终过低，加速至升挡时仍低于 2000r/min，说明升挡时间过早或发动机动力不足;如果在行驶过程中发动机转速始终偏高,升挡前后在转速2500~3000r/min之间,而且换挡冲击明显,说明换挡时间过迟;如果在行驶过程中发动机转速过高,经常高于3000r/min,在加速时达到4000~5000r/min,甚至更高,则说明自动变速器的换挡执行元件(离合器或制动器)严重打滑,应拆检自动变速器。

④ 换挡质量检查。将变速杆拨至D位,踩下加速踏板,使节气门保持某一固定开度(如50%),让汽车起步并加速,当观察到自动变速器升挡时,感觉换挡时有无冲击感。正常换挡时,自动变速器有微弱的冲击感。如果感觉换挡冲击过大,表明自动变速器的控制系统或换挡执行机构有故障,其原因可能是主油路油压过高或换挡执行机构打滑。

⑤ 锁止离合器工作状态的检查。将变速杆拨至D位,踩下加速踏板,保持节气门开度低于1/2的位置,让汽车起步并加速到超速挡,以高于80km/h的车速行驶,使变矩器进入锁止状态,快速将加速踏板踩下至2/3位置,同时检查发动机转速的变化情况。如果发动机转速没有太大变化,表明锁止离合器处于接合状态;若发动机转速升高很多,则表明锁止离合器没有接合,其原因是锁止控制系统有故障。

⑥ 发动机制动检查。将变速杆拨至S位、L位或2位、1位,在汽车以S(或2)位或L(或1)位行驶时,突然松开加速踏板。如果车速立即随之下降,表明有发动机制动作用,否则表明控制系统或前进强制离合器有故障。

⑦ 强制降挡功能的检查。将变速杆拨至D位,保持节气门开度为1/3左右,以二挡、三挡或超速挡行驶,突然将加速踏板完全踩到底,检查自动变速器是否被强制降低一个挡位。在强制降挡时,发动机转速会突然升高至4000r/min左右,并随着加速升挡,转速逐渐下降。如果没有出现强制降挡,表明强制降挡功能失效;如果强制降挡时发动机转速过高,并在升挡时出现换挡冲击,表明换挡执行机构打滑,应分解维修自动变速器。

4. 故障诊断表

许多安装自动变速器的汽车在出厂时带有故障诊断表,可利用该表进行故障分析。故障诊断表列出了最常见的自动变速器故障,并给出有可能造成故障的每个原因以及相应检修程序,有助于迅速检查和排除。但是一般情况下,不能仅以此为根据盲目拆解变速器,还要通过正确检修程序进行验证,以免判断错误,引发新的故障。在对电控自动变速器进行检修时,可能出现故障码正常,故障仍然存在的现象。在这种情况下,若故障诊断表给出了详细检查内容,可以按给定程序进行检查。

5.5.2 自动变速器常见故障与诊断

自动变速器的结构较为复杂。其出现的故障也多种多样,表5-16中列出了自动变速器中一些常见故障及诊断方法。

表5-16 自动变速器常见故障及诊断

换挡冲击大	故障现象	起步时,变速杆从P位或N位挂入D位或R位时汽车会有明显的振动;行驶中,自动变速器升挡的瞬间,汽车也会有明显的冲击
	故障原因	发动机的怠速过高;节气门拉索或节气门位置传感器调整不当;主油压调节阀不良;油压电磁阀或其线路不良;蓄能器不良(如活塞卡住,而使换挡瞬间油压过高导致换挡冲击)。而密封圈泄漏,热车后油液黏度下降,造成活塞运行速度加快,出现换挡冲击;单向阀损坏或单向阀钢球漏装;换挡阀轻微卡滞或换挡执行元件打滑;升挡过迟;ECU故障

（续）

换挡冲击大	故障诊断	检查发动机的怠速,如果怠速过高,应将其调整至规定的怠速,再检验换挡冲击是否消失;检查节气门的拉索或真空式节气门阀的真空软管和节气门位置传感器的位置,如果不当,予以调整;进行路试,以判断自动变速器有无打滑或升挡过迟故障 检查发动机怠速时的主油路油压,如果怠速时的主油路油压过高,应拆检主油路油压调整阀或节气门阀;如果怠速时主油路油压正常,则应拆检前挡离合器或高/倒挡离合器的进油单向阀是否损坏 检查换挡时的主油路油压。正常情况下,在换挡时,主油路的油压会有瞬间的下降。如果在换挡时主油路的油压有瞬时的下降,但有换挡冲击。可能是换挡执行元件的间隙太小而造成换挡冲击。如果换挡时主油路的油压没有下降,则应检查油压电磁阀的线路有无松脱;若正常,则检查油压电磁阀能否正常工作;若不正常,则检查在换挡时,ECU 有无向油压电磁阀输出信号。若换挡时 ECU 无信号输出,则需更换 ECU 再试;若 ECU 有信号输出,应拆检蓄能器有无损坏
升挡过迟	故障现象	在汽车行驶中,自动变速器升挡的车速明显偏高,升挡时发动机的转速也明显高于正常值;需采用提前升挡的操作方法(松开加速踏板)才能使自动变速器升入高挡或超速挡
	故障原因	节气门拉索、节气门阀推杆(真空式)或节气门位置传感器调整不当;节气门位置传感器、车速传感器或其电路不良;速控阀故障;主油路油压调整阀或油压电磁阀不良;ECU 故障
	故障诊断	对电控自动变速器应进行故障自诊断操作,如果有故障码输出,则按所显示的故障码检修故障;如果无故障码输出或当故障码所显示的故障排除后故障现象仍未消除,则进行下一步检查 检查节气门拉索或节气门阀推杆(真空式)和节气门位置传感器的调整情况。如果不当,予以调整 检测发动机怠速时的主油路油压。如果油压过高,应通过节气门拉索进行调整。若调整后不能使油压降低,则需拆检油压调节阀或油压电磁阀及其油路 检查速控油压,若油压过低,说明速控阀或其油路存在泄漏,应予以检修;若油压正常,升挡过迟,则可能是换挡阀工作不良,应拆检阀体,必要时更换 检查自动变速器电脑与传感器和油压控制电磁阀之间的线路。如果线路均良好,则进行下一步检查 检查节气门位置传感器、车速传感器和油压电磁阀。如果均为良好,则需更换 ECU 再试
发动机怠速熄火	故障现象	发动机在怠速时,自动变速器由 N 位或 P 位挂入 D 位或 R 位时,发动机会立即熄火;在 D 位或 R 位行驶中,踩下制动踏板停车时,发动机熄火
	故障原因	发动机的怠速过低;自动变速器中锁止控制阀卡或锁止电磁阀卡滞;自动变速器挡位开关不良;变速器输入轴转速传感器不良
	故障诊断	检查发动机的怠速。如果发动机的怠速过低,应予以调整;进行故障自诊断操作,如果有故障码输出,则按所显示的故障码检修故障,如果无故障码输出或故障码所显示的故障排除后故障现象仍未消除,则进行下一步检查 检查挡位开关。如果挡位开关的信号与变速杆位置不符,应予以调整或更换;检查自动变速器输入轴传感器,如果有故障,予以更换 如果上述检查均为正常,则需拆检自动变速器,检查锁止控制阀或锁止电磁阀有无卡滞
变速器打滑	故障现象	在起步踩下加速踏板时,发动机转速上升很快但车速上升缓慢;在加速时,发动机转速很高但车速不能很快提高;在上坡时,汽车行驶无力,但发动机的转速却很高
	故障原因	变速器油面过低而造成主油路的油压过低;离合器或制动器摩擦片(或制动器制动带)磨损严重或已烧焦;油泵磨损严重或主油路有泄漏而造成主油路的油压过低;单向离合器打滑;蓄能器、离合器或制动器活塞密封圈损坏而漏油,导致油压过低
	故障诊断	首先检查变速器油面和油的品质。如果只是油面过低,添加变速器油至油面适当后再检查自动变速器是否打滑。如果变速器油呈棕黑色或有烧焦味,则可能是离合器或制动器摩擦片已烧坏,应拆修自动变速器。如果油面和油品质均正常,则进行下一步检查 进行道路试验,根据其打滑的规律判断故障的大致所在。以 4 前进挡辛普森式行星齿轮变速器为例,打滑的规律和可能的故障部位如下:若前进挡时都有打滑现象而在倒挡时不打滑,则为前进挡离合器打滑;若在 D 位时的一挡打滑而在 L 位时的一挡不打滑,则为一挡单向离合器打滑;若在 D 位和 L 位下的一挡打滑,则为低/倒挡制动器打滑;若在 D 位时的二挡打滑而在 2(或 S)位时的二挡不打滑,则为二挡单向离合器打滑;若在 D 位和 2(或 S)位下的二挡打滑,则为二挡制动器打滑;若只是在三挡时有打滑现象,则为高/倒挡离合器打滑;若只是在超速挡时有打滑现象,则为超速挡制动器打滑;若在倒挡和高挡时都有打滑现象,则为高/倒挡离合器打滑;若在倒挡和 L 挡时有打滑现象,则为低/倒挡制动器打滑;若在前进挡和倒挡时均有打滑现象,则可能是主油路的油压过低 检查主油路的油压。在拆检自动变速器前,先检测一下主油路的油压。如果油压正常,更换已打滑(磨损过度或已烧焦)的换挡执行元件即可;如果油压过低,则应检查油泵滤网、油泵及主油路和主油路油压调节阀、所有相关的密封元件等

(续)

无超速挡	故障现象	汽车在行驶中,车速已达到超速挡工作范围,但自动变速器不能从三挡升入超速挡。采用提前升挡(即松开加速踏板几秒钟再踩下)的方法也不能升入超速挡
	故障原因	超速挡开关或超速电磁阀不良;超速挡制动器打滑;超速行星排的直接离合器或单向离合器卡死;挡位开关不良;变速器油温传感器不良;节气门位置传感器不良;三/四换挡阀卡滞;自动变速器电脑有故障
	故障诊断	进行故障自诊断操作,如果有故障码输出,则按所显示的故障码检修故障;如果无故障码输出或故障码所显示的故障排除后故障现象仍未消除,则进行下一步检查 检查变速器油温度传感器。检测油温传感器在不同温度下的电阻,如果与标准值不符,则应更换油温传感器 检查挡位开关的信号。如果没有信号或与变速杆的位置不符,应调整或更换挡位开关。检查节气门位置传感器的输出信号。如果与标准值不符,应调整或更换节气门位置传感器。检查超速挡开关。在超速挡开关按钮按下(ON)时,超速挡开关断开,超速指示灯应不亮;在超速挡开关按钮不按下(OFF)时,超速挡开关闭合,超速指示灯应亮起。如果不是这样,则需检查超速挡开关电路或更换超速挡开关 检查超速挡电磁阀工作情况。打开点火开关(不起动),在按下超速挡开关按钮时,听超速电磁阀有无工作的响声。如果超速电磁阀不工作,应检查其线路或更换超速电磁阀 检查空载下能否升挡。用举升机将汽车驱动轮悬空,看在空载的情况下,自动变速器能否升入超速挡。如果空载下能升入超速挡,且升挡后车速正常,说明控制系统正常,可能是超速制动器在有负载时打滑而造成不能升入超速挡。如果空载下能升入超速挡,但升挡后车速偏低,发动机转速下降,则说明超速行星排中的直接挡离合器或直接挡单向离合器卡滞。如果空载下也不能升入超速挡,则为液压控制系统或电子控制系统有故障 如果怀疑是液压控制系统的故障,需拆开自动变速器检查三/四换挡阀有无卡滞,若有应予以修理或更换;如果怀疑是电子控制系统的故障,在有关传感器、电磁阀及其线路检查均为良好的情况下,需更换ECU再试
不能升挡	故障现象	汽车行驶中,自动变速器始终在一挡,不能升入二挡,或虽能升入二挡,但不能升入三挡和超速挡
	故障原因	节气门拉索或节气门位置传感器位置不当;车速传感器不良;速控阀故障或其油路严重泄漏;二挡制动器或高挡离合器有故障;换挡阀卡滞;挡位开关不良;换挡执行元件打滑;ECU不良
	故障诊断	电控自动变速器应进行故障自诊断操作,如果有故障码输出,则按所显示的故障码检修故障;如果无故障码输出或故障码所显示的故障排除后故障现象仍未消除,则进行下一步检查 检查节气门拉索或节气门位置传感器的调整情况。如果不当,予以调整。检查车速传感器及其线路。如果不良,应予以更换。检查挡位开关是否良好。如果有故障,予以调整或更换 测量速控油压,若车速升高后速控油压仍为0或很低,说明速控阀有故障或其油路严重泄漏,此时应拆检速控阀及相关油路 如果上述检查均为良好,则需拆检自动变速器,检查换挡执行元件是否磨损严重或有无泄漏而引起打滑。若无问题,则需更换ECU再试
无前进挡	故障现象	变速杆置于D位时不能起步,在2(S)或L位时则可以起步,挂入倒挡也能行驶
	故障原因	前进挡离合器打滑;前进挡单向离合器打滑或装反;前进挡离合器控制油路严重泄漏;变速杆位置调整不当
	故障诊断	检查变速杆位置是否正常。如果不正常,予以调整 检查前进挡离合器控制油路油压是否正常。如果油压过低,说明前进挡离合器控制油路有泄漏,应拆检自动变速器,更换前进挡离合器控制油路中的密封元件;如果油压正常,应拆检前进挡离合器;如果油压和前进挡离合器均正常,则需拆检前进挡单向离合器有无打滑,安装方向是否正确
无倒挡	故障现象	汽车挂前进挡能正常行驶,但挂入倒挡就不能行驶
	故障原因	自动变速器变速杆位置不当;倒挡控制油路泄漏;高/倒挡离合器或低/倒挡制动器打滑
	故障诊断	检查自动变速器变速杆的位置是否正确。若有异常,予以调整;若为正常则进行下一步检查 检查倒挡油路的油压。如果油压过低,说明倒挡控制油路有泄漏,应拆检自动变速器;如果油压正常,则应拆检自动变速器,检修高/倒挡离合器和低/倒挡制动器
不能强制降挡	故障现象	汽车在高挡行驶时,用突然将加速踏板踩到底的方法不能使自动变速器立即降低一个挡位,导致汽车加速无力
	故障原因	节气门拉索或节气门位置传感器调整不当;强制降挡开关接触不良或位置不当;强制降挡电磁阀损坏或其线路不良;强制降挡控制阀卡滞

项目5 自动变速器的构造与检修

（续）

不能强制降挡	故障诊断	检查节气门拉索或节气门位置传感器的安装是否正常。若有异常,予以调整 检查强制降挡开关。在加速踏板踩到底时,强制降挡开关触点应闭合,一松开加速踏板,强制降挡开关就断开。如果在加速踏板踩到底时强制降挡开关触点不能闭合,而用手直接按下强制降挡开关时其触点能够闭合,则说明强制降挡开关安装位置不当,应予以调整；如果在加速踏板踩到底时强制降挡开关触点不能闭合,用手直接接下强制降挡开关时其触点也不能够通路,则说明强制降挡开关触点接触不良,应更换强制降挡开关 检查强制降挡电磁阀线路的连接情况,检测电磁阀的电阻。如果有异常,检修线束或更换电磁阀 否则应拆开自动变速器,检查和清洗强制降挡控制阀
频繁跳挡	故障现象	汽车在行驶中,加速踏板没有动,但经常会出现突然降挡,降挡后发动机转速异常升高,并产生换挡冲击
	故障原因	节气门位置传感器不良或其线路连接不良；车速传感器不良或其线路连接不良；换挡电磁阀或其线路不良；自动变速器电脑有故障
	故障诊断	进行故障自诊断操作,如果有故障码输出,则按所显示的故障码检修故障；如果无故障码输出或故障码所显示的故障排除后故障现象仍未消除,则进行下一步检查 检查节气门位置传感器与电脑之间的线路及节气门位置传感器。若有异常,予以修理或更换。检查车速传感器与电脑之间的线路及车速传感器。若有异常,予以修理或更换。检查换挡电磁阀线束插接器有无松动。若有,予以修理或更换。检查自动变速器电脑电源插脚的工作电压,若有电压低或无工作电压,检查有关的线路,如果线路无不良现象,则需更换ECU
汽车不能行驶	故障现象	变速杆置于倒挡或任一前进挡,汽车均不能行驶或冷车起动后汽车能行驶一小段路程,但热车状态下汽车不能行驶
	故障原因	因泄漏而使变速器油过少或漏光；油泵损坏或油泵进油滤网严重堵塞；变速杆与手动阀之间的连接杆或拉索松脱,手动阀始终在空挡或停车挡位置；液压控制系统中的主油路或主油路油压调节阀有堵塞；变速器损坏而不能传递动力；变矩器损坏而不能传递动力
	故障诊断	检查自动变速器的油面高度。如果油面过低或无油,应检查变速器油底壳、液压油散热器及油管等处有无破损漏油；如果油面正常,进行下一步检查 检查自动变速器变速杆与手动阀摇臂之间有无松脱。如果有松脱,应予以装复并调整好变速杆的位置；如果无松脱,进行下一步检查 检查主油路的油压。拆下主油路测压孔上的螺塞,起动发动机,将变速杆置于倒挡或前进挡,看测压孔有无液压油流出；如果测压孔无液压油流出,或虽有油流出但流量很小(油压很低),应打开变速器油底壳,检查油泵的滤网有无堵塞。若滤网无堵塞,则需拆开变速器检查油泵、油压调节器及有关的油路；如果在冷车起动时有一定的油压,而在温度上升后油压明显下降,则说明是油泵磨损严重,应更换油泵；如果测压孔有大量油喷出,说明变速器不传递动力不是由于主油路无油压造成的。这时,可拆下变速器油底壳,检查手动阀摇臂轴与摇臂之间是否松脱,若无,则需拆检齿轮变速器。如果齿轮变速器无故障,则需检查或更换液力变矩器
变速器油易变质	故障现象	更换后的变速器油在较短的时间里就会变质或变速器油温度过高(变速器油有焦味或可从加油口看到冒烟)
	故障原因	使用不当造成油温过高而导致变速器油过早变质,如过于频繁地急加速、经常超负荷行驶、经常超速行驶等；变速器油本身质量不佳,使用的变速器油质量达不到使用要求或受到了污染；变速器至变速器油散热器通道有堵塞,如通向散热器的油管堵塞、散热器的限压阀卡滞等,使变速器油得不到及时的冷却而温度过高；变速器中离合器或制动器的间隙过小,在不工作时摩擦打滑,造成油温过高而变质；主油路的油压过低,使得离合器和制动器在工作时打滑而造成油温过高
	故障诊断	使汽车以中低速行驶5~10min,当自动变速器达到正常工作温度时,在发动机运转的情况下检查自动变速器油散热器的温度。散热器正常的温度应为60℃左右。如果散热器温度过低,说明变速器至变速器油散热器通道有堵塞,应检修其油管、散热器和限压阀；如果散热器的温度过高,说明离合器和制动器的间隙太小；如果散热器的温度正常,则需检测主油路的压力是否正常 若上述检查均为正常,则可能是自动变速器使用不当或变速器油本身的问题,应将变速器油全部放出,加入规定牌号的变速器油

(续)

无发动机制动作用	故障现象	汽车在行驶中,自动变速器变速杆在2(S)位或L位时,松开加速踏板,发动机转速降至怠速,但汽车减速不明显或下坡时,自动变速器在2(S)位或L位无发动机制动作用
	故障原因	挡位开关位置调整不当;自动变速器变速杆位置不当;二挡滑行制动器打滑或低/倒挡制动器打滑;发动机制动控制电磁阀不良;自动变速器阀体有故障;自动变速器有故障(打滑);电子控制系统有故障
	故障诊断	进行故障自诊断操作,如果有故障码输出,则按所显示的故障码检修故障;如果无故障码输出或故障码所显示的故障排除后故障现象仍未消除,则进行下一步检查 进行自动变速器路试,检查变速器有无打滑和无发动机制动的故障情况。如果自动变速器有打滑现象,应拆检自动变速器;如果变速杆在L位时无发动机制动作用,而在2(S)位时有发动机制动,则说明是低/倒挡制动器打滑,应拆修自动变速器;如果变速杆在2(S)位时无发动机制动作用,而在L位时有发动机制动,则说明是二挡滑行制动器打滑,应拆修自动变速器 检查发动机制动控制电磁阀线束插接器有无松动;电磁阀线圈电阻是否正常;电磁阀加上电压后阀有无工作的响声。如果有异常,修理或更换线束和电磁阀 检查电脑与传感器之间的线路有无松脱;检测ECU的工作电压是否正常。如果有异常,进一步检查有关的传感器和线路,若良好,则需更换ECU再试。如果更换ECU后故障依旧,则需拆开自动变速器,清洗所有的控制阀

故障诊所

故障一:一辆变速器型号为A340E的丰田皇冠3.0轿车修理后,一挡升二挡、二挡升三挡均正常,但当车速60km/h左右,发动机转速在1800r/min,升入四挡时,车辆突然出现发动机制动现象,同时发动机转速和车速急剧下降。

排除方法:该故障主要与超速挡的换挡执行元件有关系,经检查发现超速挡单向离合器装反。由于该单向离合器装反,使得变速器升入四挡后,动力由超速行星架输入后,经单向离合器直接传递到超速制动器片上,而此时超速制动器片是接合的,这就相当于将输入轴与变速器壳体相连。因此在高速状态下变速器升入四挡就出现上述故障现象,并致使超速挡制动器片烧蚀,正确安装超速挡单向离合器,并更换超速挡制动器片后,故障排除。

故障二:一辆日产千里马轿车装备RE4R02A自动变速器,多次出现打滑故障,多次维修后,曾更换阀体等一些重要部件,每次维修后行驶大约1000km左右后就开始出现打滑故障,每次都是以制动带为主的部件损坏。

排除方法:该故障多为主油压过低造成,经液压测试,主油压低于标准值,且在D位与R位压力一样,无论发动机的转速和车速多高,压力都无变化。出现此现象的原因一般是油泵泵油量不足、限压阀泄漏、弹簧过软或主调节阀及其调压系统有故障。经检查发现主油路压力调节电磁阀的滑阀导向套工作表面已经磨损(半边偏磨),造成密封不良。更换该电磁阀,故障排除。

5.5.3 电控自动变速器的检修

1. 故障自诊断

电控自动变速器一般均带有故障自诊断系统。它能在汽车行驶过程中不断检测自动变速器电子控制系统各部分的工作情况,并能将检测到的故障以代码的形式存储在ECU存储器中,维修人员可以通过读取故障码,确定故障部位,以便进行维修。

(1) 故障码的读取方法

① 利用汽车电脑检测仪读取故障码。电脑检测仪的主要功能为读取故障码、进行数据流传递、清除电脑内储存的故障码。常见的电脑检测仪如图5-86所示。

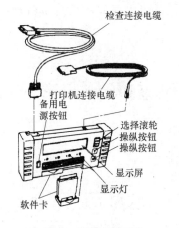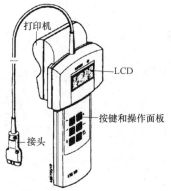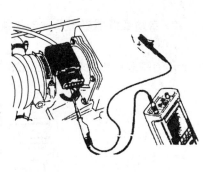

a) scanner汽车电脑解码器　　　　b) KPS150汽车电脑解码器　　　　c) Fluke98波形测试仪

图 5-86　汽车电脑检测仪

② 人工读取故障码。不同车型的电控自动变速器故障码的人工读取方法各不相同。目前多用一根导线将故障检测插座内特定的两个插孔短接，然后通过仪表板上自动变速器故障警告灯的闪烁规律来读取故障码。

丰田车系的故障码读取方法：打开点火开关，将之置于 ON 位置，但不要起动发动机。按下超速挡开关（O/D OFF），使之置于 ON 位置；然后打开位于发动机附近的汽车电脑故障检测插座罩盖，依照罩盖内所注明的各插孔的名称，用一根导线将 TE_1（自诊触发端）和 E_1（接地）两插孔相连接（图 5-87a）；此时根据自动变速器故障警告灯（图 5-87b）的闪亮规律读出故障码。若自动变速器控制系统工作正常，电脑内没有故障码，则故障警告灯以每秒 2 次的频率连续闪亮（图 5-87c）。若自动变速器电脑内存在故障码，则故障警告灯以每秒 1 次的频率闪亮，并将两位数的故障码的十位数和个位数先后用故障警告灯的闪亮次数表示出来。如，当故障码为 23 时，故障警告灯先以每秒 1 次的频率闪亮 2 次，表示故障码的十位数为 2；然后停顿 1.5s，再以每秒 1 次的频率闪亮 3 次，表示故障码的个位数为 3（图 5-87d）。读取所有的故障码后，从检测插座上拔下连接导线，关闭点火开关。

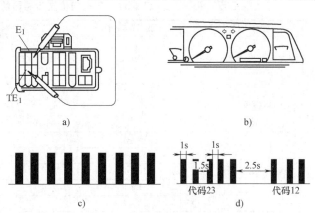

图 5-87　故障指示灯显示故障码方式

（2）故障码的清除

一旦完成修理，必须清除电控变速器电控装置存储器中的故障码。不同车型的变速器清除代码的方法可能有所不同。一般清除代码的方法是：从发动机舱靠近蓄电池的熔丝盒中，拆下发动机燃油喷射（EFI）（15A）熔丝，大约 10s 或更多的时间，就可清除电控变速器电控装置存储器中的故障码。

注意：断开蓄电池的负极接线也可以清除故障码，但是电控系统中存储的信息也将被删除。

2. 自动变速器电子元件的检测

（1）节气门位置传感器

用万用表的电阻挡或电压挡检查节气门位置传感器（图5-88）。检测项目见表5-17。

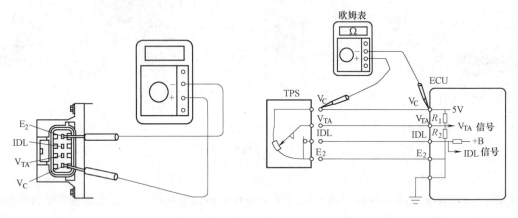

a）电阻或电压的检测　　　　　　　b）线束导通性检测

图 5-88　节气门位置传感器的检测

表 5-17　节气门位置传感器的检测项目

检测项目	测量端子	节气门状态	电阻或电压值(参考)
怠速触点导通性检测	IDL-E_2	节气门全闭	0
		随节气门逐渐增大	电阻值逐渐增大
		节气门全开	∞
线性电位计电阻的检测	V_C-E_2	任意状态	3.1~7.2kΩ
	V_{TA}-E_2	节气门全闭	0.21~0.36kΩ
		节气门全开	4.8~6.3kΩ
线束导通性检测	V_C-V_C	—	<0.5V
	V_{TA}-V_{TA}	—	<0.5V
	IDL-IDL	—	<0.5V
	E_2-E_2	—	<0.5V
	V_C-E_2	—	任意状态
基准电压的检测	V_C-E_2	任意状态	4.0~5.5V
怠速触点电压的检测	IDL-E_2	节气门全开	12V
信号输出电压的检测	V_{TA}-E_2	节气门全闭	0.3~0.8V
		节气门全开	3.2~4.9V

注：在基准电压、怠速触点电压和信号输出电压的检测时，其测试条件为点火开关位于ON或发动机起动。

（2）车速传感器检测

用万用表测量车速传感器两接线端之间的电阻是否符合要求（图5-89）。用手转动悬空的驱动轮，同时用万用表测量车速传感器两接线柱之间有无脉冲感应电压。若万用表指针有摆动，说明传感器有输出脉冲，其工作正常；否则，应更换传感器。

（3）输入轴转速传感器检测

测量输入轴转速传感器输出脉冲时，应将传感器拆下，用一根铁棒或一块磁铁迅速靠近或离开传感器，同时用万用表测量传感器两接线柱之间有无脉冲感应电压（图5-90）。若没

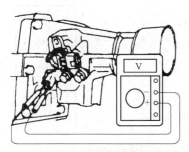

图 5-89 车速传感器检测

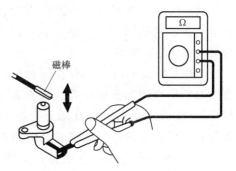

图 5-90 输入轴转速传感器检测

有感应电压或感应电压很微弱，说明传感器有故障，应更换。

（4）冷却液温度传感器和油温传感器检测

拆下冷却液温度传感器和液压油温度传感器。将传感器置于有水的烧杯中，加热杯中的水，同时测量在不同温度下传感器两接线端之间的电阻（图 5-91）。将测量的电阻值与标准值相比，如果不符合标准，应更换传感器。

（5）挡位开关检测

拔下挡位开关的线束插头，将手动阀摇臂拨至各个挡位，同时用万用表测量挡位开关线束插座内各插孔之间的导通情况（图 5-92）。将测量结果与标准值进行比较。若有不符，应重新调整挡位开关。

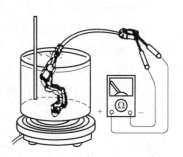

图 5-91 冷却液温度传感器和油温传感器检测

（6）检查超速挡开关

拆下超速挡开关插接器，用万用表电阻挡检查超速挡开关端子 1、端子 2 之间的电阻（图 5-93）。正常情况为：超速挡开关置处于 ON 状态时，电阻∞；超速挡开关处于 OFF 状态时，电阻为 0Ω。

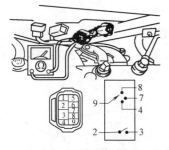

图 5-92 挡位开关检测

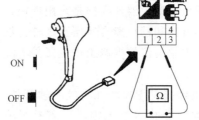

图 5-93 超速挡开关的检查

（7）强制降挡开关的检查

① 点火开关 ON。

② 在加速踏板完全踩下或松开时，测量发动机和 ECT 的 ECU 端子 KD 与车身搭铁之间的电压（图 5-94）。

加速踏板完全踩下时，电压小于 1V；加速踏板松开时，电压应为 10～14V。

（8）电磁阀检测

电磁阀的检查可分成两部分进行，一部分是检查电磁线圈，另一部分是检查电磁阀的机械运动是否顺畅。

检查电磁线圈的方法有很多种，用万用表电阻挡检查较为安全可靠。检查方法：用举升器将车辆升起；拆下自动变速器油底壳；脱开电磁阀连接器；用万用表电阻挡测量电磁阀与车身搭铁之间的电阻值，如图 5-95a 所示。

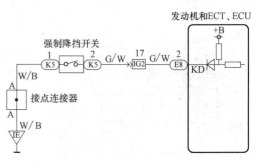

图 5-94　强制降挡开关的检查

准备一蓄电池，检查电磁阀动作情况：

对开关式电磁阀在其进油口端施加 490kPa 的压缩空气；电磁阀不通电（关断）时，应不漏气；电磁阀通电（接通）时，气应畅通，如图 5-95b 所示。

对脉冲式电磁阀在蓄电池正极串连一个 8~10W 的灯泡，并将其接于电磁阀的一端；当将蓄电池另一端与电磁阀接通时，电磁阀应向外伸出；断开时，电磁阀应缩回，如图 5-96 所示。

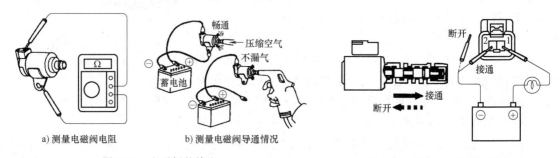

图 5-95　电磁阀的检查　　　　　　　　图 5-96　脉冲式电磁阀动作检查

3. 自动变速器主要部件的检修

（1）液力变矩器的检修

轿车自动变速器的液力变矩器外壳都是采用焊接式的整体结构，不可分解。液力变矩器内部除了导轮的单向离合器和锁止离合器压盘之外，没有互相接触的零件，因此在使用中基本上不会出现故障，液力变矩器的维修工作主要是清洗和检查。

1）变矩器的检查

① 检查液力变矩器外部有无损坏和裂纹、轴套外径有无磨损、驱动油泵的轴套缺口有无损伤，若有异常，应更换液力变矩器。

② 检查单向离合器。如图 5-97 所示，将专用工具插入液力变矩器毂缺口和单向离合器的外座圈中，转动定子齿面，检查单向离合器工作是否正常，在逆时针方向转动时应锁住，而在顺时针方向应能自由转动。若有异常，说明单向离合器损坏，应更换液力变矩器。

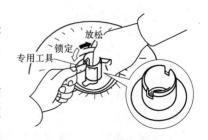

图 5-97　单向离合器的检查

③ 测量驱动盘（飞轮后端面）的端面圆跳动。安装百分表如图 5-98 所示，测量驱动盘

的端面圆跳动，其最大值不超过 0.20mm。

④ 测量液力变矩器轴套径向圆跳动。暂时将液力变矩器装在驱动盘上，安装百分表如图 5-99 所示。径向圆跳动最大值超过 0.30mm，可通过重新调整液力变矩器的安装方位进行校正，并在校正后的位置上作一记号，以保证安装正确，若无法校正，应更换液力变矩器。

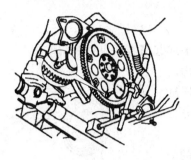

图 5-98 检查驱动盘的端面圆跳动

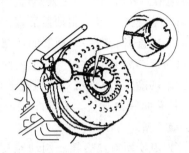

图 5-99 测量变矩器轴套径向圆跳动

⑤ 检查液力变矩器的安装情况。用卡尺和直尺测量液力变矩器安装面至自动变速器壳体正面的距离，应为 17.7mm，若距离小于标准值，则应检查是否由于安装不当所致。

2）变矩器的清洗

① 倒出液力变矩器中残余的液压油。

② 向液力变矩器内加入 2L 干净的液压油，摇动液力变矩器以清洗其内部，然后将液压油倒出。

再次向液力变矩器内加入 2L 干净的液压油，清洗后倒出。

（2）齿轮变速传动装置的检修

1）行星排、单向离合器的检修

① 检查太阳轮、行星轮、齿圈的齿面若有磨损或疲劳剥落，应更换整个行星排。

② 检查行星轮与行星架之间的间隙（图 5-100），其标准间隙为 0.2~0.6mm，最大不得超过 1.0mm，否则应更换止推垫片、行星架和行星轮组件。

③ 检查太阳轮、行星轮、齿圈等零件的轴颈或滑动轴承处有无磨损。若有异常磨损应更换新件。

④ 检查单向离合器，如滚柱破裂、滚柱保持架断裂或内外圈滚道磨损起槽应更换新件。如果在锁止方向上有打滑或在自由转动方向上有卡滞，也应更换。

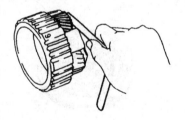

图 5-100 行星轮与行星架之间的间隙检查

2）离合器、制动器的检修。离合器、制动器的检修应包括：摩擦片、钢片、制动带的检查；离合器鼓、制动器鼓的检查；离合器和制动器活塞的检查；回位弹簧的检查等内容。

A. 检查离合器、制动器摩擦片和钢片

① 离合器、制动器表面若有烧焦、表面粉末冶金层脱落或翘曲变形，应予以更换。许多自动变速器摩擦片表面上印有符号，若这些符号已被磨去，说明摩擦片已磨损至极限，应更换。也可以测量摩擦片的厚度，若小于极限厚度，应更换。

② 带式制动器的制动带内表面若有烧焦、表面粉末冶金层脱落或表面符号已被磨去也应更换。

③ 检查钢片若有磨损，表面起槽或翘曲变形应更换。

④ 检查挡圈的摩擦面，若有磨损，应更换。

B. 检查离合器、制动器鼓。检查离合器、制动器鼓的液压缸内表面应无损伤或拉毛，与钢片配合的花键槽应无磨损。若有异常应更换新件。带式制动器鼓的外表面应无损伤、拉毛或起槽，若有异常应更换新件。

C. 检查离合器、制动器活塞

① 检查离合器、制动器的活塞，其表面无损伤、拉毛或起槽否则应更换新件。

② 检查离合器活塞上的单向阀，其阀球应能在阀座内活动自如。用压缩空气或煤油检查单向阀的密封性（从液压缸一侧往单向阀内吹气，见图 5-101），密封应良好。若有异常项更换活塞。

图 5-101 离合器活塞单向阀密封性检查

③ 更换所有离合器、制动器及制动带液压缸活塞上的 O 形密封圈及轴颈上的密封环。新密封圈或密封环上应涂上少许自动变速器油或凡士林后装入。

④ 检查回位弹簧和密封圈。测量活塞回位弹簧的自由长度并与制动器维修手册比较。若弹簧自由长度过小或有变形，应更换新弹簧。

（3）液压系统的检修

1）油泵的检修

① 如图 5-102 所示，用厚薄规分别测量油泵内齿轮外圆与油泵壳体之间的间隙、小齿轮及内齿轮的轮齿与月牙板之间的间隙、小齿轮及内齿轮端面与端盖平面的端隙。将测量结果与标准值相比较，若不符合标准，应更换齿轮、泵壳或油泵总成。

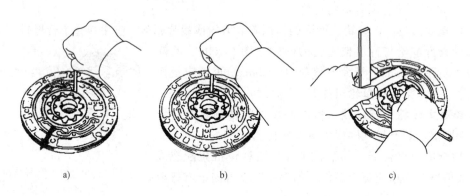

图 5-102 油泵各间隙的检查

② 检查油泵小齿轮、内齿轮、泵壳端面有无肉眼可见的磨损痕迹，若有应更换新件。

自动变速器液压控制系统都安装在阀体上，是自动变速器最精密的部件之一，其性能的好坏直接影响自动变速器的换挡规律。在拆检自动变速器时，不一定都要拆检阀体，只有在判断是阀体故障时才对阀体进行拆检，以免无谓拆检造成装配精度的破坏。不论是液控自动变速器，还是电控自动变速器，其阀体的检修方法是基本相同的。

2）阀体零件检修

① 将上下阀体和所有控制阀的零件用清洁的煤油清洗干净。

② 检查控制阀阀芯表面，若有轻微刮伤痕迹可用金相砂纸抛光。

③ 检查各阀弹簧有无损坏，测量弹簧长度，应符合自动变速器维修手册的要求，若不符合，应更换。

④ 检查滤油器，若有损坏或堵塞，应更换。

⑤ 若控制阀卡死在阀孔中应更换阀体总成。

⑥ 更换隔板上的纸质衬垫。

⑦ 更换所有塑胶阀体。

(4) 自动变速器壳体的检修

1) 检查自动变速器壳体，若壳体变形或裂纹，应更换。

2) 油底壳接合平面的平面度超差应用锉刀修整。

3) 清除所有密封平面上残留的密封衬垫或密封胶。

4) 用煤油将自动变速器壳体清洗干净，用压缩空气将所有油道吹净。

5) 更换壳体上的所有 O 形密封圈。

5.6 实验实训

安全提示

1. 拆装某些液压缸活塞回位弹簧挡圈时，要使用专用的弹簧压缩器。严禁直接用一字螺钉旋具撬出弹簧挡圈，防止弹簧弹出伤人。

2. 利用压缩空气充入离合器毂上的液压缸进油孔，可将活塞推出，注意压缩空气的压力不能过高，防止把活塞从离合器内高速吹出。

3. 在进行自动变速器试验（如失速试验）时，应将车轮前后塞好三角木，拉好制动器。汽车前、后方均不得站人，以防车轮转动发生意外。

5.6.1 自动变速器传动部分的拆装与检修

1. 实验实训目的

1) 熟悉自动变速器传动部分的拆装过程。

2) 掌握自动变速器传动部分各部件的名称和连接关系。

3) 熟悉自动变速器传动部分主要零部件的检修方法。

2. 实验实训设备及工、量具

1) A341E 自动变速器。

2) 常用工、量具。

3. 实验实训基本方法

(1) 自动变速器的拆卸与检验

自动变速器的分解方法与步骤因自动变速器的型号不同也有所不同。下面以丰田 LS400 轿车装用的 A341E 为例，介绍自动变速器的分解过程，其他型号自动变速器的分解均可参照进行。图 5-103、图 5-104 所示为丰田 LS400 A341E 自动变速器分解图。

1) 连接件的拆卸。

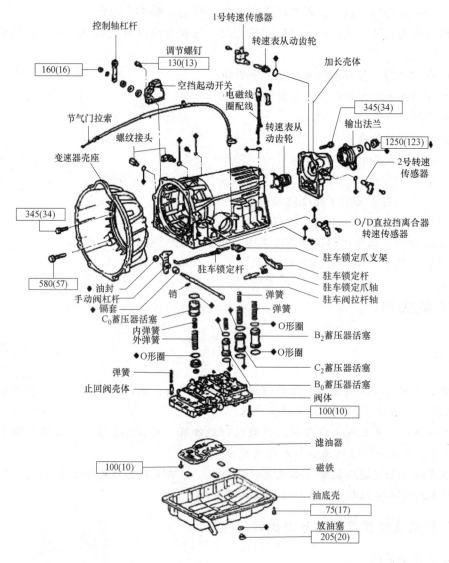

◆ 不可重复使用的零件

图 5-103 丰田 LS400 A341E 自动变速器分解图

① 从自动变速器前方拆下液力变矩器。
② 拆卸油尺和加油管上、下两部分。
③ 拆卸固定变速器线束和节气门拉索夹。
④ 拆卸变速器左侧的手控制阀轴上的选挡拉杆和空挡开关。
⑤ 拆卸车速表被动齿轮,拆卸速度传感器。
⑥ 拆卸液力变矩器壳体固定螺栓,把壳体从变速器壳体上拆下来,再拆卸外接壳体或后壳体。对于二轮驱动车型,从外接壳体上,拆卸油管和油封。
⑦ 拆卸车速表驱动齿轮卡环,拆下齿轮和齿轮隔套。
⑧ 用木榫或锤子手柄松动、拆卸速度传感器转子和键。
⑨ 拆卸变速器油盘、油滤网和密封垫、然后把变速器放置在有支承和定位的装置上。

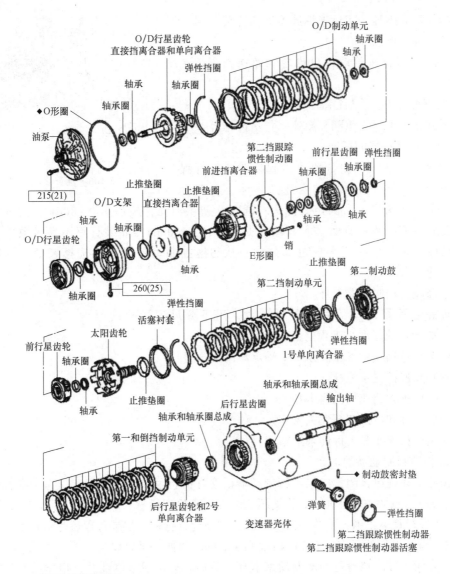

不可重复使用的零件

图 5-104　丰田 LS400 A341E 自动变速器传动部分分解图

⑩ 拆卸阀体供油管和电磁阀线束，拆卸线束支架，拆掉线束和支架；拆卸节气门阀凸轮上的节气门拉索。

2）蓄能器的拆卸

① 拆卸阀体螺栓，从壳体上拆卸阀体，再拆卸蓄能器弹簧、隔垫和单向阀及弹簧。

② 用压缩空气，拆卸第二制动器和离合器蓄能器活塞、超速挡制动器蓄能器活塞、超速挡离合器蓄能器活塞，通过给供油口施加气压，把活塞从活塞座中慢慢取出（图 5-105）。

3）油泵的拆卸

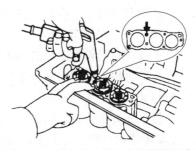

图 5-105　用压缩空气吹出蓄能器活塞

① 拆卸油泵螺栓，用桥形拆卸器拆卸油泵。
② 拆卸油泵座圈。
③ 拆卸四挡超速传动行星齿轮和超速挡直接离合器。
④ 拆卸四挡超速传动行星齿轮座圈。
⑤ 拆卸止推轴承、座圈和超速挡行星齿轮齿圈。

4）超速挡制动器的拆卸

① 按照下列所述，测量超速挡制动器活塞行程

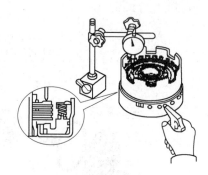

图 5-106 检查活塞行程

（图 5-106）：把千分表固定在变速器壳体上；调整表测头使它与活塞接触后固定表测头；通过活塞供油孔，施加 400~800kPa 的气压，注意千分表上活塞行程的读数。行程应该是 1.40~1.70mm；如果行程不在极限内，更换制动器组件固定片。在技术规范部分中，从超速挡制动器固定片选择表中，挑选需要的固定片。

② 拆卸超速挡制动器卡环。
③ 拆卸超速挡制动器片和制动器盘，用千分尺测量片的厚度。片的最小厚度是 1.84mm。如果片的厚度小于规定值，更换制动器片。
④ 拆卸超速挡支座下座圈以及上轴承和座圈总成。
⑤ 拆卸超速挡支座螺栓。
⑥ 用夹钳拆卸超速挡支座卡环。
⑦ 用桥形拆卸器拆卸超速挡支座。
⑧ 从超速挡支座毂上拆卸轴承座圈。

5）二挡滑行制动器的拆卸

① 按照下述程序，测量二挡滑行制动器活塞杆的行程：在活塞杆上，做参考标记；通过活塞供油口，施加 400~800kPa 的气压，用表测头检查活塞行程；活塞行程应该是 1.5~3.0mm；如果行程不正确，安装新的活塞杆，重新检查行程。如果行程还是不正确，更换二挡滑行制动带；更换的活塞杆有 71.4mm 和 72.9mm 两种不同的长度。

② 用夹钳拆卸二挡滑行制动器活塞卡环。然后，通过活塞供油孔，用压缩空气拆卸活塞盖和活塞总成。
③ 解体二挡滑行制动器活塞。
④ 拆卸直接挡和前进挡离合器总成。
⑤ 拆卸离合器毂止推轴承和座圈。
⑥ 从制动带销处，拆卸二挡滑行制动器制动带 E 形卡环，拆卸制动带。

6）前行星轮的拆卸

① 拆卸前行星轮齿圈和前轴承座圈。
② 拆卸齿圈上的止推轴承和后座圈。
③ 拆卸行星轮止推座圈。
④ 按下述方法，拆卸行星轮卡环、齿圈：松动变速器夹紧装置，翻转变速器，用输出轴支撑变速器的重量。为了保护输出轴花键，应在输出轴下垫上木块。
⑤ 拆卸行星轮卡环，拆卸行星轮齿圈。

7)二挡制动器离合器的拆卸

① 拆卸太阳轮、输入毂和单向离合器总成。

② 测量二挡制动器离合器组件的间隙,正常间隙应该是0.62~1.98mm。如果间隙不在规定值内,更换离合器卡。

③ 拆卸二挡制动器离合器组件卡环。

④ 拆卸二挡制动器离合器组件。用千分尺测量片的厚度。最小厚度应该是1.84mm。如果不在规定值内,更换离合器片。

⑤ 拆卸连接停车杆支架和壳体的螺栓,然后,将手控制阀轴拉杆和停车杆拆开,拆卸杆和支架。

⑥ 拆卸停车棘爪弹簧、销和棘爪。

8)变速器壳体的检验

① 用装有胶带的拆盖工具,拆卸二挡制动器活塞套。

② 拆卸后行星轮、二挡制动毂和输出轴总成。

③ 拆卸行星轮和制动毂止推轴承和座圈总成。

④ 用密封垫刮刀,除去壳体上二挡制动器鼓密封垫。

⑤ 用量缸表或内径千分表测量变速器后衬套内径,最大允许直径为38.18mm。如果衬套内径大于规定值,更换变速器壳体,衬套是不能维修的。

(2) 超速挡行星齿轮和离合器的检修

在分解行星排、单向离合器之前,应先认明各个单向离合器的锁止方向。用手握住与单向离合器内外圈连接的零件,分别朝不同方向作相对转动,检查并记下内外圈的相对锁止方向。特别是在没有详细技术资料的情况下维修自动变速器时,一定要做好这一记录;否则,一旦分解后不能按原有安装方向装复,将会使自动变速器不能正常工作,必须再次分解自动变速器进行检查,造成返工。

1)测量离合器活塞行程。在拆卸离合器组件前,按下列所述,测量离合器活塞行程:把油泵装在液力变矩器上,将离合器装在油泵上;把千分表安装在离合器上,把千分表触头放置到离合器活塞上(图5-107);通过油泵上供油孔,施加压缩空气,观察活塞的行程。正常行程应该是1.85~2.15mm。

2)测量离合器片的厚度。离合器片最小允许厚度为1.84mm。

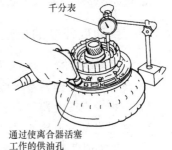

图5-107 检查超速挡离合器活塞行程

对于离合器的主动片(驱动片),由于自动变速器的过热和液压油的污染,一些小的金属粉末聚积在摩擦衬片表面,会使其变色,容易造成磨损,因而,应检查衬片上印有的标记是否被磨掉,若被磨掉,应更换新的离合器片。对主动片两侧的衬片,还应检查是否有破损、剥落或粘接不实等。另外,主动片上的花键槽口,在工作过程中,会产生磨损和高温变化,检查时应予以注意。衬片上布有的沟槽,容易沉淀上油泥和其他杂质,如果不清洗干净,脱落下来会造成离合器早期打滑或烧蚀,若遇此现象,也应及时予以更换。经检查后,能继续使用的主动片,一定要清洗干净并晾干;安装时,将最里面的一片和最外面的一片调换位置,是一种较好的做法。

对于离合器的从动片,首先要检查与主动片衬片的接触面,看有无损伤、生锈之处。轻微的生锈或损伤,可用细砂纸打磨,严重的应予以更换。同样,对摩擦片上的花键槽口也应进行检查,看是否有磨损烧蚀等现象。此外,变速器液压油的污染和颜色变黑,多是由于离合器片间出现打滑、烧结等造成的,所以在检查从动片时还应注意其工作表面有无伤痕、烧结和变色等。

对于离合器的推力盘,在离合器结合时被压缩变形,具有缓冲作用,故也称之为缓冲盘。拆检时,将推力盘的外圆置于平台上并转动,用卡尺测量内圆各处高度的变化,来检测推力盘工作面是否为同一平面,若出现过大扭曲时,应予以更换。

3)测量带有弹簧座的活塞回位弹簧的自由长度。标准长度应为16.8mm。

4)检查离合器活塞单向球阀。该球阀有的装在活塞上,有的装在离合器壳上。检查时,先振动活塞,判断能否听到球阀的动作声,观察球是否自由移动;然后将低压力压缩空气对准球阀的进口吹气,检查球阀的密封状况,看其能否起到单向球阀的作用。空气通过球阀时,不能泄漏。

5)用量缸表或内径千分表,测量离合器壳衬套内径。最大直径不应大于27.11mm。如果衬套内径大于规定值,更换离合器壳。对离合器壳应重点检查如下项目:检查与活塞配合的工作面有无损伤;检查壳内轴套上的密封槽是否清洁;检查壳外圆的工作面上有无损伤;检查离合器壳的轴承孔有无磨损。检查时可用内径千分尺进行测量,也可将轴装入后,检查配合状况。检查从动片外部花键齿和鼓内花键槽的配合面有无磨损或烧蚀;检查壳内轴套上的卡圈槽是否磨损或有损伤。

6)检查行星轮衬套内径。最大内径为11.27mm。如果衬套内径大于规定值,更换行星轮。

(3)自动变速器的安装

按相反顺序将变速器传动部分装好。

5.6.2 自动变速器的检查与试验

1. 实验实训目的

1)熟悉自动变速器基本检查项目和调整方法。

2)掌握自动变速器的失速、时滞、液压及道路试验的基本操作方法。

3)能对自动变速器的试验结果进行正确的分析。

2. 实验实训设备及工、量具

1)自动变速器的轿车或自动变速器试验台架。

2)常用工具、量具。

3. 实验实训基本方法

1)自动变速器的基本检查(其检查项目和检查调整方法详见5.5.1小节中第一点)。

2)自动变速器的试验(其试验项目和方法详见5.5.1小节中第三点)。

5.6.3 自动变速器的故障自诊断和主要电子元件的检测

1. 实验实训目的

1)熟悉自动变速器故障码的读取方法。

2）掌握自动变速器主要电子元件的检测方法。

2. 实验实训设备及工、量具

1）自动变速器轿车或自动变速器试验台架。

2）MT2500 故障扫描检测仪及数字式万用表。

3. 实验实训基本方法

（1）自动变速器故障码的读取

将 MT2500 与汽车故障诊断插接口连接好，使用 MT2500 前，应正确选用故障诊断卡与欲诊断的汽车相适应。正确安装后要进行车辆识别代码的选择，当将欲诊断的汽车的相关代码输入后，MT2500 会自动调取诊断卡内该车的诊断程序，对检测车辆进行测试。

当要检测自动变速器系统时，可通过旋转滚轮选择自动变速器测试功能；再旋转滚轮移动光标到所要测试的系统，按"Y"键确认。完成上面的操作，屏幕上会提示如何与车辆进行连接，可按"Y"键确认后，会出现所需要测试的自动变速器相关的数据，若需要读取故障码，可选择进入查询故障存储器系统，按"Y"确认后，检测仪进行故障查询，即可显示故障码及与故障相关的文字资料。转动滚轮可不断选择其他功能（如读取数据流），以帮助分析故障。

（2）自动变速器主要电子元件的检测

具体检测方法详见 5.5.3 小节中第三点。

项 目 小 结

1. 自动变速器是一种能实现自动变速、连续变矩的动力传动装置。由液力变矩器、齿轮变速传动装置、液压控制系统、电子控制系统等组成。

2. 典型的液力变矩器由三个元件组成：泵轮、涡轮和导轮。现在液力变矩器中还广泛采用了单向离合器和锁止离合器。

3. 行星齿轮机构由太阳轮、内齿圈、行星轮和行星架组成。通过采用离合器、制动器和单向离合器可产生不同的速比。

4. 辛普森式行星齿轮机构采用两排行星齿轮机构，共用太阳轮，前（或后）齿圈输入，则后（或前）齿圈和前（或后）行星架连接作为动力输出元件。

5. 拉维娜式行星齿轮机构的最大特点是共用齿圈输出，在一个行星架上安装了互相啮合的两套行星轮：长行星轮和短行星轮。短行星轮内与小太阳轮接触，外与长行星轮啮合，但与齿圈没有啮合关系；长行星轮除了与短行星轮接触以外，还在另一端的内侧与大太阳轮啮合，外侧与输出元件齿圈啮合。行星齿轮机构的大、小太阳轮都可以作为动力的输入元件。

6. 在自动变速器中，凡使用单向离合器的挡位没有发动机制动效果，有发动机制动效果的挡位不使用单向离合器。单向离合器的另一个作用是使换挡的过程柔和，减小换挡冲击。

7. 自动变速器的液压控制系统由油泵、控制阀和执行元件组成。其中控制阀有许多，包括限压阀、主调节阀、第二调节阀、节气门阀、速控阀、手控阀、换挡阀、强制降挡阀、单向球阀、顺序阀、蓄能器等。而执行元件为离合器和制动器。

8. 自动变速器的电子控制系统由输入装置、电控单元（ECU）和执行器三部分组成的。其中两个最重要的输入装置是节气门位置传感器和车速传感器。其他输入装置包括行驶模式选择开关、空挡起动开关、超速挡开关、强制降挡开关、制动灯开关、冷却液温度传感器、输入轴转速传感器等。其执行器为电磁阀，包括换挡电磁阀、油压调节电磁阀和锁止电磁阀。

9. 自动变速器电控系统主要功能是换挡正时控制和锁止正时控制。其他控制功能包括：发动机转矩控制功能、主油压控制、自诊断和后备功能等。

10. 自动变速器检修内容包括基本检查、故障自诊断测试、手动换挡试验、机械系统试验、电控系统测试及按故障诊断表检测等几部分。

11. 自动变速器常见故障有变速器打滑、换挡冲击大、汽车不能行驶、升挡过迟、无超速挡、不能升挡、无前进挡、无倒挡、不能强制降挡、频繁跳挡、无发动机制动作用、发动机怠速熄火、变速器油易变质等。

12. 自动变速器检修的原则是：分清故障性质与原因；由简单到复杂；多种检验项目结合；充分利用电控自动变速器的自诊断功能；未初步确定故障前，不要轻易进行解体；应按照维修信息和资料维修故障零件。

复习思考题

1. 自动变速器主要由哪几部分组成？各部分的作用是什么？
2. 液力变矩器主要由哪几个元件组成？其中的单向离合器和锁止离合器的作用是什么？
3. 辛普森式行星齿轮机构和拉维娜式行星齿轮机构的组成特点是什么？
4. 在4速辛普森式行星齿轮自动变速器和4速拉维娜式行星齿轮自动变速器中各采用了哪些换挡执行元件？它们的作用是什么？
5. 自动变速器的液压控制系统和电子控制系统各由哪几部分组成？
6. 液压控制系统中的主调节阀的作用是什么？换挡阀是如何控制换挡的？
7. 自动变速器有哪些基本试验？为什么要进行基本试验？
8. 如何进行自动变速器油的检查和更换？
9. 自动变速器有哪些试验？各个试验的目的是什么？
10. 如何进行失速试验？在试验中应注意什么？
11. 道路试验主要检查哪些项目？
12. 如何读取、消除自动变速器的故障码？

项目 6

万向传动装置的构造与检修

 学习目标：

1. 掌握万向传动装置的功用及组成。
2. 熟悉万向节的类型和应用特点。
3. 能正确识别前、后轮驱动的传动轴和万向节各零部件及其使用特点。
4. 能识别万向传动装置的常见故障，并进行基本的故障诊断及检修。

6.1 概述

重点掌握

1. 什么是万向传动装置？
2. 万向传动装置主要安置在汽车的哪些位置，其应用特点是什么？

6.1.1 万向传动装置的功用及组成

万向传动装置的功用是能在汽车上任何一对轴间夹角和相对位置经常发生变化的转轴之间传递动力。它一般由万向节和传动轴组成，对于传动距离较远的分段式传动轴，还需设置中间支承，如图6-1所示。

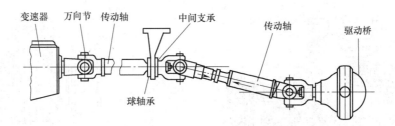

图 6-1 变速器与驱动桥之间的万向传动装置

6.1.2 万向传动装置在汽车上的应用

万向传动装置在汽车上的应用见表6-1。

表 6-1 万向传动装置在汽车上的应用

序号	安置位置	应 用 特 点
1	变速器(或分动器)与驱动桥之间	一般 FR 型汽车变速器(或越野车的分动器)的输出轴线与驱动桥的输入轴线难以布置重合,并且汽车在负荷变化及在不平路面行驶时引起的跳动,将使驱动桥输入轴与变速器输出轴之间的夹角和距离发生变化,故需万向传动装置连接(图 6-1)
2	变速器与离合器或与分动器之间	虽然变速器、离合器、分动器等都支承在车架上,且它们的轴线也可以设计重合,但为消除车架变形及制造、装配误差等引起的轴线同轴度误差对动力传递的影响,其间也常装有万向传动装置
3	转向驱动桥和断开式驱动桥中	汽车的转向驱动桥需满足转向和驱动的功能,其半轴是分段的,转向时两段半轴轴线相交且交角变化,因此要用万向传动装置。在断开式驱动桥中,主减速器壳在车架上是固定的,桥壳上下摆动,半轴是分段的,也需用万向传动装置
4	转向操纵机构中	某些汽车的转向操纵机构受整体布置的限制,转向盘轴线与转向器输入轴线不重合,因此在转向操纵机构中装有万向传动装置

6.2 万向节

目前在汽车上常用的万向节有十字轴式（不等速）万向节和等角速万向节。

重点掌握

1. 单个十字轴式万向节在运动中有何特性？在实际工作中应如何正确使用它？
2. 等速万向节有哪些类型？其应用特点是什么？

6.2.1 十字轴式万向节

十字轴式万向节，它允许相邻两轴的最大交角为 15°～20°，在汽车上应用最广。

1. 十字轴式万向节的构造

图 6-2 所示为十字轴式万向节。它主要由万向节叉，十字轴及轴承等组成。两个万向节叉分别与主、从动轴相连，其叉形上的孔分别套在十字轴的四个轴颈上。在十字轴轴颈与万向节叉孔之间装有滚针和套筒，用带有锁片的螺钉和轴承盖来使之轴向定位。为了润滑轴承，十字轴内钻有油道（图 6-3），且与滑脂嘴、安全阀相通。

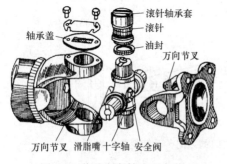

图 6-2 普通十字轴式万向节

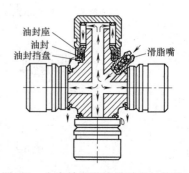

图 6-3 十字轴润滑油道及密封装置

为避免润滑油流出及尘垢进入轴承，十字轴轴颈的内端套装带金属壳的毛毡油封（或橡胶油封）。安全阀的作用是当十字轴内润滑脂压力超过允许值时，阀打开使润滑脂外溢，确保油封不会因油压过高而损坏。现代轿车多采用橡胶油封，多余的润滑油从油封内圆表面与十字轴轴颈接触处溢出，故无需安装安全阀。

为防止轴承在离心力作用下从万向节叉内脱出，轴承应进行轴向定位。常见的定位方式除上述盖板式外，还有瓦盖式、U形螺栓式和弹性卡圈固定等结构形式。

2. 十字轴式万向节的速度特性与等速排列条件

十字轴式万向节在其运动中具有不等角速性。即当十字轴式万向节的主动叉是等角速转动时，从动叉是不等角速转动的，其运动情况用图6-4来分析。

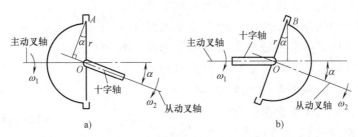

图6-4 十字轴式刚性万向节传动的角速度分析

设主动叉轴以等角速 ω_1 旋转，从动叉轴与主动叉轴有一夹角 α，其角速度为 ω_2，十字轴旋转半径 $OA=OB=r$。

当万向节处于图6-4a所示位置时，由于主、从动叉轴在十字轴上 A 点的瞬时线速度相等，为 $v_A=\omega_1 r=\omega_2 r\cos\alpha$

所以 $\omega_2=\omega_1/\cos\alpha$　此时 $\omega_2>\omega_1$

当主动叉轴转过90°至图6-4b所示位置时，主、从动叉轴在十字轴上 B 点的瞬时线速度相等，为 $v_B=\omega_1 r\cos\alpha=\omega_2 r$

所以　$\omega_2=\omega_1\cos\alpha$　此时 $\omega_2<\omega_1$

综上所述，当主动叉轴以等角速旋转时，从动叉轴是不等角速的，并在 $\omega_1/\cos\alpha \geq \omega_2 \geq \omega_1\cos\alpha$ 范围内变化，变化的周期为180°。且从动叉轴不等角速程度随轴间夹角 α 的加大而加大。但主、从动轴的平均转速是相等的，即主动轴转一圈，从动轴也转一圈。所谓不等速性是指从动轴在转动一周内其角速度的不均匀。

单个十字轴万向节的不等角速性，会使从动轴及与其相连的传动部件产生扭转振动，产生附加的交变载荷及振动噪声，影响零部件使用寿命。为避免这一缺陷，在汽车上均采用两个十字轴万向节，且中间以传动轴相连，利用第二个万向节的不等速效应来抵消第一个万向节的不等速效应，从而实现输入轴与输出轴等角速传动，但要达到这一目的，还必须满足两个条件：

1) 第一个万向节的从动叉和第二个万向节的主动叉应在同一平面内，即传动轴两端的万向节叉在同一平面内。

2) 输入轴、输出轴与传动轴的夹角相等，即 $\alpha_1=\alpha_2$，如图6-5所示。

满足上述两条件的等速传动有两种排列方式：①平行排列（图6-5a）；②等腰三角形排列（图6-5b）。

上述条件1)是通过传动轴与万向节叉的正确装配来保证的。但条件2)只有在驱动桥采用独立悬架时，才有可能通过整车的总体布置来实现。若驱动轮采用非独立悬架时，由于弹性悬架的振动，主减速器输入轴与变速器输出轴的相对位置不断变化，不可能在任何情况

下都保证 $\alpha_1 = \alpha_2$，此时万向传动装置只能做到使传动的不等速尽可能小。

所谓等速传动是指传动轴两端的输入轴和输出轴而言。对传动轴来说，只要夹角不为零，它就是不等角速转动，与传动轴的排列方式无关。

6.2.2 等角速万向节

等角速万向节的基本原理可用一对大小相同的锥齿轮传动来说明，如图6-6所示。两个大小相同锥齿轮的接触点 P 位于两齿轮轴线交角 α 的平分面上，由 P 点到两轴的垂直距离都等于 r。P 点处两齿轮的圆周速度相等，故两齿轮的角速度也相等。可见，若万向节的传力点在其交角变化时，只要从结构上保证其传力点始终位于两轴夹角的平分面上，就能保证等角速传动。

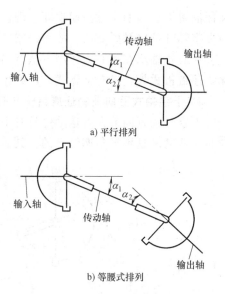

图6-5 双万向节的等速排列方式

等角速万向节的常见类型有球叉式、球笼式和三叉式等。

1. 球叉式万向节

球叉式万向节如图6-7所示，它主要由主、从动叉、四个传动钢球、定位钢球、定位销及锁止销组成。主、从动叉分别与内、外半轴制成一体，叉内各有四条曲面凹槽，装合后形成两条相交的环槽，作为传动钢球的滚道，定心钢球装在两叉中心凹槽内，以定中心。球叉式万向节等速传动的原理如图6-8所示，主、从叉曲面凹槽的中心线分别是以 O_1、O_2 为圆心的两个半径相等的圆，且圆心 O_1、O_2 到万向节中心 O 的距离相等，这样无论主、从动轴

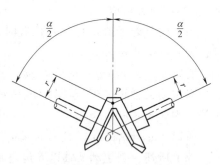

图6-6 等角速万向节工作原理

以任何角度相交，传动钢球中心都位于两圆的交点上，从而保证传动钢球始终位于两轴交角 α 的平分面上，因而保证了等速传动。

球叉式万向节结构简单，允许轴间最大交角为32°~38°，但因为工作时只有两个传动钢球传力，而另两个钢球则在反转时传力，所以钢球与滚道间的接触压力大，磨损快，影响其

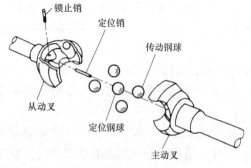

图6-7 球叉式万向节

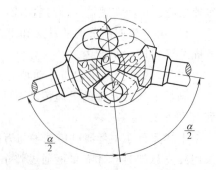

图6-8 球叉式万向节等角速传动原理

使用寿命。因此球叉式万向节通常用于中、小型越野汽车的转向驱动桥上。

目前有些球叉式万向节中，省去了定位销和锁止销，定位钢球也不铣凹面，而靠压力装配，这样结构简单，但拆装不方便。

2. 球笼式万向节

球笼式万向节按其内、外滚道结构不同又分为RF型球笼万向节、VL型球笼万向节及球笼式双补偿万向节。

（1）RF型球笼万向节

图6-9所示为奥迪100型和上海桑塔纳轿车半轴外万向节所采用的RF型球笼式万向节。它主要由内球座7、球笼4、外球座8及钢球6等组成。内球座通过花键与中段半轴相连。内球座的外表面有六条曲面凹槽，形成内滚道。外球座与带外花键的外半轴制成一体，内表面制有相应的六条曲面凹槽，形成外滚道。六个钢球分别装于六条凹槽中，并用球笼使之保持在一个平面内。

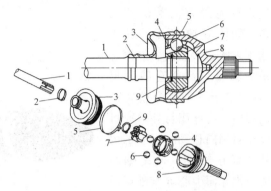

图6-9 RF型球笼式万向节
1—中段半轴 2、5—钢带箍 3—外罩 4—球笼（钢球保持架） 6—钢球 7—内球座（内滚道） 8—外球座（外滚道） 9—卡环

动力由中段半轴1传至内球座7，经六个钢球6、外球座8输出。当中段半轴1（主动轴）和外球座8（从动轴）之间夹角α发生变化时，传力钢球中心始终位于两轴交角的平分面上，并且到两轴线的距离相等（图6-10），从而保证了主、从动轴以相等的角速度旋转。

RF型球笼式万向节工作时，六个钢球全部参加工作，因而磨损小，寿命长，承载能力强。此外，它允许的两轴相交角较大（42°~47°），灵活性好，故常用于转向驱动桥的外端。

（2）VL型球笼式万向节

VL型球笼式万向节又称为伸缩型等速万向节，如图6-11所示为奥迪100型和上海桑塔纳轿车转向驱动桥半轴内万向节（靠近主减速器处）所采用的VL型球笼式万向节。其内、外滚道为圆筒形，且内、

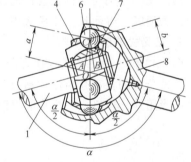

图6-10 RF型球笼式万向节等速性分析
O—万向节中心 A—外滚道中心 B—内滚道中心 C—钢球中心 α—两轴交角（钝角） 其余图注同图6-9

外滚道不与轴线平行，而是以相同的角度相对于轴线倾斜着，装合后，同一周向位置内、外滚道的倾斜方向刚好相反，即对称交叉，而钢球则处于内外滚道的交叉部位。当内半轴7与中半轴1以任意夹角相交时，所有传力钢球都位于轴间交角的平分面上，从而实现等角速传动。在动力传递过程中，内、外球座可以沿轴向相对移动，故采用这种万向节可以省去万向传动装置中的滑动花键。

VL型球笼式万向节允许两轴最大交角为15°~21°。且具有轴向滑动的特性（轴向伸缩量可达45mm），寿命长、强度高，不但满足了车轮的转向性能的要求，还具有结构简单、尺寸小、重量轻等优点，常用于转向驱动桥半轴内端。

（3）球笼式双补偿万向节

球笼式双补偿万向节又称为球笼式万向节的滑动式。如图6-12所示，其外球座为圆筒形，内、外滚道是与轴线平行的直线凹槽（即圆筒形），在传递转矩过程中，内球座与外球座可以相对轴向移动。球笼的内外球面在轴线方向是偏心的，内球面中心 B 与外球面中心 A 分别位于万向节中心 O 的两边，且 $OA = OB$。同样，钢球中心 C 到 A、B 的距离相等，以保证万向节作等角速传动。

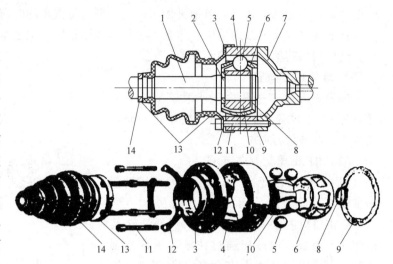

图6-11 上海桑塔纳轿车转向驱动桥所用 VL 型万向节
1—中半轴　2—挡圈　3—外罩　4—外球座　5—钢球
6—球笼　7—内半轴　8—卡环　9—密封垫　10—内球座
11—圆头内六角螺栓　12—锁片　13—箍带　14—防尘罩

由于这种万向节能轴向相对移动，因此可省去万向传动装置中的滑动花键等伸缩机构，使结构简化，且轴向位移是通过钢球沿内、外滚道的滚动来实现，与滑动花键相比，滚动阻力小、磨损轻、寿命长。故最适用于断开式驱动桥。

3. 三叉式等速万向节

图6-13所示为三叉式等速万向节（也称三角式万向节），主要由三销总成和万向节套组成。三销总成的花键孔与传动轴内花键配合，三个销轴上均装有轴承，以减小磨损。万向节套的凸缘用螺栓连接，为防止润滑脂外露，万向节由防护罩封护，并用卡箍紧固。

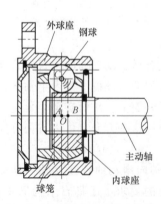

图6-12 球笼式双补偿万向节

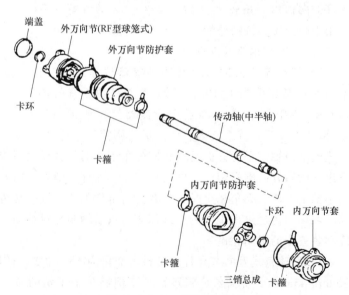

图6-13 三叉式等速万向节

三叉式等速万向节结构简单，磨损小，并且可以轴向伸缩，在轿车的应用也逐渐增多，常用于转向驱动桥半轴内端。

6.3 传动轴与中间支承

重点掌握

传动轴和中间支承的作用是什么？它们有哪些基本形式和特点？

6.3.1 传动轴

传动轴通常用来连接变速器（或分动器）和驱动桥，在转向驱动桥和断开式驱动桥中，则用来连接差速器和驱动轮。

为适应汽车行驶过程中变速器与驱动桥的相对位置变化，传动轴上设有由滑动叉和花键轴组成的滑动花键连接（图6-14），使传动轴的长度能随传动距离的变化而伸缩。

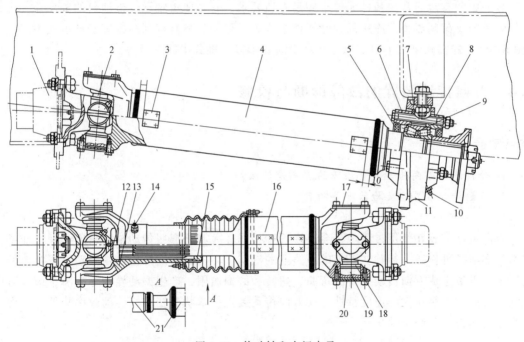

图6-14 传动轴和中间支承

1—凸缘叉　2—万向节　3—平衡片　4—中间传动轴　5、15—油封　6、8—中间支承盖　7—橡胶垫环
9—轴承　10、14—润滑脂嘴　11—支架　12—堵盖　13—万向节滑动叉　16—主传动轴　17—锁片
18—万向节油封　19—万向节轴承　20—万向节轴承盖　21—装配位置标记

为了减轻传动轴的质量，节省材料，提高轴的强度、刚度及临界转速，传动轴多为空心轴，一般用厚度为1.5~3.0mm且厚薄均匀的钢板卷焊而成，超重型货车则直接采用无缝钢管。而转向驱动桥、断开式驱动桥及微型汽车的传动轴通常制成实心轴。

传动轴在工作过程中处于高速旋转状态，其转速和所传递的转矩都在不断发生变化。为了避免由于离心力引起传动轴的振动，在传动轴和万向节装配后，必须进行平衡试验以满足动平衡的要求。平衡后在滑动花键部分还制有箭头标记，以便重装时保持二者的相对位置不变。

当传动距离较远时，为了避免因传动轴过长而使自振频率降低，高速时产生共振，将传动轴分为两段，前段称为中间传动轴，其后端部设有中间支承；后段称主传动轴，都用薄钢板卷焊而成。中间传动轴的两端分别焊有万向节叉和带花键的轴头，花键轴头与凸缘连接，并用螺母紧固。主传动轴前端用花键轴头与万向节滑动叉套合形成滑动连接，使主传动轴可以轴向伸缩。

由于万向传动装置中润滑脂嘴较多，为了加注方便，装配时应保证所有润滑脂嘴处于同一条直线上，且十字轴上的润滑脂嘴朝向传动轴。

6.3.2 中间支承

传动轴分段时须加设中间支承，通常将其安装在车架横梁上。中间支承除对传动轴起支承作用外，还应能补偿传动轴轴向和角度方向的安装误差，以及汽车行驶过程中由于发动机窜动或车架变形等引起的位移。

普通中间支承通常用弹性元件来满足上述要求。它主要由轴承、带油封的轴承盖、支架和使轴承与支架间成弹性连接的弹性元件组成。常见的类型有双列圆锥滚子轴承式中间支承（图 6-14）、蜂窝软垫式中间支承、摆动中间支承以及轴式中间支承等。

6.4 万向传动装置的故障诊断与检修

重点掌握

1. 分析诊断万向传动装置故障的要点是什么？
2. 万向传动装置主要检修哪些项目？

万向传动装置在使用过程中，会出现各种损伤，尤其是那些传动轴管长度大，工作条件恶劣、润滑条件极差，行驶在不良的道路上的汽车，冲击载荷的峰值往往会超过正常值的一倍以上，以致造成万向传动装置的弯曲、扭转和磨损逾限，产生振动异响等故障，破坏万向传动装置的动平衡特性、速度特性，使万向传动装置技术状况变差，传动效率降低，从而影响汽车的动力性和经济性。

6.4.1 万向传动装置的故障诊断

万向传动装置由于经常受汽车在复杂道路上行驶的影响，使传动轴在其角度和长度不断变化的情况下传递转矩，因此常出现异响、振动等故障。

1. 异响

（1）故障现象

1）万向节、传动轴伸缩叉响。在汽车起步和突然改变车速时，传动轴发出"抗"的响声；在汽车缓行时，发出"呱当、呱当"的响声。

2）中间支承松旷。汽车运行中出现一种连续的"呜呜"响声，车速越高响声越大。

(2) 故障原因

1) 万向节、传动轴伸缩叉响

① 万向节凸缘盘连接螺栓松动。

② 万向节主、从动部分游动角度太大。

③ 万向节轴承、十字轴磨损严重。

④ 万向节、传动轴伸缩叉磨损松旷。

2) 中间支承松旷

① 滚动轴承缺油烧蚀或磨损严重。

② 中间支承安装方法不当,造成附加载荷而产生异常磨损或支架连接松动。

③ 橡胶圆环损坏。

④ 车架变形,造成前后连接部分的轴线在水平面内的投影不同线而产生异常磨损。

(3) 故障诊断

1) 用榔头轻轻敲击各万向节凸缘盘连接处,检查其松紧度。太松旷则故障由连接螺栓松动引起。

2) 用双手分别握住万向节、伸缩叉的主、从动部分转动,检查游动角度。万向节游动角度太大,则异响由此引起;伸缩叉游动角度太大,则异响由此引起。

3) 给中间支承轴承加注润滑脂,响声消失,则故障由缺油引起。

4) 松开夹紧橡胶圆环的所有螺钉,待传动轴转动数圈后再拧紧,若响声消失,则故障由中间支承安装方法不当引起。否则故障可能是橡胶圆环损坏、滚动轴承技术状况不佳、车架变形等引起。

2. 振动

(1) 故障现象

在万向节和伸缩叉技术状况良好时,汽车行驶中发出周期性的响声;速度越高响声越大,甚至伴随有车身振动,握转向盘的手感觉麻木。

(2) 故障原因

1) 传动轴弯曲或传动轴管凹陷、传动轴上的平衡块脱落。

2) 传动轴管与万向节叉焊接不正或传动轴未进行过动平衡试验和校准。

3) 伸缩叉安装错位,造成传动轴两端的万向节叉不在同一平面内,不满足等角速传动条件。

4) 中间支承吊架固定螺栓松动或万向节凸缘盘连接螺栓松动,使传动轴偏斜。

(3) 故障诊断

1) 检查传动轴管是否弯曲或凹陷,有弯曲或凹陷,则故障由此引起。

2) 检查传动轴管上的平衡片是否脱落,若脱落,则故障由此引起。

3) 检查伸缩叉安装是否正确,不正确,则故障由此引起。

4) 拆下传动轴进行动平衡试验,动不平衡,则故障由此引起。

5) 检查中间支承吊架固定螺栓和万向节凸缘盘连接螺栓是否松动,若有松动,则异响由此引起。

故障诊所

故障一:某驾驶员诉说其驾驶的车辆在起步、变速过程中放松离合器踏板时,传动轴出现明显、清脆的金属敲击声。汽车以高速挡低速行驶时，其响声连续而有节奏。

排除方法：传动轴异响的最常见原因是万向节不良。当万向节轴承磨损松旷，配合间隙变得过大，一旦放松离合器踏板，主、从动件接触时就会产生撞击而发出金属敲击声。汽车在高速挡低速行驶时，因发动机运转不均匀，传动轴发生抖动，此时又会出现连续而有节奏的响声。经检查发现十字轴及其轴承磨损严重，更换十字轴及其轴承，故障排除。

故障二：某轿车在中、高速行驶时出现车身及转向盘强烈振抖，若突然降速，振抖更严重。

排除方法：汽车出现车身及转向盘强烈振抖的最常见原因之一是传动轴不平衡。经检查发现为传动轴运转不平衡所致。重新修配传动轴后，故障排除。

6.4.2 万向传动装置的检修

国产汽车的万向传动装置的修理，应执行相关标准的规定。进口汽车应参照厂家的维修手册进行。万向传动装置主要零部件检修如下。

1. 传动轴

传动轴的主要损伤形式有弯曲、凹陷或裂纹等。主要检修以下几个方面：

1）传动轴轴管不得有裂纹及严重的凹瘪。否则应更换传动轴。

2）检查传动轴弯曲程度，如图6-15所示用V形架水平架起传动轴并旋转，用百分表在轴的中间部位测量。径向全跳动公差应符合表6-2的规定（轿车传动轴径向全跳动公差应比表6-2相应减小0.2mm），否则应校正传动轴或更换。

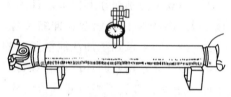

图6-15 传动轴弯曲程度检查

3）检查中间传动轴支承轴颈的径向圆跳动公差不应超过0.10mm。否则应镀铬修复或更换。

4）检查传动轴花键与滑动叉花键、突缘叉与所配合花键的间隙：轿车应不大于0.15mm，其他类型的汽车应不大于0.30mm，装配后应能滑动自如。若超差，则应更换传动轴或滑动叉。

表6-2 传动轴轴管的径向全跳动公差　　　　　　　　　　（单位：mm）

轴长	≤600	600~1000	>1000
径向全跳动公差	0.6	0.8	1.0

2. 万向节叉、十字轴及轴承

1）检查万向节叉和十字轴不得有裂纹，否则应更换。

2）检查滚针轴承的油封失效，滚针断裂、轴承内圈有疲劳剥落时，应换新。

3）检查十字轴颈表面，若有疲劳剥落，磨损沟槽或滚针压痕深度在0.10mm以上时，应换新。

4）检查十字轴与轴承的最小配合间隙应符合原厂规定。最大配合间隙应符合表6-3的规定。

5）按照图6-16所示方法检查十字轴轴承装入万向节叉后的松旷程度和轴向间隙。剖分式轴承孔间隙为0.10~0.50mm；整体式轴承孔间隙为0.02~

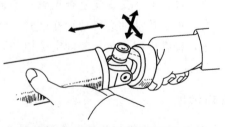

图6-16 十字轴轴承配合间隙的检查

0.25mm，轿车为 0~0.05mm。

表 6-3 十字轴轴承的配合间隙　　　　　　　　　　　（单位：mm）

十字轴轴颈直径	≤18	18~23	>23
最大配合间隙	符合原厂规定	0.10	0.14

3. 中间支承

中间支承的常见故障是橡胶老化和轴承磨损所引起的振动和异响等。

1) 拆下中间支承前，可以在中间支承周围摇动传动轴，检查中间支承轴承的松旷程度，分解后，可进一步检查轴承的轴向和径向间隙是否符合原厂规定。中间支承经使用磨损后，需及时检查和调整，以恢复其良好的技术状况。

2) 检查中间支承轴承的旋转是否灵活，油封和橡胶衬垫是否损坏，否则应更换。

4. 传动轴管焊接组合件

传动轴管焊接组合件经修理后，原有的动平衡已不复存在。因此，传动轴管焊接组合件（包括滑动套）应重新进行动平衡试验，传动轴两端任一端的动不平衡量：轿车应不大于 10g·cm；其他车型应不大于表 6-4 的规定。传动轴管焊接组合件的平衡可在轴管的两端加焊平衡片，每端最多不得多于 3 片。

表 6-4　传动轴管焊接件的允许动不平衡量

传动轴轴管外径/mm	≤58	58~80	>90
允许动不平衡量/g·cm	30	50	100

6.5 实验实训

安全提示

1. 在更换万向节时，需要使用到压力拆装设备。使用时一定要确保所要拆装的组件全部可靠地紧固在工具设备中，以防伤害事故的发生。

2. 拆装卡环时，一定要用卡环钳。因为卡环有很强的弹簧张力，若在拆装时没使用合适的工具，卡环可能飞出而伤害眼睛或身体的其他部分。

万向传动装置的拆装与检修

1. 实验实训目的

1) 熟练掌握万向传动装置的解体与组装。
2) 能够正确进行万向传动装置主要机件的检修。

2. 实验实训设备及工、量具

1) 轿车或货车万向传动装置数套。
2) 专用夹具、工作台及常用维修工、量具数套。

3. 实验实训基本方法

这里以丰田皇冠轿车所用万向传动装置为例简述其实验实训方法。

(1) 十字轴式万向传动装置的拆装与检修

1）十字轴式万向传动装置的分解

① 在传动轴和万向节上做装配标记（图6-17），以便重装时保持原有的平衡。

② 拆下弹性卡环（图6-18）：用黄铜棒和锤子在轴承外座圈轻敲其顶部；用2个螺钉旋具从凹槽中将4个弹性卡环取出。

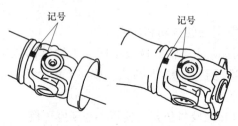

图6-17 万向节装配标记

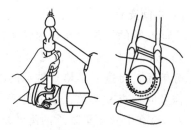

图6-18 卡环的拆卸

③ 拆下十字轴轴承（图6-19）：用专用工具SST（09332—25010）从法兰中压出轴承，通过A充分提升指示的零件，使之不会进入与轴承接触；在台虎钳上夹紧轴承外座圈，用锤子敲出法兰。用相同的方法拆下对面的轴承。

④ 中间支承的分解：在中间凸缘和万向节叉上作装配标记，拆下连接螺栓，用锤子和铁柄螺钉旋具撬开主传动轴与中间凸缘固定螺母的锁紧垫片，如图6-20所示。用SST（09330—00020）将中间凸缘固定后拆卸其螺母，并在轴和凸缘上作装配记号，再将凸缘卸下。

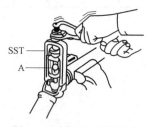

图6-19 拆下十字轴轴承

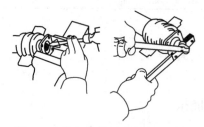

图6-20 中间凸缘固定螺母的拆卸

2）十字轴式万向传动装置的检修。十字轴式万向传动装置的检修主要为传动轴、万向节总成、中间支承等部件，其检修方法见本章6.4.2小节。这里不再赘述。

3）十字轴式万向传动装置的装配。

A. 十字轴轴承的装配

① 在新十字轴和轴承上涂覆MP（多用途）油脂。

② 对准万向节叉和传动轴的装配记号，将十字轴装进万向节叉孔中。

③ 用SST（09332—25010）将新轴承套在十字轴上，调整两个轴承，使弹性卡环槽的宽度达到最大且等宽度（图6-21）。

④ 将相同厚度的新卡环（不允许用旧卡环）装入凹槽中，卡环厚度见表6-5。安装后，允许轴向间隙为0.5mm（实心式传动轴）或0（薄壳式传动轴）。

⑤ 用锤子敲打万向节叉直至轴承套筒和卡环之间的间隙达到零为止。按上述同样程序把新的十字轴轴承装到另一侧。

B. 中间支承的装配

① 用SST（09330—00020）固定中间凸缘，将轴承压入原位置，并以181N·m的拧紧

力矩拧紧凸缘螺母，用锤子和螺钉旋具敲紧螺母的锁紧垫片。

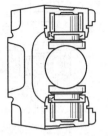

图 6-21 调整弹性卡环槽宽度

表 6-5 卡环厚度

颜色	卡环厚度/mm
无色	2.375~2.425
棕色	2.425~2.475
蓝色	2.475~2.525
无色	2.525~2.575

② 按分解时作好的装配记号将中间凸缘和万向节叉对准，用螺栓连接，拧紧力矩为 42N·m。

（2）三叉式和球笼式万向传动装置的拆装与检修

1）三叉式和球笼式万向传动装置的分解

A. 三叉式万向传动装置的分解

① 将万向传动装置夹持在台虎钳上，把卡箍朝传动轴（中半轴）的方向推，如图 6-22 所示。然后取下内侧和外侧的卡箍，将防护罩推到传动轴的中央位置。

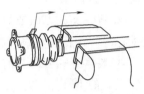

图 6-22 拆卸防护罩卡箍

② 在内侧万向节套和三销总成上做出装配记号，如图 6-23 所示。从传动轴上拆下万向节套。

③ 在三销总成和传动轴上做出装配记号，用卡环钳拆下卡环，如图 6-24 所示。

图 6-23 三叉式万向节装配记号

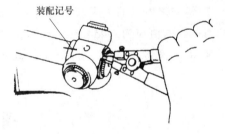

图 6-24 拆卸卡环

④ 用锤子和铜棒在三销总成的四周均匀敲击，将三销总成从传动轴上敲下（注意不要敲击轴承）。然后拆下内、外侧的防护罩。

B. 球笼式万向传动装置的分解

① 用螺钉旋具拆下外侧万向节的端盖。在万向节和传动轴上做出装配记号，用卡环钳拆下卡环，如图 6-25 所示。

② 用压力机和 SST（09726—10010），将传动轴从万向节上压出，如图 6-26 所示。

C. 检修

① 分解前，应检查卡箍是否完好，卡箍是否容易松开。三叉式万向节能否朝推力方向顺利滑动，是否有显著的侧隙。

② 分解后，将零件清洗干净，检查防护罩有无损坏，若损坏应予以更换。

③ 检查万向节中各零件有无裂纹、磨损或损伤，若有上述情况，更换新件。

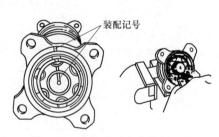

图 6-25 球笼式万向节装配记号

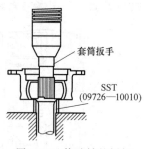

图 6-26 传动轴的拆卸

2）装配

① 在传动轴上装新的新卡箍。装防护罩时，用尼龙布将传动轴花键部分包好，防止安装时损坏防护罩。

② 将三叉式万向节的三销总成内花键孔有斜面的一侧朝向传动轴，对准分解前做出的装配记号。用锤子和铜棒将三销总成敲入传动轴，装上新的卡环。

③ 装球笼式万向节前，先对准装配记号。用压力机和套筒扳手将万向节安装在传动轴上装上新的卡环。

④ 在万向节有凸缘的一侧注满润滑脂（与防护罩内用的润滑脂相同），在端盖的外侧涂上密封填料，轻轻将新的盖敲入万向节中。

⑤ 将外侧防护罩内注满润滑脂，然后将防护罩装上万向节的外环。

⑥ 按照内万向节套与三销总成的装配记号，将万向节套装上，再将防护罩装在万向节套上，将万向节内注满润滑脂。

⑦ 装上防护罩的大卡箍，装好后，内、外万向节凸缘之间的距离左侧应为（408.3±1.5）mm；右侧应为（454.3±1.5）mm。

⑧ 将卡箍接头弄弯，起防止松动的作用。扭动两侧万向节并拉长防护罩，检查应完好。

项 目 小 结

1. 万向传动装置用于汽车上轴间夹角和相对位置经常发生变化的转轴之间的动力传递。

2. 十字轴式万向节常用于FR型汽车的传动系中。单个十字轴式万向节在运转中具有不等速性，故需成对使用，并按一定条件装配，才能实现输入轴与输出轴转速相等。

3. 等速万向节常用于FF型或断开式驱动桥的传动系中。它能使输入轴转速恰好与输出轴转速相等。

4. 传动轴上的滑动接头，用于保证车辆在坎坷不平的道路上行驶时的正常运转。

5. 当传动轴太长时，为了避免因其过长而使自振频率降低，高速时产生共振，将其分为两段，所以采用中间支承。

6. 振动和异响是万向传动装置常见的故障。

7. 万向传动装置的检修主要针对传动轴、万向节总成、中间支承的部件等，检修时应根据国家标准，参阅厂家维修手册按规范进行操作。

复习思考题

1. 汽车上为什么要使用万向传动装置？主要应用在汽车哪些地方？
2. 十字轴式万向节有何传动特点？如何实现其等角速传动？
3. 等角速万向节有哪些结构形式？各有何特点？
4. 什么情况下传动轴需要分段制造？目的何在？
5. 何时需要设置中间支承？它有哪些功用？
6. 万向传动装置常见的故障有哪些？试述振动的原因及诊断排除程序。
7. 中间支承松旷有何故障现象？如何诊断排除？
8. 传动轴有哪些常见损伤形式？应如何检修？

项目 7

驱动桥的构造与检修

 学习目标：

1. 掌握驱动桥的功用、组成及类型。
2. 熟悉主减速器、差速器的类型和应用特点。
3. 能对驱动桥进行正确的调整。
4. 能分析驱动桥的常见故障，并进行基本的故障诊断及检修。

7.1 概述

重点掌握

驱动桥在汽车上有何作用？它由哪几部分组成？

7.1.1 驱动桥的功用及组成

驱动桥的功用是将万向传动装置（或变速器）传来的动力经降速增矩、改变动力传递方向（发动机纵置时）后，分配到左右驱动轮，使汽车行驶，并允许左右驱动轮以不同的转速旋转。

驱动桥是传动系统的最后一个总成，它由主减速器、差速器、半轴和桥壳等组成，如图 7-1 所示。

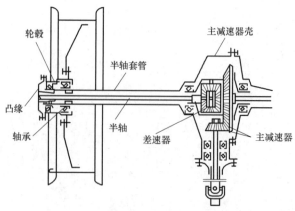

图 7-1 整体式驱动桥结构示意图

7.1.2 驱动桥的类型

按悬架结构不同，驱动桥分为整体式驱动桥和断开式驱动桥两种。

1. 整体式驱动桥

整体式驱动桥（图7-1）采用非独立悬架。其驱动桥壳为一刚性的整体，两端通过悬架与车架连接。行驶时左右驱动轮不能相互独立地跳动，整个车桥和车身会随着路面的凸凹变化而发生倾斜。这种结构多用于汽车的后桥上。

2. 断开式驱动桥

断开式驱动桥采用独立悬架。如图7-2所示，其主减速器固定在车架上，驱动桥壳分段制成并用铰链连接，半轴也分段并用万向节连接。驱动桥两端分别用悬架与车架连接。这样，两侧的驱动轮及桥壳，可以彼此独立地相对于车架上下跳动，而车身不会随车轮跳动，提高了行驶平顺性和通过性。

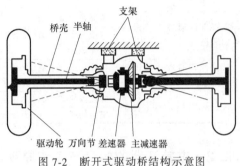

图7-2 断开式驱动桥结构示意图

另外，有些汽车断开式驱动桥还省去了桥壳，如图7-3所示。主减速器与驱动轮之间通过摆臂铰链连接，半轴分段并用万向节相连接。

发动机前置前轮驱动轿车的驱动桥，将变速器、主减速器、差速器一同安装在变速器壳内（图7-4）。由于取消了贯穿前后的传动轴，简化了结构，有效地减小了传动系统的体积，使轿车的自重减轻。而且动力直接传给前轮，提高了传动效率。

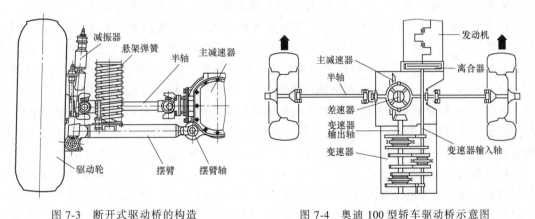

图7-3 断开式驱动桥的构造

图7-4 奥迪100型轿车驱动桥示意图

7.2 主减速器

重点掌握

主减速器由哪几部分构成？其调整项目有哪些？

7.2.1 主减速器的功用及类型

主减速器的功用是将输入的转矩增大，转速降低，并将动力传递方向改变后（发动机横置的除外）传给差速器。

为满足不同的使用要求，主减速器的结构形式也有所不同，但都是由齿轮机构、支承调整装置和主减速器壳构成，其主要类型见表7-1。

表7-1 主减速器类型

分类方式	类　　型
按参加减速传动的齿轮副数目	单级式主减速器
	双级式主减速器（若将双级式主减速器的第二级齿轮传动设置在两侧驱动轮处，称为轮边主减速器）
按主减速器传动速比个数	单速式主减速器（只有一个固定的传动比）
	双速式主减速器（有两个传动比供驾驶员选择）
按齿轮副结构形式	圆柱齿轮式（又可分为定轴轮系式和行星轮系式）主减速器
	锥齿轮式（又可分为螺旋锥齿轮式和双曲面锥齿轮式）主减速器

7.2.2 主减速器的构造与工作原理

1. 单级主减速器

单级主减速器具有结构简单，质量和体积小，传动效率高，且动力性能满足中型以下货车及轿车的要求。因此，单级主减速器在这些车型上得以普遍采用。

当发动机横向布置时，由于主减速器主动齿轮轴线与差速器轴线平行，因此主减速器采用一对斜齿圆柱齿轮传动即可，无需改变动力的传递方向。而在发动机纵向布置的汽车上，由于需要改变动力传递方向（一般为90°），主减速器都采用一对锥齿轮传动。

图7-5所示为东风EQ1090E型汽车单级主减速器。其齿轮机构为一对准双曲面锥齿轮，齿轮齿数分别为18和7，故其传动比i_0为$i_0 = z_7/z_{18}$。其支承调整装置主要由主、从动锥齿轮支承和调整机构构成，为了保证主动锥齿轮有足够的支承刚度，改善啮合条件，主动锥齿轮18与主动轴制成一体，其前端采用两个圆锥滚子轴承13和17，后端采用一个圆柱滚子轴承19。以跨置式支承在主减速器壳4上。轴承内圈用隔套或轴肩定位，外圈用轴承座15内孔上的台阶限位。轴承座依靠凸缘定位，用螺钉固装在主减速器壳体的前端，两者之间有调整垫片9。轴承盖上装有防漏油的油封12，凸缘上焊有防尘防水的防尘罩10。

从动锥齿轮7采用跨置式支承。它靠凸缘定位，用螺栓紧固在差速器壳5上，而差速器壳则用两个圆锥滚子轴承3支承在主减器壳的瓦盖式轴承座孔中。轴承盖1与壳体是装配在一起加工的，不能互换，二者之间有装配记号。轴承座孔外侧装有环形调整螺母2。在从动锥齿轮啮合处背面的主减速器壳体上，装有支承螺栓6，用以限制大负荷下从动锥齿轮过度变形而影响正常啮合。装配时，应在支承螺栓与从动锥齿轮背面之间预留一定间隙（0.3~0.5mm），转动支承螺栓可以调整此间隙。

圆锥滚子轴承一般需成对使用，装配时应使其具有一定的预紧度，以减小锥齿轮在传动中因轴向力而引起的轴向位移，提高轴的支承刚度，保证锥齿轮副的正确啮合。但轴承预紧度也不能过大，否则摩擦和磨损增大，传动效率降低。为此，设有轴承预紧度的调整装置。主动轴上两圆锥滚子轴承13和17的预紧度用调整垫片14来调整。增加调整垫片14的厚

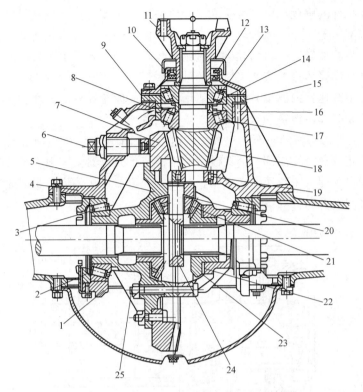

图 7-5 东风 EQ1090E 型汽车单级主减速器

1—差速器轴承盖 2—调整螺母 3、13、17—圆锥滚子轴承 4—主减速器壳 5—差速器壳
6—支承螺栓 7—从动锥齿轮 8—进油道 9、14—调整垫片 10—防尘罩 11—叉形凸缘 12—油封
15—轴承座 16—回油道 18—主动锥齿轮 19—圆柱滚子轴承 20—行星轮球面垫片 21—行星轮
22—半轴齿轮推力垫片 23—半轴齿轮 24—行星轮十字轴 25—螺栓

度,轴承预紧度减小,反之,轴承预紧度增加。支承差速器壳的一对圆锥滚子轴承 3 的预紧度则用调整螺母 2 来调整的。旋入调整螺母,轴承预紧度增加,反之,轴承预紧度减小。

为了保证锥齿轮传动工作正常、磨损均匀、延长其使用寿命,主减速器还设置了齿轮啮合状况的调整装置。锥齿轮啮合状况的调整是指齿面啮合印痕和齿侧啮合间隙的调整,它们是通过轴向移动锥齿轮轴,从而改变主、从动锥齿轮的相对位置来进行调整的。因此,可通过增减调整垫片 9 的厚度来调整主动轴及主动锥齿轮前、后位置;通过旋动调整螺母 2 来调整从动锥齿轮轴向位置(即一端螺母旋入,另一端螺母等量旋出即可)。

近年来,主减速器的主、从动锥齿轮多采用准双曲面锥齿轮。这是因为它与弧齿锥齿轮相比,不仅具有啮合系数大、同时参加啮合的齿数多、传动平稳、噪声小、承载能力大的特点,还具有主动锥齿轮的轴线可相对从动锥齿轮轴线偏移的特点,当主动锥齿轮轴线向下偏移时,在保证一定离地间隙的情况下,可降低主动锥齿轮及传动轴的位置,从而使汽车质心降低,提高了行驶的稳定性。而且准双曲面齿轮发生根切的最少齿数较少(最少可为 5),因此主动齿轮在满足传动比和强度要求的条件下尺寸可取的小一些,相应地,从动锥齿轮的尺寸也可减小,可使主减速器结构紧凑。但准双曲面齿轮的啮合面间相对滑动速度和接触压力大,摩擦面的油膜易被破坏,因而对润滑油要求高,必须使用专门的准双曲面齿轮油。另外,准双曲面齿轮螺旋角较大,传动时轴向力大,易造成轴支承定位件的损坏而引起轴向窜动。因此对这些机件的强度、刚度要求高,相应地调整精度要求也较高。

为了减小主减速器、差速器齿轮、轴承等的摩擦和磨损,在主减速器壳体内储有一定量的齿轮油。从动齿轮旋转时,将齿轮油飞溅到各齿轮、轴及轴承上进行润滑。主动轴前端的两个圆锥滚子轴承靠壳体进油道 8 飞溅进的油润滑,润滑过轴承的油经回油道 16 流回主减速器内。为防止主减速器内温度升高使气压增大而造成齿轮油外溢,在主减速器壳上装有通气塞。此外,还装有加油螺塞和放油螺塞。

图 7-6 所示为上海桑塔纳轿车的单级主减速器。因采用发动机纵向前置前轮驱动,整个传动系统都集中布置在汽车前部、因此其主减速器装于变速器壳体内,没有专门的主减速器壳体。变速器输出轴即为主减速器主动轴,动力由变速器直接传递给主减速器,省去了变速器到主减速器之间的万向传动装置。

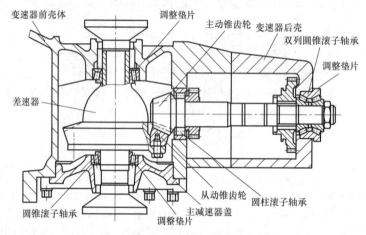

图 7-6　上海桑塔纳轿车单级主减速器

其主减速器由一对准双曲面锥齿轮组成。主动锥齿轮与变速器输出轴制为一体,用双列圆锥滚子轴承和圆柱滚子轴承悬臂式支承在变速器壳体内。环状的从动锥齿轮靠凸缘定位,并用螺钉与差速器壳连接。差速器壳由一对圆锥滚子轴承支承在变速器壳体上。

主动锥齿轮轴上的轴承的预紧度无需调整。从动锥齿轮轴承的预紧度可通过轴承两边的调整垫片来调整。齿轮啮合的调整通过图中三处的调整垫片进行,即增减垫片厚度,使主动或从动锥齿轮轴向移动。

2. 双级主减速器

当汽车要求主减速器具有较大的传动比时,由一对锥齿轮构成的单级主减速器已不能保证足够的离地间隙,这时需要采用两对齿轮降速的双级主减速器,以使其既能保证足够的动力,又能减小其外廓尺寸,提高汽车的通过性。

图 7-7 所示为解放 CA1091 型汽车双级主减速器,第一级为锥齿轮传动,第二级为圆柱斜齿轮传动。

与单级主减速器相比,该双级主减速器具有下述主要结构特点:

① 第一级传动为一对弧齿锥齿轮,它具有单级锥齿轮的基本调整装置——轴承的预紧度调整装置(调整垫片 8、调整螺母 3)和齿轮啮合状况的调整装置(调整垫片 7、6、13)。主动锥齿轮通常采用悬臂式支承。

② 第二级传动为一对斜齿圆柱齿轮。

③ 多了一中间轴,因此也多了一套调整装置(调整垫片6、13)。该调整装置只能调整第一级锥齿轮副的啮合状况,不能调整第二级圆柱斜齿轮的啮合状况。它只能使第二级圆柱齿轮轴向移动,调整齿的啮合长度,使啮合副互相对正。

④ 双级主减速器的传动比等于两级齿轮传动比的乘积。即

$$i_0 = i_{01} \times i_{02} = \frac{z_{16}}{z_{11}} \times \frac{z_1}{z_5}。$$

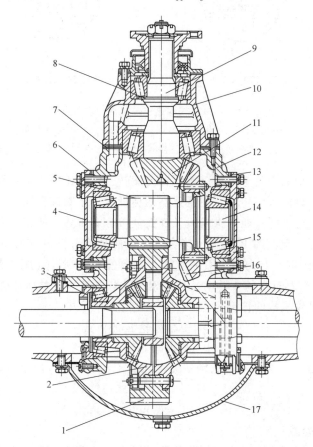

图 7-7 解放 CA1091 型汽车双级主减速器

1—第二级从动齿轮 2—差速器 3—调整螺母 4、15—轴承盖 5—第二级主动齿轮
6、7、8、13—调整垫片 9—第一级主动齿轮轴 10—轴承座 11—第一级主动锥齿轮
12—主减速器 14—中间轴 16—第一级从动锥齿轮 17—后盖

3. 双速主减速器

为了提高汽车的动力性和经济性,有些汽车的主减速器具有两个挡(即两个传动比)。可根据行驶条件的变化改变挡位,这种主减速器称为双速主减速器。

图 7-8 所示为行星轮式双速主减速器传动示意图。它由一对圆锥齿轮、一套行星齿轮机构及其操纵机构组成。

当需要在高速挡行驶时,通过拨叉3使接合套的长齿圈D(中心齿轮)左移,将行星架内齿圈C与行星轮4连成一体(图7-8a),行星轮不能自转,因此行星轮机构不起减速作

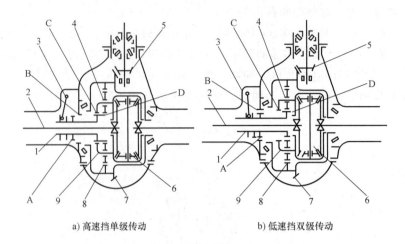

图 7-8 行星轮式双速主减速器传动示意图
1—接合套 2—半轴 3—拨叉 4—行星轮 5—主动锥齿轮
6—差速器 7—从动锥齿轮 8—齿圈 9—行星架

用,即差速器壳与从动锥齿轮 7 一起以相同转速旋转,传动比等于 1(即直接传动)。这时,主减速器相当于单级圆锥齿轮传动,主减速器的传动比等于圆锥齿轮传动的传动比。

当需要在低速挡行驶时,通过操纵拨叉 3 拨动接合套右移,使接合套上的短接合齿圈 A 与主减速器壳体上的固定齿圈 B 套合,接合套 1 即被固定。此时接合套上的长接合齿圈 D(随接合套 1 一起被固定)与内齿圈 C 脱离而仅与行星轮 4 啮合(图 7-8b)。与从动锥齿轮 7 连成一起的齿圈 8 带动行星轮 4 转动,行星架 9 及与之相连的差速器壳将因行星轮 4 的自转而降速。此时行星轮机构的传动比为

$$i_{02} = 1 + \frac{\text{中心齿轮 D 的齿数}}{\text{齿圈 8 的齿数}}$$

主减速器的传动比 i_0 为圆锥齿轮副的传动比 $i_{01}(=z_7/z_5)$ 与行星齿轮机构传动比 i_{02} 的乘积,即

$$i_0 = i_{01} \times i_{02}$$

4. 贯通式主减速器

有些多轴驱动的越野汽车,为了简化结构,增大离地间隙,分动器到同一方向的两驱动桥之间只有一套万向传动装置。这样,传动轴需从离分动器较近的驱动桥中穿过,再通向离分动器较远的驱动桥。这种被传动轴穿过的驱动桥称为贯通式驱动桥(图 7-9),相应的主减速器称为贯通式主减速器。

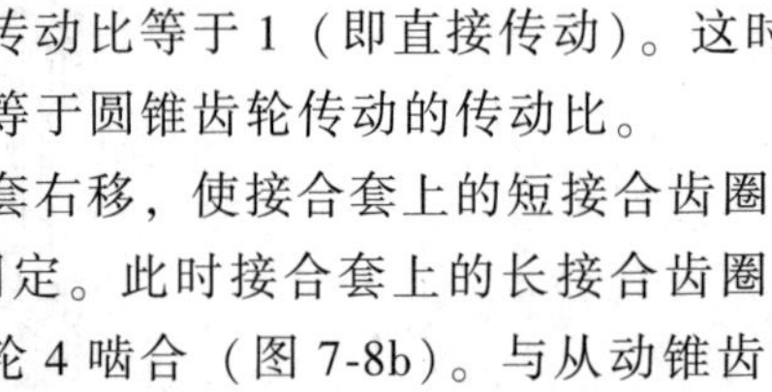

图 7-10 为延安 SX2150 型 6×6 越野汽车贯通式双级主减速器(中驱动桥上)。第一级传动为斜齿圆柱齿轮,传动比为 1.19。主动斜齿圆柱齿轮用花键套装在贯通轴上,贯通轴穿出驱动桥壳通向后驱动桥。第二级传动为准双曲面锥齿轮,传动比为 5.429。故主减速器传动比 $i_0 = 1.19 \times 5.429 = 6.46$。从动锥齿轮用铆钉铆接在差速器壳上。在某些汽车贯通式主减速器结构中,也有第一级用锥齿轮传动,第二级用圆柱齿轮传动的。

图 7-9 贯通式主减速器示意图

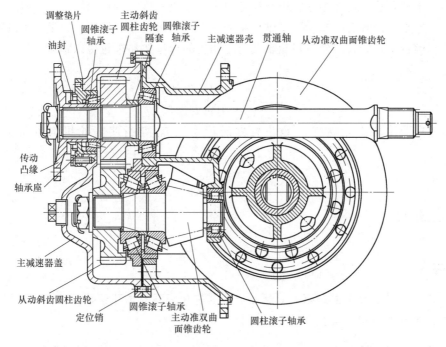

图 7-10　延安 SX2150 型 6×6 越野汽车的双级主减速器

5. 轮边减速器

有些重型汽车，为了增加最小离地间隙，同时获得大的传动比，以提高通过能力和动力性，将双级主减速器的第二级齿轮减速机构放在两侧车轮近旁，称为轮边减速器。

轮边减速器又有定轴轮系和行星轮系两种结构形式。定轴轮系轮边减速器用一对外啮合（或内啮合）圆柱齿轮减速。

图 7-11 为上海 SH3540A 型汽车的行星齿轮式轮边减速器结构图，图 7-12 为其传动示意

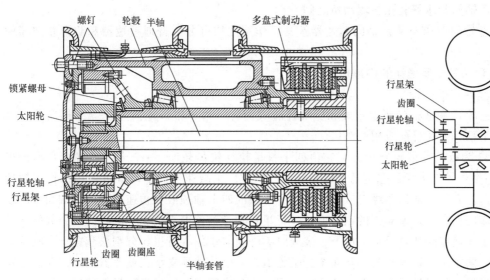

图 7-11　上海 SH3540A 型汽车轮边主减速器　　图 7-12　上海 SH3540A 型汽车轮边主减速器结构示意图

图。齿圈与半轴套管固定在一起，中心齿轮与半轴连成一体，行星轮轴、行星架与轮毂连成一体。行星轮轴上松套着行星轮。半轴传来的动力经太阳轮、行星轮、行星轮轴及行星架传给驱动轮，因行星轮的自转使行星轮轴及与之相连的行星架和车轮得以降速。行星齿轮机构的传动比 i_{02} 为

$$i_{02} = 1 + \frac{齿圈的齿数}{太阳轮的齿数}$$

主减速器的传动比 i_0 为第一级齿轮副的传动比 i_{01} 与行星齿轮机构传动比 i_{02} 的乘积，即

$$i_0 = i_{01} \times i_{02}$$

7.3 差速器

重点掌握

1. 汽车上为什么要装差速器？普通差速器具有什么样的工作特性？
2. 防滑差速器有哪些类型和特点？

7.3.1 普通差速器

1. 差速器的功用、类型

（1）差速器的功用

差速器的功用是将主减速器传来的动力传给左、右两半轴，并在必要时允许左、右半轴以不同转速旋转，以满足两侧驱动轮差速的需要。

（2）差速器的类型

差速器按其用途可分为轮间差速器和轴间差速器。轮间差速器装在同一驱动桥两侧驱动轮之间，而轴间差速器装在各驱动桥之间。

无论是轮间差速器还是轴间差速器按其工作特性均可分为普通差速器和防滑差速器两大类。

2. 普通齿轮式差速器的构造与工作特性

（1）差速器的构造

普通齿轮式差速器有锥齿轮式和圆柱齿轮式两种。由于锥齿轮式差速器结构简单、紧凑，工作平稳，因此目前应用最为广泛。

图 7-13 为行星锥齿轮差速器。它由四个行星轮（锥齿轮）、一个十字轴（十字形锥轮轴）、两个半轴锥齿轮、差速器壳以及垫片等组成。主减速器的从动锥齿轮用铆钉或螺栓固定在差速器壳左半部的凸缘上。装配时，十字轴的四个轴颈嵌在差速器壳两半端面上的半圆槽所形成的孔中，差速器壳的剖分面通过行星轮轴各轴颈中心线。十字轴的四个装配孔是左、右两半差速器壳装合后加工成形，装配时不许周向错位。行星轮分别松套在十字轴的四个轴颈上，两个半轴锥齿轮分别与 4 个行星轮啮合，以其轴颈支承在差速器壳中，并以花键孔与半轴连接。行星轮背面与差速器壳的内表面均制成球面，以保证行星轮的对中性，使其与两个半轴锥齿轮能正确啮合。行星轮和半轴齿轮的背面与差速器壳之间均装有推力垫片。

用以减轻摩擦面间的摩擦和磨损，提高差速器的使用寿命。使用中还可以通过更换垫片来调整齿轮的啮合间隙。

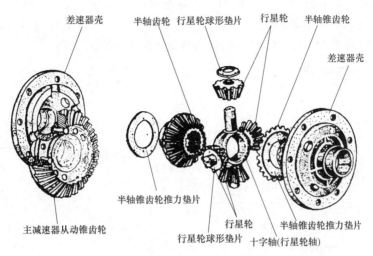

图 7-13　行星锥齿轮差速器

差速器靠主减速器壳内的齿轮油来润滑。因此差速器壳上开有供润滑油进出的窗孔。为了保证行星轮与十字轴轴颈之间的润滑，在十字轴轴颈上铣有平面，并在行星轮的齿间钻有油孔与其中心孔相通。同样，半轴齿轮齿间也钻有油孔，与其背面相通以加强背面与差速器壳之间的润滑。

工作时，主减速器的动力传至差速器壳，依次经十字轴、行星轮和半轴齿轮传给半轴，再由半轴传给驱动车轮。当两侧车轮阻力相同，以相同速度转动，行星轮只绕半轴轴线转动（即只有公转）。

在中型以下的货车或轿车上，因传递的转矩较小，故可用两个行星轮，相应的行星轮轴为一直轴。上海桑塔纳轿车差速器即采用这种结构，如图 7-14 所示。差速器壳为一整体框架结构。行星齿轮轴装入差速器壳后用止动销定位。半轴齿轮背面也制成球面，其背面的推力垫片与行星轮背面的推力垫片制成一个整体，称为复合式推力垫片。螺纹套用来紧固半轴齿轮。

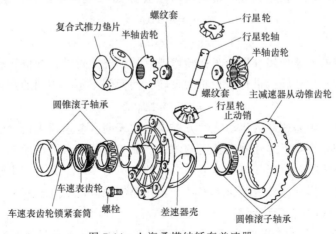

图 7-14　上海桑塔纳轿车差速器

（2）差速器的工作特性

1）差速器的运动特性。图7-15所示为差速器的运动原理图。差速器壳与行星轮轴连成一体并由主减速器从动齿轮带动一起转动，是差速器的主动件，设其转速为n_0。两半轴齿轮为从动件，设它们的转速分别为n_1和n_2。A、B两点分别为行星轮与两半轴齿轮的啮合点。C点为行星轮的中心。A、B、C点到差速器旋转轴线的距离相等。

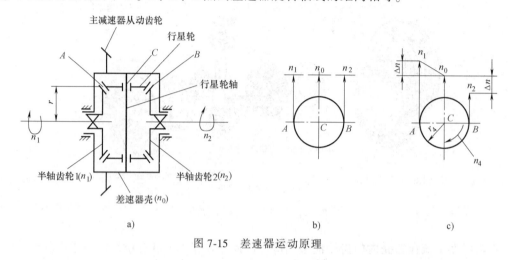

图7-15 差速器运动原理

当两侧驱动轮所受的行驶阻力相等，两侧车轮转速相等时，两侧车轮施加于半轴齿轮反作用相等，由于两半轴齿轮的半径相等均为r，故通过两啮合点A、B施加于行星轮的力也相等。行星齿轮相当于一个等臂的杠杆保持平衡，即行星齿轮不自转，而只随行星齿轮轴及差速器壳体一起公转，因此两半轴无转速差（图7-15b），差速器不起作用。

即　　　　$n_1 = n_2 = n_0$　　　　且　　　　$n_1 + n_2 = 2n_0$

当两侧驱动轮所受的行驶阻力不相等（如汽车转弯）时，通过半轴及半轴齿轮反作用于行星轮两啮合点的力将不相等。从而破坏了行星轮的平衡，使得行星轮除了随差速器壳一起公转外，还要绕行星轮轴自转。设其自转速度为n_4，方向如图7-15c所示。则半轴齿轮1的转速加快，而半轴齿轮2的转速减慢。因$AC = CB$，所以半轴齿轮1转速的增加值等于半轴齿轮2转速的减小值。设半轴齿轮转速的增减值为Δn，则两半轴的转速分别为：

$$n_1 = n_0 + \Delta n$$
$$n_2 = n_0 - \Delta n$$

这就是差速器的差速作用。即汽车在转弯或其他情况下行驶，两侧车轮有滑转和滑移趋势时，行星齿轮即发生自转，借行星齿轮的自转，使两侧车轮以不同的转速在地面上滚动。

显然此时仍有　　　　$n_1 + n_2 = 2n_0$

上式即行星锥齿轮差速器的运动特性方程式。它表明：差速器无论差速与否，都具有两半轴齿轮转速之和始终等于差速器壳转速的两倍，而与行星轮自转速度无关的特性。

由上述分析还可得知：当任何一侧半轴齿轮的转速为零时，另一侧半轴齿轮的转速为差速器壳转速的两倍；当差速器壳转速为零时，若一侧半轴齿轮受其他外来力矩而转动，则另一侧半轴齿轮以相同的速度反转。

2）差速器的转矩特性。图7-16为行星锥齿轮差速器的转矩分配示意图。设主减速器传至差速器壳的转矩为 M_0，经行星轮轴和行星轮传给两半轴齿轮，两半轴齿轮的转矩分别为 M_1 和 M_2。

当两侧驱动轮转速相同时，行星轮无自转，即 $n_4=0$，$M_T=0$（M_T 为行星轮自转时，其内孔和背面所受的摩擦力矩），行星轮相当于一个等臂杠杆，均衡拨动两半轴齿轮转动。因此，差速器将转矩 M_0 平均分配给两半轴齿轮，即 $M_1=M_2=M_0/2$。

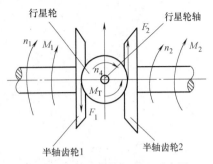

图 7-16 差速器转矩分配示意图

当两侧驱动轮存在转速差时（如 $n_1>n_2$），行星轮按图 7-16 中 n_4 方向自转。行星轮所受摩擦力矩 M_T 与其自转方向相反，从而使行星轮分别对半轴齿轮 1 和半轴齿轮 2 附加作用了大小相等而方向相反的两个圆周力 F_1 和 F_2，F_1 使传到转得快的半轴齿轮 1 上的转矩 M_1 减小，而 F_2 却使传到转得慢的半轴齿轮 2 的转矩 M_2 增加。且 M_1 的减小值等于 M_2 的增加值，等于 $M_T/2$。所以有

$$M_1=(M_0-M_T)/2$$
$$M_2=(M_0+M_T)/2$$

即转得慢的车轮分配到的转矩大于转得快的车轮分配到的转矩，差值为差速器的内部摩擦力矩 M_T。由于 M_T 相比驱动力矩很小，可忽略不计，

则 $$M_1=M_2=M_0/2$$

可见，无论差速器差速与否，行星锥齿轮差速器都具有转矩等量分配的特性。

上述普通锥齿轮式差速器转矩等量分配的特性对于汽车在好路面上行驶是有利的。但如果汽车的一个驱动轮遇到冰雪或泥泞路面时却会严重影响其通过能力。由于汽车两侧驱动轮的附着条件不同，这种差速器等量分配转矩的特性，使附着力好的驱动轮也只能分配到打滑车轮同样小的转矩，以致总的牵引力不足以克服行驶阻力，使得汽车不能前进。

为了提高汽车通过坏路面的能力，可采用防滑差速器。当汽车某一侧驱动轮发生滑转时，差速器的差速作用即被锁止，并将大部分或全部转矩分配给未滑转的驱动轮，充分利用未滑转车轮与地面之间的附着力，以产生足够的牵引力使汽车继续行驶。

7.3.2 防滑差速器

汽车上常用的防滑差速器有人工强制锁止式和自锁式两大类。前者通过驾驶员操纵差速锁，人为地将差速器暂时锁住，使差速器不起差速作用。后者是在汽车行驶过程中，根据路面情况自动改变驱动轮间的转矩分配。常用的自锁式差速器有摩擦片式和托森式等多种结构形式。

1. 强制锁止式差速器

强制锁止式差速器就是在行星锥齿轮差速器上装设了差速锁。需要时，由驾驶员操纵差速锁，使差速器不起差速作用，相当于把左右两半轴连锁成一整体。

图 7-17 所示为奔驰 2026A 型汽车强制锁止式差速器，它的差速锁由牙嵌式接合器及其操纵机构两大部分组成。牙嵌式接合器的固定接合套 26 用花键与差速器壳 24 左端连接，并用弹性挡圈 27 轴向限位。滑动接合套 28 用花键与半轴 29 连接，并可在轴上轴向滑动，其叉形部分插入滑动接合套 28 的环槽中。

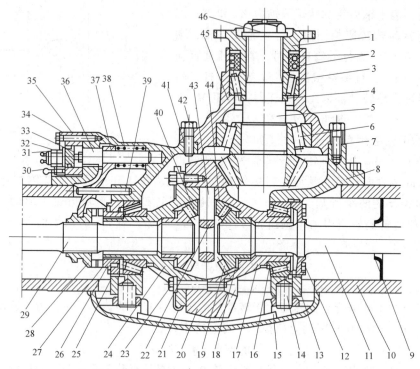

图 7-17 奔驰 2026A 型汽车强制锁止式差速器

1—传动凸缘 2—油封 3、6、16—轴承 4—调整隔圈 5—主减速器主动齿轮 7—调整垫片 8—主减速器壳 9—挡油盘 10—桥壳 11、29—半轴 12—带挡油盘的调整螺母 13—轴承盖 14—定位销 15—集油槽 17、24—差速器壳 18、44—止推垫片 19—半轴齿轮 20—主减速器从动齿轮 21—锁板 22—衬套 23、42—螺栓 25—调整螺母 26—固定接合套 27—弹性挡圈 28—滑动接合套 30—气管接头 31—带密封圈的活塞 32—差速锁指示灯开关 33—调整螺钉及其锁紧螺母 34—缸盖 35—缸体 36—拨叉轴 37—拨叉 38—弹簧 39—导向轴 40—行星轮 41—密封圈 43—十字轴 45—轴承座 46—螺母

当汽车在好路面上行驶不需要锁止时，牙嵌式接合器的滑动接合套 28 与固定接合套 26 不嵌合，处于分离状态，此时为普通行星锥齿轮差速器。

当汽车通过坏路面需要锁止时，通过驾驶员的操纵，压缩空气由气管接头 30 进入气动活塞缸左腔，推动活塞 31 右移，并经调整螺钉 33 和拨叉轴 36 推动拨叉 37 压缩弹簧 38 右移，从而拨动滑动接合套 28 右移与固定接合套 26 嵌合，将左半轴 29 与差速器壳 24 连成一体，则左右两半轴被连锁成一体随壳 24 一起转动，即差速器被锁止，不起差速作用。这样，转矩可全部分配给好路面上的车轮。与此同时，差速锁指示灯开关 32 接通，驾驶室内指示灯亮，以提醒驾驶员差速器处于锁止状态，汽车驶出坏路面后应及时摘下差速锁。

当需要解除差速器的锁止时，通过操纵机构放掉气缸内压缩空气，作用在活塞左端面的气压消失，拨叉 37 及滑动接合套 28 在弹簧 38 作用下左移回位，接合器分离，差速器恢复差速作用，同时差速器指示灯熄灭。

强制锁止式差速器结构简单，易于制造。但操纵不便，一般要在停车时进行。

2. 摩擦片式自锁差速器

图 7-18 所示为摩擦片式自锁差速器。它是在普通行星锥齿轮差速器的基础上发展而成的。它在两半轴齿轮背面与差速器壳之间各装有一套摩擦式离合器，以增加差速器内摩擦力矩。摩擦式离合器由推力压盘、主动摩擦片、从动摩擦片组成。推力压盘上的内花键与半轴相连，而其上的外花键与从动摩擦片的内花键连接。主动摩擦片的外花键与差速器壳的内花键连接。推力压盘及主、从动摩擦片均可做微小的轴向移动。十字轴由两根互相垂直的行星轮轴组成，其端部均切有凸 V 形斜面，差速器壳上与之相配合的孔稍大于轴，且也有凹 V 型斜面。两根行星轮轴的 V 形面是反向安装的。

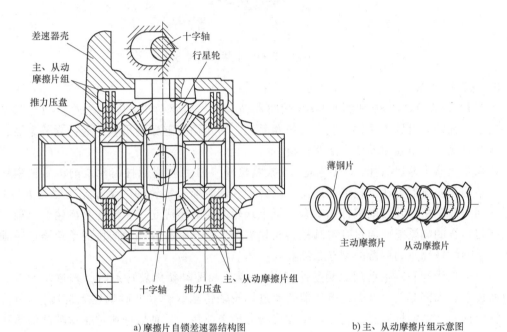

a) 摩擦片自锁差速器结构图　　b) 主、从动摩擦片组示意图

图 7-18　摩擦片式自锁差速器

当两侧驱动轮阻力相同，两半轴无转速差时，转矩平均分配给两半轴。由于差速器壳通过 V 形斜面驱动行星轮轴，在传递转矩时，斜面上产生的平行于差速器轴线的轴向分力迫使两根行星轮轴分别向左、右方向略微移动，通过行星轮推动推力压盘压紧摩擦片。此时转矩经两条路线传给半轴：一路经行星轮轴、行星轮和半轴齿轮将大部分转矩传给半轴；另一路则由差速器壳、主动摩擦片、推力压盘传给半轴。

当一侧车轮在坏路面上滑转或转弯时，两侧驱动轮阻力不相等，差速器起差速作用，使两半轴转速不相等，即一侧半轴的转速高于差速器壳的转速，另一侧低于差速器壳的转速。这样，由于转速差及轴向力的存在，主、从动摩擦片间将产生摩擦力矩，且经从动摩擦片及推力压盘传给两半轴的摩擦力矩方向相反：与快转半轴的转向相反，而与慢转半轴的转向相同。因而使得慢转半轴所分配到的转矩大于快转半轴所分配到的转矩。摩擦作用越强，两半轴的转矩差越大，最大可达 5~7 倍。

摩擦片式自锁差速器结构简单，工作平稳，多用于轿车或轻型货车。

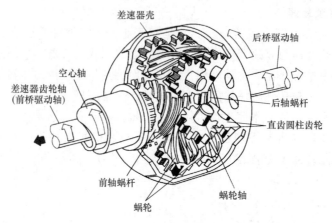

图 7-19 托森差速器的结构

3. 托森差速器

图 7-19 所示为奥迪 80 和奥迪 90 全轮驱动轿车前、后驱动桥之间采用的新型托森差速器。它是一种轴间自锁差速器，装在变速器后端，转矩由变速器输出轴传给托森差速器，再由差速器直接分配给前驱动桥和后驱动桥。

托森差速器由差速器壳、6 个蜗轮、6 根蜗轮轴、12 个直齿圆柱齿轮及前、后轴蜗杆组成。空心轴和差速器壳通过花键相连而一同转动。蜗轮通过蜗轮轴固定在差速器壳上，3 对蜗轮分别与前轴蜗杆及后轴蜗杆相啮合，每个蜗轮两端分别固定一个圆柱直齿轮。与前、后轴蜗杆相啮合的蜗轮彼此通过直齿圆柱齿轮相啮合，前轴蜗杆和驱动前桥的差速器齿轮轴为一体，后轴蜗杆和驱动后桥的驱动凸缘盘为一体。

当汽车直线行驶（或前后驱动条件相同），前、后驱动桥无转速差时，来自发动机的驱动力通过空心轴传至差速器壳，差速器壳通过蜗轮轴传至蜗轮（此时蜗轮无自转），再传到前后轴蜗杆，前轴蜗杆通过差速器齿轮轴将动力传至前桥，后轴蜗杆通过驱动轴凸缘盘将驱动力传至后桥，从而实现前后驱动桥的同速驱动。差速器不起差速作用。

当汽车转弯（或前后驱动条件不同）时，前、后驱动桥出现转速差，通过啮合的直齿圆柱齿轮相对转动（即蜗轮自转），使一根轴的蜗杆转速加快，另一根轴的蜗杆转速下降，实现差速作用。差速器能使转速较低的驱动桥比转速较高的驱动桥分配到的转矩大，即附着力大的驱动桥比附着力小的驱动桥得到的驱动转矩大。由此可见，差速器内速度平衡是通过直齿圆柱齿轮来完成的。

同理，当前、后驱动桥中某一桥因附着力小而出现滑转时，差速器起作用，将转矩的大部分分配给附着力好的另一驱动桥（最大可达 3.5 倍）。从而提高了汽车通过坏路面的能力。

7.4 半轴与桥壳

重点掌握

1. 半轴及桥壳的作用是什么？
2. 半轴支承的形式和特点有哪些？

7.4.1 半轴

半轴用于将差速器传来的动力传给驱动轮。因其传递的转矩较大，常制成实心轴。半轴的结构因驱动桥结构形式的不同而异。整体式驱动桥中的半轴为一刚性整轴；而转向驱动桥和断开式驱动桥中的半轴则分段并用万向节连接。半轴内端一般制有外花键与半轴齿轮连接，其外端与轮毂连接。

半轴的受力情况，由半轴与驱动轮的轮毂在桥壳上的支承形式而定。现代汽车常采用全浮式半轴支承和半浮式半轴支承两种半轴支承形式。

1. 全浮式半轴支承

全浮式半轴支承多用于货车上。如图 7-20 所示为全浮式半轴支承示意图。它表明汽车半轴外端与轮毂、桥壳的连接情况。半轴外端锻有凸缘，借螺栓与轮毂连接，轮毂用两个相距一段距离的圆锥滚子轴承支承在半轴套管上。半轴套管与空心梁压配成一体，组成驱动桥壳。这种半轴支承形式，半轴与桥壳没有直接联系。半轴的内端用花键与差速器的半轴齿轮

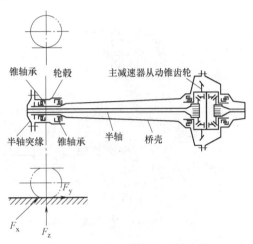

图 7-20 全浮式半轴支承示意图

连接，半轴齿轮的毂部支承在差速器壳两侧轴颈的孔内，而差速器壳又以其两侧轴颈直接支承在桥壳上。

由图 7-20 可知，在半轴外端，路面对驱动轮所作用的垂直反力 F_z、切向反力 F_x、侧向反力 F_y 以及由它们形成的弯矩，直接由轮毂通过两个圆锥滚子轴承传给桥壳，完全由桥壳承受，半轴只承受转矩。同样，在内端作用在主减速器从动锥齿轮上的力及其形成的弯矩，全部由差速器壳直接承受，半轴内端也只承受转矩。这种使半轴只承受转矩，而两端均不承受其他任何反力和反力矩的半轴支承形式，称为全浮式半轴支承。所谓"浮"是指半轴不承受弯曲载荷而言。

全浮式半轴支承便于拆装，只需拧下半轴凸缘上的螺钉，即可将半轴抽出，而车轮和桥壳照样能支持住汽车。

2. 半浮式半轴支承

图 7-21 所示为红旗 CA7560 型高级轿车半浮式半轴支承形式的驱动桥。半轴内端通过花键与半轴齿轮连接，其支承方式与全浮式半轴支承方式相同，即半轴内端只承受转矩，不承受弯矩。半轴外端制成锥形，锥面上铣有键槽，最外端制有螺纹。轮毂以其相应的锥孔与半轴上的锥面配合，并用键连接，用螺母紧固。半轴用一个圆锥滚子轴承直接支承在桥壳凸缘的座孔内。车轮与桥壳之间无直接联系，而支承于悬伸出的半轴外端。因此，路面作用于车轮的各种反作用力及其反力矩都需经半轴外端的悬伸部分再传给桥壳，使半轴外端不仅要承受转矩，而且还要承受各种反力及其反力矩。这种半轴内端只受转矩，而外端除承受转矩外，还要承受全部弯矩的半轴支承形式，称为半浮式半轴支承。

为了对半轴进行轴向限位，差速器内装有止推块，以限制其向内轴向窜动；而半轴向外

的轴向窜动则通过制动底板对轴承限位来限制。

半浮式半轴支承结构简单,但半轴受力情况复杂且拆装不便,多用于反力、弯矩较小的各类轿车上。

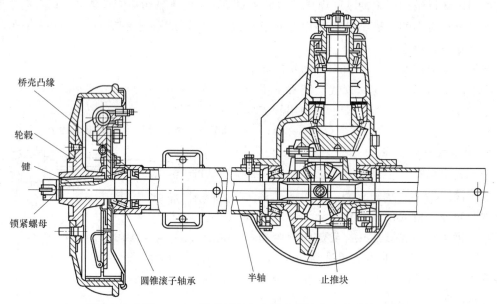

图 7-21　红旗 CA7560 型高级轿车半浮式半轴支承形式的驱动桥

7.4.2　桥壳

驱动桥壳既是传动系统的组成部分,同时也是行驶系统的组成部分,其功用是用来安装并保护主减速器、差速器和半轴以及用来安装悬架或轮毂,与从动桥一起支承汽车悬架以上各部分质量,承受驱动轮传来的反力和力矩,并在驱动轮与悬架之间传力。因此,要求桥壳应具有足够的强度和刚度,质量小,便于制造,便于主减速器的拆装和调整。

驱动桥壳可分为整体式和分段式两类,一般多采用整体式。整体式桥壳因制造方法不同又有多种形式,常见的有整体铸造、中段铸造压入钢管、钢板冲压焊接等形式。

图 7-22 所示为解放 CA1092 型汽车的整体铸造式驱动桥壳。它由空心梁、半轴套管、主减速器壳及后盖等组成。空心梁用球墨铸铁铸成,中部有一环形大通孔,前端用以安装主减速器及差速器总成,后端用来检视主减速器及差速器的工作情况。后盖用螺钉装于后端面,后盖上装有检查油面用的螺塞。空心梁上凸缘盘用来固定制动底板,两端压入钢制半轴套管,并用止动螺钉限定位置。半轴套管外端轴颈用来安装轮毂轴承。为了对轴承进行限位及调整轴承预紧度,最外端还制有螺纹。

这种铸造的整体式桥壳具有较大的强度和刚度,且便于主减速器的拆装和调整。缺点是质量大,铸造质量不易保证。因此,适用于中型以上货车。

图 7-23 为北京 BJ1040 型汽车钢板冲压焊接的整体式驱动桥壳。它主要由冲压成形的上下两个主件、四块三角形镶块、前后加强环、后盖及两端半轴套管组焊而成。

这种冲压焊接的整体式桥壳具有质量小,工艺简单,材料利用率高,成本低等优点,广泛应用于中型及中型以下的汽车上。

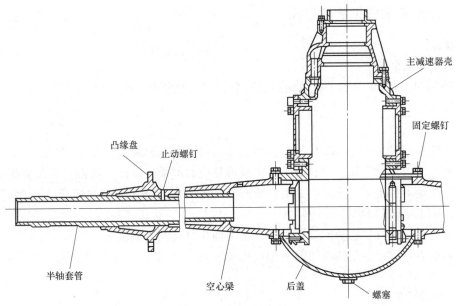

图 7-22　解放 CA1092 型汽车的整体铸造式驱动桥壳

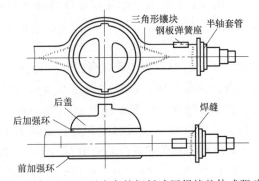

图 7-23　北京 BJ1040 型汽车的钢板冲压焊接整体式驱动桥壳

7.5　驱动桥的故障诊断与检修

重点掌握

1. 你能根据故障现象正确诊断出驱动桥的故障吗？
2. 驱动桥的调整项目有哪些？应怎样进行调整？

汽车行驶时，驱动桥的受力情况十分复杂。而且又因它是传动系统的最终传动总成，其所受的各种应力远远大于传动系统的其他部位。以后轮驱动的汽车，其驱动桥壳要承受相当一部分的载重质量；以前轮为驱动轮的轿车，半轴暴露在外，两端万向节的防尘套长期使用后的老化都会影响驱动桥的技术状况，造成传动间隙增大而出现异响、主减速器和差速器壳体温度过高、漏油等现象。

7.5.1 驱动桥的常见故障诊断

1. 异响

（1）故障现象

驱动桥在运行时发出不正常的响声，可分为驱动时发出异响、滑行时发出异响及转弯行驶时发出异响等。

（2）故障原因

① 齿轮油油量不足、油质变差，特别是油内有较大金属颗粒。

② 驱动桥内轴承损伤、严重磨损松旷或齿轮齿面磨损、点蚀、轮齿变形或折断。

③ 主减速器齿轮副严重磨损、啮合面调整不当、啮合间隙不符合标准（太大或太小），啮合间隙不均或未成对更换。

④ 差速器壳与行星轮轴配合松动、行星轮轴孔与其轴磨损松旷。

⑤ 半轴齿轮与行星轮啮合间隙不符合标准（过大或过小）或半轴齿轮与半轴花键配合松旷。

（3）故障诊断

① 将变速器挂入空挡，架起驱动桥，用手转动驱动桥输入轴凸缘检查其游动角度，若其游动角度过大，则故障由齿轮啮合间隙或半轴花键配合间隙过大引起。

② 检查驱动桥内油量、油质、油型号，若不符合要求，则故障由此引起（同时有驱动桥发热现象）。

③ 驱动桥油量、油品检查正常，则可行车路试做进一步检查。

a. 汽车挂挡行驶、脱挡滑行均有异响：故障多由主减速器齿轮啮合间隙不当、轮齿变形、齿面技术状况（磨损、点蚀、胶合等）变差或轴承松旷引起。

b. 汽车挂挡行驶有异响，脱挡滑行声响减弱或消失：故障由主减速器齿轮轮齿的正面磨损严重或损伤，而齿的反面技术状况良好或齿轮间隙调整不当引起。

c. 汽车起步或突然变速时发出"抗"的一声，或汽车缓速时发生"克啦、克啦"的撞击声：故障由齿轮啮合间隙过大或半轴齿轮与半轴花键配合间隙过大引起。

d. 汽车行驶时发出周期性的金属撞击声：故障由齿轮个别轮齿折断引起。

e. 汽车转弯行驶有异响，直线行驶时声响减弱或消失：故障一般由半轴齿轮或行星齿轮的齿面严重磨损、齿面点蚀、轮齿变形或折断、行星齿轮轴磨损等引起。

f. 汽车直线行驶和转弯行驶时，均有"哽呲、哽呲"的碰擦声，严重时产生金属撞击声：故障由半轴或套管弯曲变形引起。

g. 汽车行驶中异响时有时无，或有时呈周期性变化：则故障一般由齿轮油中有杂物引起。

2. 漏油

（1）故障现象

从驱动桥加油口、放油口螺塞处或油封、各接合面处可见到明显漏油痕迹。

（2）故障原因

① 加油口、放油口螺塞松动或损坏，通气孔堵塞。

② 油封磨损、硬化，油封装反，油封与轴颈磨成沟槽。

③ 接合平面变形、加工粗糙，密封衬垫太薄、硬化或损坏，紧固螺钉松动或损坏。
④ 桥壳有铸造缺陷或裂纹。

（3）故障诊断

① 检查加油口、放油口螺塞是否松动；密封垫是否损坏；通气孔是否堵塞：若有则故障由此引起。

② 检查油封是否磨损，损坏或装反：若有则故障由此引起。

③ 检查桥壳是否有缺陷或裂纹：若有则故障由此引起。

3. 过热

（1）故障现象

汽车行驶一段里程后，用手探试驱动桥壳中部或主减速器壳，有无法忍受的烫手感觉。

（2）故障原因

① 齿轮油变质、油量不足或牌号不符合要求。

② 轴承预紧度过大或齿轮啮合间隙过小；止推垫片与齿轮背隙过小。

③ 油封过紧或各运动副、轴承润滑不良而产生干（或半干）摩擦。

（3）故障诊断

① 检查齿轮油面高度：油面太低，则故障由油量不足引起，应按规定添加齿轮油。

② 若油量充足，则应检查齿轮油规格、黏度或润滑性能，若检查结果不符合要求，则故障由齿轮油变质或牌号不符引起，应排尽原来的齿轮油，冲洗桥壳内部，换上规定型号的润滑油。

③ 用手触摸油封处：若过热，则故障由油封过紧或损伤引起，应重新装配或更换油封。

④ 用手触摸轴承处：若过热，则故障由轴承损坏或调整不当引起，应更换损坏的轴承或调整轴承。

⑤ 若不是上述问题，则应检查齿轮啮合间隙。先松开驻车制动器，变速器置于空挡，然后轻轻转动主减速器的凸缘盘：若转动角度太小，则故障由主减速器齿轮啮合间隙太小引起；若转动角度正常，则故障由行星轮与半轴齿轮啮合间隙太小或止推垫片与齿轮背隙过小引起。应重新调整上述齿轮啮合间隙。

故障诊所

故障：某车辆在转弯时驱动桥内有连续金属撞击声。

排除方法：该故障原因多为差速器中行星轮或止推垫片磨损。因为汽车转弯时，行星轮起差速作用而转动，因此，当行星轮与半轮齿轮啮合不当时，便会出现响声。严重时驱动桥有抖动现象。检查后发现行星轮的止推垫片严重磨损，更换止推垫片后故障消除。

7.5.2 驱动桥主要零件的检修

国产汽车驱动桥的检修应执行相应标准。其他车型的驱动桥检修可参阅厂家的维修手册进行。

1. 桥壳和半轴套管

1）桥壳和半轴套管不允许有裂纹存在，各部螺纹损伤不得超过2牙，否则更换。

2）钢板弹簧座定位孔的磨损不得大于1.5mm。逾限时，先进行补焊，然后按原位置重新钻孔。

3）整体式桥壳以半轴套管的两内端轴颈的公共轴线为基准，两外端轴颈的径向圆跳动误差超过 0.30mm 时应进行校正，校正后的径向圆跳动误差不得大于 0.080mm。

4）桥壳承孔与半轴套管的配合及伸出长度应符合原厂规定。若半轴套管承孔的磨损严重，可将座孔镗至修理尺寸，更换相应的修理尺寸半轴套管。

5）滚动轴承与桥壳的配合应符合原厂规定。若配合处过于松旷，可用刷镀修复轴承孔。

2. 半轴

1）半轴应进行探伤检查，不得有裂纹存在。半轴花键应无明显的扭曲。否则更换。

2）以半轴轴线为基准，半轴中段未加工圆柱体径向圆跳动误差不得大于 1.30mm；花键外圆柱面的径向圆跳动误差不得大于 0.25mm；半轴凸缘内侧端面圆跳动公差为 0.15mm。径向圆跳动超限，应进行冷压校正；端面圆跳动超限，可车削端面进行修正。

3）半轴花键与半轴齿轮及凸缘键槽的侧隙不得大于原厂设计规定的 0.15mm。

3. 主减速器壳

1）壳体应无裂损，各部位螺纹的损伤不得多于 2 牙。否则应换新。

2）差速器左、右轴承孔同轴度公差为 0.10mm。

3）圆柱主动齿轮轴承（或侧盖）孔轴线及差速器轴承孔轴线对减速器壳前端面的平行度公差：当轴线长度在 200mm 以上，其值为 0.12mm；当轴线长度小于或等于 200mm，其值为 0.10mm。

4）主减速器壳纵轴线对横轴线的垂直度公差：当纵轴线长度在 300mm 以上，其值为 0.16mm；纵轴线长度小于或等于 300mm，其值为 0.12mm；纵、横轴线应位于同一平面（双曲线齿轮结构除外），其位置度公差为 0.08mm。

5）主减速器壳与侧盖的配合及圆柱主动齿轮轴承与减速器壳（或侧盖）的配合应符合原设计规定。

4. 主减速器锥齿轮副

（1）锥齿轮副

① 齿轮不应有裂纹，齿轮工作表面不得有明显斑点、剥落、缺损。否则应更换。

② 以主动锥齿轮壳后轴承孔轴线为基准，前轴承孔的径向圆跳动及各端面的端面圆跳动公差为 0.06mm。从动锥齿轮端面对其轴线的圆跳动公差为 0.10mm。主动锥齿轮花键与凸缘键槽的侧隙不大于 0.20mm。逾限时，可酌情修理或更换。

③ 主、从动锥齿轮啮合齿隙为 0.15~0.50mm。否则应进行调整。

④ 主动锥齿轮轴承预紧力应符合原设计规定或主动锥齿轮轴承的轴向间隙不大于 0.05mm。否则应进行调整。

⑤ 主动锥齿轮：轮齿锥面的径向圆跳动公差为 0.05mm；前后轴承与轴颈、轴承孔的配合应符合原厂规定；从动锥齿轮的铆钉连接应牢固可靠；用螺栓连接的，连接螺栓的紧固应符合原厂规定，紧固螺栓锁止可靠。

⑥ 齿轮若需更换时，必须成对更换。

（2）圆柱齿轮副

① 齿轮不应有裂纹，齿轮工作表面不得有明显斑点、剥落、缺损。否则应更换。

② 主动齿轮轴承与轴颈的配合间隙不得大于原设计规定 0.012mm。

③ 主、被动齿轮啮合齿隙为 0.15~0.70mm。逾限时应更换齿轮副。

5. 差速器

1) 差速器壳产生裂纹，应更换。

2) 差速器壳与行星轮、半轴齿轮垫片的接触面应光滑，无沟槽。若有小的沟槽可用砂纸打磨，并更换半轴齿轮垫片。

3) 行星轮、半轴齿轮不得有裂纹，工作表面不得有明显斑点、脱落和缺损。否则更换。

4) 差速器壳体与轴承、差速器壳与行星轮轴的配合应符合原厂规定。

6. 滚动轴承

1) 轴承的滚子（钢球或柱）和滚道上不得有伤痕、剥落、严重黑斑或烧损变色等缺陷，否则应更换。

2) 轴承架不得有缺口、裂纹、铆钉松动或滚子（钢球或柱）脱出等现象，否则应更换。

7. 轮毂

1) 轮毂应无裂损，轮毂各部位螺纹的损伤不得多于 2 牙。否则更换。

2) 轮毂与半轴凸缘及制动鼓的结合端面对轮毂内外轴承孔公共轴线的端面圆跳动公差均为 0.15mm，超值可车削修复。

3) 轮毂轴承孔与轴承的配合应符合原厂规定。轴承孔磨损逾限可用刷镀或喷焊修理。

7.5.3 主减速器的调整

主减速器的调整包括主、从动锥齿轮轴承预紧度的调整（含差速器轴承预紧度的调整）；主、从动锥齿轮啮合印痕和啮合间隙调整等项目。主减速器的调整质量是决定主减速器锥齿轮副使用寿命的关键。因此，在进行调整作业时，必须遵守主减速器的调整规则：先调整轴承的预紧度，再调整啮合印痕，最后调整啮合间隙；主、从动锥齿轮轴承的预紧度必须按原厂规定的数值和方法进行调整与检查，在主减速器调整过程中，轴承的预紧度不得变更，始终都应符合原厂规定值；在保证啮合印痕合格的前提下，调整啮合间隙，且啮合印痕、啮合间隙和啮合间隙的变化量都必须符合技术条件，否则成对更换齿轮副。

1. 轴承预紧度的调整

主、从动锥齿轮轴上所采用的圆锥滚子轴承，安装时都应具有一定的预紧力，以消除轴承多余的轴向和径向间隙，平衡一部分前后轴承的轴向负荷，这对主、从动锥齿轮工作时保持正确的啮合和前后轴承获得较为均匀的磨损，都是十分必要的。

（1）主动锥齿轮轴承预紧度的调整

主动锥齿轮轴承预紧度的调整方法有两种：

① 通过增减调整垫片进行调整。如在两轴承之间隔套前装有调整垫片 3（图 7-24a）或在轴肩前有调整垫片 3（图 7-24b），增减调整垫片的厚度即可改变两轴承内圈压紧后的距离，从而使轴承预紧度得到调整。预紧度是否符合要求，可用测量转动凸缘盘 6 的力矩来判断，若所测得的力矩大于标准值，说明轴承的预紧度过大，应适当增加调整垫片的厚度。另外，也有的两轴承内圈之间的距离已定，在主减速器油封后面装有调整垫片 3（图 7-24c），增减此垫片厚度即可改变两轴承外圈之间的距离，以调整轴承预紧度。与此类同，有的汽车不用调整垫片，而是通过精选隔套长度来调整。

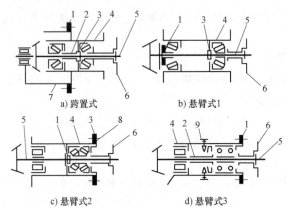

图 7-24 主动锥齿轮的支承形式及调整装置

1—主动锥齿轮啮合状况调整垫片　2—隔套　3—轴承预紧度调整垫片　4—主动锥齿轮轴承座
5—主动锥齿轮轴　6—凸缘盘　7—主减速器　8—油封盖　9—调整螺栓

② 用一个弹性隔套来调整（图7-25）。装配时，在前后轴承内圈之间放置一个可压缩的弹性薄壁隔套，按规定力矩拧紧凸缘盘固定螺母时，隔套产生弹性变形，其张力自动适应对轴承预紧度的要求。但采用这种方法因隔套的弹性衰退，每次都必须换用新的隔套。

（2）从动锥齿轮轴承预紧度的调整

从动锥齿轮轴承预紧度的调整因驱动桥的结构分为两种：

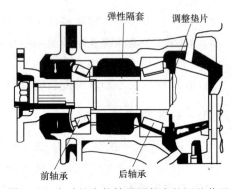

图 7-25 主动锥齿轮轴承预紧度的调整装置

① 用调整螺母进行调整。在单级主减速器中，其从动锥齿轮固定在差速器壳上，从动锥齿轮轴承就是差速器轴承，调整从动锥齿轮轴承预紧度也就是调整差速器轴承的预紧度。在图7-5中，差速器轴承两侧都有调整螺母。装配时，将差速器轴承外圈套在轴承上，将差速器总成装入差速器壳内，将两侧调整螺母装在座孔内的螺纹部分，然后将两侧轴承盖对好螺纹后装复（左右两轴承盖不得互换），装好锁片用螺栓紧固轴承盖。

调整轴承预紧度时，慢慢转动两侧调整螺母，同时慢慢转动差速器总成，使滚柱处于正确位置。正确的预紧度可用转动差速器总成的力矩来衡量。预紧度调整后，应将调整螺母锁片锁住。此外，双级主减速器的差速器轴承预紧度的调整与此相同。

② 用调整垫片进行调整。在双级主减速器中，从动锥齿轮与二级减速的主动圆柱齿轮固定在同一根轴上，两端用轴承支撑在主减速器壳上。其轴承预紧度的调整可参照图7-7，选择适当厚度的调整垫片6和13，安装在主减速器与轴承盖之间。拧紧轴承盖紧固螺栓后，用转动从圆锥齿轮的力矩来衡量预紧度是否合适。如果所需力矩过大，说明预紧度过大，应增加垫片的厚度。

此外。有些汽车采用组合式桥壳，其从动锥齿轮轴承预紧度可通过轴承与差速器壳之间的垫片厚度来进行（参见图7-6中调整垫片）。增加垫片的厚度，轴承预紧度增加。

2. 主、从动锥齿轮啮合印痕与齿侧间隙的调整

锥齿轮副必须有正确的啮合印痕与齿侧间隙才能正常工作和达到正常的使用寿命。正确的啮合印痕与齿侧间隙是通过齿轮的轴向移动改变其相对位置来实现的。因此锥齿轮传动机构都有轴向位置调整装置,即啮合印痕与齿侧间隙调整装置。

对主、从动锥齿轮啮合印痕与齿侧间隙的调整要求是:主、从动锥齿轮应沿齿长方向接触,其位置控制在齿轮的中部偏向小端,离小端端部 2~7mm,接触痕迹的长度不小于齿长的 50%,齿高方向的接触印痕应不小于齿高的 50%,一般应距齿顶 0.80~1.60mm(图 7-26),齿侧间隙为 0.15~0.50mm,但每一对锥齿轮副啮合间隙的变动量不得大于 0.15mm。

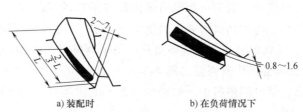

a) 装配时　　　　　　b) 在负荷情况下

图 7-26　从动锥齿轮的正确接触情况

装配时,若检查发现主、从动锥齿轮的啮合印痕和齿侧间隙不符合要求时,可参照表 7-2 的方法进行调整,用这种方法可简化为如下的口诀:大进从、小出从;顶进主、根出主。用这种方法调整时,要注意保证齿侧间隙不得小于最小值。值得注意的是,厂家不同对其调整的方法也不同。因此,调整时一定要仔细阅读厂家维修手册再进行作业。

表 7-2　锥齿轮副啮合印痕与齿侧间隙的调整方法

从动齿轮面接触区		调整方法	齿轮移动方向
向前行驶	向后行驶		
		当啮合印痕偏大端时,将从动齿轮向主动齿轮移近。若此时齿侧间隙过小,则将主动齿轮向外移开	
		当啮合印痕偏小端时,将从动齿轮自主动齿轮移开。若此时齿侧间隙过大,则将主动齿轮向内移近	
		当啮合印痕偏齿顶时,将主动齿轮向从动齿轮移近。若此时齿侧间隙过小,则将从动齿轮向外移开	
		当啮合印痕偏齿根时,将主动齿轮自从动齿轮移开。若此时齿侧间隙过大,则将从动齿轮向内移近	

实现齿轮位移的具体方法与车辆的结构有关，主要有以下几种：

（1）主动锥齿轮的移动

① 通过增减主动锥齿轮轴承座与主减速器壳之间的调整垫片厚度来调整（图7-24a中的垫片1）。当增减此垫片厚度时，就可实现主动锥齿轮轴向移动。

② 通过增减主动锥齿轮背面与轴承之间的调整垫片厚度来调整（图7-24b中的垫片1）。这种结构若轴承预紧度调整垫片是靠在轴肩上的，则调整锥齿轮轴向移动的同时，也必须等量增减轴承预紧度的调整垫片。否则由于轴肩轴向位置的移动将改变已调好的轴承预紧度。该调整方式，每次调整都需将主动锥齿轮上的轴承压下来，维修调整不方便。

③ 通过增减主动锥齿轮轴肩前面的调整垫片厚度来调整（图7-24c中的垫片1）。

④ 用调整螺栓配合调整垫片来调整（图7-24d）。通过增减调整垫片1并使前端锥度的调整螺栓9旋进或旋出，就可调整前轴承的轴向位置，也就调整了主动锥齿轮的轴向位置。

（2）从动锥齿轮的移动

从动锥齿轮轴向位置的调整装置与轴承预紧度的调整装置是共享的。因此，在轴承预紧度调整好后，只需将左、右两侧的调整垫片从一侧调到另一侧（图7-6），或左、右侧的调整螺母一侧松出多少另一侧就等量紧进多少，就可以在不改变轴承预紧度的前提下，改变从动圆锥齿轮的轴向位置。

通过上述方法移动主、从动锥齿轮的位置，就能对锥齿轮副的啮合印痕和啮合间隙进行调整。

3. 驱动轮轮毂轴承的调整

将加注好润滑脂的内轴承装入半轴套管上，装入轮毂和外轴承，边拧调整螺母边正反两个方向转动轮毂，使轴承滚子正确就位。以规定力矩拧紧调整螺母，并将螺母按规定退回一定角度。然后装上油封和锁紧垫圈，并使调整螺母上的销子穿入锁紧垫圈的孔内。最后将锁紧螺母以规定力矩拧紧。调整后，轮毂应能自由旋转，而无明显的轴向松动和摆动现象。

7.6 实验实训

安全提示

1. 在进行驱动桥拆装作业时，一定要选用适当的器具。
2. 主减速器、差速器非常重，在拆装过程中搬动时要小心，不要碰伤手指或身体其他部位。没有适当的举升工具，决不要试图举升沉重的主减速器、差速器。
3. 拆装齿轮、轴承、轴或油封时要小心，不要在零件和壳体间挤伤手指。
4. 在进行拆装作业时，要立即揩干地上遗油，以防滑倒。

驱动桥的拆装、检修与调整

1. 实验实训目的

1) 了解主减速器及差速器的构造及工作原理。
2) 熟悉主减速器及差速器的拆装顺序。
3) 掌握主减速器的调整部位及调整方法。

2. 实验实训设备及用具

1) 轿车或货车驱动桥总成数个。
2) 主减速器拆装作业台数台。
3) 常用工、量具数套。

3. 实验实训操作步骤

下面以丰田海艾斯轿车为例简要说明实验实训操作基本方法：

(1) 主减速器与差速器总成的检查及分解

1) 检查主减速器从动锥齿轮轴向圆跳动量。如图7-27所示，检查从动锥齿轮轴向圆跳动量，最大跳动量为0.07mm。如果超过最大值，就应更换从动锥齿轮。

2) 检查主减速器齿轮的齿侧间隙。如图7-28所示，将百分表触头顶靠在从动锥齿轮的齿面上，前后转动从动锥齿轮，从百分表上可以读得齿侧间隙。齿侧间隙应在0.13～0.18mm之间，如果超过这个范围，就应调整差速器壳两侧轴承的预紧度或进行修理。

3) 检查半轴齿轮的齿侧间隙。如图7-29所示，将百分表触头顶在半轴齿轮的齿面上，将一行星轮固定，用手指来回轻轻地转动半轴齿轮，即可从百分表上读得齿侧间隙。标准间隙为0.20～0.50mm，如果间隙不当，就可选择不同厚度的止推垫片进行调整，两侧止推垫片厚度应相等。

4) 测量主动锥齿轮轴承的预紧度。如图7-30所示，用扭力计转动主动锥齿轮轴，当转矩为0.59～0.98N·m时轴开始转动，轴承预紧度为合适。

图7-27 检查主减速器从动锥齿轮轴向圆跳动量

图7-28 检查主减速器齿轮的齿侧间隙

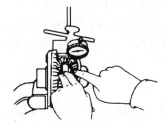

图7-29 检查半轴齿轮的齿侧间隙

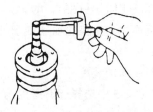

图7-30 测量主动锥齿轮轴承的预紧度

5) 拆卸主减速器凸缘。用锤子和冲子将固定主减速器凸缘螺母的锁紧垫片撬开，然后用专用工具（SST：09330—00020）固定凸缘，拧下螺母，如图7-31所示。用另一专用工具（SST：09557—22022）即可将主减速器凸缘拆下。

6) 拆卸油封和甩油圈。如图7-32所示，用专用工具（SST：09308—10010）从主减速器壳前端拆下油封，然后拆下甩油圈。

7) 拆卸前轴承隔套。用专用工具（SST：09556—30010）从主减速器壳内拆出前轴承，然后拆出轴承隔套。如果前轴承损坏或磨损，应予以更换。

8）拆差速器和主减速器从动锥齿轮

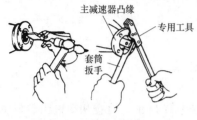

图 7-31 拆卸主减速器凸缘

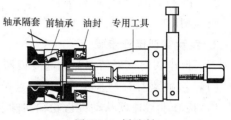

图 7-32 拆油封

① 在差速器壳轴承盖和主减速器壳相应位置上做好装配记号。
② 拆下两侧轴承调整螺母的锁片，然后拆下两个轴承盖和调整螺母，以及轴承外圈。
③ 将差速器和主减速器从动锥齿轮一起从主减速器壳中拆出。
④ 从主减速器壳中拆出主动锥齿轮。

注意将拆下的零件做好左、右标签，安装时才能保证不装错。

9）拆卸差速器壳轴承。如图 7-33 所示，用专用工具（SST：09950—20014）将差速器壳轴承拆下。

10）拆下从动锥齿轮。撬开从动锥齿轮与差速器壳连接螺栓的锁紧垫片，在从动锥齿轮与差速器壳上做好装配记号，用塑料锤或铜锤敲下从动锥齿轮。

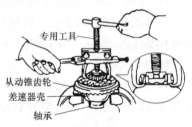

图 7-33 拆卸差速器壳轴承

11）差速器的分解。用锤子和冲子将行星齿轮轴锁销敲出，然后拆下行星齿轮轴、两个行星轮和垫片、两个半轴齿轮和垫片。

12）擦净外部油污，用汽油清洗各零件。

（2）检修

1）更换主动锥齿轮后轴承。用压力机和专用工具（SST：09950—00020）将主动锥齿轮后轴承压出（图 7-34），在主动锥齿轮轴上装入垫圈，将垫圈有倒角的一端朝向主动锥齿轮；用压力机和专用工具（SST：09506—30011）将新的后轴承压入主动锥齿轮轴相应的位置。

2）更换主动锥齿轮前后轴承外圈。用锤子和铜棒将轴承外圈敲出，装新的外圈时需用专用工具。

3）差速器的装配

① 从表 7-3 中选择合适厚度的垫片，使半轴齿轮的齿侧间隙在 0.20～0.50mm 之间。注意两侧的垫片应为同一厚度。

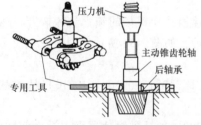

图 7-34 拆主动锥齿轮后轴承

表 7-3 半轴齿轮垫片厚度

（单位：mm）

厚度	0.96～1.04
	1.06～1.14
	1.16～1.24
	1.26～1.34

② 将垫片和半轴齿轮装入差速器壳。

③ 检查半轴齿轮侧间隙（图 7-29），如果间隙不合格，则应选用不同厚度的垫片。

④ 用锤子和冲子将锁销经差速器壳插入行星轮轴的孔内，轻敲锁销使之与差速器壳装紧。

4）装新的差速器壳轴承：用锤子和专用工具将两个新的轴承装上差速器壳。

5）将从动锥齿轮装上差速器壳

① 将差速器壳与从动锥齿轮接触表面洗干净。

② 将从动锥齿轮在油中加热至 100℃ 左右。注意加热不要超过 110℃。

③ 用清洗液将从动锥齿轮的接触表面清洗干净，然后迅速将从动锥齿轮装上差速器壳。注意将从动锥齿轮和差速器壳上的记号对准。

④ 将连接螺栓涂上润滑油，装好锁紧垫片和螺栓，均匀地一个一个拧紧螺栓，拧紧力矩为 97N·m。用锤子和冲头敲起锁紧垫片，包住螺母，注意锁紧垫片凸起部分应与螺母表面齐平。

⑤ 检查从动锥齿轮的轴向圆跳动量（图 7-27），最大跳动量不应超过 0.07mm。

(3) 主减速器与差速器总成的装配

1）暂时调好主动锥齿轮轴承预紧度

① 装好主动锥齿轮、前轴承，调整好主、从动锥齿轮啮合印迹后再装轴承隔套、甩油圈和油封。

② 用专用工具装好主减速器凸缘，固定螺母的螺纹上应涂多用途的润滑油。

③ 用专用工具固定主减速器凸缘（图 7-31），拧紧固定凸缘的螺母。由于没有轴承隔套，每次只允许拧紧一点，并且不能拧得过紧。

④ 用扭力计测量主动锥齿轮的轴承预紧度（图 7-30），新轴承应为 1.2~1.9N·m，旧轴承为 0.6~1.0N·m。

2）差速器装上主减速器壳。将轴承外圈装到相应位置，注意不要将左右外围弄错，将差速器装上主减速器壳。把差速器壳轴承调整螺母装好。注意螺纹要保持正确接触，主、从动锥齿轮要保持合适的齿侧间隙。将轴承盖和主减速器壳上的装配记号对准，把轴承盖螺栓拧紧 2~3 圈，然后用手将轴承盖压下。如果轴承盖和主减速器壳配合不紧密，主要是由于调整螺母螺纹与主减速器壳上的螺纹未配合好，就应重新装调整螺母。

3）调整差速器壳轴承预紧度

① 拧紧轴承盖螺栓，直至轴承盖弹性垫片受到一定压力为止。

② 用专用工具（SST：09504—00011）拧紧调整螺母，如图 7-35 所示，直到主、从动锥齿轮齿侧间隙为 0.2mm。

③ 用专用工具拧紧位于主动锥齿轮一侧的调整螺母，检查主、从动锥齿轮的齿侧间隙。如果在拧紧从动锥齿轮时导致齿侧间隙变化，就应放松调整螺母，直到齿侧间隙消除为止。

④ 将百分表装在从动锥齿轮一侧轴承盖的附近，拧松另一侧的调整螺母。拧紧调整螺母，直到百分表指针开始摆动为止。

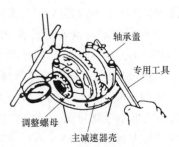

图 7-35 测量差速器壳轴承预紧度

将调整螺母再拧紧 1~1.5 个圆孔位置（1/16~1/10 圈）。用百分表检查主、从动齿轮齿侧间隙，如果间隙没在 0.13~0.18mm 之间，就需要等量地拧动左、右两个高速螺母进行调整，即一侧调整螺母拧松多少，另一侧调整螺母拧紧多少。

以 78N·m 的力矩拧紧轴承盖螺栓。再检查齿侧间隙，并用扭力计测量主动锥齿轮轴承预紧度，预紧度应为 0.39~0.59N·m。

4）检查主、从动锥齿轮的啮合印迹

① 在从动锥齿轮三个或四个不同位置的轮齿上涂以红铅油。

② 用手握住主减速器凸缘，朝两个不同方向转动从动锥齿轮。

③ 检查啮合印迹的情况，如图 7-36 所示。图中央的啮合印迹为正确的接触部位，并且轮齿正、反面的啮合印迹应该一样。对于不正确的啮合印迹，可通过移动主、从动齿轮进行调整，也就是通过增减主动锥齿轮与后轴承之间的垫片和调整差速器两端的调整螺母，使主、从动齿轮各沿自己的轴线移动来达到正常的接触部位。

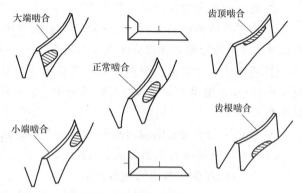

图 7-36 从动锥齿轮的啮合印迹情况

大端啮合的调整：调整差速器两端的调整螺母，使从动锥齿轮离开主动锥齿轮。若此齿侧间隙增大，则可增加主动锥齿轮与后轴承之间垫片的厚度，使主动锥齿轮内移。

小端啮合的调整：调整差速器两端的调整螺母，使从动锥齿轮接近主动锥齿轮。若此齿侧间隙过小，则应在主动锥齿轮与轴承之间选用较薄的垫片，使主动锥齿轮向外移。

齿顶啮合的调整：选用主动锥齿轮与后轴承之间较厚的垫片，使主动锥齿轮靠近从动锥齿轮，如果此齿轮间隙过小，就拧动差速器两侧调整螺母，将从动锥齿轮向外移动。

齿根啮合的调整：选用较薄的垫片，使主动锥齿轮离开从动锥齿轮。如果齿侧间隙过大，就拧动两侧调整螺母，将从动锥齿轮向内移。

5）装轴承隔套、甩油圈和油封

① 用专用工具拆下主减速器凸缘、前轴承。

② 装上新轴承隔套和前轴承。

③ 装好甩油圈，在新油封表面涂上多用途润滑油。用专用工具（SST：09316—60010）将油封压入主减速器壳中，使其外表面距主减速器壳外端面为 1.5mm 为合适。

④ 将固定主减速器凸缘的螺母涂上多用途润滑油，装好主减速器凸缘，用专用工具（SST：09330—00020）固定凸缘，以 108N·m 的力矩拧紧螺母。

6）调整主动锥齿轮轴承预紧度。用扭力计测量主动锥齿轮的轴承预紧度，新轴承应为 1.18~1.86N·m，旧轴承应为 0.59~0.98N·m。如果预紧度过大，就应更换轴承隔套；如果预紧度小于规定值，就应拧紧主减速器凸缘固定螺母，达到规定值为止。拧螺母时，如果超过最大力矩（235N·m），应更换轴承隔套，再按调整轴承预紧度的方法重新调整。

7）检查主减速器凸缘的斜度。将百分表触头放在主减速器凸缘表面的边缘，转动凸缘，分别测量最大纵向斜度和横向斜度，不允许超过 0.10mm。

8）锁紧螺母。用锤子和冲子将主减速器固定螺母的锁紧垫片撬起，包住螺母。装上差速器壳两侧调整螺母的锁片，以13N·m的力矩将锁片拧紧在轴承盖上。

项目小结

1. 驱动桥由主减速器、差速器、半轴和桥壳等组成。它分为整体式驱动桥和断开式驱桥两种。

2. 主减速器的功用是将输入的转矩增大，转速降低，并将动力传递方向改变后（发动机横置的除外）传给差速器。其主要类型有单级主减速器、双级主减速器、双速主减速器、贯通式主减速器和轮边减速器等。

3. 差速器的功用是将主减速器传来的动力传给左、右两半轴，并在必要时允许左、右半轴以不同转速旋转，以满足两侧驱动轮差速的需要。它可分为普通差速器和防滑差速器两大类。

4. 普通差速器具有无论差速与否，其两半轴齿轮转速之和始终等于差速器壳转速的两倍的运动特性和转矩等量分配的特性。

5. 防滑差速器的作用是当汽车某一侧驱动轮发生滑转时，差速器的差速作用即被锁止，并将大部分或全部转矩分配给未滑转的驱动轮，充分利用未滑转车轮与地面之间的附着力，以产生足够的牵引力使汽车继续行驶。

6. 半轴用于把差速器输出端和驱动轮连接起来，并传递的动力。半轴的支承形式有浮式半轴支承和半浮式半轴支承两种。

7. 驱动桥常见的故障有驱动桥异响、过热和漏油等。

8. 驱动桥的检修主要针对其壳体、齿轮、轴承、轴等零部件，检修时应按照国家标准或厂家维修手册进行。

9. 主减速器的调整包括轴承预紧度的调整；主、从动锥齿轮啮合印痕和啮合间隙调整等项目。调整时应先调整轴承的预紧度，再调整啮合印痕，最后调整啮合间隙，其调整必须按原厂规定的数值和方法进行。

复习思考题

1. 驱动桥主要由哪几部分组成？有何功用？
2. 主减速器常用的类型有哪些？应用场合如何？
3. 驱动桥中为什么要设差速器？有何速度特性和转矩特性？
4. 常用的半轴支承形式有哪些？各有何特点？
5. 何谓四轮驱动和全轮驱动？各有何特点？
6. 主减速器有哪些调整项目？调整应注意什么问题？
7. 试述主减速器齿轮啮合调整口诀"大进从、小出从；顶进主、根出主"的调整方法。
8. 驱动桥发热的原因有哪些？如何进行诊断？
9. 试述驱动桥漏油的主要原因和诊断排除方法。
10. 试分析造成汽车挂挡行驶时驱动桥异响较大，而滑行时异响减弱或消失的故障原因是什么？

项目 8

四轮驱动/全轮驱动系统的构造与检修

 学习目标：

1. 掌握四轮/全轮驱动系统的基本组成和工作原理。
2. 能识别四轮/全轮驱动系统不同的运转方式。
3. 能描述四轮/全轮驱动系统主要机件的工作原理。

8.1 四轮驱动/全轮驱动系统的认识

重点掌握

1. 四轮驱动系统与全轮驱动系统有何异同？
2. 与两轮驱动车相比，四轮/全轮驱动车有何特点？

为了改善汽车在越野时或在泥泞、雪地中行驶时的驱动条件，现在许多车辆采用四轮或全轮驱动装置。

四轮驱动（4WD）系统装有分动器，并由驾驶员控制选择将动力传到两轮或四轮（图 8-1a）。这种传动系统当选择四轮驱动模式时前后轮系直接连结，可确保前后轮的驱动力输出，因此，此种系统很适合越野车。

而全轮驱动系统（AWD）不使用分动器，驾驶员不能选择两轮或四轮驱动。发动机的动力通过轴间差速器、液力耦合器把动力同时送给前桥和后桥，始终为四轮驱动行驶（图 8-1b）。这种传动系统可经由前后驱动力的分配，达到更完美的驱动力及转向力的最佳化配置，属于高性能传动系统。

由于四轮/全轮驱动系统，发动机动力可以流向四个车轮，在道路不好的情况下行驶，这种功能可以极快地增加汽车的牵引力，同时在汽车转弯时能改善操纵性能，形成更好的行车稳定性。但四轮/全轮驱动系统都有一个共同的缺点，就是油耗高。由于用四轮和全轮运行，轮胎和辅助旋转件产生的附加摩擦，使油耗增加。另外额外的分动器、差速器等增加了汽车的重量，也使油耗增加。

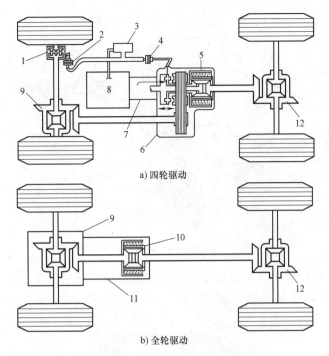

图 8-1 四轮驱动与全轮驱动

1—前桥离合器 2、4—真空马达 3—开关 5—带离合器组件的差速器 6—分动器 7—变速器 8—2WD 和 4WD 选择器 9—前驱动桥 10—轴间差速器 11—变速驱动桥 12—后驱动桥

8.2 四轮驱动（4WD）系统

重点掌握

四轮驱动系统的主要机件有哪些？它们是如何工作的？

8.2.1 四轮驱动系统的组成

典型四轮驱动系统如图 8-2 所示，由前置发动机、变速器、前后传动轴、前后驱动桥总成及分动器等组成。分动器有一电子开关或操纵杆，用来由驾驶员选择控制分动器将动力传至四个车轮、两个车轮或不传递至任何一个车轮。为了改善汽车的驱动条件，许多分动器均设有高低挡。

四轮驱动系统可以分为两种使用状态：一种是两轮驱动，驱动力只传递给两个车轮，这种状态与目前绝大多数轿车没有区别；另一种四轮驱动，动力以 50∶50 的比例平均分配给前后传动轴。四轮驱动系统通过操作分动器实现两驱与四驱的切换。

8.2.2 四轮驱动系统主要部件的工作原理

1. 分动器

分动器主要功用是将变速器输出的动力分配到各个驱动桥。此外，由于大多数分动

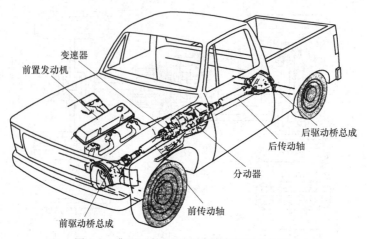

图 8-2 典型四轮驱动汽车主要部件的位置

器都有两个挡位,所以它还兼起副变速器的作用。分动器可用齿轮传动(图 8-3)或链传动(图 8-4)方式将转矩从后轮传递到前轮。

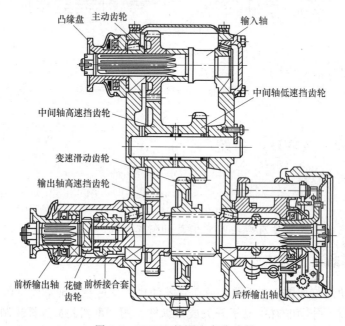

图 8-3 BJ2020 越野汽车分动器

如图 8-3 所示为北京 BJ2020 型越野车的分动器。其输入轴用凸缘通过万向传动装置与变速器第二轴连接。前、后桥输出轴分别经万向传动装置通往前、后驱动桥。它的常啮合齿轮均为斜齿轮,轴的支承多采用圆锥滚子轴承。前桥输出轴与后桥输出轴之间装有接合套,用来控制前桥驱动的接合与摘除。后桥输出轴上的滑动齿轮用来控制分动器高低挡的变换。主动齿轮通过花键与输入轴相连,中间轴高速挡齿轮及输出轴高速挡齿轮空套在各自轴上,它们均为常啮合齿轮。中间轴低速挡齿轮与中间轴高速挡齿轮制成一体。当变速滑动齿轮左移,其内花键与输出轴高速挡齿轮毂上外花键啮合,将动力传至后桥输出轴。

当要挂入低速挡时,必须先将接合套左移,使前桥参与驱动后,再向右拨动变速滑动齿轮，使其与中间轴低速挡齿轮啮合，动力由输入轴经主动齿轮、中间轴高、低速挡齿轮和变速滑动齿轮传到前、后输出轴，使前、后桥两轴以相同的转速输出。

因分动器换入低速挡时，输出转矩较大，为避免后桥超载，要求操纵机构必须保证：非先挂上前桥，不得挂入低挡；非先摘下低挡，不得摘下前桥。故需有互锁装置。图8-5所示为北京BJ2020型汽车分动器所采用的球销式互锁装置。两根拨叉轴之间装有互锁销，与轴上的凹槽对准时（即接上前桥驱动后），高低挡变速叉轴才能向左移动换入低速挡，同理应先退出低速挡后，才能摘下前桥驱动。这就保证了摘下前桥之前必须先退出低速挡的要求。

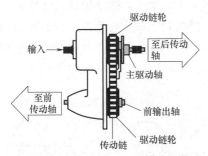

图8-4 用链传动将转矩从后轮传递到前轮

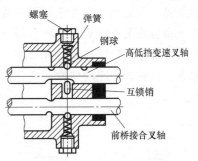

图8-5 分动器球销式互锁装置

有的四轮驱动（特别是链传动的）采用行星齿轮式分动器。利用行星齿轮装置产生不同运行模式需要的高、低挡。

如图8-6所示，为行星齿轮式分动器的变速传动机构简图。由齿圈4（固定在壳体2上）、行星轮3（装有三个或四个）及行星架5、太阳轮6组成行星齿轮机构。

当换挡齿毂7左移与太阳轮6的内齿接合为高速挡（传动比为1）。动力由输入轴1、太阳轮6、齿毂7，传到后桥输出轴10。此时，行星轮3及行星架5空转（不传力）。上述过程称为两轮驱动高挡（2H）。若此时将接合套8右移与齿轮9接合，动力同时经输入轴1、太阳轮6、齿毂7，传到后桥输出轴10；同时经后桥花键毂17、接合套8、齿轮9、链条16、齿轮14、前桥输出轴15，传到前桥，实现四轮驱动高挡（4H）。

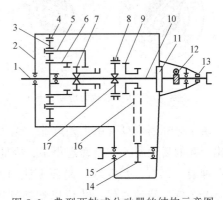

图8-6 典型两轴式分动器的结构示意图
1—输入轴 2—分动器壳体 3—行星轮
4—齿圈 5—行星架 6—太阳轮
7—换挡齿毂 8—接合套 9、14—齿轮
10—后桥输出轴 11—转子式油泵
12—里程表驱动齿轮 13—油封
15—前桥输出轴 16—锯齿式链条 17—花键毂

当接合套8右移与齿轮9接合，齿毂7右移与行星架5接合，分动器处于四轮驱动低挡（4L）。动力传递情况如下：

输入轴1→太阳轮6→行星轮3→行星架5→换挡齿毂7→后桥输出轴10→后桥花键毂17→接合套8→齿轮9→链条16→齿轮14→前桥输出轴15→前桥

总之，接上前桥驱动时，前、后桥的车轮同步转动，若前后轮胎磨损不同、气压不等或路面情况不同，易产生滑转或滑移。故在好路上使用高速挡行驶时应不接前桥，以免增加功率消耗、轮胎和传动系零件的磨损；在路况较差的条件下行驶时，为使汽车具备足够的牵引力，应接上前桥驱动用低速挡或高速挡行驶。

2. 锁定毂

目前大多数的四轮驱动汽车前轮使用了可锁止和分离的锁定毂。即当两轮驱动时，它可以使前轮轮毂与前轴、前差速器、前减速器、前传动轴脱离接合，使它们停止转动，此时前轮只作为自由轮转动，这样减少了这些部件的磨损，降低了行驶阻力，改善了燃油经济性。而当四轮驱动时，前毂则被锁定。

锁定毂有两种类型：手动型和自动型。手动锁定毂必须把汽车停下来，在每一个前轮毂端转动旋钮。当转动这个旋钮至锁定或自由位置（图8-7）时，可锁定轮毂或使轮毂脱离锁定。这个旋钮施加或释放在毂离合器上的弹簧张力。当毂处于锁定位置时，弹簧压力使离合器接合到与半轴相连的内毂（图8-8）由于离合器连接到外毂，则离合器的接合将半轴与毂连接起来。在脱离锁定的位置，离合器不与内毂接合，车轮可以在轴承上自由旋转。

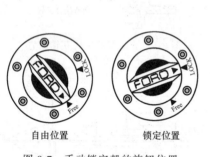

图 8-7 手动锁定毂的旋钮位置

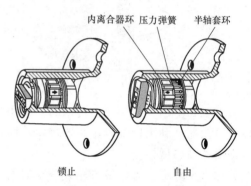

图 8-8 锁定毂的动作

由于分动器内没有中央差速器，无法调整前后桥的转速差，当汽车转向时，前轮转弯半径比同侧的后轮要大，路程走得多，因此前轮的转速要比后轮快。所以四轮驱动的汽车不适宜在铺装（沥青、水泥等）路面上使用四驱，以避免在弯道上不能顺利转弯。而在通过恶劣路况车轮打滑的时候，才可以切换到四驱状态，以便让不打滑的车轮具有驱动力，摆脱困境。

8.3 全轮驱动（AWD）系统

重点掌握

全轮驱动系统的主要机件有哪些？它们是如何工作的？

8.3.1 全轮驱动系统的组成

全轮驱动系统常用于中型汽车，也用于一些高性能的轿、跑车上。这些车辆最常见的是使用变速驱动桥的前轮驱动汽车，一般不用于越野车。典型的全轮驱动系统如图8-9所示，由发动机、变速器、轴间差速器、传动轴及前后驱动桥等组成。

装备全轮驱动装置的车辆常在公路和低于正常行驶条件（非越野）以下使用，它为车

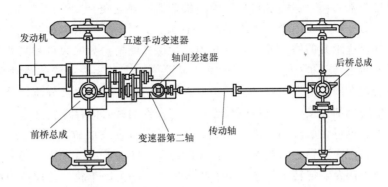

图8-9 典型的全轮驱动系统

辆在不良或滑溜路面增加牵引力而设计。

全轮驱动系统的最大优点是把发动机的大部分转矩（等值）传递到四个车轮，使汽车在滑溜和冰雪路面上有更好的控制性。如果一个车轮开始滑动早于其他三个车轮，这个车轮的转矩会减少，此时该系统就使另三个车轮转矩增加，故这常被认为是按需分配的四轮驱动系统。

8.3.2 全轮驱动系统主要部件的工作原理

1. 轴间差速器

全轮驱动系统内有三个差速器：除了前、后桥各有一个差速器外，在前后驱动桥之间还有一个中央差速器——轴间差速器，它是可使前、后驱动桥之间产生速度差的机构，防止因前后轮速度不同而使轮胎产生跳跃或拖曳。第7章中介绍的托森差速器就是轴间差速器，它可在前后桥存在转速差时对转矩进行重新分配。

轴间差速器也常用于四轮驱动的汽车上。这是由于四轮驱动时前桥和后桥通过分动器锁在一起，这样当前后轮存在转速差或承受不同负荷时，会在整个传动系内产生扭转力，引起系统内机件过度磨损和提前损坏。为消除这个问题，就在前后桥之间装轴间差速器，在前、后差速器之间发生扭转或产生扭转力时，轴间差速器产生滑动，使内部机件磨损大大降低，还可以防止分动器的损坏。

2. 液力耦合器

有些汽车的全轮驱动系统则采用液力耦合器来使驱动桥的速度产生变化。液力耦合器（图8-10）是由一个内装两组薄圆钢盘并充满黏稠液体（硅油）的圆筒而组成。一组圆盘连于前桥，另一组与后桥连接（图8-11）。两轴中具有外花键的一根轴与液力耦合器壳的内花

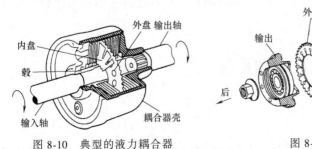

图8-10 典型的液力耦合器

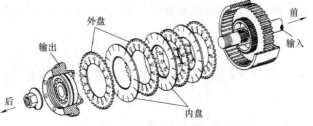

图8-11 液力耦合器的分解图

键接合，同时也与液力耦合器内盘接合，液力耦合器的外盘则通过外花键齿与液力耦合器壳的内花键接合。另一轴在壳内带有密封的滚动轴承上旋转。这些盘为钢制，上面开有专门的槽。内盘有从外径边缘开的槽，外盘有从其内径边缘开的槽。盘的数目和尺寸依据设计取决于液力耦合器的转矩传送能力。当一个车桥明显要求更大转矩时，液体变热并立刻改变黏度。这种黏性变化在圆盘上发生反应，转矩根据驱动桥的实际需要被分流。前、后桥通过液力耦合器里黏性的硅油连接而非机械刚性连接，它允许两桥之间存在转速差。

液力耦合器也可以在前桥和（或）后桥差速器中用作防滑装置（图8-12）。当两轴在力作用下旋转时，它们在两轴之间提供一个持久的力。与防滑差速器一样，当另一个车轮有较小驱动力时，液力耦合器把转矩传递到具有更大驱动力的主动车轮。常用液力耦合器来代替轴间差速器。一旦需要改进车轮驱动力时，液力耦合器便自动运行。

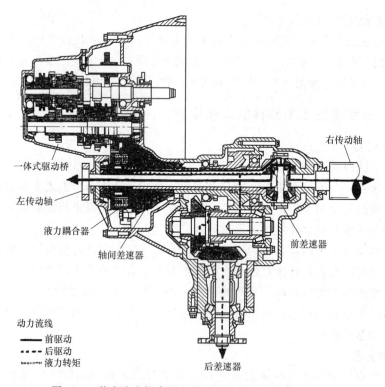

图8-12 装有液力耦合器和轴间差速器的全轮驱动系统

高性能的全轮驱动汽车在轴间和前差速器中使用一液力耦合器来改进处于高速的转弯和操纵性能。轴间差速器液力耦合器与开式前、后差速器的组合可改进汽车制动力的分配，并与反锁定制动系统相一致。

8.4　电子控制的四轮驱动/全轮驱动系统

8.4.1　电子控制的四轮驱动系统

电子控制的四轮驱动系统，在正常的路面，车辆一般会采用后轮驱动的方式。一旦遇到路面不良或驱动轮打滑,电脑会自动检测并立即将发动机输出的转矩分配给两个前轮,自然切换到四轮驱动状态。

电子控制的四轮驱动系统由输入装置、电子控制单元和输出装置组成。输入装置包括一系列传感器,如挡位选择、发动机转速、发动机负荷、驱动轮转速传感器。根据传感器输入的电信号,电控单元确定如何控制分动器的工作。如图8-13所示为四轮驱动装置电路。分动器电路运作如下:

1) 需四轮驱动时,点火开关在运行位置,从熔断丝盒来的电流到分动器开关。
2) 分动器开关闭合,前桥接合器电磁阀被激发,使前桥被连接,进入四轮驱动。
3) 随着前桥接合,前桥开关闭合,点亮仪表板上的四轮驱动指示器灯。
4) 随着前桥开关闭合,电流也流到防抱死制动电路和锁止离合器电磁阀,这样四轮驱动时,使防抱死制动系统分离后防抱死制动器,同时锁止离合器也被分离。

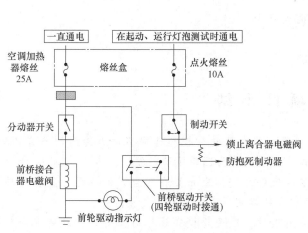

图8-13 电控四轮驱动装置电路

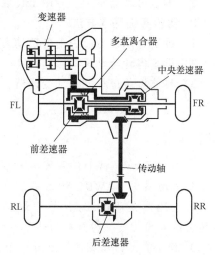

图8-14 电控式全轮驱动系统

8.4.2 电子控制的全轮驱动系统

许多全轮驱动系统是由电子自动控制的,并以前轮驱动传动系为基础。后传动轴从变速驱动桥延伸至后驱动桥。为把动力传递到后部,使用了多盘离合器,这种离合器与轴间差速器配合使用(图8-14)。它通过传感器监视前后驱动桥的速度、发动机速度以及发动机和动力传动系统上的负荷。当前、后驱动桥之间产生速度差时,电子控制装置接收来自传感器的信号,并根据此转速差,控制多盘离合器的接合力,从而控制前后轮的转矩分配。它可使动力从95%前轮驱动和5%后轮驱动分流至50%前轮驱动和50%后轮驱动。这种动力分流发生得相当迅速,以致驾驶员意识不到驱动力的问题。

8.5 实验实训

安全提示

1. 在拆卸四轮驱动/全轮驱动系统时,由于组成机件较重,所以举升时一定要用合适的举升装置,以防伤害事故的发生。

2. 在拆卸电控四轮驱动/全轮驱动系统的电器设备线路时,一定要在线路上加上标签,以便于重新连接。

四轮驱动系统主要机件——分动器的拆装

1. **实验实训目的**
1) 熟悉分动器的结构组成和工作原理。
2) 能够说出变速器各零部件的名称及各挡动力传动路线。
3) 能够正确进行分动器的拆装。

2. **实验实训设备及工、量具**
1) 分动器数台。
2) 拆装分动器常用、专用工具数套。

3. **实验实训基本方法**
1) 拆下分动器盖,说出各挡动力传动路线。
2) 拆装齿轮传动机构。
3) 具体拆装过程同手动变速器,略。

项 目 小 结

1. 四轮驱动(4WD)系统装有分动器,并由驾驶员控制选择将动力传到两轮或四轮。而全轮驱动系统(AWD)不使用分动器,而且始终为四轮驱动行驶。

2. 分动器是四轮驱动装置中最重要的机件之一,它布置在变速器的后面,其主要功用是将变速器输出的动力分配到各个驱动桥上,并能实现高、低挡的变换。

3. 锁止毂是四轮驱动装置另一个共用机件,在两轮模式运行时,用锁止毂断开由前轮带动旋转的前传动系。

4. 液力耦合器是全轮驱动系统的机件之一。现代汽车用电子控制装置去啮合和分离液力耦合器。

5. 电子控制的四轮驱动/全轮驱动系统由输入装置、电子控制单元和输出装置组成。

6. 在四轮驱动系统中,电子控制装置接收来自传感器的信号,控制分动器进行两驱和四驱间的转换。

7. 在全轮驱动系统中,电子控制装置接收来自传感器的信号,控制液力耦合器(或多盘离合器)的接合力,从而控制前后轮的转矩分配比率。

复 习 思 考 题

1. 何谓四轮驱动和全轮驱动?各有什么特点?
2. 分动器的作用是什么?简述其工作原理。
3. 在某些四轮驱动的汽车上,为什么采用锁止毂?
4. 液力耦合器的作用是什么?
5. 电子控制四轮驱动/全轮驱动系统由哪几部分组成?它们是如何工作的?

项目 9

汽车巡航控制系统的构造与检修

 学习目标：

1. 了解汽车巡航控制系统的作用及工作原理。
2. 掌握汽车巡航控制系统的基本组成及相应作用。
3. 掌握汽车巡航控制系统的使用方法及注意事项。
4. 识别汽车巡航控制系统的常见故障，并进行基本的故障诊断及检修。

9.1 巡航控制系统的认识

重点掌握

1. 什么是巡航控制系统，它有哪些主要作用？
2. 巡航控制系统的工作原理是什么？

9.1.1 巡航控制系统的作用

汽车巡航控制系统（Cruise Control System，CCS），是现代汽车的一种舒适装备。根据其特点又称"恒速控制系统""车速控制系统""巡航控制系统"等。

设置巡航控制系统，驾驶员可以将车速设定在一个固定的速度上，车辆将准确地按照所设定的速度行驶，驾驶员可以不必踩踏加速踏板从而大大减轻长途驾车的疲劳，同时匀速行驶也可以减少燃油的消耗。

巡航控制系统的主要优点是，无论由于风力和道路坡度变化，引起汽车的行驶阻力怎样变化，只要在发动机功率允许范围内，汽车的行驶速度便可保持不变。而当汽车以定速行驶时，驾驶员负担明显减轻，使其可轻松驾驶，提高了行驶的舒适性。此外，可使汽车燃油的供给与发动机功率间的配合处于最佳状态，有效地降低了燃油的消耗，减少了有害气体的排放。

9.1.2 巡航控制系统的工作原理

在汽车巡航控制系统中，电子控制装置可根据行驶阻力的变化，自动调节发动机节气门开度，使行驶车速保持恒定。巡航控制系统的方框图如图9-1所示。

控制器有两个输入信号，一个是驾驶员按要求设定的指令速度信号，另一个是实际车速

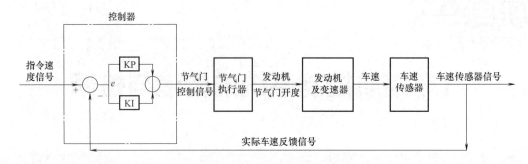

图 9-1 巡航控制系统方框图

的反馈信号。电子控制器检测这两个输入信号之间的误差后,产生一个送至节气门执行器的节气门控制信号。节气门执行器根据所接收的控制信号调节发动机节气门开度以修正电子控制器所检测到的误差,从而使车速保持恒定。实际车速由车速传感器测得并转换成与车速成正比的电信号反馈至电子控制器。作为巡航控制系统核心部件的控制器采用一种叫作比例积分控制（简称 PI 控制）的电子控制装置。节气门控制信号实际上由两部分叠加而成。线性放大部件 KP 提供一个与误差信号 e 成正比的控制信号,而积分放大器 KI 则设置一条斜率可调整的输出控制线,用来将这一段时间内的车速误差降为零。实际上并不能真正降低到零,而是保持在一定的误差范围内,因为当车速误差为零时,行驶阻力的微小变化都将引起节气门开度的变化,容易产生"游车"。

9.2 巡航控制系统的基本结构组成

重点掌握

巡航控制系统的基本组成元件有哪些,它们各有什么作用?

9.2.1 巡航控制系统的基本组成

图 9-2 所示为现代汽车巡航控制系统基本结构示意图。巡航控制系统主要由指令开关、

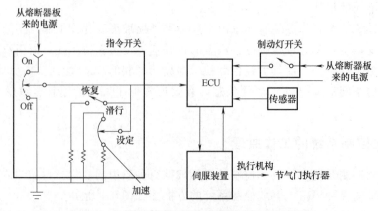

图 9-2 现代汽车巡航控制系统基本结构示意图

传感器、巡航控制系统 ECU 和节气门执行器四部分组成。各种开关与 ECU 被配置在车室内；执行元件、真空泵则配置在发动机室内，执行元件的控制线缆与加速踏板相联接。

9.2.2 巡航控制系统组成元件的结构及作用

1. 指令开关

指令开关主要包括主控开关、离合器开关、变速器空挡起动开关、制动灯开关（包括驻车制动器）和电源开关（点火开关）等。

（1）主控开关

主控开关控制巡航系统的起动、关闭、控制调节巡航工作状态。主控开关一般为组合式开关，安装在方便驾驶员操作的转向盘下方或其他部位，如图 9-3 所示。它由主开关和控制开关组成，主开关（CRUISE ON-OFF）为巡航系统的电源开关，按下此按钮时，仪表板上的巡航控制系统的 CRUISE ON-OFF 指示灯亮，表示巡航控制系统可转入运行状态；再按一下，则按钮弹起，指示灯灭，巡航控制系统处于关闭状态。控制开关一般有三个开关、五种控制功能，即设置/减速开关（SET/COAST）、恢复/加速开关（RES/ACC）和取消开关（CANCEL）。将控制开关手柄朝不同方向扳动可完成巡航速度的设定、巡航速度加、减速后的设定、巡航速度的取消和恢复等控制功能。

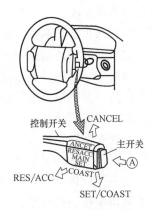

图 9-3 巡航控制系统操纵手柄

（2）离合器开关（仅对安装手动变速器车辆）

当汽车在巡航状态下行驶，出现驾驶员干预，若变换变速器挡位、制动等情况，驾驶员踩踏离合器踏板，离合器开关即由断开变为闭合，离合器开关的闭合，使电控单元立即自动关闭巡航工作状态。离合器开关装在驾驶室离合器踏板的上部，靠驾驶员踩踏离合器踏板的机械动作，使其闭合。

（3）变速器空挡起动开关（仅对安装自动变速器车辆）

变速器空挡起动开关的作用与离合器开关类似。空挡起动开关的安装位置紧靠变速杆，并与变速杆联动，当变速杆置于空挡时，空挡起动开关由断开变成闭合。

（4）制动灯开关

当驾驶员踩踏制动踏板时，在制动（接通）灯亮的同时，将控制节气门动作摇臂的电磁离合器断开，迅速退出巡航控制的工作状态。在制动灯开关中原来常开触点的基础上，增加了与之联动的常闭触点，当驾驶员踩踏制动踏板、制动灯亮的同时，常闭触点断开，电磁离合器断电，节气门不再受巡航系统控制。

（5）驻车制动器制动开关

驻车制动器制动开关的作用与离合器开关（变速器空挡起动开关）类似。安装位置紧靠驻车制动操纵杆并与驻车制动操纵杆联动，当拉驻车制动时，此开关由断开变为闭合。

（6）点火开关

点火开关的主要作用是通断蓄电池和发电机的巡航控制的工作电源。

2. 传感器

传感器主要有车速传感器、节气门传感器和节气门控制摇臂传感器等。

(1) 车速传感器

车速传感器通常和车速里程表驱动装置相连。如果车速表是电子式的，车速表传感器给出的信号可直接用作巡航控制系统的反馈信号，因而不必为巡航控制系统另外设置传感器。具有非电子式车速表的汽车，巡航系统设有专用车速传感器，一般安装在汽车变速器输出轴上。车速传感器有光电式、霍尔感应式、磁阻式等多种结构形式。最简单且最常用的是磁阻式，其结构如图9-4所示。

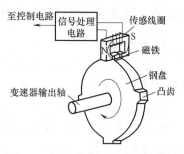

图 9-4 磁阻式车速传感器结构图

带凸齿的钢制圆盘安装在变速器输出轴上并随输出轴一起转动，当凸齿位于磁铁两极之间时，由于钢的导磁性能远高于空气隙，磁回路磁阻突然减小，从而在传感线圈中产生一高的脉冲电压信号。我们注意到变速器输出轴每转一周，四个凸齿各通过传感线圈一次。因此信号处理电路计数1min内传感线圈中的电压脉冲数并除以4就可得到r/min表示的变速器输出轴转速。

(2) 节气门传感器

节气门传感器对电控单元提供一个与节气门位置成比例变化的电信号。节气门传感器与发动机电控的传感器共用。

(3) 节气门控制摇臂传感器

节气门控制摇臂传感器是巡航控制系统专用的传感器。它对电控单元提供节气门控制摇臂位置的电信号，目前应用较多的是滑线电位计式。当节气门控制摇臂转动时，电位计与之转动，便输出一个与控制摇臂位置成比例变化的、连续变化的电信号。

3. 执行器

执行器是将巡航控制系统ECU输出的电流或电压信号转变为机械运动，进而控制节气门的开度，最终达到控制车速的目的。目前使用的执行器有两种类型，一种是真空电磁膜片式执行机构；另一种是步进电动机式执行机构。前者由负压操纵节气门，后者由步进电动机操纵节气门。

(1) 真空电磁膜片式执行机构

真空电磁膜片式执行机构如图9-5所示。它由真空驱动膜片、真空阀（让膜片室连接真空源的常闭型电磁阀）、空气阀（让膜片室通至大气的常开型空气电磁阀）、可变电感式位置传感器和节气门拉索等组成。可变电感式位置传感器的作用是提供一组不间断的伺服位置的电压信号给ECU，该信号还能与车速信号进行连续的比较，以确定恒速装置是否校正了车速误差，或还需要进行校正。

汽车在巡航行驶状态时，真空电磁阀与空气电磁阀均关闭，膜片室内真空度恒定。膜片及拉索保持节气门在一定位置，车速恒定。如果车速低于设定速度，电控单元发出指令使真空阀开启，增大膜片室真空度，吸动膜片及拉索克服节气门回位弹簧弹力，增大节气门开度，使汽车加速。当车速超过设定车速时，电控单元发出指令使空气阀打开，膜片室真空度下降，节气门在回位弹簧的作用下开度减小，使汽车减速。解除巡航控制时，真空阀关闭，空气阀打开，膜片与大气相通。

(2) 步进电动机式执行机构

步进电动机式执行机构如图9-6所示。它采用直流永磁式双向步进电动机，通过改变电动机的电流方向就可改变电动机的运动方向。由于输入电流是一个十分之几秒的短路电流脉冲，同时节气门每次只能转动一个很小的角度，从而能保证节气门平顺而准确地开启或关闭。

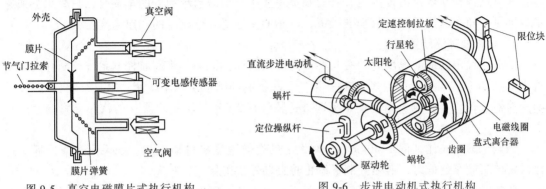

图 9-5　真空电磁膜片式执行机构　　　　图 9-6　步进电动机式执行机构

当接通巡航控制主开关时，电磁线圈通电，巡航控制离合器吸合。巡航控制系统开始起作用，再由两个限值块相配合，使巡航控制系统在规定的车速范围内起作用。定位操纵杆与节气门相连，用来控制节气门开度。巡航控制 ECU 输出电压控制直流步进电动机的运动，通过蜗杆蜗轮系统控制定位操纵杆的转角，从而控制节气门开度。

4. 巡航控制系统 ECU

巡航控制系统 ECU 是巡航控制系统的核心，它将来自制动踏板、车速传感器和操纵开关的信号，经处理后控制伺服装置，继而控制执行机构动作，以调节节气门开度。

5. 电子巡航控制系统的安全装置

为了确保行车安全，巡航控制系统的控制器电路中设有多重安全装置，一旦以下所列的任一项动作发生，巡航控制器都会立即停止工作，同时直接使执行元件的工作停止。

1) 踏下制动踏板或拉动驻车制动器。
2) 踏下离合器踏板或扳动自动变速器变速杆。
3) 关掉主开关或打开取消开关。
4) 车速下降超过原设定车速 20km/h。
5) 关掉电源。

9.3　巡航控制系统的使用

重点掌握

巡航控制系统怎样使用？在使用中要注意哪些问题？

9.3.1　巡航控制系统的使用方法

1. 设定巡航速度

为确保行车安全，巡航控制系统的低速控制点一般为 40km/h，也就是说车速低于

40km/h巡航系统不工作。设定巡航速度的方法：第一，开启巡航控制系统，按下CRUISE ON-OFF按钮，踩下加速踏板，使车辆加速。第二，当车速达到人为设定值时，将巡航控制系统控制开关手柄置于SET/COAST方位并释放（图9-3），这就进入了自动行驶状态，驾驶员可将加速踏板松开，巡航控制系统会根据汽车行驶时阻力的变化，自动调节节气门的开度，使车速保持在设定的范围内。若驾驶员想加速，如需超越前方的车辆时，只要踩下加速踏板即可。超车完毕后再释放加速踏板，汽车便又恢复到已设定的巡航速度行驶。

2. 取消设定巡航速度

需取消设定的巡航速度时，有几种方法可供选择：第一，将巡航控制系统控制开关手柄置于CANCEL方位并释放（图9-3）；第二，踩下制动踏板使汽车减速；第三，装备MT（手动变速器）的汽车，踩下离合器踏板即可；装备有AT（自动变速器）的汽车，将变速杆置于空挡。

当汽车的行驶速度低于40km/h，则设定的巡航速度将自动取消；如果汽车减速后车速比设定的巡航车速低时，巡航控制系统也将自动停止工作。

此外，汽车行驶时设定的巡航速度若不是由上述原因取消而是自动取消，或仪表板上的巡航控制CRUISE ON-OFF开关指示灯出现闪烁现象，则表明系统出现故障。

3. 设定装备AT（自动变速器）的汽车加速

将巡航控制系统操纵手柄置于RES/ACC方位并保持手柄不动（图9-3），此时车速将逐渐加快，当车速达到要重新设定的巡航速度时释放手柄。这种加速的方法与前面所述设定巡航速度的操作方法相比，所用的时间较长。

4. 设定装备AT（自动变速器）的汽车减速

将巡航控制系统的操纵手柄置于SET/COAST的方位并保持手柄不动（图9-3），此时车速将逐渐减慢，当车速降至所要求的设定速度时释放操纵手柄。这种减速方法与踩制动踏板减速相比，减速度要小。

5. 恢复到原来设定的巡航速度

将巡航控制系统操纵手柄置于RES/ACC方位（图9-3），汽车可恢复到原设定的速度做巡航行驶。除非车速已降至40km/h以下或低于设定速度的差值在16km/h以上时，巡航控制系统自动停止工作。

9.3.2 巡航控制系统使用注意事项

巡航控制系统在使用中应注意以下几个问题：

1）为了让汽车获得最佳控制，遇交通拥堵的场合，或在雨、冰、雪等湿滑路面上行驶及遇上大风天气时，不要使用巡航控制系统。

2）为了避免巡航控制系统误工作，在不使用巡航控制系统时，务必使巡航控制系统的控制开关（CRUISE ON-OFF）处于关闭状态。

3）汽车行驶在陡坡上若使用巡航控制系统时，则会引起发动机转速变化过大，此时最好不要使用巡航控制系统。下坡驾驶中，须避免将车辆加速。如果车辆的实际行驶速度较设定的正常行车速度高出太多，则可省略巡航控制装置，然后将变速器换成低挡，利用发动机制动使车速得到控制。

4）汽车巡航行驶时，对装备MT（手动变速器）的汽车切记不能在未踩下离合器踏板的前提下就将变速杆移置空挡,从而造成发动机转速骤然升高。

5)使用巡航控制系统要注意观察仪表板上的指示灯"CRUISE"是否闪烁发亮,若闪烁就是表明巡航控制系统是在故障状态。发现故障状态时,应停止使用巡航控制系统,待排除故障后再使用巡航控制。

9.4 巡航控制系统的常见故障与检修

重点掌握

1. 如何进行巡航控制系统的常见故障检查与检修?
2. 如何进行丰田雷克萨斯(LEXUS)轿车巡航控制系统故障的自诊断?

9.4.1 巡航控制系统常见故障的检测

1. 巡航控制系统不工作

出现巡航控制系统不工作的故障,首先要检查所有的熔丝,然后目测检查系统有无电气线路连接点脱落、接触端子腐蚀生锈、线路绝缘损坏以及真空管路变形、扭结和泄漏等。如果目测正常,没有不良情况,可参考下列步骤继续检测。

① 踩住制动踏板,观察制动灯是否正常发光。如果制动灯不亮且并非灯泡损坏,则检查制动灯开关及与巡航控制系统相关的电路。

② 如果车辆装备的是手动变速器,检查离合器开关的工作是否正常。用万用表检测并判断其工作情况。

③ 检查执行器操纵杆和节气门拉线动作是否正常。

④ 如果巡航控制系统是气动式的结构,需要检查执行器的止回阀是否良好。断开止回阀和执行器之间的真空管(在执行器侧边的止回阀),在管子的开口端施加60kPa的真空,止回阀应能保持住真空,否则需更换止回阀。

⑤ 检查真空泄放阀工作是否正常。

⑥ 检测控制开关和相关线路,对照电路图检查线路连接是否正确可靠,对照开关连通图检查开关端子之间的对应关系是否正确。

⑦ 检测执行器的工作情况。

⑧ 检测车速传感器的工作情况。

⑨ 如果所有检测均表明工作正常,但巡航控制系统还不能工作,需更换电控单元。

2. 巡航控制系统控制车速不能稳定

当车辆进入巡航控制状态,并且设置好巡航车速之后,车速却明显忽高忽低,这种现象又称为"游车"。对于无自诊断功能的巡航控制系统,当出现"游车"时需进行以下检查步骤。

① 检查执行器连杆机构操作是否平稳,有无间隙过大等松旷情况。

② 检查车速表软轴走向是否适当并检查软轴上有无扭结。

③ 检测伺服机构动作是否正常可靠。

④ 检查车速传感器工作是否正常。

⑤ 检查真空泄放阀的动作是否正常。
⑥ 检查所有的电气连接是否正确、可靠。
⑦ 如果所有检测均表明工作正常,但巡航控制系统还不能工作,需更换电控单元。

3. 巡航控制系统出现间歇性工作

巡航控制系统工作时间歇性动作,通常由电气连接或真空连接松动引起。如果目测检查不能查出故障,进行汽车行驶检测并在出现故障时进行辨别。如果在正常巡航中出现故障,从第一步开始;如果在控制键操作时或打转向盘时出现故障,则从第三步开始。

① 如果是气动式执行器,将真空表连接到执行器的入口管处,应该至少有 80kPa 的真空度。
② 检测执行器的工作是否正常。
③ 利用维修手册中的开关连通性图表和系统原理图检测开关的动作,转动转向盘到最大角度的同时检测开关。

如果转向盘转动时万用表的阻值呈现增减变化,可能性最大的原因是接触滑环变脏。可以拆下转向盘,清洁滑环与电刷,并在电刷上薄薄地涂一层车用介电润滑剂。如果阻值超出技术要求值,检查开关和搭铁回路。

如果行驶(或道路检测)检测不能识别故障,进行模拟道路试验的同时晃动电气线路、插接器和真空管路、阀体的连接处,以便将故障隐患找出。

9.4.2 巡航控制系统的检修

1. 巡航控制系统的路试检验

为确认巡航控制系统工作是否正常,可进行路试检验。路试检验的项目和方法见表 9-1。

表 9-1 巡航控制系统路试检验的项目和方法

路试项目和方法	正常情况
试验车速在 40km/h 以上,使巡航控制开关接通,按下设置开关一次立即释放,右脚离开加速踏板	汽车能保持所设定的车速
一直压按着设置开关,至车速降低 7~8km/h,释放设置开关	若试验车速在 40km/h 以上,压按设置开关超过 1s,便会出现车速下降,并使巡航控制系统在新的较低的车速下恒速工作
一直压按着复位开关,至车速增加 7~8km/h,释放复位开关	汽车能加速,并使巡航控制系统在新设置的较高车速下恒速工作
轻轻踩下制动踏板	巡航控制系统脱开,节气门回至急速位置
压按 RES 开关一次并立即释放	车速增加并能保持原设置车速
压按 ACC 开关一次并立即释放	车速增加 1.6km/h 并能保持新设置车速
压按 COAST 开关一次并立即释放	车速减少 1.6km/h 并能保持新设置车速
恒速主开关断开	巡航控制系统脱开,节气门回至急速位置

2. 巡航控制系统的检修

在进行故障诊断之前,应先对执行机构的连接情况进行检查,检查执行机构与节气门的连接杆件是否变形或连接松动;巡航控制系统各连接导线是否有绝缘损坏、裸露或折断;巡航控制系统安装是否正确,插头是否连接可靠等。经确认上述外部件都良好时,才能对巡航控制系统进行检修。

(1) 主开关的检测
① 小心地将主开关撬出仪表板。

② 断开主开关 5 针插头。

③ 按表 9-2 所示，检查开关在各位置（接通或断开）时端子之间的导通性。若连线端子间不导通，则应更换主开关。

表 9-2 主开关端子间的导通性

端子号	1	2	3	4	5
断开	○―	―○		○―	―○
接通	○―	―○―	―○	○―	―○

（2）设置/复位/清除开关的检测

① 断开蓄电池负极导线，再断开正极导线，并至少等待 3min，断开前排左右两侧安全气囊插头。

② 拆下仪表板下盖和膝垫，从转向盘上断开设置/复位/清除开关线束 4 针插头。

③ 按表 9-3 所列，在开关各位置测量设置/复位/清除开关 4 针插头各端子间的导通性。若连线端子间不导通．应更换设置/复位/清除开关。

表 9-3 设置/复位/清除开关 4 针插头各端子间的导通性

端子号	1	2	3
设置（接通）		○―	―○
复位（接通）	○―	―○	
清除（接通）	○―	―○―	―○

（3）离合器开关检测

① 断开离合器开关上的 3 针插头。

② 拆下离合器开关。

③ 按表 9-4 检查各端子间的导通性。

④ 若有必要，可更换开关或调节离合器踏板高度。

表 9-4 检查离合器开关各端子间的导通性

端子号	2	3
压下		
释放	○―	―○

（4）制动开关检测

① 断开制动开关上的 4 针插头。

② 拆下制动开关。

③ 按表 9-5 检查各端子的导通性。

④ 若有必要，可更换开关或调节制动踏板高度。

表 9-5 检查制动开关各端子的导通性

端子号	1	2	3	4
压下		○―	―○	
释放	○―			―○

（5）执行器检测

① 断开执行机构上的拉线和 4 针插头。

② 将 4 号端子连接到蓄电池电源正极，且使 1、2、3 号端子搭铁。将真空泵与真空软

管连接,然后将执行器抽成真空。

③ 此时执行器杆应被完全吸入,如果不能完全吸入或根本不被吸入,需检查真空管路是否泄漏或电磁阀是否损坏。

④ 维持加电压和抽真空状态,用手试着抽拉执行器杆。在正常情况下,执行器杆应不能被拉动。若能用手拉动,则执行器已坏,应更换。

⑤ 断开3号端子的搭铁线,执行器杆应返回原位;若不能复位,而通风口管路滤清器又未被堵塞,则表明电磁阀已损坏。

⑥ 如果更换电磁阀总成,应在各电磁阀上使用新的O形圈。

⑦ 将4针插头的电源及搭铁线均断开;将执行器的通风软管断开,然后将真空泵连接到执行器的通风软管口并抽真空。这时,执行器应完全被吸入,否则,说明真空阀在打开位置卡住,应更换执行器。

9.4.3 巡航控制系统故障自诊断

汽车电子巡航控制系统通常都具有较强的故障自诊断功能。在进行故障自诊断测试时,首先应检查巡航(CRUISE MAIN)指示灯是否正常。当巡航控制主开关接通时,巡航指示灯应点亮。

若在巡航控制行驶期间车速传感器或执行器等发生故障,ECU 会执行巡航控制的自动取消(AUTO CANCEL)功能,并使巡航指示灯闪烁,告诉驾驶员系统出了故障。与此同时,故障内容以代码的形式存入存储器。

在进行故障自诊断测试时,均应使系统进入自诊断测试状态。不同的车系、车型,进入自诊断测试的方式也不尽相同,下面以丰田凌志(LEXUS)型轿车为例介绍巡航控制系统的故障自诊断测试。

1. 故障码的读取

丰田雷克萨斯车巡航控制系统故障码的读取方法如下:

1)将点火开关转到 ON 位置。

2)用跨接线连接诊断插座(TDCL)的端子 Tc 和 E1。

3)从巡航(CRUISE MAIN)指示灯的闪烁读取故障码。

2. 故障码及其含义

丰田雷克萨斯车巡航控制系统的8个故障码见表9-6。

表9-6 丰田雷克萨斯车巡航控制系统的故障码及含义

故障码	CRUISE MAIN 指示灯灯光闪烁图形	诊断结论
—		正常
11		电动机电路或安全电磁离合器电路不正常
12		安全电磁离合器电路不正常
13		电动机电路或位置传感器电路不正常
21		车速传感器电路不正常

项目 9 汽车巡航控制系统的构造与检修

(续)

故障码	CRUISE MAIN 指示灯灯光闪烁图形	诊断结论
23		汽车实际行驶速度低于设定速度 16km/h 或更多
31		控制开关电路不正常
32		控制开关电路不正常
34		控制开关电路不正常

3. 故障码的清除

根据故障码完成检修后,关断点火开关,拆下 DOME 熔断丝 10s 或更长时间,即可清除储存在存储器中的故障码。之后再接上熔丝检查,CRUISE MAIN 指示灯应闪烁显示正常图形。

9.5 实验实训

安全提示

1. 由于巡航控制系统与其他系统共用几个传感器,应避免造成其他系统故障。
2. 由于控制开关位于转向盘上,检查时应注意并避免引爆气囊。

巡航控制系统的认识

1. 实验实训目的
1) 认识巡航控制系统组成元件的结构及作用。
2) 掌握巡航控制系统的使用方法。
3) 了解巡航控制系统的故障诊断方法。

2. 实验实训设备及工、量具
1) 一台带有恒速巡航系统的车辆。
2) 万用表、专用扫描仪、扳手等常用工具。

3. 实验实训基本方法
1) 首先认识巡航控制系统的安装位置,讲解巡航控制系统组成元件的结构及作用。
2) 介绍巡航控制系统的使用方法。
3) 介绍巡航控制系统的故障诊断方法。

项目小结

1. 设置巡航控制系统,驾驶员可以将车速设定在一个固定的速度上,车辆将准确地按照所设定的速度行驶。
2. 巡航控制系统主要由指令开关、传感器、巡航控制系统 ECU 和节气门执行器四部分组成。

3. 指令开关主要包括主控开关、离合器开关、变速器空挡起动开关、制动灯开关（包括驻车制动）和电源开关（点火开关）等。

4. 节气门控制摇臂传感器是巡航控制系统专用的传感器。

5. 真空电磁膜片式执行机构由负压操纵节气门；步进电动机式执行机构由步进电动机操纵节气门。

6. 为确保行车安全，巡航控制系统的低速控制点一般为 40km/h。

7. 为了避免巡航控制系统误工作，在不使用巡航控制系统时，务必使巡航控制系统的控制开关（CRUISE ON-OFF）处于关闭状态。

8. 巡航控制系统通常都具有较强的故障自诊断功能。当巡航控制主开关接通时，巡航指示灯应点亮。

复习思考题

1. 什么是巡航控制系统，它的主要作用是什么？
2. 巡航控制系统的工作原理是什么？
3. 巡航控制系统有哪些主要组成部分，各有什么作用？
4. 巡航控制系统如何使用，又有哪些注意事项？
5. 巡航控制系统常见故障如何检查与检修？故障自诊断测试的过程有哪些？

项目 10

汽车行驶系统的认识

 学习目标：

1. 掌握汽车行驶系统的基本组成及功用。
2. 了解汽车行驶系统的受力情况，掌握汽车行驶系统的行驶原理。

10.1 汽车行驶系统的组成和功用

重点掌握

1. 汽车行驶系统由哪几部分组成？
2. 汽车行驶系统有哪些功用？

汽车作为一种地面交通运输工具，其行驶系统的基本组成和结构形式，在很大程度上取决于经常行驶的路面性质，常见的有轮式、半履带式、车轮-履带式及水陆两用式等多种类型，但应用最广的是轮式行驶系统。轮式行驶系统的结构特点是通过轮胎直接与地面接触，通过车轮支撑整个车辆，并通过车轮的滚动驱动汽车行驶。

1. 汽车行驶系统的基本组成

轮式行驶系统主要由车架、车桥、悬架和车轮等组成，如图 10-1 所示。

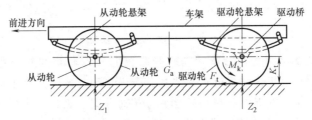

图 10-1 轮式行驶系统的组成和受力简析

车架是全车的装配基体，将整个汽车连接成一整体；车轮安装在车桥上，支撑着车桥与汽车；悬架把车架与车桥连接在一起，减少汽车在行驶中受到的各种冲击与振动。

2. 汽车行驶系统的功用

1) 通过驱动车轮与路面之间的附着作用，使传动系统传来的力矩变为汽车行驶的驱动力矩。

2）支撑汽车总质量，传递路面作用于车轮上的各种力及力矩。

3）缓和冲击，衰减振动，保证汽车的行驶平顺性并与转向系配合保证汽车的操纵稳定性。

10.2 行驶系统受力简析

重点掌握

汽车行驶系统受哪些力作用？

汽车行驶系统的受力情况如图 10-1 所示。其中 K_t 为驱动轮半径。

汽车的总重力 G_a 通过前、后车轮传到地面，引起地面分别作用于前轮和后轮上的垂直反力 Z_1 和 Z_2。

当驱动半轴将驱动力矩 M_k 传到驱动轮时，通过车轮与路面的附着作用，路面向汽车施加使汽车前进的驱动力 F_t。

由于驱动力作用在驱动轮与地面接触处，此力对车轮中心产生的反力矩 $F_t K_t$ 使汽车前部具有向上抬起的趋势，从而使得前轮上的垂直载荷减少，后轮上的垂直载荷增加。汽车突然加速行驶时，这种作用尤其明显。

当汽车制动时，由制动力引起的反力矩使汽车前部有向下俯倾的趋势，从而使得后轮垂直载荷减少而前轮垂直载荷增加。紧急制动时，这种作用更加明显。

汽车在弯道或弓度较大的路面上行驶时，由于离心力或汽车质量在横向坡道上的分力作用，使汽车有侧向滑动的趋势，路面将产生阻止车轮侧滑的侧向力，此力由行驶系统来传递和承受。

汽车在前进过程中，还受到车轮与地面作用产生的滚动阻力 F_f，空气阻力 F_a 及加速阻力 F_j，坡度阻力 F_i 等的作用。

项 目 小 结

1. 轮式行驶系统主要由车架、车桥、悬架和车轮等组成。

2. 汽车行驶系统的功用有通过驱动车轮与路面之间的附着作用，使传动系统传来的力矩变为汽车行驶的驱动力矩；支撑汽车总质量，传递路面作用于车轮上的各种力及力矩；缓和冲击，衰减振动，保证汽车的行驶平顺性并与转向系配合保证汽车的操纵稳定性。

3. 行驶系统受力主要有汽车的总重力、垂直反力、驱动力、制动力、侧向力、空气阻力、坡道阻力、滚动阻力等。

4. 驱动力 F_t 作用于轮缘上，其对车轮中心产生的反力矩 $F_t K_t$ 使汽车前部具有向上抬起的趋势，从而使得前轮上的垂直载荷减少，后轮上的垂直载荷增加。

5. 制动力引起的反力矩使汽车前部有向下俯倾的趋势，从而使得后轮垂直载荷减少而前轮垂直载荷增加。

复习思考题

1. 汽车行驶系统的功用是什么？主要由哪些部件和总成组成？各起什么作用？
2. 试述汽车行驶的驱动附着条件。

项目 11

车架与车桥的构造与检修

 学习目标：

1. 掌握车架的功用、要求、类型及构造。
2. 掌握转向桥、转向驱动桥的构造。
3. 掌握车轮定位的概念、内容、作用及原理。
4. 熟悉车架的检修方法。
5. 熟悉车桥相关的检查与调整方法。

11.1 车架

重点掌握

1. 车架有什么功用？按结构形式可分为哪些类型？各有何特点？
2. 车架常见的损伤形式有哪些？如何进行检修？

11.1.1 车架的功用及类型

1. 车架的功用与要求

车架是连接在各车桥之间形似桥梁的一种结构，是整个汽车的安装基础。

（1）车架的功用

车架的功用是安装汽车的各总成和部件，并使它们保持正确的相对位置，并承受来自车上和地面的各种静、动载荷。

（2）车架的要求

① 车架的结构首先应满足汽车总体布置的要求。

② 车架应具有足够的强度和适合的刚度，以满足承受各种静、动载荷之要求。

③ 车架结构简单，质量应尽可能小，便于机件拆装、维修。

④ 车架的结构形状尽可能有利于降低汽车质心和获得大的转向角，以提高汽车行驶的稳定性和机动性。这一点对轿车和客车尤为重要。

2. 车架的类型与构造

汽车车架按其结构形式可分为边梁式、中梁式、综合式和无梁式车架。

（1）边梁式车架

边梁式车架由两根位于两边的纵梁和若干根横梁组成，如图 11-1 所示。通常用铆接或

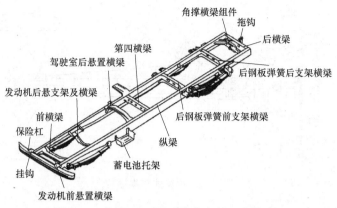

图 11-1　东风 EQ1092 型汽车车架（边梁式）

焊接将纵梁和横梁连接成坚固的刚性构架。纵梁常用低碳合金钢钢板冲压而成，采用抗弯能力较强的槽形断面，也有的制成 Z 字形或箱形断面。根据车型不同及总成结构布置的要求，纵梁可以制成在水平面内或纵向垂直平面内弯曲的形状。其横断面可以是等断面的，也可以是不等断面的。

横梁的设置不仅需要车架具有扭转刚度和承受一定的纵向载荷，而且还需要承担着连接汽车上的各主要部件及总成的任务。因此，横梁的数量、结构形式在纵梁上的布置应该满足汽车总体布置的需要和车架刚度、强度的要求。通常载重汽车上采用五根或五根以上的横梁。采用边梁式车架有利于汽车的改装变形和发展多品种，因而广泛用在载货汽车、改装客车和特种车辆上。

纵梁一般采用槽形断面，其抗弯强度较高。因为纵梁中部受弯曲力矩最大，所以槽形纵梁沿长度方向不等高度，中部断面宽，由中部至两端逐渐减小，从而构成近似等强度梁。

在货车车架前端，或轿车车架的前后两端，装有一缓冲件——保险杠。当汽车受到撞击时，它可以保护车身、翼子板及散热器，使之受免损伤。轿车上的保险杠还同时起着美化汽车外观的作用。汽车车架前端还装有简单的挂钩，以便在汽车发生故障或陷入泥坑时可以由别的汽车来拖带。货车后横梁上装有拖带挂车用的拖钩，为使拖钩能承受很大的作用力，通常以角支撑使其加强。

（2）中梁式车架

边梁式车架有结构简单、部件安装固定方便等优点，但其最大的缺点是扭转刚度小。为提高车架的扭转刚度，在一些轿车和载货汽车中采用了中梁式车架（也称脊梁式车架）的结构形式，如图 11-2 所示。这种梁的特点是中部由一根大断面（圆形或矩形）的纵梁和副梁托架等组成。传动轴由中梁内孔通过。纵梁的前端做成叉形支架，用来安装发动机。主减速器壳固定在中梁的尾端，形成断开式驱动桥。

这种车架质量轻、重心低、刚度和强度较大、行驶稳定性好，而且车轮运动空间足够大，前轮转向角大，便于采用独立悬架系统，适用于闭式传动轴。但这种车架制造工艺复杂，精度要求高，维护不便。另外，横梁是悬臂梁，弯矩大，易在根部处损坏。

（3）综合式车架

综合式车架是综合边梁式车架和中梁式车架的结构特点形成的，如图 11-3 所示。纵梁前后段类似边梁式结构，用以安装发动机；中部采用中梁式结构，传动轴从中梁管内通过。

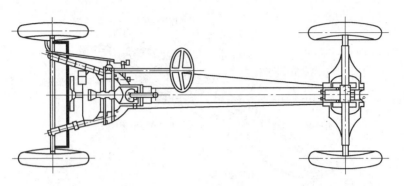

图 11-2 中梁式车架结构

由于安装车门槛的位置附近没有边梁的影响,故可使地板的外侧高度有所降低。缺点是中间梁的断面尺寸大,造成地板中部的凸起。另外,不规则的结构增加了车架的制造难度。

(4) 无梁式车架(承载式车身)

许多轿车和公共汽车没有单独的车架,而以车身代替车架,主要部件连接在车身称为承载式车身,如图 11-4 所示。这种结构的车身底板用纵梁和横梁进行加固,车身刚度较好,质量较轻,但制造要求高。

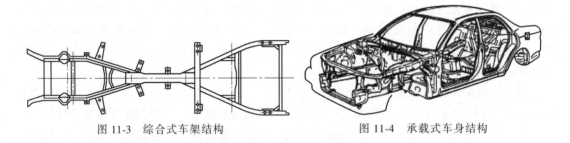

图 11-3 综合式车架结构　　　　　图 11-4 承载式车身结构

11.1.2 车架的检修

以边梁式车架为例介绍车架的检修方法。车架通常在汽车大修时进行总成修理,修理前应清理旧涂层。轿车车架检修的先进设备已经同车身的整形合并,兼容车架和车身的两种检修功能,由电脑控制完成。但国内多数企业仍采用"对角线法"及常规的拉、压器具检修车架,按照检验、校正、重铆及断裂修理的基本顺序进行。

由于结构设计不合理和使用不合理等原因,车架常见的损伤形式有变形、裂纹、腐蚀和连接松旷等。

1. 车架变形的检修

双桥汽车的平行边梁式车架,以钢板弹簧支座上钢板销孔的轴线为基准,构成三个矩形框,如图 11-5 所示。测量每个矩形框两条对角线的长度差及其位置度误差来判断车架在垂直方向和水平方向上的应变。

把这种划分矩形框的办法俗称为"三段法"。其优点除了定位精度高、测量准确外,还可提高前、后桥的平行度和轴距的准确性。

(1) 检修车架变形的准备

1) 左、右同名钢板弹簧支座上的钢板销孔同轴度误差不大于 2mm,否则应先进行校正。

2）车架宽度公差为-3~4mm。

3）纵梁上翼面与脸面的直线度公差为1000：3，纵梁全长不大于1%。

4）纵梁腹面对于上冀面的垂直度公差为腹面高度的1%。

（2）两对角线的技术条件

1）用细钢丝作对角线，并用专用工具牵引，如图11-6所示。

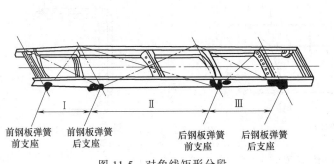

图11-5 对角线矩形分段　　　　图11-6 对角线牵具

2）两对角线长度差不得大于5mm，否则表示车架有水平扭曲。

3）两对角线交叉，其位置度误差不得大于2mm。否则表示车架垂直方向上发生翘曲变形。车架变形后，应进行校正。待校正合格后再进行修理，以减小校正应力。

2. 车架裂纹的焊修

车架的焊修宜选用成本低的快捷焊接法，但必须严格焊接工艺，否则将会影响焊接质量。其步骤如下：

1）认真清洁除锈，必须彻底清除接头两侧的旧漆层。

2）在裂纹两端打止裂口，开坡口。

3）选用碱性的低氢焊条。

4）采用直流电源，大电流。

5）电源反接。

6）多层多道焊。采用多层多道焊有利于获得很好的效果，同时用锤击减应，可适当降低焊速，以防止产生淬硬组织，配合大电流可提高生产效率。

7）在环境温度低于0℃条件下焊接，接头周围应预热至100℃。

3. 车架补块的应用

补块挖补法宜于修理车架产生的腐蚀和纵梁腹面上的短裂纹，翼面和腹面过渡处的贯通性裂纹。

常用的补块有椭圆形和三角形，可从旧车架上割取。椭圆形补块用于修补腹面上的裂纹，三角形补块用于修补贯通性裂纹，如图11-7所示。

补孔用氧—乙炔气割而成，割口要求光洁，补块与补孔间隙2~2.5mm。补块镶入补孔后，采用分段减应焊法，按车架焊接规范焊接。

4. 覆板的应用

覆板紧贴在纵梁外侧的上冀面和腹面上，用于加强纵梁完全断裂或接近完全断裂处，以

加强纵梁局部的强度,与纵梁铆接或焊接。对使用覆板的要求是:

1)覆板长度在 400~600mm 范围内,只能覆焊一层,禁止焊多层,以防止局部刚度过大,影响纵梁的弹性。

2)使用覆板后,不得形成新的危险断面。

3)覆板翼面与腹面的过渡处和纵梁上翼面与腹面的过渡处不能贴合,覆板边缘较纵梁边缘小 0.5mm,如图 11-8 所示。

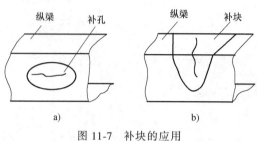

图 11-7　补块的应用　　　　图 11-8　覆板截面

4)只覆上翼面和腹面,不得覆下翼面。

5)腹面端面尖角处不得有裂纹。

5. 车架的铆接

车架纵、横梁连接铆钉松动后,将影响车架的刚度和弹性。车架修理时应取掉松动的铆钉,重铆新铆钉。具体要求如下:

1)直接将旧铆钉的直径扩大 0.5~1mm,更换加大的新铆钉。

2)铆钉长度:

$$L = 1.1\sum\delta + 1.4d$$

式中　L——铆钉的长度;

　　　$\sum\delta$——板料总厚度;

　　　d——铆钉的直径。

3)铆钉质量

① 铆接头的飞边不大于 3mm。

② 铆接头与板料缝隙不大于 0.1mm。

③ 钢板弹簧座、拖车钩支座等铆成后,允许与板料局部有缝隙,但不得大于 0.3mm。

11.2　车桥

重点掌握

1. 车桥有何功用?有哪些类型?
2. 转向桥和转向驱动桥由哪些主要部件组成?各有何结构特点?
3. 转向轮定位参数有哪些?各有何作用?
4. 车桥检查与调整包括哪些项目?

11.2.1 车桥的功用及分类

车桥通过悬架与车架（或承载式车身）相连，两端安装车轮，其功用是传递车架（或承载式车身）与车轮之间各方向作用力。

车桥的结构形式与悬架结构以及传动系统的布置形式有关：

按悬架结构不同，车桥分为整体式和断开式两种。整体式车桥的中部是刚性实心或空心梁，与非独立悬架配用；断开式车桥为活动关节式结构，与独立悬架配用。

按车桥上车轮的作用不同，车桥分为转向桥、驱动桥、转向驱动桥和支持桥四种类型。其中转向桥和支持桥都属于从动桥。

在后轮驱动的汽车中，前桥不仅用于承载，而且兼起转向作用，称为转向桥；后桥不仅用于承载，而且兼起驱动的作用，称为驱动桥。越野汽车和前轮驱动汽车的前桥，除了承载和转向的作用外，还兼起驱动作用，所以称为转向驱动桥。只起支撑作用的车桥称为支持桥。支持桥除不能转向外，其他功能和结构与转向桥相同。

11.2.2 转向桥与转向驱动桥

1. 转向桥

转向桥能使装在前端的左右车轮偏转一定的角度来实现转向，还能承受垂直载荷和由道路、制动等力产生的纵向力和侧向力以及这些力所形成的力矩。因此，转向桥必须有足够的强度和刚度；车轮转向过程中相对运动部件之间摩擦力应该尽可能小；并且保证汽车转向轻便和方向的稳定性。

转向桥主要由前轴、转向节、主销和轮毂等部分组成，如图 11-9 所示。

（1）前轴

前轴是转向桥的主体，其断面形状一般采用工字形或管状，用以提高前轴的抗弯强度，同时减轻自重。为提高抗扭强度，前轴两端加粗并呈拳形，主销插入拳形通孔内，将前轴与转向节连接。在主销孔内侧装有楔形锁销，用以固定主销。前轮可随转向节绕主销偏转，从而实现汽车转向。

前轴的中部呈下凹形，这是为了降低发动机的安装高度，从而降低汽车质心，并扩展驾驶员视野，减小了传动轴与变速器输出轴之间的夹角。

在前轴凹形上平面的两端加工有钢板弹簧座，其上钻有安装 U 形螺栓用的四个通孔和一个位于中心的钢板弹簧定位孔。在前轴两端还制有转向轮最大转向角的限位凸块。

前轴材料一般采用中碳钢，经模锻和热处理。

（2）转向节

转向节是用中碳合金钢锻造而成的叉形部件。上下两叉制有同轴销孔，通过主销与前轴的拳部相连。为了减小磨损，转向节销孔内压入青铜衬套，衬套上的润滑油槽在上面端部是切通的，用装在转向节上的滑脂嘴注入润滑脂润滑。为使转向灵活轻便起见，在转向节下耳与前轴拳部之间装有止推轴承。在转向节上耳与拳部之间装有调整垫片，以调整其间隙。在左转向节的上耳上装有与转向节臂制成一体的凸缘，在下耳上则装有与转向梯形臂制成一体的凸缘，这样就可通过转向直拉杆前后推动左转向节上臂，使左、右转向节同时绕主销摆动，实现转向。

为了防止转向时轮胎与转向直拉杆或翼子板相碰擦，转向轮的最大转角不能超过规定值，为此在转向节上装有限位螺栓，它与前轴两端的限位凸块相配合，可以调整转向轮的最大转角。

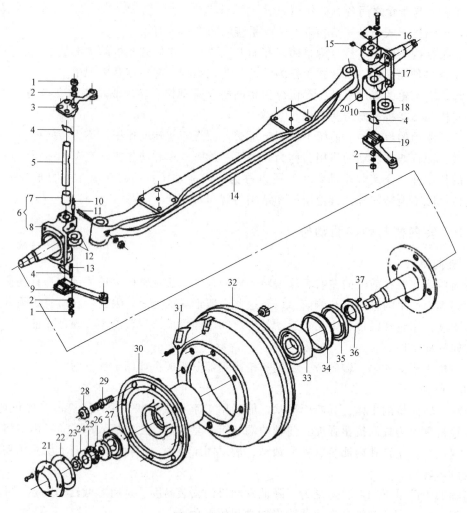

图 11-9 转向桥分解图

1—紧固螺母 2—锥套 3—左转向节上臂 4—密封垫 5—主销 6—左转向节总成 7—衬套
8—左转向节 9—左转向节臂 10、13—双头螺柱 11—楔形锁销 12—调整垫片 14—前轴
15—滑脂嘴 16—右转向节上盖 17—右转向节 18—推力轴承 19—右转向节臂 20—限位螺栓
21—轮毂前端 22—衬垫 23—锁紧螺母 24—止动垫圈 25—锁紧垫圈 26—调整螺母
27—前轮毂外轴承 28—螺母 29—螺栓 30—车轮轮毂 31—检查孔堵塞 32—制动鼓
33—前轮毂内轴承 34—轮毂油封外围 35—轮毂油封总成 36—轮毂油封内圈 37—定位销

（3）主销

主销的作用是铰接前轴与转向节，使转向节绕着主销摆动，以实现车轮转向。

主销的中部切有凹槽，安装时用楔形锁销与凹槽配合，将主销固定在前轴的拳形孔中。主销与转向节上的销孔是动配合。

常见的主销结构形式有四种，如图 11-10 所示。

（4）轮毂

在图 11-9 中，车轮轮毂 30 通过两个轮毂轴承安装在转向节外端的轴颈上，轴承的预紧度可用调整螺母 26 进行调整，然后套上锁紧垫圈 25 和止动垫圈 24，拧紧锁紧螺母 23，并将止动垫圈弯曲片包住锁紧螺母，防止松动。

轮毂内侧装有油封，以防润滑脂进入车轮制动器内影响制动效果。在轮毂外端装有轮毂端盖，以防泥水和尘土进入。

东风 EQ1092 型汽车转向桥结构图 11-11 所示。

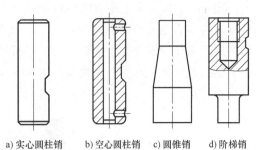

a) 实心圆柱销　b) 空心圆柱销　c) 圆锥销　d) 阶梯销

图 11-10　主销的结构形式

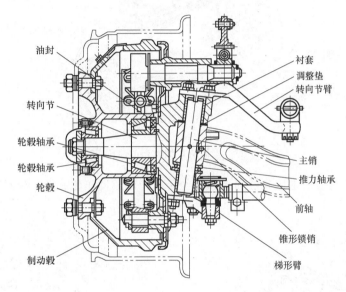

图 11-11　东风 EQ1092 型汽车转向桥结构

2. 转向驱动桥

整体式转向驱动桥结构示意图如图 11-12 所示。转向驱动桥有一般驱动桥具有的主减速器、差速器和半轴等，也具有一般转向桥所具有的转向节和主销等。为了满足既能转向又能驱动的需要，与车轮相连的半轴必须分成两段；与差速器相连的内半轴和与轮毂相连的外半轴，两者之间用等速万向节连接。另外，主销也同样分制成上下两段，固定在万向节的球形支座上，转向节轴制成中空，以便外半轴从中穿过。该结构广泛应用于全轴驱动的越野汽车上和部分轿车上，既满足了转向的需要，又实现了转向节的传递转矩功能。

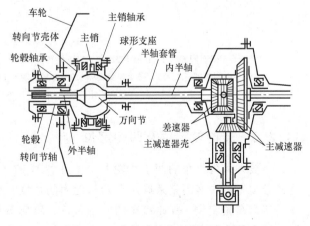

图 11-12　整体式转向驱动桥示意图

图 11-13 所示为上海桑塔纳轿车的前桥总成，采用断开式独立悬架转向驱动桥。车桥上端通过左、右悬架与承载式车身相连，下端通过左、右下摇臂与固定在车身上的副车架相连。悬架车轮轴承壳与下摇臂之间通过可移动球形接头连接，从而使前轮固定；并通过下摇臂上的长孔可调整车轮外倾角度。为了减小车辆转弯时的倾斜度，在副车架与下摇臂之间装有横向稳定杆。

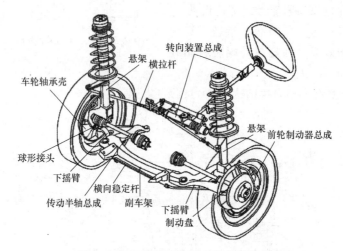

图 11-13 上海桑塔纳轿车的前桥总成

桑塔纳轿车的动力由主减速器和差速器经传动半轴驱动车轮旋转。传动半轴总成的结构如图 11-14 所示。

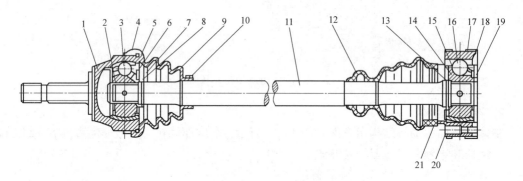

图 11-14 传动半轴总成的结构

1—RF 外星轮　2、19—卡簧　3、16—钢球　4、10、21—夹箍　5—RF 球笼　6—RF 内星轮
7—中间挡圈　8、13—碟形弹簧　9、12—橡胶护套　11—花键轴　14—VL 内星轮　15—VL 球笼
17—VL 外星轮　18—密封垫片　20—VL 护盖

11.2.3 转向轮定位及四轮定位

一般人认为汽车的四个车轮是垂直于地面的，实际上要想保证汽车在行驶中安全和舒适，必须考虑许多因素来确定车轮与地面的角度，也就是车轮定位。

所谓车轮定位，就是汽车的每个车轮、转向节和车桥与车架的安装应保持一定的相对位置。转向轮定位参数有主销后倾、主销内倾、前轮外倾和前轮前束四个参数。通常车轮定位主要是指前轮定位,现在也有许多车辆需要除前轮定位外的后轮定位即四轮定位。车轮定位的主要作用是保持车辆直线行驶的稳定性,转弯时转向轻便,能自动回正,减少轮胎的磨损等。

1. 转向轮定位

(1) 主销后倾

主销安装到前轴上后上部略向后倾,称为主销后倾。在汽车的纵向平面内(汽车的侧面),主销轴线与铅垂线之间的夹角 γ,称为主销后倾角,如图 11-15 所示。主销后倾的作用是保持汽车直线行驶的稳定性,并使汽车转弯后能自动回正。

当主销后倾时,主销轴线与路面交点 a 将位于车轮与路接触点 b 的前面。当汽车直线行驶时若转向轮偶然受到外力作用而稍有偏转(例如向右偏转,如图中箭头所示),将使汽车行驶方向向右偏离。这时由于汽车本身离心力的作用,在车轮与路面接触点 b 处,路面对车轮作用一个侧向反作用力 F。反力对车轮形成绕主销轴线作用的力矩,其方向正好与车轮偏转方向相反。在此力矩作用下,将使车轮回复到原来中间的位置,从而保证汽车能稳定地直线行驶,故此力矩称为回正的稳定力矩。

稳定力矩的大小取决于力臂 L 和侧向反作用力 F 的大小。力臂 L 取决于后倾角的大小。后倾角越大,力臂越长。侧向反作用力 F 的大小取决于汽车车速,汽车车速越高,离心力越大,侧向反作用力 F 越大。由上所述,后倾角越大,车速越高,车轮的稳定效应越强。

在转向时为了克服此稳定力矩,驾驶员需在转向盘上施加较大的力(即转向沉重)。因此,为了不使转向沉重,主销后倾角不宜过大,一般不超过 2°~3°。现代汽车由于为了提高行驶速度,普遍采用扁平低压胎,轮胎变形增加,引起稳定力矩增加,因此主销后倾角可以减小甚至接近于零,有的更为负值。

主销后倾角在设计时保证,一般不能调整,但对非独立悬架的转向桥来说,可在前轴和钢板弹簧底座后部加装楔形垫块进行调整。

(2) 主销内倾

主销安装到前轴上后上部略向内倾,称为主销内倾。在汽车的横向铅垂平面内,主销轴线与铅垂线之间的夹角 β,称为主销内倾角,如图 11-16 所示。主销内倾的作用是使车轮转向后能自动回正,且转向操纵轻便。

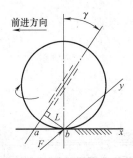

图 11-15 主销后倾示意图

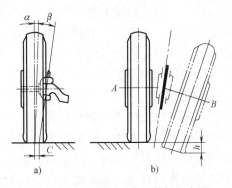

图 11-16 主销内倾和车轮外倾示意图

当转向车轮在外力作用下由中间位置 A 点绕主销偏一个角度到 B 点时(为分析方便,假设旋转 180°,如图 11-16b 所示的假想位置),车轮的最低点将陷入路面以下 h 处,但实际上车轮下边缘不可能陷入路面以下，而是将转向轮连同整个汽车前部向上抬起相应的高度 h，这样汽车本身的重力有使转向轮回复到原来中间位置的效应，即能自动回正。主销内倾角愈大或转向轮偏转角越大，汽车前部就被抬起得越高，转向轮自动回正的作用就越大。

如图 11-16a 所示，由于主销的内倾使得主销轴线与路面的交点到车轮中心平面与地面交线的距离 C 减小，转向时路面作用在转向轮上的阻力矩减小（因力臂 C 减小），从而可降低转向时驾驶员加在转向盘上的力使转向操作轻便，同时也可以减小因路面不平而从转向轮传到转向盘上的冲击力。但 C 值也不宜过小，即内倾角不宜过大，否则在转向时，车轮绕主销偏转的过程中，轮胎与路面间将产生较大的滑动，因而增加了轮胎与路面的摩擦阻力，这不仅使转向变得很沉重，而且加速了轮胎的磨损。

一般内倾角在 5°~8°，距离 C 一般为 40~60mm。但在一些发动机前置、前轮驱动的轿车上，为了使汽车具有良好的行驶稳定性，特别是制动稳定性，其主销内倾角均较大，如奥迪 100 型轿车为 14.2°；天津夏利 TJ7100 型轿车为 12°左右。

主销内倾角通过前轴的设计来保证，由机械加工来实现（不可调）。加工时将前梁两端的主销孔轴线上端向内倾斜就形成了内倾角。

主销后倾与主销内倾都有使汽车转向后自动回正、保持汽车直线行驶的作用，二者主要的区别在于主销后倾的回正作用与车速有关，而主销内倾的回正作用与车速无关。高速时后倾的回正作用大，低速时主要靠内倾的回正作用。直线行驶时车轮偶尔遇到冲击而偏转时，也主要靠主销内倾起回正作用。

（3）前轮外倾

前轮旋转平面上方略向外倾斜，称为前轮外倾。前轮旋转平面与汽车纵向铅垂面之间的夹角，称为前轮外倾角 α，如图 11-16a 所示。前轮外倾的作用是为了提高转向操纵的轻便性和车轮行驶的安全性。

如果空车时前轮的安装正好垂直于路面，则满载时车桥将因承载变形而可能出现前轮内倾，这样将加速汽车轮胎的偏磨损。另外，路面对车轮的垂直反作用力将使轮毂压向轮毂外端的小轴承，加重了外端小轴承及轮毂紧固螺母的负荷，降低其使用寿命，严重时会损坏外端的锁紧螺母而使车轮松脱，造成交通事故。因此，为了使轮胎磨损均匀和减轻轮毂外轴承的负荷，安装前轮时预先使其有一定的外倾角，以防止前轮内倾。外倾角还能使车轮与拱形路面相适应，有利于行驶安全。此外，前轮外倾与主销内倾相配合能使汽车转向轻便。

前轮外倾角一般为 1°。外倾角也不宜过大，否则也会使轮胎产生偏磨损。

前轮外倾角通过转向节的设计来确定。设计时使转向节轴颈的轴线与水平面成一角度，该角度即为前轮外倾角。

（4）前轮前束

俯视车轮，汽车的两个前轮的旋转平面并不完全平行，而是稍微带一些角度，这种现象称为前轮前束。在通过两前轮中心的水平面内，两前轮的前边缘距离 B 小于两前轮后边缘距离 A，$A-B$ 之差称为前轮前束值，如图 11-17 所示。前端小后端大像内八字样的称为前束，而后端小前端大像外八字一样的称为后束或负前束。

前轮前束的作用是为了消除由车轮外倾而引起的前

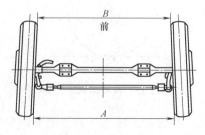

图 11-17　前轮前束

轮"滚锥效应"。车轮有了外倾角后，在滚动时，就类似于圆锥滚动，从而导致两侧车轮向外滚开。由于转向横拉杆和车桥的约束使车轮不可能向外滚开，车轮将在地面上出现边滚边向内滑移的现象，从而增加了轮胎的磨损。为了消除车轮外倾带来的这种不良后果，在安装车轮时，使汽车两前轮的中心平面不平行，两轮前边缘距离 B 小于后边缘距离 A。这样可使车轮在每一瞬时滚动方向接近于向着正前方，从而在很大程度上减轻和消除了由于车轮外倾而产生的不良后果。

前轮前束可通过改变横拉杆的长度来调整，一般前束值为 0~12mm。有的汽车为与负前轮外倾角相配合，其前束也取负值即负前束（如上海桑塔纳轿车前束为 -3~-1mm）。

2. 四轮定位

随着道路条件的改善，现代轿车的行驶速度愈来愈高，现在有许多高档轿车设置四轮定位，不仅要求前轮定位，还需要有后轮定位。其原因是对前轮驱动汽车和独立后悬架汽车，如果后轮定位不当，即使前轮定位良好，仍然会有不良的操纵性和轮胎早期磨损。为了防止高速行驶时汽车出现的"激转"及自动转向现象，在结构设计上应确保汽车具有不足转向特性。汽车后轮具有一定程度的外倾角和前束可使后轮获得合适的侧偏角，提高高速行驶的操纵稳定性。

（1）后轮外倾角

像前轮外倾角一样，后轮外倾角也对轮胎磨损和操纵性有影响。理想状态是四个车轮的运动外倾角均为零，这样轮胎和路面接触良好，从而得到最佳的牵引性能和操纵性能。

车轮外倾角不是静态的，它随悬架的上下移动而变化。车辆加载后悬架下沉就会引起车轮外倾角改变。

为了对载荷进行补偿，采用独立后悬架的大多数车辆常有一个较小的正后轮外倾角。滑柱筒破坏或错位、滑柱弯曲、上控制臂衬套破坏、上控制臂弯曲、弹簧压缩或悬架过载都会使后轮外倾角产生变成负外倾角的趋势。转向节弯曲、下控制臂弯曲会使后轮外倾角过大。后轮驱动车辆在转矩过大、严重超载或道路损坏的情况下，即使是刚性的后桥壳也会变弯。

（2）后轮前束

如同前轮前束一样，后轮前束也是后轮定位的一个重要项目。如果前束不当，后轮轮胎也会被擦伤，另外还会引起转向不稳定及降低制动效能。对于防抱死制动系统，切记此点。像后轮外倾角一样，后轮前束也不是一个静态量。悬架摇动和反弹时它就要起变化。滚动阻力和发动机转矩对它也有影响。

对于前驱动车辆：前驱动轮宜前束，后从动轮宜负前束。

后驱动车辆则相反：前轮宜负前束，独立悬架的后驱动轮应尽可能为前束。

如果后轮前束不符合技术要求，就要影响轮胎磨损和转向稳定性，其影响程度与前轮前束相同。前束测量值在规定范围内，并不意味着车轮一定正确定位，尤其对后轮前束测量值来说更是如此。如果一侧后轮前端向内偏斜量与另一侧后轮前端向外偏斜量相等，那么前束值将在规定的范围内。但由于后轮与车纵轴线不平行，车辆还会跑偏。

当汽车在路面上行驶时，最理想的状态是所有车轮的运动前束量均为零。对于有防抱死制动装置的车辆尤其如此。因此当在滑湿路面上制动时，不正确的前束会影响制动平衡性，为防止滑移，防抱死制动装置会一开一合循环不停。无防抱死制动系统时，地面驱动力受到干扰后可能引起无法控制的滑移。

（3）驱动力作用线

如果两后轮相互平行且与整车平行，那么驱动力作用线将垂直于后轴并与车辆纵轴线重合。但如果一个或两个后轮前端偏里或偏外，或者一个车轮相对于另一个略为后缩，驱动作用线就要偏离中心线，从而产生了一个驱动力偏离角并使车辆朝与偏离角相反方向偏行。例如，驱动力作用线偏右时，汽车向左侧跑偏。

驱动力偏离角的出现使得车辆在冰、雪或湿路面上的方向稳定性变差。在车辆制动或急剧加速时它有时会使车辆跑偏。用于转向控制的前轮要克服后轮的这种作用，因此驱动力偏离角还使轮胎磨损加剧。

只有消除驱动力偏离角才能解决上述问题。通过重新设置后轮前束，可使驱动力作用线回中。在大多数前驱动车辆上，这一点容易做到，可以采用厂家提供的前束调整方法，也可在前轮转向节和后轴间放置前束车轮外倾角垫片，或者使用偏心轴套组。而由于后轮驱动车辆具有整体式后桥，后轮前束的调整就不那么容易。有时因制造或撞车造成车的覆板或车梁位置不正确。如果没有在碰撞修理上牵拉底盘，将控制臂恢复到正确或恢复弹性悬架的正确几何特性，那么只有通过试用某种偏置纵臂轴套及配用的螺旋弹簧或者改变悬架吊耳或钢板弹簧、U 形螺栓的位置来予以校正。

如果后轮前束难以改变，另一种最佳做法是根据后轴驱动力作用线而不是车辆纵轴线调整前轮定位。这样做的话，转向盘不在正中位置时可消除车辆跑偏现象，但不消除后轮尾随现象。

11.2.4 车桥的检查与调整

1. 转向节、前轴的检查与调整

1）检视转向节轴端螺纹与螺母的配合情况，同时应检查转向节有无损伤或裂纹。检查裂纹最好使用电磁和超声波探伤仪。无该设备时，可采用铜锤敲击法进行检查。

2）检查转向节主销与衬套的配合间隙。该间隙一般不能超过 0.15~0.20mm。一般不解体的检查方法是，将车轮顶起，在前轴上夹持一个百分表，使其触针水平抵住制动底板下部，此时将百分表调到零位。然后放下被顶起的车轮，使其着地，此时百分表中读数的一半就是转向节主销与衬套的配合间隙值。

3）转向节与前轴的轴向间隙可通过在转向节与前轴间增减调整垫片的方法进行调整。

4）前轴变形的检验可用试棒和角尺法、拉线法、检验仪等。

2. 前轮最大转向角的检查和调整

将前轮转向角调到最大的目的是为了获得最小转弯半径，以保证汽车具有良好的通过性能。最大转向角见表 11-1 所示。

在没有仪器的情况下，可用简易的方法进行检查。

（1）检查方法

1）将前桥顶起，使前轮处于直线位置。

2）左右轮胎下面垫一块木板和白纸（固定在板上），将木板紧靠轮胎外边缘，用铅笔在纸上划出车轮平行的直线，再把转向盘向右转到底划出第二条线，然后用量角器测量出右转向角。

3）用同样的方法检查左轮的左转向角。

（2）调整方法

经测量转向角不符合规定时，可旋出或旋入转向节上的转向角限位螺栓，或转动转向节壳上的一个调整螺栓进行调整，调整完毕后，必须旋紧锁紧螺母。

转向角最简易检查调整方法是，将转向盘向左或向右打到底，前轮胎不与翼子板、钢板、直拉杆等机件碰擦，并有 8~10mm 的距离为合适。各种车辆不同的转向角，从既能保证转向的灵活性，又能保证轮胎不与其他机件碰擦而予以规定。

3. 前轮轮毂轴承的调整

车轮应能灵活地在轮毂轴承上旋转而无卡滞，轴向松动量不能过大或过小。过大，是由于车轮轮毂轴承间隙过大或转向节衬套磨损产生的；轴向松动量过小，使车轮旋转卡滞发热。检查时，应先调整车轮轮毂轴承间隙。

用千斤顶将车轮顶起，拆去前轮毂盖，撬开锁片，拧下锁止螺母，取下锁片与锁止垫圈。如东风 EQ1091 型汽车用 147~196N·m（15~20kgf·m）的力矩拧紧调整螺母，同时向前后两方向转动车轮，使轴承的圆锥形滚柱正确的座于轴承圈的锥面上。然后，反方向旋松调整螺母约 1~2 个锁紧垫片的孔位，使调整螺母上的止动销与销环上的邻近孔相重合，再装上锁紧垫圈与锁紧螺母。按与拆装相反的顺序装复零件，拧紧并用锁片锁住螺母。汽车行驶一段路程后，用手摸试前轮毂，若有过热现象，需要重新调整前轮轮毂轴承的松紧度。

4. 前束的检查与调整

汽车车轮（转向轮）定位包括前束、车轮外倾、主销内倾和主销后倾四个参数，一些车型的车轮定位参数见表 11-1。

表 11-1 汽车车轮定位参数

型号	主销后倾	主销内倾	车轮外倾	车轮前束	最大转向角
解放 CA1090	1°30′	8°	1°	2~4mm	左 38°
东风 EQ1090E	2°30′	6°	1°	1~5mm	右 30°30′
红旗 CA7220	-0°30′±30′	14.16°	1.16°	0°±30′	
普通桑塔纳	-30′±30′	14°12′	前轮 -30′±20′ 后轮 -1°40′±20′	前轮 +5′±5′ 后轮 25′±15′	
桑塔纳 2000	1°30′±30′		前轮 -40′±30′ 后轮 -1°40′±20′	前轮 +10′±5′ 后轮 25′±15′	
捷达前卫	1°30′±30′		前轮 -30′±20′ 后轮 -1°30′±10′	前轮 0°±10′ 后轮 11°30′±10′	
富康	1°30′±30′	10°45′±40′	0°30′±30	空载 -2~0mm 满载 -3~1mm	外 31°40′ 内 38°50′
天津夏利	2°55′	12°	前轮 0°20′ 后轮 -40′	前轮 0~2mm 后轮 4~8mm	
依维柯	30°±30′	6°30′	1°	1~3mm	外 36° 内 43°
切诺基	6°		0°	0mm	外 33°

车轮定位的技术状态是否良好，直接影响汽车的行驶稳定性及有关零件的磨损特别是轮胎磨损，甚至造成行车事故。还有试验表明车轮定位不仅对汽车行驶稳定性及轮胎磨损有较大影响，而且对汽车的油耗也有很大影响。因此，必须对车轮定位参数进行定期检查以便及时调整。

（1）前束测量方法

1）将被测汽车停置在平坦场地上，并使左右转向车轮呈直驶位置。

2）用千斤顶支起转向桥，在胎冠表面以粉笔涂敷，转动车轮用金属划针画出胎冠中心线。

3）放松千斤顶，使转向车轮着地（此时左右转向车轮仍应保持直驶位置）。

4）将前束尺置于被测量车轮的前方，尺杆与车桥平行，调整两指针使尖端距离地面垂直高度等于被测车轮的半径值，旋转游标尺使之与标尺对准零位，松开活动尺杆的固定螺钉，调整尺杆长度，使两指针分别指至被测车轮的胎冠中心线处，但有的车是测量胎侧，然后将尺杆固定。

5）将前束尺移至被测车轮的后方，使前束尺固定指针至一只车轮的胎冠中心线，旋转游标尺带动活动指针移动。当活动指针尖端指至另一只车轮的胎冠中心线上时，标尺上的读数即为被测车轮的前束值。应该注意的是：游标尺如果向外移动（即增加两指针距离），前束值为正；若游标尺向内移动（即缩短两指针距离），则前束值为负。

对有的前束值不大的车型的车轮前束均为2~4mm，这样小的数值，是应用精度高的仪器来测定，并规定统一的测量部位。

（2）前束的调整方法

调整时汽车应停在平整场地上，顶起前轴，使车轮处于直线行驶位置，松开横拉杆上的卡箍螺栓，用管钳转动横拉杆用以改变横拉杆的长度的方法即可调出所需的前束数值。调整时可在左右轮胎的胎面的花纹中心线处作"十"字记号，在前轴正前方测得 B 值然后将记号转到正后方测得 A 值，前束即为 A、B 两数差值。调整好后，将卡箍螺栓拧紧。

11.3 实验实训

安全提示

1. 在检测时必须首先使汽车处于直线行使位置，且检测时注意人身安全。
2. 螺母的拧紧力矩必须符合规定。

车轮轮毂轴承的检查与调整

1. **实验实训目的**
1）掌握检验轮毂轴承的预紧度的方法。
2）掌握调整轮毂轴承预紧度的方法。

2. **实验实训设备及工、量具**
1）被检测车2辆。
2）机械千斤顶或举升机2台。
3）磁力座百分表4~6个及常用工具、棉纱、汽油、油盆等若干。

3. **实验实训基本方法**
1）将需检查的车轮支起，并将车轮处于直线行驶位置。
2）用磁力座百分表测量轮毂轴承间隙。用百分表指针靠在轮胎下方的中部，用手扳动轮胎，读取轮毂轴承间隙值（图11-18）；也可以把轮胎拆下，把百分表抵在制动盘的侧面进行检查，若测得的间隙不符合规定，必须调整轴承的预紧度。另外也可以用经验法检查，即用手扳动轮胎,看是否有明显的松旷感,若有必须进行调整。

3)经查轮毂轴承预紧度不符合规定的,必须进行调整。用扭力扳手把轮毂轴承的调整螺母按规定的力矩拧紧,例如桑塔纳轿车前轮的调整螺母拧紧力矩为230N·m,然后用一字槽螺钉旋具在手指的压力下刚好能拨动止推垫圈即可,转动车轮应能灵活转动,用手扳动车轮应无松旷感。

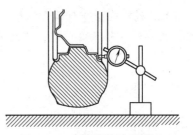

图 11-18 轴承预紧度的检查

对皇冠 MS、YS、LS 轿车,装好轮毂组件后,先以 30N·m 力矩拧紧轮毂(轴承)螺母,来回转动轮毂使轴承复位,再松开螺母直到用手指能转动轮毂。然后再拧紧螺母,并用百分表测量使轮毂轴向间隙保持 0.5~1.0mm,用弹簧秤测量使轮毂转动的圆周力为 3.5~8.7N。调整合适后,应安装锁止螺母和开口销。

皇冠 3.0 和雷克萨斯轿车前轮毂轴承为双列向心球轴承,轴承不用维修和调整,轮毂组件装好后,按规定力矩(199N·m)拧紧轮毂螺母。

4)若在前面经过检调后,轮毂的轴承预紧度不符合技术标准。这时必须拆检轮毂轴承,若发现轴承磨损、烧蚀严重时,均应将轴承整体更换后,重新按前面所述进行调整轮毂的轴承预紧度。

项目小结

1. 车架的功用是安装汽车的各总成和部件,并使它们保持在正确的相对位置,并承受来自车上和地面的各种静、动载荷。

2. 车架常见结构形式有边梁式车架、中梁式车架、综合式车架和无梁式车架。

3. 车架常见的损伤形式有变形、裂纹、腐蚀和连接松旷等。

4. 车桥按配用悬架结构不同分为整体式和断开式两种类型;按车桥上的作用不同分为转向桥、驱动桥、转向驱动桥和支撑桥四种类型。

5. 转向桥主要由前轴、转向节、主销和轮毂等部分组成。

6. 前轴是转向桥的主体,其断面形状一般采用工字形或管状,用以提高前轴的抗弯强度,同时减轻自重。

7. 为了防止转向时轮胎与转向直拉杆或翼子板相碰擦,在转向节上装有限位螺栓,与前轴两端的限位凸块相配合,可以调整转向轮的最大转角。

8. 车轮定位是指汽车的每个车轮、转向节和车桥与车架的安装应保持一定的相对位置。转向轮定位参数有主销后倾、主销内倾、前轮外倾和前轮前束四个参数。

9. 主销后倾与主销内倾都有使汽车转向后自动回正、保持汽车直线行驶的作用,二者主要的区别在于主销后倾的回正作用与车速有关,而主销内倾的回正作用与车速无关。

10. 转向驱动桥由主减速器、差速器、半轴和桥壳组成。半轴必须分成内外两端(内半轴和外半轴),其间用万向节连接,同时主销也因此而分制成两段(或用球头销代替)。转向节轴颈部分做成中空的,以便外半轴穿过其中。

11. 前轮前束可通过改变横拉杆的长度来调整。

12. 车桥的检查与调整包括：转向节、前轴的检查与调整；前轮最大转向角的检查和调整；前轮轮毂轴承的调整；前束的检查与调整等。

复习思考题

1. 试述边梁式车架结构特点。
2. 试述车架裂纹的焊修的步骤。
3. 车桥有几种结构形式？各自有什么特点？
4. 车轮定位参数有哪些？各自有什么作用？
5. 为什么要实现四轮定位？与转向轮定位相比较增加了哪些内容？
6. 前束值如何测量和调整？

项目 12

车轮与轮胎的构造与检修

  学习目标：

1. 掌握车轮的功用、组成、类型及结构。
2. 熟悉轮辋的类型、结构及国产轮辋规格的表示方法。
3. 掌握轮胎的功用、种类、结构及轮胎规格的表示方法。
4. 掌握车轮与轮胎的维护方法以及常见故障与检修方法。

车轮与轮胎是汽车行驶系统中的重要部件，位于汽车车身与路面之间。其主要功用是：支撑汽车和装载的质量；传递汽车与路面之间的各种力和力矩；缓冲车轮受路面颠簸时所引起的振动；保持汽车的行驶方向等。

12.1 车轮

重点掌握

1. 车轮有哪些结构形式？各有何结构特点？
2. 国产轮辋规格是什么？有哪些常用的轮辋形式？

12.1.1 车轮的类型及构造

车轮是外部装轮胎，中心装车轴并承受负荷的旋转部件，由轮毂、轮辋和轮辐组成。车轮总成如图12-1所示。

按照轮辐的构造，车轮可分为辐板式和辐条式两种主要形式。

1. 辐板式车轮

目前，普通轿车和轻、中型载货汽车广泛采用辐板式车轮。

典型的货车辐板式车轮如图12-2所示，由挡圈、嵌入轮胎的轮辋、安装在车轴上的辐板和气门嘴出口等组成。轮辋与辐板通过焊接方式连接成一体，辐板通过中心孔和周围分布的螺栓孔安装在轮毂上。为了方便安装时车轮与轮毂中心重合，辐板上的螺栓孔和螺栓及紧固螺母的端面都加工有定位曲面（凸面或凹面）。此外，为了减轻车轮的质量，有利于制动鼓（盘）散热，方便拆装，还在辐板的外边缘制成几个通孔。

汽车车轮是高速旋转部件，为防止行驶中固定车轮的螺母自行松脱，造成交通事故，汽车左右两侧车轮上的固定螺栓、螺母一般采用旋向不同的螺纹，即左轮用左旋螺纹，右轮用右旋螺纹。不过，目前轿车和一些货车使用了螺母防松脱结构，因此左右两侧车轮上的固定螺母均可采用右旋螺纹。

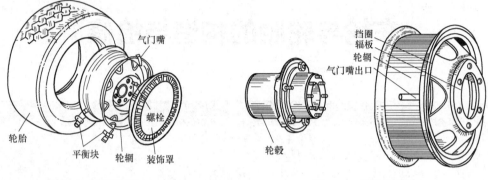

图 12-1 车轮总成　　　　　　图 12-2 辐板式车轮

2. 辐条式车轮

辐条式车轮是用辐条将轮辋和轮盘连接成一体。辐条可以用铸造件或钢丝制造。铸造辐条常常用于装载质量大的重型汽车上，而钢丝辐条主要用于极少数追求独特的车辆。

12.1.2 轮辋

轮辋用来安装和固定轮胎，当轮胎装入与其规格不同的轮辋时，就会使轮胎变形，影响轮胎的性能。因此，不同规格的轮胎，应该配用相应规格的标准轮辋。

1. 国产轮辋规格

国产轮辋规格按国家标准（GB/T 2933—2009《充气轮胎用车轮和轮辋的术语、规格代号和标志》）用轮辋名义宽度、轮缘高度代号、轮辋结构形式代号、轮辋名义直径和轮辋轮廓类型代号来表示。

轮辋名义宽度和轮辋名义直径均用数字表示，单位为英寸（以毫米表示时，要求轮胎与轮辋的单位一致）。

轮辋高度代号用一个或几个拉丁字母表示，如 C、D、E、F 等。

轮辋结构形式代号，用符号"×"表示一件式轮辋；用"—"表示多件式轮辋。

轮辋轮廓类型代号用字母表示，DC——深槽轮辋，WDC——深槽宽轮辋，SDC——半深槽宽轮辋，FB——平底轮辋，WFB——平底宽轮辋，TB——全斜底轮辋，DT——对开式轮辋。

例如，解放牌 CA1092 型汽车轮辋规格为 6.5—20，说明轮辋的名义宽度为 6.5in，轮辋名义直径为 20in 的多件轮辋；上海普通型桑塔纳轿车轮辋规格为 5.5J×13，说明轮辋的名义宽度为 5.5in，轮辋名义直径为 13in，轮辋高度为 17.27mm 的一件式轮辋。

2. 常用轮辋的形式

轮辋按结构形式不同，分为深槽轮辋，平底轮辋和对开式轮辋，如图 12-3 所示。

（1）深槽轮辋

深槽轮辋是用钢板冲压成形的整体结构，断面中部的深凹槽便于外胎拆装，带肩的凸缘用以安放外胎的胎圈，其肩部通常略向中间倾斜。此轮辋的结构简单，刚度大，质量较轻，

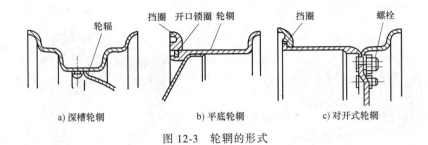

图 12-3　轮辋的形式

对于小尺寸弹性较大的轮胎最适宜。深槽轮辋主要用于轿车及轻型越野车，如上海桑塔纳轿车、北京切诺基吉普车等。

（2）平底轮辋

平底轮辋底部呈平环状，一边有凸缘，另一边利用可拆卸的挡圈作轮缘，开口锁圈具有弹性，嵌入轮辋与挡圈之间的环槽内可以限止挡圈脱出。此轮辋适用于尺寸较大而弹性较小的轮胎，主要用于货车，如解放 CA 系列汽车。

（3）对开式轮辋

对开式轮辋由内外两部分组成，其内外轮辋的宽度可以相等或不相等。两者通过螺栓连接。拆装轮胎时相对较方便，只要拆卸连接螺栓上的螺母，将轮辋内外分开，轮胎即可拆下。此轮辋主要用于大中型越野汽车，如东风 EQ2080 型汽车。

汽车车轮是高速旋转的部件，为了保证汽车稳定和安全地行驶，目前许多车轮在轮辋边缘夹装平衡块。车轮在维护、拆装作业时，原有的平衡被破坏，必须在轮胎平衡机上重新确定平衡块的质量和夹装位置。

12.2　轮胎

重点掌握

1. 轮胎有哪些功用？普通充气轮胎由哪些部分组成？
2. 轮胎如何进行分类？轮胎规格如何进行表示？

12.2.1　轮胎的功用及组成

轮胎由橡胶制成，安装在轮辋上，并与轮辋组成车轮与地面接触，其功用是：支撑汽车及货物的总质量；保证车轮和路面的附着性，以提高汽车的牵引性、制动性和通过性；与汽车悬架一同减少汽车行驶中所受到的冲击，并衰减由此而产生的振动，以保证汽车有良好的乘坐舒适性和平顺性。因此，轮胎内部通常充有气体，以具有一定的承受载荷的能力和适宜的弹性；轮胎的外部有较复杂的花纹，以提高与路面的附着性。

普通充气轮胎由外胎、内胎和垫带组成，使用时安装在汽车车轮的普通可拆卸轮辋上，如图 12-4 所示。

外胎是轮胎的主体，按轮胎的部位，它由胎面（包括胎冠和胎肩）、胎侧、胎体（包括缓冲层和帘布层）和胎圈四部分组成，如图 12-5 所示。

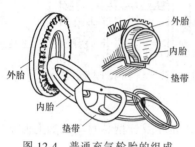

图 12-4　普通充气轮胎的组成

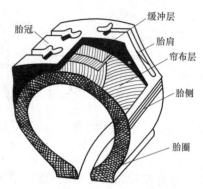

图 12-5　外胎结构

胎冠亦称行驶面,它与路面接触,直接承受冲击和磨损,并与路面间产生很大的附着力,故胎冠应具有较高的强度、刚度、弹性和耐磨性。为增加轮胎的附着力,避免轮胎纵横向打滑,以及良好的排水性能,胎冠制有各种花纹,如图 12-6 所示,主要有普通花纹(包括纵向折线花纹和横向花纹)、组合花纹、越野花纹等。普通花纹的特点是花纹细而浅,花纹块接地面积大,因而耐磨和附着性较好。其中纵向折线花纹由几组沿轮胎圆周分布的锯齿形沟槽构成。这种花纹最适合于在较好的硬路面高速行驶,广泛用于轿车、客车及货车等各种车辆。横向花纹仅用于货车。组合花纹由纵向折线花纹和横向花纹组合而成,在好路面和不良路面上都可提供稳定的驾驶性能、广泛用于客车和货车。越野花纹的凹部深而粗,在软路面上与地面附着性好,越野能力强,适用于矿山、建筑工地及其他一些在松软路面上使用的越野汽车轮胎。

图 12-6　胎面花纹

胎体是外胎的骨架,由帘布层和缓冲层组成,其作用是承受负荷,保持轮胎外缘尺寸和形状。而帘布层又是外胎的骨架,用浸胶的棉线、人造丝、尼龙(聚酰胺纤维)、聚酯纤维和钢丝等材料制成。通常由成双数的多层挂胶布用橡胶粘合而成。在帘布层与胎面之间,还有用上述材料制成的缓冲层。

胎圈由钢丝圈、帘布层包边和胎圈包布组成。它是胎体的根基,轮胎靠胎圈固装在轮辋上。

内胎是装入外胎内部的一个环形橡胶管,外表面很光滑,上面装有气门嘴,以便充气。垫带是一个环形橡胶带,它垫在内胎和轮辋之间,保护内胎不被轮辋和胎圈磨损。

12.2.2　轮胎的种类及规格

1. 轮胎的种类

按胎体结构不同,轮胎可分为充气轮胎和实心轮胎。现代汽车绝大多数采用充气轮胎。

按轮胎内空气压力的大小，充气轮胎分为高压胎（0.5～0.7MPa）、低压胎（0.15～0.45MPa）和超低压胎（0.15MPa 以下）三种。低压胎弹性好，断面宽，接地面积大，壁薄散热好，从而可提高汽车行驶的平顺性、稳定性，同时可提高轮胎的使用寿命，因此汽车上广泛使用低压胎。

按保持空气方法的不同，充气轮胎分为有内胎轮胎和无内胎轮胎两种。

按胎体帘线粘接方式的不同，充气轮胎分为普通斜交轮胎、子午线轮胎。

目前普通斜交轮胎、子午线轮胎和无内胎轮胎应用广泛，以下介绍这三种轮胎。

(1) 普通斜交轮胎

帘布层和缓冲层各相邻层帘线交叉，且与胎面中心线呈小于90°排列的充气轮胎为普通斜交轮胎，常称普通斜交轮胎，如图 12-7a 所示。普通斜交胎是一种老式的结构，由于帘布层的斜交排列，给轮胎胎面和胎侧增加了强度，在适当充气时，会使驾驶员感到较为柔软、舒适。接触地面时使胎面平整，减少了扭曲，汽车行驶平稳，牵引效果好，防穿透性有所改善，延长了轮胎的使用寿命。

(2) 子午线轮胎

目前轿车上几乎都装用子午线轮胎。用钢丝或纤维植物制作的帘布层，其帘线与胎面中心的夹角接近90°角，并从一侧胎边穿过胎面到另一侧胎边，帘线在轮胎上的分布好像地球的子午线，故称为子午线轮胎，如图 12-7b 所示。子午线轮胎具有帘布成子午线环形排列、胎体与带束层帘布线形成许多密实的三角网状结构的特点，因此，子午线轮胎帘线的强度得到充分利用，从而使帘布层可大量的减少，减少了轮胎的质量；并极大地提高了胎面的刚性，减少了胎面与路面的滑移现象，提高了轮胎的耐磨性。

与普通斜交轮胎相比，子午线轮胎质量轻，轮胎弹性大，减振性能好，具有良好的附着性能，滚动阻力小，承载能力大，行驶中胎温低，胎面耐穿刺，轮胎使用寿命长。其缺点是轮胎成本高，胎侧变形大容易产生裂口，并且侧向稳定性差。

(3) 无内胎轮胎

无内胎轮胎就是没有内胎和垫带，充入轮胎的气体直接压入无内胎轮胎中，要求轮胎与轮辋之间有很好的密封性。其结构如图 12-8 所示。

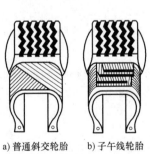

a) 普通斜交轮胎　b) 子午线轮胎

图 12-7　轮胎的结构形式

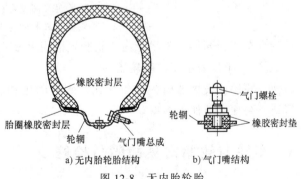

a) 无内胎轮胎结构　　b) 气门嘴结构

图 12-8　无内胎轮胎

无内胎轮胎为了保证密封性，与有内胎轮胎所不同的是在无内胎轮胎的内壁上附加了一层厚度约为 2～3mm 的橡胶密封层。在密封层正对着胎面下面还贴一层自粘层，能自行将刺穿的孔粘合；有的无内胎轮胎在胎圈上做出多道同心的环形槽纹，在轮胎内空气压力的作用下，槽纹使胎圈紧紧地粘在轮辋边缘上，从而保证轮胎和轮辋之间的气密性；另外，气门嘴用橡胶密封垫直接固定在轮辋上，铆接轮辋和轮辐的铆钉外面涂上一层橡胶从内部塞入。

无内胎轮胎穿孔时压力不会急剧下降，仍然能继续安全行驶。无内胎轮胎中由于没有内胎故不存在内外胎的摩擦和夹卡而引起的损坏；它可以直接通过轮辋散热，轮胎工作温度低，使用寿命长；无内胎轮胎结构简单，质量较小。缺点是轮胎爆破失效时，途中修理比较困难。无内胎轮胎近年来应用非常广泛，轿车几乎均使用无内胎轮胎。

2. 轮胎的规格

轮胎尺寸标注如图 12-9 所示。D 为外胎直径，d 为轮辋直径，B 为断面宽度，H 为断面高度。

普通斜交轮胎的规格用 B-d 表示，载重汽车普通斜交轮胎和轿车普通斜交轮胎的尺寸 B 和 d 均用英寸为单位。示例：9.00-20 表示轮胎名义断面宽度 9.00in，轮辋名义直径 20in。

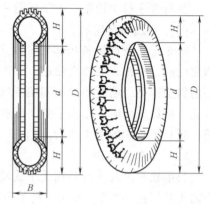

图 12-9 轮胎尺寸标注

国产子午线轮胎规格用 B R d 表示，其中 R 代表子午线轮胎（即"Radial"的第一个字母）。国产轿车子午线轮胎断面宽 B 已全部改用公制单位 mm；载货汽车轮胎断面宽 B 有英制单位和米制单位两种。而轮辋直径 d 的单位仍为英寸。

随着轮胎的扁平化，仅用断面宽 B 和轮辋直径 d 已不能完全表示轮胎的规格。即在断面宽度 B 相同的情况下，断面高 H 随不同扁平率而变化。轮胎按其扁平率——高宽比 H/B 划分系列，目前国产轿车子午线轮胎有 80、75、70、65、60 等五个系列，数字分别表示断面高 H 是断面宽 B 的 80%、75%、70%、65% 和 60%。显然，数字越小，胎越矮，即轮胎越扁平。

上海桑塔纳装用子午线轮胎规格含义如下：

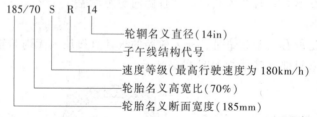

载货汽车普通断面子午线无内胎轮胎规格用 B R d 表示。有些子午线轮胎，在规格中加"TL"标志，"TL"表示无内胎轮胎。

目前，轮胎的发展方向为子午线化，无内胎化和扁平化趋于一体，以适应现代汽车安全、舒适、高速和节能的需要。

12.3 车轮与轮胎常见故障与检修

重点掌握

1. 轮胎的维护主要包括哪些内容？
2. 车轮与轮胎常见故障有哪些？怎样进行检修？

12.3.1 车轮与轮胎的维护

车辆与轮胎的维护应结合车辆的维护强制执行。本节主要侧重轮胎的维护。车辆分日常维护、一级维护和二级维护。轮胎维护的分级和周期与车辆维护相同。

1. 轮胎的日常维护

日常维护包括出车前、行车中和收车后的检视。主要是检视轮胎气压和有无不正常的磨损和损伤，并及时消除造成不正常磨损和损伤的因素。轮胎日常维护的作业内容如下：

（1）出车前检视

1）用气压表检查轮胎气压是否符合规定，气门嘴是否漏气，气门帽是否齐全，气门嘴是否碰擦制动鼓。

2）检查轮胎螺母是否紧固，翼子板、挡泥板、货箱等有无碰擦轮胎现象，并设法消除。

3）检查随车工具，如撬胎棒、千斤顶、轮胎螺母套筒扳手、气压表、锤子、挖石子钩等是否齐全。

（2）行驶中检视

1）行驶途中检视应结合途中停车、装卸等各种机会进行。停车地点应选择清洁、平坦、阴凉和不影响其他车辆通过的处所。

2）检查轮胎螺母有无松动，翼子板、挡泥板、货箱等有无碰擦轮胎现象，并设法消除。

3）及时发现并挖出轮胎夹石和花纹中的石子及杂物。

4）检查轮胎气压，摸试轮胎温度。

5）检查轮胎胎面及胎侧有无不正常的磨损和损伤，以及轮辋有无损伤。

（3）收车后检视

1）停车场地应干燥清洁、无油污、严寒地区应扫除停车场的冰雪．以免轮胎与地面冻结。

2）停车后应注意检查轮胎有无漏气现象，并查找漏气原因，予以排除。

3）检查花纹并挖出夹石和花纹中的石子、杂物。

4）检查轮胎螺母是否松动，备胎架装置是否牢固，以及车辆机件有无碰擦轮胎的现象。

5）途中加换用备胎，收车后应将损坏的轮胎及时送修。若发现车辆技术状况不正常，造成轮胎不正常磨损和机械损伤，应及时查明原因，并予以排除。

2. 轮胎的一级维护

1）紧固轮胎螺母，检查气门嘴是否漏气，气门帽是否齐全，若发现损坏或缺少应立即修理或补齐。

2）挖出夹石和花纹中的石子、杂物，若有较深伤洞应用生胶填塞。特别是子午线胎，刺伤后若不及时修补，水气进入胎体锈蚀钢丝帘线，造成早期损坏。

3）检查轮胎磨损情况，若有不正常磨损或起鼓、变形等现象，应查找原因，予以排除。

4）如需检查外胎内部，应拆卸解体，若有损伤应及时修补。

5）检查轮胎搭配和轮辋、挡圈、锁圈是否正常。

6）检查轮胎（包括备胎）气压，并按标准补足。

7）检查轮胎有无与其他机件刮碰现象，备胎架是否完好、紧固。若不符合要求，应予排除。

8）必要时（如单边偏磨严重）应进行一次轮胎换位，以保持胎面花纹磨耗均匀。

完成上述作业后应填写维护记录。

3. 轮胎的二级维护

除执行一级维护的各项作业外，还应：

1）拆卸轮胎，按轮胎标准测量胎面花纹磨耗、周长及断面宽的变化，作为换位和搭配的依据。

2）轮胎解体检查

① 胎冠、胎肩、胎侧及胎内有无内伤、脱层、起鼓和变形等现象。

② 内胎、垫带有无咬伤、折皱现象，气门嘴、气门芯是否完好。

③ 轮辋、挡圈和锁圈有无变形、锈蚀，并视情涂漆。

④ 轮辋螺栓承孔有无过度磨损或损裂现象。

3）排除解体检查所发现的故障后，进行装合和充气。

4）高速车应进行动平衡。

5）按规定进行轮胎的动胎换位。

6）发现轮胎有不正常的磨损或损坏，应查明原因，予以排除。

完成上述作业后应填写维护记录。

4. 轮胎维护操作要点

（1）充气

1）轮胎充气应按照该型汽车使用说明书上规定的标准气压执行。并在冷态时用气压表测量，若在热态时测量，应略高于标准气压，取适当的修正值。气压表应定期校准，以保证读数准确。

2）轮胎装好后，先充入少量空气。待内胎充气伸展后再继续充至要求气压。

3）充气前应检查气门芯与气门嘴是否配合平整，并擦净灰尘。充气后应检查是否漏气，并将气门帽装紧。

4）充入的空气不得含有水分和油雾。

5）充气时应注意安全防护，充气开始时用锤子轻击锁圈，使其平稳嵌入轮辋槽内，以防锁圈跳出。

（2）轮胎换位

1）按时换位可使轮胎磨损均匀，并可延长20%的使用寿命。应结合车辆二级维护定期换位。在路面拱度较大的地区或夏季，轮胎磨损差别较大，可适当增加换位次数。

2）轮胎换位方法常用的有交叉换位法和循环换位法，如图12-10所示。装用普通斜交轮胎的六轮二桥汽车，常用图中的交叉换位法，并在换位的同时进行翻面。

六轮二桥交叉换位的做法是：左右两交叉，主胎（后内）换前胎，前胎换帮胎（后外），帮胎换主胎。这样，通过三次换位每只轮胎就可轮到一次担负内挡（主力）胎。

四轮二桥汽车，斜交胎也可采用交叉换位法，如图12-11a所示。

子午线轮胎的旋转方向应始终不变。若反向旋转，会因钢丝帘线反向变形产生振动，汽车平顺性变差。因此子午线胎宜用单边换位法，如图12-11b所示。

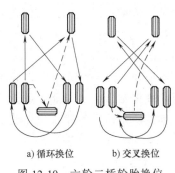

图12-10　六轮二桥轮胎换位　　　　图12-11　四轮二桥轮胎换位

3）轮胎换位后，应按所换的胎位要求，重新调整气压。

4）轮胎换位后需作好记录，下次换位仍要按上次选定的换位方法换位。

（3）轮胎的拆装

1）拆装轮胎须在清洁、干燥、无油污的地面上支顶牢靠进行。

2）拆装轮胎要用专用工具，不允许用大锤敲击或其他尖锐的用具拆胎。

3）外胎、内胎、垫带、轮辋必须符合规格要求，才能组装。要特别注意子午线胎胎圈部分的完好。

4）内胎装入外胎前，需紧固气门嘴，以防漏气，并在外胎内部和垫带上涂上滑石粉。

5）气门嘴的位置应装在轮辋气门嘴孔中。胎侧有平衡标记（彩色胶片）的，标记应在与气门嘴相对的位置上，以便于平衡。轮辋上有平衡块的，应用动平衡机进行平衡调整。

6）安装有向花纹的轮胎，应注意滚动方向的标记。拆装子午线胎应做记号，使安装后的子午线胎滚动方向保持不变。

7）双胎并装时，应注意将两轮通风洞对准，两气门嘴应互隔180°，并在制动鼓上的蹄鼓间隙检视孔呈90°角。

8）拆装无内胎轮胎时，每次均需换上新的O形圈，O形圈要完好，并经植物油浸泡。

9）无内胎轮胎胎冠有钢带时，应先把轮胎装在轮辋上，并充入150kPa的气压，再小心把钢带剪断取下。

10）新装配好的无内胎轮胎，充气时应用皂水检查轮辋与胎圈接触O形圈、气门嘴垫、气门芯等处是否漏气。

12.3.2　车轮与轮胎的常见故障与检修

1. 车轮常见故障诊断

车轮常见故障为轮毂轴承过松或过紧。

轮毂轴承过松，会造成车轮摆振及行驶不稳，严重时还能使车轮甩出。此时，可将车轮支起，通过用手横向摇晃车轮，即可诊断出车轮轴承是否松旷。一旦发现轴承松旷，必须立即修理。

轮毂轴承过紧,会造成汽车行驶跑偏。全部轮毂轴承过紧时,会使汽车滑行距离明显下降。轮毂轴承过紧会使汽车经过一段行驶后,轮毂处温度明显上升,有时甚至使润滑脂溶化而容易甩入制动鼓内。将车轮支起后,转动车轮明显感到费力沉重。

2. 轮胎常见故障诊断

发动机使驱动轴转动,从而带动轮胎旋转。这意味着轮胎属于传动系的一部分。但轮胎还会根据转向盘的运动,改变车辆的运动方向。因此,轮胎也属于转向系统的一部分。此外,由于轮胎也用于支撑车重及吸收路面振动,轮胎还是悬架系统的一部分。

基于上述原因,在进行轮胎的故障诊断排除分析时,一定要记住上述三个系统,即轮胎与车轮、转向、悬架之间的关系。同样重要的是,轮胎的使用和维护不良,也可能导致轮胎本身及相关系统的故障。因此,轮胎故障诊断排除分析的第一步,便是检查轮胎,应该使用正确,维护恰当。

轮胎的主要故障是轮胎花纹的异常磨损。

检查轮胎花纹的异常磨损,可以发现故障的早期初兆和原因,以便及时排除影响轮胎寿命的不良因素,防止早期磨损和损坏。

轮胎异常磨损,除磨损过快外,还有其他种种特征。轮胎异常磨损除气压过高过低外,主要是底盘技术状况变坏,如前轮定位不良、轮毂轴承松旷、横拉杆球节和主销衬套间隙过大,车轮不平衡,轮辋变形或不配套,车轿或车架变形和钢板弹簧技术状况不良等。轮胎花纹异常磨损的特征与原因见表 12-1。

表 12-1 轮胎花纹异常磨损的特征与原因

特征	原因	特征	原因
胎冠中部磨损	气压过高	胎冠外侧磨损 胎冠内侧磨损（内侧 内侧）	车轮外倾角失准,经常高速转弯,车桥弯曲变形
胎肩过度磨损	气压过低 轮胎超载	胎冠呈碟边状磨损	悬架部件和连接车轮的部件(球节、车轮轴承、减振器、弹簧衬套等)磨损、车轮不平衡;经常急加速或急减速
胎冠由外侧向里 胎冠由内侧向外 侧磨损成锯齿形 侧磨损成锯齿形（内侧 内侧）	前束失准 主销衬套或球节松旷	胎冠呈波浪状磨损	

检查轮胎花纹的异常磨损,可以发现故障的早期征兆和原因,以便及时排除影响轮胎寿命的不良因素,防止早期磨损和损坏。

轮胎常见故障的现象原因及诊断如下:

(1) 前轮轮胎偏磨

1) 故障现象：轮胎的胎肩磨损、胎冠磨损、轮胎一侧磨损和锯齿状磨损。

2) 故障原因

① 前轮定位及操纵特性失调。

② 轮胎以极限横向偏离角滚动时最终将导致轮胎偏磨，并伴有纹槽磨凿特征，胎面出现细缝。在路面行驶时间长后，轮胎最终将发生"磨光"效应。

③ 在多弯道路段上高速行驶时，轮胎外胎肩的磨损尤其严重。

④ 外胎肩磨光及外胎花纹的严重磨损可归于高速转弯。因此，驾驶方式是这种磨损类型的直接原因。

⑤ 为使操纵特性达到最佳状态，必须将行驶系统的车轮定位的车轮外倾角调整到规定值。如果轮胎在偏离规定值的条件下运转，势必导致单侧严重磨损。

⑥ 尤其在车轮定位外倾角失准的情况下，轮胎偏磨尤其严重，同时将加剧轮胎对角线磨蚀。

3) 排除方法：为避免车轮偏磨，必须使车轮定位角调整正确，停车时不要使车轮碰撞马路缘。适当选择前束可使前束引起的侧向力与车轮外倾引起的侧向力相互抵消，能避免额外的由轮胎横向滑磨而引起的异常磨损。子午线轮胎胎侧软，胎冠硬，主要变形区在胎侧，因此，它的外倾角所产生的侧向力比普通斜交轮胎的小。随子午线轮胎车轮外倾引起的侧向力减弱，因而为了平衡这种侧向力而采用的车轮前束值就可以相应地减少。因此，装用子午线轮胎的汽车，前束值应比普通斜交轮胎的小。载货汽车一般是0~3mm。

(2) 轮胎胎冠磨损

1) 故障现象：此种磨损，常出现在长距离高速行驶的驱动轴上。

2) 故障原因：高速行驶时，在离心力的作用下，胎面中央的轮胎直径伸长量大于胎肩的伸长量，因此使胎面中央与地面的磨损加剧。此种磨损在扁平率大的轮胎上尤为明显，不能通过降低气压缓减此种磨损，充气压力不能低于规定值，否则会影响行车安全。

3) 排除方法：使驱动车轮适时地与非驱动车轮的轮胎进行换位。

(3) 轮胎吃角磨损

1) 故障现象：吃角磨损通常与轮胎周向成45°角也称为对角线磨损，大多数情况下，仅有一处对角线磨损，但也可能沿圆周形成多处对角线磨损。

2) 故障原因：此类磨损的90%发生在前驱动车辆的非驱动轮上，外倾角越大，此种磨损越重。

3) 排除方法：适当降低轮胎气压，可以减小此种磨损，两后轮的车轮定位角应保持一致，若发生此种磨损，应将轮胎换位至驱动轮上。

(4) 轮胎锯齿形磨损

1) 故障现象：锯齿形磨损是指花纹块形成阶梯形磨损。

2) 故障原因：轮胎着地时，花纹块不均匀变形是锯齿形磨损的主要原因，非驱动车轮比驱动车轮严重，新轮胎产生锯齿形磨损较多，这是因为花纹块高度愈大，弹性变形越大。从行驶方向上看，花纹块前端比后端高。

下列因素均可能导致严重的锯齿形磨损：整车的车轮定位值偏高；维护时轮胎充气压力不符合规定；粗糙的开式花纹；使用磨损率低和传递小的轮胎，即前轮驱动的车辆，其后轮更易形成锯齿形磨损；驾驶方式不当，如极端转弯。

3）排除方法：对于非单一运转方向的轮胎，一旦形成锯齿形磨损，则必须改变轮胎旋转方向。锯齿形磨损及滚动噪声严重的车辆，必须将两轮交叉换位，这可迅速减缓轮胎锯齿形磨损。前轮驱动的车辆，由于前轮磨损相对较严重，车轮换位后的效果更加明显。换位后，轮胎滚动噪声可能略有增大，但行驶 500~1000km 后，滚动噪声即可恢复到正常水平。

对于单一旋转方向的轮胎（子午线轮胎）：后轮轮胎锯齿形磨损严重的情况下（前轮驱动车辆居多），则必须将前后轮换位。若某一车桥轮胎外缘锯齿形磨损严重的情况下，则须将两车轮轮胎沿轮辋转动一角度，改变其相对车桥的位置。

轮胎磨损还与底盘技术状况有关，如：轮毂轴承松旷、轮辋变形等，会使汽车行驶中轮胎发生摆动，使轮胎磨损加剧；钢板弹簧过软，轮胎和汽车凸出部分之间的距离减小，当汽车满载又行驶于不平道路时，将使轮胎与挡泥板、车箱或车上其他凸出部分发生摩擦，造成轮胎机械损伤。此外，当制动器调整不当，各轮制动力不均匀或制动拖滞，也造成胎面异常磨损，使轮胎寿命缩短。

故障诊所

故障：一辆奔驰 600 轿车在行驶中有很大的"嗡嗡"声，且随着车速的增加而加大。

排除方法：

1. 将车顶起，检查各车轮是否松旷，并边转动车轮，边听是否有响声。各车轮无松旷感，并且车轮转动平稳而无响声。由此初步判断车轮轴承没有损坏。

2. 进行路试时发现当车速很低时，该车有"噔、噔"的响声（类似减振器不工作时出现的声音）；当车速提高时，"噔、噔"响声的频率随之提高，声音也增大；当车速提高到一定程度时，此响声就由于频率很高而像连续的"嗡嗡"声。

3. 再一次将车顶起，认真察看轮胎时发现：两只前轮胎的内侧有不规则的波浪形磨损。在更换两只轮胎后试车时，异响"嗡嗡"声消失，故障排除。

12.4 实验实训

安全提示

1. 轮胎要正确，安装同时用快速螺母锁止住。
2. 安全操作轮胎动平衡仪。

车轮的动平衡

1. 实验实训目的

1）正确使用动平衡检测仪检测车轮的动平衡及修正车轮的不平衡。
2）通过熟练掌握动平衡检测仪的使用，快速修正车轮的不平衡。

2. 实验实训设备及工、量具

1）需检测的车轮 2 个。
2）电脑车轮动平衡检测仪 1 台，平衡块若干。

3. 实验实训基本方法

车轮动平衡检测，有离车式检测与就车式检测两种方法。

现以离车式动平衡检测仪检测车轮的不平衡过程进行介绍。近年生产的车轮平衡机的显示与控制装置多为电脑式，具有自动诊断和自动调校系统，能将传感器送来的电信号通过电脑运算、分析、判断后显示出不平衡量及其位置。

为使显示的不平衡量恰是轮辋边缘所加平衡块的质量，还必须测量轮辋的直径 d、轮辋宽度 b 和轮辋边缘至平衡机机箱的距离 a，然后通过键盘或旋钮将其输入电脑，a、b、d 三尺寸如图 12-12 所示，操作步骤如下：

1) 清除被测车轮上的泥土、石子和旧平衡块。
2) 检查轮胎气压，必须符合原厂的规定。
3) 根据轮辋中心孔的大小选择好锥体，仔细装好车轮，用快速螺母上紧。
4) 打开电源开关，检查指示与控制装置的面板指示是否指示正确。
5) 用卡尺测量轮辋宽度 b，轮辋直径 d，用平衡机上的标尺测量轮辋边缘至机箱距离 a，再用键入或选择器旋钮对准测量值的方法将 a、b、d 值输入到指示与控制装置中去。

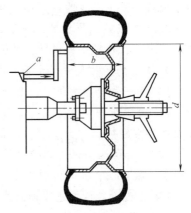

图 12-12 车轮在平衡机上的安装
a—轮辋边缘至平衡机机箱距离
b—轮辋宽度　d—轮辋直径

6) 放下车轮防护罩，按下起动键，车轮旋转，平衡测试开始，自动采集数据。
7) 车轮自动停转或听到"笛"声按下停止键并操纵制动装置使车轮停转后，从指示装置读取车轮内外侧不平衡量和不平衡位置。
8) 抬起车轮防护罩，用手慢慢转动车轮，当指示装置发出指示（音响、指示灯亮、制动时显示点阵符或显示检测数据等）时停止转动，在轮辋的内侧或外侧的上部（12 点位置）加装指示装置显示该侧的平衡块质量。内、外侧要分别进行，平衡块装卡要牢固。
9) 安装平衡块后有可能产生新的不平衡，应重新进行平衡试验，直至不平衡量小于 5g（0.3 盎司）指示装置显示"00"或"OK"时为止，当不平衡量相差 10g 左右时，若能沿轮辋边缘前、后移动平衡块一定角度，将可获得满意效果。
10) 测试结束，关闭电源开关。

项 目 小 结

1. 车轮由轮毂、轮辋以及轮辐所组成。
2. 按轮辐的结构不同，车轮分为辐板式和辐条式两种形式。
3. 轮辋是安装轮胎的基础。按其结构不同，轮辋的常见结构形式有深槽轮辋、平底轮辋和对开式轮辋。深槽轮辋主要用于轿车及轻型越野车，平底轮辋主要用于货车。
4. 国产轮辋规格按国家标准用轮辋名义宽度、轮缘高度代号、轮辋结构形式代号、轮辋名义直径和轮辋轮廓类型代号来表示。
5. 外胎是轮胎的主体，按轮胎的部位，它由胎面（包括胎冠和胎肩）、胎侧、胎体

（包括缓冲层和帘布层）和胎圈等四部分组成。

6. 无内胎轮胎就是没有内胎和垫带，充入轮胎的气体直接压入无内胎轮胎中，要求轮胎与轮辋之间有很好的密封性。

7. 按胎体帘线粘接方式的不同，充气轮胎分为普通斜交轮胎、子午线轮胎。帘布层和缓冲层各相邻层连线交叉，且与胎面中心线呈小于90°排列的充气轮胎为普通斜交轮胎；轮胎帘线与胎面中心线的夹角接近90°的轮胎称为子午线轮胎。

8. 子午线轮胎质量轻，轮胎弹性大，减振性能好，具有良好的附着性能，滚动阻力小，承载能力大，行驶中胎温低，胎面耐穿刺，轮胎使用寿命长。

9. 充气轮胎的尺寸标注用外胎直径 D、轮辋直径 d、断面宽度 B 和断面高度 H 来表示。

10. 车轮和轮胎的维护分日常维护、一级维护和二级维护。

11. 轮胎维护操作要点：充气、轮胎换位、轮胎的拆装、检查胎面花纹深度、检查胎面花纹的异常磨损。

12. 轮胎换位方法常用交叉换位法和循环换位法。装有普通斜交轮胎的六轮二桥汽车，常用交叉换位法；四轮二桥汽车，斜交胎也可采用交叉换位法，子午线胎宜用单边换位法。

13. 在进行轮胎的故障诊断排除分析时，要充分注意到轮胎与车轮、转向、悬架之间的关系。

14. 车轮动平衡检测，有离车式检测与就车式检测两种方法。

复习思考题

1. 常用轮辋形式有哪些，各适用于哪些车型？
2. 子午线轮胎和普通斜交胎相比，有什么区别，为什么子午线轮胎得到越来越广泛的应用？
3. 轮胎规格如何进行表示？
4. 轮胎常见故障有哪些？如何维修、诊断和排除？

项目 13

悬架的构造与检修

学习目标：

1. 掌握悬架系统的功用、组成和类型。
2. 熟悉弹性元件的作用和类型，了解各种弹性元件的结构特点和作用。
3. 掌握双向作用筒式减振器的构造、作用原理。
4. 掌握独立悬架与非独立悬架的类型、构造特点、相互连接关系。
5. 掌握电控悬架的功用、组成和工作原理。
6. 熟悉悬架系统的维修，掌握悬架系统的故障诊断和相应的排除方法。
7. 掌握电控悬架的检修步骤和常见故障分析。

13.1 概述

重点掌握

1. 悬架主要由哪些元件组成，各有何作用？
2. 悬架有哪些种类，各有何特点？

13.1.1 悬架的组成与功用

汽车车架或车身若直接安装于车桥上，则会由于道路不平而上下颠簸振动，从而使车上的乘员感到不舒服或者使货物损坏。因此，汽车上必须装有具有缓冲、减振和导向作用的悬架装置。

汽车悬架是车架或车身与车桥之间一切传力连接装置的统称。

汽车悬架弹性地连接车桥与车架或车身，缓和行驶中车辆受到的由不平路面引起的冲击力，保证乘坐舒适和货物完好；迅速衰减由于弹性系统引起的振动，传递垂直、纵向、侧向反力及其力矩；并起导向作用，使车轮按一定轨迹相对车身运动。

悬架一般由弹性元件、导向装置、减振器和横向稳定杆等组成，如图 13-1 所示。

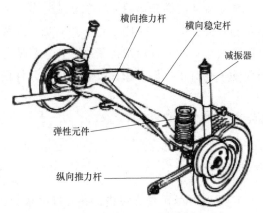

图 13-1 悬架系统组成

弹性元件用来承受并传递垂直载荷、缓和不平路面、紧急制动、加速和转弯引起的冲击或车身位置的变化。

减振器用来衰减由于弹性系统引起的振动。

导向装置用来使车轮按一定运动轨迹相对车身运动，同时起传递力的作用。通常导向装置由控制摆臂式杆件组成。钢板弹簧作为弹性元件时，它本身兼导向作用，可不另设导向装置。

有些轿车和客车为防止车身在转向等情况下发生过大的横向倾斜，在悬架系统中加设有横向稳定杆，目的是提高侧倾刚度，使汽车具有不足转向特性，改善汽车的操纵稳定性和行驶平顺性。

13.1.2 悬架的种类

悬架的类型因分类方式不同而不同。

按控制形式不同，悬架可分为被动式悬架和主动式悬架。目前多数汽车上采用被动式悬架。被动式悬架是汽车姿态（状态）只能被动地取决于路面、行驶状况和汽车的弹性元件、导向装置以及减振器这些机械零件。主动悬架可根据路面和行驶工况自动调整悬架刚度和阻尼，从而使车辆能主动控制垂直振动及其车身或车架的姿态。

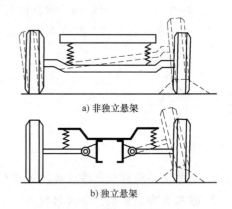

图 13-2 非独立悬架与独立悬架

按汽车导向装置的不同，悬架又可分为独立悬架和非独立悬架，如图 13-2 所示。

非独立悬架的特点是两侧车轮安装于一整体式车桥上，车轮连同车桥一起通过弹性元件悬挂在车架或车身上。当一侧车轮受到冲击时会直接影响到另一侧车轮。非独立悬架由于簧载质量比较大，特别是汽车高速行驶、悬架受到较大的冲击载荷时，汽车平顺性较差。

独立悬架的两侧车轮分别独立地与车架或车身弹性地连接，当一侧车轮受到冲击时，几乎不会直接影响到另一侧车轮。独立悬架采用断开式车桥，可使发动机降低安装位置，有利于降低汽车重心，并使结构紧凑。独立悬架允许车轮有较大的跳动空间，同时簧载质量小，所受冲击载荷小，便于选择较软的弹性元件使平顺性得到改善。

13.2 弹性元件

重点掌握

1. 常见弹性元件有哪些，各有何特点？
2. 空气弹簧有哪几种形式，其工作原理是什么？

目前常见的弹性元件主要有钢板弹簧、螺旋弹簧、扭杆弹簧、气体弹簧等。

13.2.1 钢板弹簧

钢板弹簧是汽车悬架中使用最为广泛的弹性元件，由若干片长度不等、宽度相等、厚度不等或相等、曲率半径不等的合金弹簧片叠加在一起组合成一根近似等强度的梁，如图 13-3 所示，主要由主片、副片、弹簧夹、螺栓、套管、螺母等组成。钢板弹簧最上面的一片（最长的一片）称为主片，其两端弯成卷耳，内装青铜或其他材料制成的衬套，用弹簧销与固定在车架上的支架或吊耳作铰链连接。钢板弹簧的中心部位用 U 形螺栓与车桥固定。

中心螺栓用来连接各种弹簧片，并保证各片装配时的相对位置。中心螺栓到两端卷耳中心的距离可以相等，称为对称式钢板弹簧；距离不相等者，称为非对称式钢板弹簧。为了增加主片卷耳的强度，将第二片末端也弯成半卷耳，包在主片卷耳

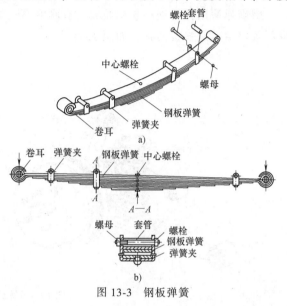

图 13-3 钢板弹簧

的外面，且留有较大的间隙，使得弹簧在变形时，各片间有相对滑动、伸缩的空间。

当钢板弹簧安装在汽车悬架中，所承受的垂直载荷为正向时，各个力的方向和作用点如图中箭头所示。各弹簧钢板都受力变形，有向上拱起的趋势。这时，车桥和车架便互相靠近。当车桥与车架互相离开时，钢板弹簧所受的正向垂直载荷和变形逐渐减小，有时甚至会反向。

钢板弹簧在载荷作用下变形，各片之间因相对滑动而产生摩擦，可使车架的振动衰减。各片之间处于干摩擦，同时还要将车轮所受冲击力传递给车架，增大了各片的磨损。因此在装合时，各片之间涂上较稠的石墨润滑脂进行润滑，并应定期维护。

连接各片的构件，除中心螺栓以外，还有若干个弹簧夹，其主要作用是当钢板弹簧反向变形，使各片不致互相分开，以免主片单独承载。此外，还可防止各片之间扇形错位。弹簧夹用铆钉铆接在与之相连的最下面一片弹簧的端部。弹簧夹的两边用螺栓连接，在螺栓上有套管顶住弹簧夹的两边，以免将弹簧片夹得过紧。在螺栓套管与弹簧片之间有一定间隙（不小于 1.5mm）。以保证弹簧变形时，各片可以相互滑动。

钢板弹簧本身还起导向装置的作用，可不必单设导向装置，使结构简化。有些高级轿车的后悬架也采用钢板弹簧作弹性元件。近年来一些汽车上采用变厚度的单片或 2~3 片的钢板弹簧，可以减小片与片之间的干摩擦，同时减轻重量，如图 13-4 所示。

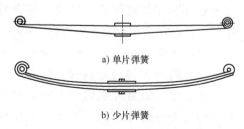

a) 单片弹簧

b) 少片弹簧

图 13-4 单片和少片变截面钢板弹簧

13.2.2 螺旋弹簧

螺旋弹簧大多应用在独立悬架上,尤其是前轮独立悬架中。在有些轿车上,后轮非独立悬架中也使用螺旋弹簧作为弹性元件。

螺旋弹簧用弹簧钢料卷制而成,有刚度不变的圆柱形等螺距螺旋弹簧和刚度可变的圆锥形不等螺距螺旋弹簧两种,如图 13-5 所示。

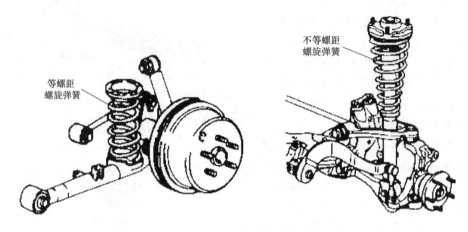

图 13-5 螺旋弹簧

与钢板弹簧相比,螺旋弹簧具有不需要润滑、防污性强、占用纵向空间小及弹簧本身质量小的优点,因而在现代轿车上被广泛采用。但螺旋弹簧只能承受垂直载荷,用它做弹性元件的悬架要加设导向装置。此外,螺旋弹簧变形时,不产生摩擦力,因此在其悬架中必须装有减振器,用于衰减因冲击而产生的振动。

13.2.3 扭杆弹簧

扭杆弹簧用铬钒或硅锰合金并具有扭曲刚性弹簧钢制成。扭杆断面常为圆形,少数是矩形或管状。为保护扭杆表面,可在其上涂抹环氧树脂,并包一层玻璃纤维,再涂一层环氧树脂,最后,涂上沥青和防锈油漆,以防磨蚀和损坏表面,从而提高扭杆弹簧的使用寿命。

如图 13-6 所示,扭杆一端固定于车架上,另一端与悬架控制臂连接。车轮上下运动时,扭杆便发生扭曲,起弹簧作用,借以保证车轮与车架的弹性联系。

扭杆弹簧在制造时,经热处理后施加一定方向的扭转力矩载荷,使它有一个永久变形,安装时扭转的方向应与所预加的应力方向相一致。因在左右扭杆做有标记,安装时不能互换。否则将使扭杆弹簧的实际工作应力加大,而缩短寿命。

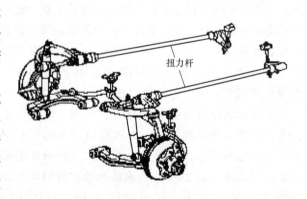

图 13-6 扭杆弹簧

扭杆弹簧与钢板弹簧相比，质量较轻，而且不需要润滑，保养维修简便。扭杆弹簧可以节省纵向空间，适用于小型车及箱式车的悬架系。扭杆弹簧悬架与螺旋弹簧悬架一样，要设导向装置和减振器。

13.2.4 气体弹簧

气体弹簧主要有空气弹簧和油气弹簧两种。气体弹簧是以空气做弹性介质，即在一个密闭的容器内装入压缩空气（气压为 0.5~1MPa），利用气体的可压缩性实现弹簧的作用。空气弹簧又可分为囊式和膜式两种，如图 13-7 所示。

这种弹簧随着载荷的增加，容器内压缩空气压力升高，其刚度也随之增加；载荷减少，刚度也随空气压力降低而下降，因而这种弹簧具有理想的变刚度特性。

囊式空气弹簧由夹有帘线的橡胶制成的气囊和密闭在其中的压缩空气构成。气囊外层由耐油橡胶制成单节或多节，节数越多弹簧越软，节与节之间围有钢质腰环，防止两节之间摩擦。气囊上下盖板将空气封于囊内。

膜式空气弹簧由橡胶片和金属压制件组成。它比囊式空气弹簧的弹性曲线更为理想，固有频率更低些，且尺寸小，便于布置，因而多用于小轿车上。但其造价较贵，寿命较短。油气弹簧以气体（如氮等惰性气体）作为弹性介质，用油液作为传力介质，利用气体的可压缩性实现弹簧作用，结构原理如图 13-8 所示。

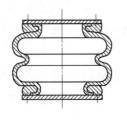
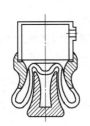

a) 囊式空气弹簧　　b) 膜式空气弹簧

图 13-7　空气弹簧

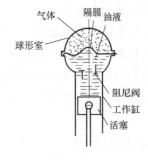

图 13-8　油气弹簧

球形室固定在工作缸之上，室内腔用橡胶隔膜将油与气隔开，充入高压氮气的一侧为气室，与工作缸相同而充满油液的一侧为油室。工作缸内装有活塞和阻尼阀及阀座。

当汽车受到载荷增加变化时，活塞向上移动，使工作缸内油压升高，打开阻尼阀进入球形室下部，推动隔膜向气室方向移动，气室受到压缩压力升高，使油气弹簧刚度增加。当载荷减小时，气室内的高压氮气伸张，使隔膜向下方（油室）移动，油液通过阻尼阀流回工作缸，活塞下移使油压降低，同时气室容积变大压力下降，使油气弹簧刚度降低。随着汽车行驶中的姿态变化，工作缸内的油压与气室内的氮气压力也随之变化，此时活塞处于工作缸中的不同位置。因此，油气弹簧具有可变刚度的特性。

油气弹簧具有良好的行驶平顺性，而且体积小，质量轻。但是对密封性要求很高，维护相对麻烦。目前这种弹簧多用于重型汽车和部分小客车上。由于空气和油气弹簧只能承受垂直载荷，采用这种弹簧的悬架也必须加设导向装置和减振器。

13.3 减振器

重点掌握

1. 减振器的类型有哪些，其基本工作原理是什么？
2. 双向作用筒式减振器的结构有哪些特点，其工作过程是什么？

13.3.1 减振器的类型及工作原理

汽车在行驶中四个车轮在垂直方向上会受到不同力的作用，悬架系统中的弹性元件受冲击会相应产生振动，因此需要在悬架中与弹性元件并联安装减振器，用来衰减由于弹性系统引起的振动，提高汽车行驶的平顺性。

1. 基本工作原理

汽车悬架系统中通常采用液力减振器，利用液体流动的阻尼来消耗冲击振动的能量。当车架或车身与车桥间受振动出现相对运动时，减振器内的活塞上下移动，减振器内的油液便反复地从一个腔经过不同的孔隙流入另一个腔内。此时，孔壁与油液间的摩擦和油液分子间的内摩擦消耗了振动的能量，而对振动形成阻尼力，使汽车振动能量转化为油液热能，再由减振器吸收散发到大气中。

阻尼力随车架与车桥之间的相对运动速度的增减而变化，同时也受油液的黏度、孔道的多少、孔道截面积的大小和阀门弹簧的软硬等因素影响。

减振器若阻尼力过大，振动衰减变得过快，使悬架的弹性元件的缓冲作用变差，甚至使减振器连接件及车架损坏。所以减振器与弹性元件应协调工作，为此必须满足以下要求：

1) 在悬架压缩行程中（车桥和车架相互靠近），减振器阻尼力较小，以便充分发挥弹性元件的弹性作用，缓和冲击。这时，弹性元件起主要作用。

2) 在悬架伸张行程中（车桥和车架相互远离），减振器阻尼力应较大，以迅速减振，此时减振器起主要作用。

3) 当车架或车身与车桥间的相对运动速度过大时，要求减振器能自动加大液流量，使阻尼力始终保持在一定限度之内，以避免车架或车身承受过大的冲击载荷。

2. 类型

减振器按工作原理分为单向作用式减振器和双向作用式减振器。在压缩和伸张两个行程中均能起减振作用的减振器称为双向作用式减振器，只在伸张行程中起减振作用的减振器称为单向作用式减振器。

按结构可分为双筒式减振器和单筒式减振器。

按工作介质分液压式和充气式减振器。

目前，新型汽车大多采用具有双向作用式原理的双筒或单筒式结构的液压减振器。新型式的汽车中，开始采用充气式减振器。

13.3.2 减振器的构造及特点

1. 双向作用筒式减振器

（1）工作原理

图 13-9 所示为双向作用筒式减振器的工作原理示意图。它有三个同心钢筒，外面的钢筒是防尘罩，其上部的吊耳与车架相连。中间是储油缸筒，内装有一定量的油液（不装满），其下端的吊耳与车桥相连。里面是工作缸筒，其内装满油液。它还有四个阀，即压缩阀、伸张阀、流通阀和补偿阀。流通阀和补偿阀是一般的单向阀，其弹簧很弱，当阀上的油压作用力与弹簧弹力同向时，阀处于关闭状态，完全不通油液；而当油压作用力与弹簧弹力反向时只要很小的油压，阀便能开启。压缩阀和伸张阀是卸载阀，其弹簧较强，预紧力较大，只有当油压增高到一定程度时，阀才能开启；而当油压减低到一定程度时，阀即自行关闭。

1）压缩行程时，减振器被压缩，汽车车轮移近车身，减振器内的活塞向下移动，下腔的容积减小，油压升高。大部分油液冲开流通阀流入上腔，由于上腔被活塞杆占去了一部分空间，因而上腔增加的容积小于下腔减小的容积，于是另一部分油液就推开压缩阀，流回到储油缸内。油液通过阀孔时，受到一定的节流阻力。为克服这种节流阻力而消耗了振动能量，使振动衰减。

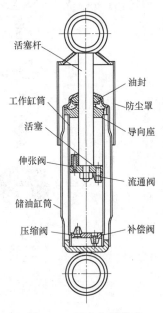

图 13-9 双向作用筒式减振器工作原理示意图

2）伸张行程时，减振器受拉伸，车轮远离车身，减振器活塞向上移动，上腔油压升高，流通阀被关闭，上腔内的油液压开伸张阀流入下腔。由于活塞杆的存在，自上腔流来的油液不足以充满下腔增加的容积，促使下腔产生一定的真空度，以致储油缸中的油液推开补偿阀流进下腔进行补充。这些阀的节流作用对悬架在伸张运动时起到阻尼作用。

由于伸张阀弹簧大于压缩阀弹簧的刚度和预紧力，伸张阀及相应的常通缝隙通道的面积总和小于压缩阀及相应常通缝隙通道的面积总和，在同样力的作用下，这使得减振器伸张行程产生的阻尼力大于压缩行程时产生的阻尼力，从而达到迅速减振的要求。

（2）构造

图 13-10 所示为解放 CA1092 型汽车所用的双向作用筒式减振器。活塞 4 的头部有内外两圈轴向通孔，外围的孔径大于内圈的孔径。在活塞上端面上，有仅能盖住外围大孔的流通阀 3，并用弹簧片 2 压紧，再由限位座 1 限位。在活塞下端面上，均布着四道小槽，伸张阀 5 仅能盖住内圈小孔，当伸张阀 5 在伸张阀弹簧 7 的作用下压盖住内圈小孔时，便与小槽配合形成四个缺口（常通缝隙），在压缩或伸张行程中油液均可通过此缺口流动。在伸张阀与压紧螺母 9 之间装有调整垫片 8，以调整伸张阀弹簧 7 的预紧力。在工作缸下端装有支承座 11，座圈孔上端面有两个小缺口，与装在它上面的补偿阀 15 形成两道缝隙，作为工作缸筒和储油缸筒之间的常通缝隙。补偿阀 15 中央有孔，孔中装着压缩阀杆 16，阀杆上部钻有

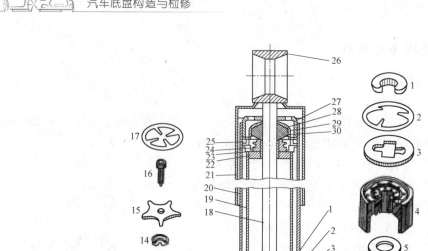

图 13-10 解放 CA1092 型汽车双向作用筒式减振器

1—限位座 2—流通阀弹簧片 3—流通阀 4—活塞 5—伸张阀 6—支承座圈 7—伸张阀弹簧 8—调整垫片 9—压紧螺母 10—下吊环 11—支座圈 12—压缩弹簧座 13—压缩弹簧 14—压缩阀 15—补偿阀 16—压缩阀杆 17—补偿阀弹簧片 18—活塞杆 19—工作缸筒 20—储油缸筒 21—防尘罩 22—导向座 23—衬套 24—油封弹簧 25—密封圈 26—上吊环 27—储油缸螺母 28—油封 29—油封盖 30—油封垫圈

中心孔和与之相通的旁通孔。压缩阀杆 16 滑套着压缩阀 14，不工作时，压缩阀 14 在压缩阀弹簧 13 作用下其上端面紧压在补偿阀 15 上，内部形成锥形空腔。这时，油液经压缩阀杆的中心孔、旁通孔仅能流到锥形空腔中，而不能进入储油缸筒。

由于流通阀弹簧片 2 和补偿阀弹簧片 17 都很软，当车轮跳动较小时，油液从这两个阀和一些孔缝中流过；伸张阀弹簧 7 和压缩阀弹簧 13 均较硬，预紧力也较大，只有当车轮剧烈跳动并使油压增大到一定程度时，油液才能压开相应的阀而流过。

工作缸筒上部装有密封装置（橡胶密封圈 25、油封 28、油封弹簧 24 和储油缸螺母 27）和导向座 22。密封圈 25 用来密封活塞周缘，油封 28 用来密封活塞杆周缘。导向座 22 用来为活塞杆运动导向，当活塞杆往复运动时，杆上的油液被密封件刮下，经导向座 22 上的径向小孔流回储油缸。

一汽奥迪 100 型轿车和上海桑塔纳轿车前后悬架也采用双向作用筒式减振器。

2. 充气式减振器

图 13-11 所示为充气式减振器。在缸筒下部装有一个浮动活塞，在浮动活塞和缸筒一端形成一个封闭气室，内部装有高压氮气。浮动活塞（封气活塞）的上面是油液，活塞上装

有大断面的 O 形密封圈，作用是把油和气完全隔开。在工作活塞上装有压缩阀和伸张阀，它们的通道截面积随工作活塞运动速度的变化而变化，从而产生不同的阻尼力。伸张阀和压缩阀均由一组厚度相同、直径不等、由大到小排列的弹簧钢片组成。

与双向作用筒式减振器相比，充气式减振器有如下优点：

1) 由于采用浮动活塞而减少了一套阀的系统，使结构简化，重量减轻。

2) 由于减振器里充有高压氮气，能减少车轮受突然冲击时的振动，并可消除噪声。

3) 由于充气式减振器的工作缸和活塞直径都大于相同条件的双向作用筒式减振器，因而其阻尼力更大，工作可靠性更强。

4) 充气式减振器内部的高压气体和油液被浮动活塞隔开，消除了油的乳化现象。

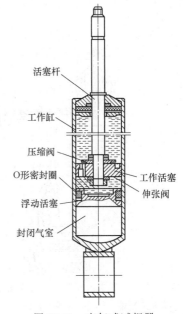

图 13-11　充气式减振器

充气式减振器的不足之处是油封要求高，充气工艺复杂，不易维修，当缸筒受外界较大冲击而变化时，则不能工作。

13.4　非独立悬架与独立悬架

重点掌握

1. 非独立悬架和独立悬架有哪些结构形式，各有何特点？
2. 平衡悬架的作用是什么，又有哪些结构形式？

非独立悬架由于结构简单，工作可靠，被广泛用于一般货车和客车的悬架上，而用在轿车上往往只作为后悬架。钢板弹簧被用做非独立悬架的弹性元件，由于它起导向装置的作用，并有一定的减振作用，使得悬架系统大为简化。

独立悬架采用断开式车桥，两侧车轮分别通过独立悬架与车架或车身相连，每侧车轮可单独运动，互不干扰。轿车和载质量小的货车的转向轮广泛采用独立悬架，这样可以满足行驶平顺性、操纵稳定性等方面的要求。但是，独立悬架结构复杂，制造成本高，维修不方便。

13.4.1　非独立悬架

1. 钢板弹簧式非独立悬架

在采用钢板弹簧为弹性元件的非独立悬架中，通常是将钢板弹簧纵向布置，故也称之为纵置板簧式非独立悬架。

图 13-12 所示为解放 CA1092 型汽车前悬架。悬架中部用两个 U 形螺栓 3 将钢板弹簧固

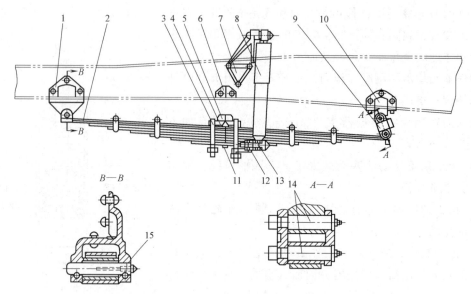

图 13-12 解放 CA1092 型汽车前悬架

1—钢板弹簧前支架　2—前钢板弹簧　3—U 形螺栓　4—盖板　5—缓冲块　6—限位块　7—减振器上支架　8—减振器　9—吊耳　10—吊耳支架　11—中心螺栓　12—减振器下支架　13—减振器连接销　14—钢板弹簧吊耳销　15—钢板弹簧销

定在车轿上。悬架前端为固定铰链，也叫固定吊耳，由钢板弹簧销 15 将钢板弹簧前端卷耳部与钢板弹簧前支架 1 连接在一起（见图中 B—B）。为减小磨损，前端卷耳孔中装有减磨衬套。后端卷耳通过钢板弹簧吊耳销 14 与后端吊耳 9 和吊耳支架 10 相连，后端可以自由摆动，形成活动吊耳，从而保证弹簧变形时两卷耳中心线间的距离可变化，减少汽车受到颠簸。为了延长弹簧的使用寿命，在两端卷耳内压入衬套，使其与钢板弹簧销滑动配合，销上钻有径向和轴向油道，通过油嘴将润滑脂注入衬套进行润滑。

减振器 8 的上下两个吊环通过橡胶衬套和连接销 13 分别与车架的上支架 7 和车桥的下支架 12 相连接。

在盖板 4 上装有橡胶缓冲块 5，以限制弹簧的最大变形并防止弹簧直接碰撞车架。

图 13-13 所示为东风 EQ1090E 型汽车后悬架。其主簧（下弹簧）前端采用装配式结构，前端用螺栓和 U 形螺栓将吊耳与钢板弹簧联成为一体，再通过钢板弹簧销与车架上的钢板弹簧支架相连接。为了防止滑脱，将第三片钢板做成直角弯边。以这种结构代替钢板弹簧传力端的卷耳，可以有效地防止主片在卷耳处的断裂，且拆装维修也较方便。

后端采用滑板式支承。滑块安装在后支架缺口的上部，第一、二片钢板端部插入弧形滑块与限位螺栓之间。工作时第一片上平面与滑块下弧面滑动摩擦。第二片钢板后端头做成直角弯边，车架剧烈跳动时，此直角弯边钩住限位螺栓，以防止钢板弹簧从支架中脱落。由于钢板弹簧变形时主片与滑块的接触点变动，钢板弹簧的刚度也随之变化。载荷小时，弹簧的工作长度长，刚度较小、弹性较好；而载荷增大时，弹簧的工作长度减小，刚度较大。这种滑板式支承，结构简单，拆装方便，且不需润滑，但工作时噪声较大，滑块磨损较严重，一般用于钢板弹簧的非传力端。

在主簧上面，还叠加安装了副簧。主、副簧用 U 形螺栓紧固在后桥上，构成后悬架总成。在车架侧面铆接着副钢板弹簧托架。当汽车载荷不大时，车架相对于车桥下移量较小，

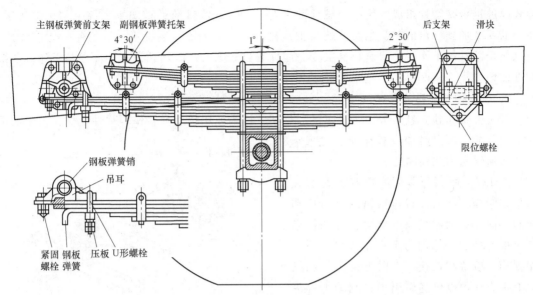

图 13-13 东风 EQ 1090E 型汽车后悬架

副簧两端与托架不接触，故副簧不起作用，只有主簧单独工作，此时悬架的刚度较小。而在重载或满载的情况下，车架相对车桥下移量较大，使车架上的副簧支座与副簧接触，即主簧与副簧共同发挥作用，悬架刚度得到提高。这类悬架的特点是副簧逐渐随载荷增加到一定程度时而参加工作，由于悬架刚度变化较突然，对汽车行驶平顺性不利。

为改善汽车行驶平顺性，南京依维柯汽车的后悬架将副钢板弹簧加装在主钢板弹簧下，成为渐变刚度的钢板弹簧，如图 13-14 所示。主簧由五片较薄的钢板弹簧片组成，副簧由五

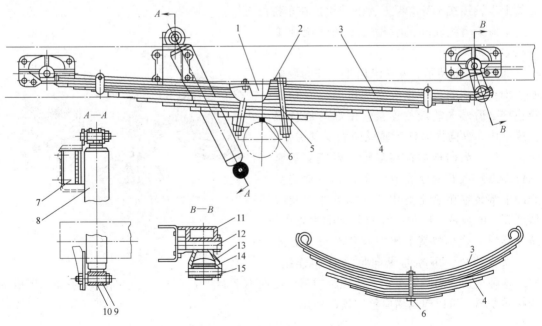

图 13-14 渐变刚度钢板弹簧后悬架

1—缓冲块 2—上盖板 3—主钢板弹簧 4—副钢板弹簧 5—U 形螺栓 6—中心螺栓 7—减振器支架 8—筒式减振器 9—减振器下轴销 10—橡胶衬套 11—支架 12—吊耳销 13—吊耳 14—尼龙衬套 15—钢板弹簧销

片较厚的钢板弹簧片组成,用中心螺栓固定在一起。在小载荷的情况下,仅由主簧起作用,而当载荷增加到一定值时,副簧开始与主簧接触,悬架刚度得到提高,弹簧特性为非线性。当副簧全部参加工作后,弹簧特性又变为线性。由于副簧逐渐随载荷增加而参与工作,悬架刚度逐渐变化,从而提高了汽车行驶平顺性。

2. 螺旋弹簧非独立悬架

螺旋弹簧非独立悬架常用于轿车的后悬架,因为使用螺旋弹簧作为弹性元件,仅仅能承受垂直载荷,所以必须设置导向装置来承受并传递纵向力和横向力。

图 13-15 所示为典型的螺旋弹簧非独立悬架结构。导向装置包括纵向推力杆和横向导向杆。两根纵向下推力杆和两根纵向上推力杆的一端均与车身相铰接,另一端则均与后桥相铰接。纵向下推力杆和纵向上推力杆用以传递牵引力、制动力等纵向力及其力矩。当车轮因路面不平而上下跳动致使后桥与车身之间的距离发生变化

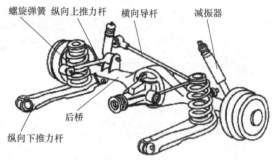

图 13-15 螺旋弹簧非独立悬架结构

时,纵向下推力杆和纵向上推力杆可绕其与车身的铰支点作上下纵向摆动,以控制后桥的运动规律。横向导杆的一端与车身铰接,另一端与后桥铰接,用以传递悬架系统的横向力(如汽车转向时的离心力等)。当后桥与车身之间的距离发生变化时,横向导杆也可绕其铰接点作上下横向摆动。在此过程中,为不使车身与后桥在横向产生过大的相对位移,要求横向导向杆与后桥之间的空间夹角尽可能小,使横向导向杆与后桥尽可能保持平行。两个减振器的上端铰接在车身支架上,下端铰接在车桥的支架上。

上海桑塔纳轿车的后桥也采用螺旋弹簧非独立悬架。

如图 13-16 所示,左右纵向推力杆为变截面管轴,前端通过带橡胶支承座与车身作铰链连接,后端与轮毂相连接,中部与后桥焊接成一体。纵向推力杆传递纵向力及其力矩。整个后桥、纵向推力杆与车轮可以绕支承座的铰接点连线相对于车身上下摆动。螺旋弹簧的上端装在弹簧上座中,下端支撑在减振器外壳上的弹簧下座中,因而只承受垂直力。减振器的上端与弹簧上座一起装在车身底部的悬架支座中,下端与纵向推力杆相连接。

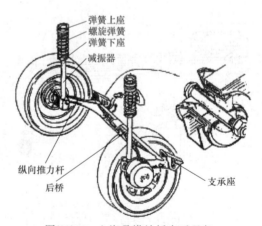

图 13-16 上海桑塔纳轿车后悬架

使用这种结构,当两侧车轮上的螺旋弹簧因路面不平而产生不同的变形时,后桥会发生相应的扭转变形,可以起到横向稳定器的作用。

13.4.2 独立悬架

独立悬架中的弹性元件往往都使用螺旋弹簧和扭杆弹簧,钢板弹簧和其他形式的弹簧较

少使用。

独立悬架的结构类型很多，一般可按车轮的运动形式分为三类，如图13-17所示。

1) 车轮在汽车横向平面内摆动的悬架，称为横臂式独立悬架（图13-17a）。

2) 车轮在汽车纵向平面内摆动的悬架，称为纵臂式独立悬架（图13-17b）。

3) 车轮沿主销轴线移动的悬架，包括烛式独立悬架和麦弗逊式独立悬架（图13-17c、图13-17d）。

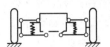
a) 横臂式独立悬架

b) 纵臂式独立悬架

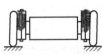
c) 烛式独立悬架

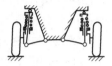
d) 麦弗逊式独立悬架

图13-17 独立悬架基本类型示意图

1. 双横臂式独立悬架

图13-18所示为红旗CA7560型轿车前悬架，该悬架两摆臂长度不相等，为不等臂双横臂式独立悬架。上摆臂11和下摆臂4的一端分别通过上、下摆臂轴15和1与车架横梁16连接，另一端分别通过上、下球头销14、3与转向节9相连接。上摆臂11与上球头销14铆接成一体，内部装有弹簧13，能自动消除球头销与销座间磨损后的间隙。

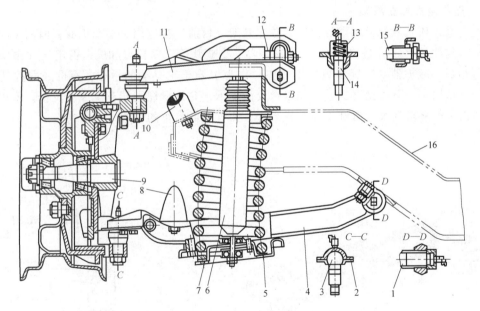

图13-18 红旗CA7560型轿车前悬架
1—下摆臂轴 2—垫片 3—下球头销 4—下摆臂 5—螺旋弹簧 6—筒式减振器 7—橡胶垫圈
8—下缓冲块 9—转向节 10—上缓冲块 11—上摆臂 12—调整垫片
13—弹簧 14—上球头销 15—上摆臂轴 16—车架横梁

下摆臂4与下球头销3可以拆卸，通过减少垫片2来消除球头销处的磨损间隙。螺旋弹簧5的两端分别通过橡胶垫圈7支撑在车架横梁16上的支承座和下摆臂4上的支承盘内。筒式减振器6的两端分别通过橡胶衬垫与车架横梁16和下摆臂4上的支承盘相连。

悬架的最大变形由上、下缓冲块10和8限制。

上摆臂轴的外表面上带有螺纹，转动该轴即可使上摆臂沿着轴纵向移动，从而可调整主销后倾角；通过增减上摆臂轴与固定支架之间的调整垫片，上摆臂横向移动，从而可调整车轮外倾角。主销内倾角和车轮外倾角的关系已被转向节的结构所确定，故调好车轮外倾角后，主销内倾角即正确，不需要再调。

路面对车轮的垂直力通过转向节、下球头销、下摆臂和螺旋弹簧传递给车架。而纵向力、侧向力及其力矩由转向节及导向机构上、下摆臂、上、下球头销传递给车架。由于此种悬架使用上下球头销来代替主销，故属于无主销式悬架。

2. 双纵臂式独立悬架

图 13-19 所示为双纵臂式扭杆弹簧独立悬架。这种悬架的两个纵摆臂一般长度相等，形成平行四连杆机构。当车轮上下跳动时，车轮外倾角、主销后倾角和轮距保持不变，故这种形式的悬架适用于转向轮。

转向节与两个纵摆臂作铰链式连接。在车架和两根管状横梁内部装有片状扭杆弹簧（由若干层矩形断面的薄弹簧钢片叠成）。扭杆弹簧的内端用螺钉固定在横梁的中部，而外端则插入摆臂轴的矩形孔内。与纵摆臂刚性相连的摆臂轴用衬套支撑在管状横梁内。扭杆弹簧只支撑垂直载荷，车轮所受的纵向力、侧向力及其力矩均由纵摆臂传给车架的管状横梁。

3. 麦弗逊式独立悬架

麦弗逊式独立悬架又称滑柱摆臂式独立悬架，目前广泛应用于发动机前置前轮驱动轿车前悬架。这种悬架如图 13-20 所示，由减振器、螺旋弹簧、横摆臂和横向稳定杆（图中未画出）等组成。减振器与螺旋弹簧装于一体，作为引导车轮跳动的滑柱，有的还兼起转向主销作用。悬架有一下横摆臂，其上端以橡胶做支承，允许滑柱上端有少许角位移。采用这种悬架的汽车前端空间大，有利于发动机布置，并可降低整车的重心。

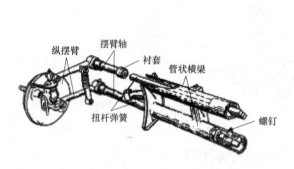

图 13-19 双纵臂式扭杆弹簧独立悬架

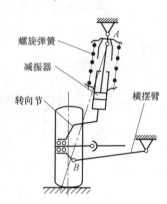

图 13-20 麦弗逊式独立悬架结构示意图

图 13-21 所示为天津夏利 TJ7100 型轿车前轮所采用的麦弗逊式独立悬架。由减振器和螺旋弹簧组成的弹性支柱，上端通过悬架座与车身挠性连接，下端通过螺栓与转向节刚性连接。具有工字型断面的横摆臂，外端用球头与转向节连接。内端通过横摆臂支架与车身连接。横向稳定杆左右两侧纵向部分的末端分别从左右两个横摆臂中部通孔穿出，并用螺母固定在横摆臂上，杆的中部分别用固定夹自由地支撑在车身上的橡胶支承套内。横向稳定杆除可减少汽车行驶时的横向倾斜外，还可以传递部分纵向力。

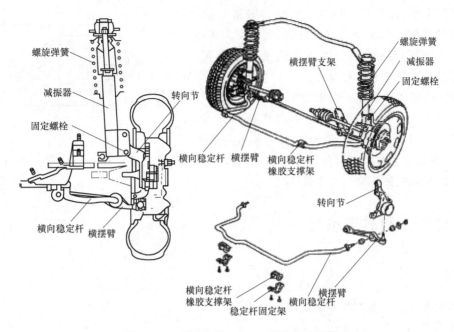

图 13-21 天津夏利 TJ7100 型轿车前悬架

13.4.3 多轴汽车的平衡悬架

多轴汽车全部车轮如果都是单独地刚性悬挂在车架上,则在不平路面上行驶时,将不能保证所有车轮同时接触地面,如图 13-22a 所示。若采用弹性悬架且道路比较平坦有凹坑时,车轮不一定出现悬空的现象,但各个车轮间垂直载荷的分配比例会有很大的变化。当垂直载荷变小甚至为零时,车轮与地面的附着力也随之变小甚至等于

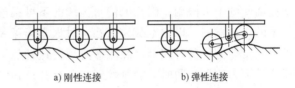

图 13-22 三轴汽车在不平道路上行驶示意图

零。转向桥出现这种情况将使汽车的操纵能力大大降低,以至失去对汽车行驶方向的控制;若驱动轮出现这种情况就会使汽车不能产生足够的牵引力。此外,一个车轮上的垂直载荷减小时,会引起其他车轮上垂直载荷的增加,严重时还会超载。

若全部车轮均采用独立悬架,虽可保证所有车轮与地面有良好的接触,但却使汽车结构变复杂,尤其对于全轮驱动的多轴汽车更是如此。

为了解决这个问题,可将两个车桥(如三轴汽车的中桥和后桥)装在平衡杆的两侧,而将平衡杆与车架铰接,如图 13-22b 所示。这样当一车桥抬高时将使另一车桥降低,始终保持所有车轮与地面良好的接触。而且,由于平衡杆两臂等长,则两个车桥上的垂直载荷在任何情况下都相等。这种能保证中、后桥车轮垂直载荷相等的悬架称为平衡悬架,三轴和四轴越野汽车普遍采用这种结构原理的平衡悬架。其中能绕铰支点转动的平衡杆,就是纵向布置的钢板弹簧。

图 13-23 所示为另一种形式的平衡悬架——摆臂式平衡悬架。这种悬架主要用于 6×2 的货车上。这种货车的结构特点是前桥为转向桥,中桥为驱动桥,后桥为可以升降的支持桥。

当汽车在轻载荷或空载行驶时,操纵举升液压缸,可通过杠杆机构将后轮举起,使 6×2 汽车变为 4×2 汽车。这样既可以减少轮胎磨损和降低燃油消耗,同时又能增大驱动轮上的附着力。

摆臂可绕摆臂轴摆动,摆臂轴的支架在车架上,中桥(驱动桥)钢板弹簧的吊耳不与车架相连接,而是与摆臂的前端相连。摆臂的后端与汽车的后桥(支持桥)相连。这样,摆臂就相当于一个杠杆,中、后桥上垂直载荷的分配比例取决于摆臂的杠杆比及钢板弹簧前、后段长度之比。

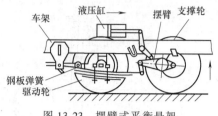

图 13-23 摆臂式平衡悬架

13.5 电子控制悬架系统

重点掌握

1. 电控悬架主要由哪几部分组成?
2. 传感器有哪些,各有何功用?
3. 执行机构有哪些元件,它们的工作原理是什么?

13.5.1 电子控制悬架系统的分类及组成

传统悬架结构参数不能主动地适应行驶中不断变化的路面要求,从而使悬架性能的进一步提高受到很大限制,因此人们将传统的不可调整的悬架称为被动悬架。随着现代电子控制技术的飞速发展,以微电脑为核心,对汽车悬架系统参数,包括弹簧刚度、减振器阻尼力、车身高度等实行实时控制已经能够实现,这种悬架称为电子控制悬架。它既能使汽车的乘坐舒适性大为改善,同时又能兼顾到汽车行驶过程中的操纵稳定性。

现代汽车电子控制悬架系统有多种形式,根据控制目的的不同,可分为车高控制系统、刚度控制系统、阻尼控制系统、综合控制系统等。按悬架系统结构形式不同,可分为电控空气悬架系统和电控液压悬架系统。根据控制系统有源和无源,可分为半主动悬架和主动悬架。

电子控制悬架系统一般由传感器、电子控制单元和执行机构三部分组成。

传感器用来感受汽车运动状态(路况和车速及起动、加速、转向、制动等工况),并将各种状态转变为电信号输送给电控单元(ECU)。

电子控制单元对传感器输入的电信号进行综合处理,向执行机构发出控制指令。

悬架控制系统的执行机构是电磁阀、步进电动机和空气压缩机。它们接受来自电子控制单元的控制指令,准确、快速和及时地做出动作反应,实现对弹簧刚度、减振器阻尼和车身高度的调节。

13.5.2 电子控制悬架系统的结构与工作原理

1. 传感器的结构与工作原理

(1) 车身高度传感器

车身高度传感器的作用是不断检测车身和悬架之间距离,以检测车辆高度。如图 13-24a

和图 13-24b 所示，传感器由一个开口盘和四组光电传感器组成。每组光电传感器分别由发光二极管和光电晶体管组成，两者相互面对安装。传感器开口盘安装在车身上，与杠杆固定。连杆的一端与杠杆相连、而另一端与摆臂相连。当车身高度发生变化时，连杆随摆臂上下移动，从而带动杠杆和开口盘转动。

当开口盘转至如图 13-24b 所示的位置时，光电晶体管接受来自发光二极管的光线，输出一个"通"信号；当圆盘转至图 13-24c 所示的位置时，光线被开口盘挡住，信号中断。来自四组光电传感器的"通"和"断"的组合，从而检测出不同的车高信号，并将它们转换送至 ECU。

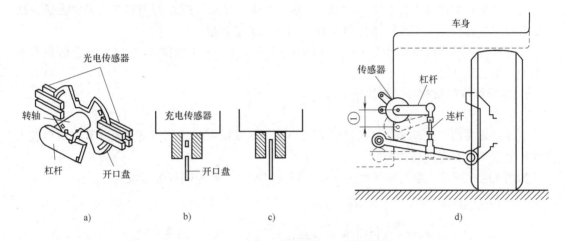

图 13-24　车高传感器结构及工作原理

（2）转向传感器

转向传感器装在转向器上，用来检测转向时的转向角度和汽车转弯的方向，主要为转弯时提高操纵稳定性，防止侧倾，向 ECU 提供车态信号。

如图 13-25 所示，转向传感器由转向传感器组件和开缝盘组成。转向传感器组件有两组发光二极管和光电晶体管，两者相互面对安装，固定在转向柱管上。开缝盘固定在转向轴上，并随其转动。当开缝盘随转向轴转动时，两个光电晶体管的输出端即可进行电信号通/断变换，电控单元根据两个光电晶体管输出端电信号通/断变换的速度，检测出转向盘的转角和转速。由于两组光电晶体管电信号通/断的相位错开 90°，通过判断哪组光电晶体管首先转变为"通"状态，即可检测出转向轴的转动方向。

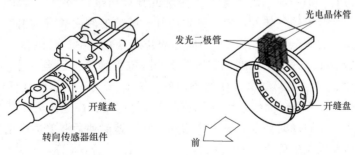

图 13-25　转向传感器

（3）其他传感器和开关

车速传感器安装在车轮上，检测出转速信号，ECU 接收该信号与转向盘转动角度信号，计算出车身的侧倾程度。

节气门开度传感器可以间接检测汽车加速度信号。ECU 利用此信号作为防下坐控制的一个工作状态参数。

车门传感器是为了防止行驶过程中车门未关闭而设置的。

高度控制开关用来选择汽车高度，ECU 检测高度控制开关的状态和相应使汽车高度升高或下降。有的车辆上还有高度控制 ON/OFF 开关，用于停止车高控制。

模式选择开关用来选择悬架的"软""中""硬"状态，ECU 检测到开关的状态后，操纵悬架控制执行器，从而改变减振器的弹簧刚度和阻尼系数。

停车灯开关是当踩下制动踏板时，停车灯开关接通，ECU 接收这个信号作为防栽头控制用的一个起始状态。

2. 执行机构的结构与工作原理

（1）空气弹簧

电控悬架采用空气弹簧代替传统悬架的螺旋弹簧或钢板弹簧，空气弹簧在其气室内装入惰性压缩空气而具有弹性功能。

如图 13-26 所示，空气弹簧由主气室、副气室和空气阀控制杆等组成。

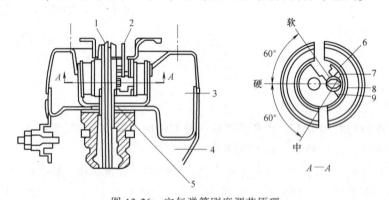

图 13-26 空气弹簧刚度调节原理
1—转阀控制杆 2—空气阀控制杆 3—副气室 4—主气室 5—主、副气室通道
6—气阀体 7—气体通道小孔 8—阀芯 9—气体通道大孔

空气弹簧刚度的调节通过弹簧刚度执行机构打开或关闭主气室和副气室的空气通道，使空气弹簧刚度分为低、中、高三种状态。当阀芯的开口对准"软"位置时，主、副室气体通道的大孔打开，主气室的气体经过阀芯的中心孔，阀体的侧面通道与副气室相通，两气室容量增加，空气弹簧被调至"低刚度"；当阀芯的开口对准"中"位置时，气体通道的大孔关闭，气体通道的小孔打开，主、副气室容量变小，空气弹簧被调至"中刚度"；当阀芯的开口对准"硬"位置时，主、副室气体通道切断，只有主气室承担缓冲任务，空气弹簧被调至"高刚度"。ECU 根据车辆状态信号及时调节弹簧刚度，高速行驶转换为高刚度，低速行驶转换为低刚度。在制动时使前弹簧刚度增加，在加速时使后弹簧刚度增加。而在转弯时使左右弹簧刚度调节以减少侧倾。

（2）减振器

减振器的阻尼调节采用简单的控制阀，通过在最大、中等、最小的通流面积之间的变换、改变减振液的流通快慢，达到阻尼系数的有级调节。减振器的阻尼调节原理如图13-27所示，在空气弹簧的下方，与控制杆连接的回转阀上有三个阻尼孔（油孔），回转阀外面的活塞杆上有两个阻尼孔（油孔），控制机构可以带动控制杆使回转阀旋转，从而改变阻尼孔的开闭组合，实现阻尼系数"软中硬"的有级转换。

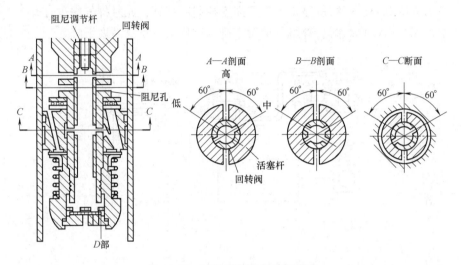

图 13-27 减振器阻尼的调节原理

当需要将阻尼系数调节为"软"状态时，控制杆带动回转阀旋转一角度使 A、B、C 三个截面的阻尼孔全部开通，减振器阻尼系数最小；若需要将阻尼系数调节为"中"状态时，控制杆带动回转阀又旋转一角度使得只有 B 截面中的小阻尼孔开通，而 A、C 两个截面中阻尼孔被关闭，减振器阻尼系数处于中间；若需要将阻尼系数调节为"硬"状态时，控制杆带动回转阀又旋转一角度使得 A、B、C 三个截面的阻尼孔全部关闭，仅靠减振器中的单向阀（D 部）产生阻尼，减振器阻尼系数为最大。

电控悬架 ECU 根据转向操作、节气门位置、速度、加速度等信号调节减振器阻尼系数的"软中硬"，控制汽车制动、加速、急转弯时产生的汽车姿态变化，从而提高汽车的平顺性和操纵稳定性。

（3）执行机构

悬架控制执行机构的功用是驱动主、副气室的空气阀芯和减振器阻尼孔的回转阀转动。

如图 13-28 所示，步进电动机带动小齿轮驱动扇形齿轮转动，与扇形齿轮同轴的阻尼控制杆带动回转阀转动，使阻尼孔开闭变化，从而调节减振器阻尼；同时阻尼调节杆驱动齿轮带动空气阀驱动齿轮和空气阀控制杆转动，随着阀芯角度的改变，悬架的刚度得到调节。

电磁线圈控制电磁制动开关松开时，制动杆处于扇形齿轮的滑槽内，扇形齿轮可转动；当电磁制动开关吸合时，制动杆往回拉，各齿轮锁止，各转阀不能转动，悬架参数保持稳定。

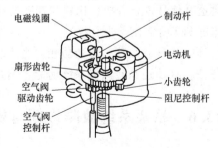

图 13-28 悬架控制执行机构

(4) 车身高度控制

车身高度调节装置如图 13-29 所示,由空气压缩机、直流电动机、高度控制阀、排气电磁阀、空气干燥器等组成。悬架 ECU 根据车高传感器送来的信号和控制模式指令,向高度控制阀发出指令。当车高需要升高时,高度控制阀打开,压缩空气进入空气弹簧的主气室,车身升高;高度控制阀关闭时,空气弹簧主气室的空气量保持不变,车身维持一定的高度不变;当车身需要降低时,压缩机停止工作,高度控制阀打开,此时排气阀也打开,悬架的主气室中的空气通过高度控制阀、管路,最后由排气阀排出,车身高度下降。

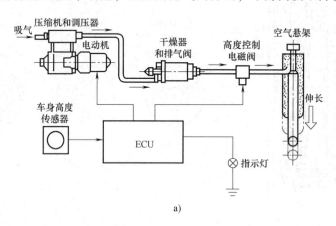

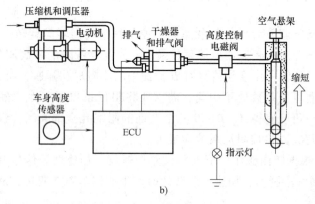

图 13-29 车身高度调节装置

3. 电子控制单元

电子控制单元(ECU)是电控悬架系统的控制中枢。它接受各传感器传来的信号,并对这些信号进行分析、比较和判断处理,经精确计算后输出控制信号对减振器阻尼力、悬架刚度和车身高度等进行控制。

ECU 具有故障自诊断功能。当出现故障时,ECU 以故障码的形式存储故障,并使指示灯亮。ECU 还具有保护系统功能,当控制系统出现故障时能暂时切断对悬架的控制。

13.6 悬架系统故障诊断与检修

悬架技术状况变差,首先影响汽车的平顺性,增加汽车的冲击载荷,加剧汽车零部件的损坏,增加运输中的货损货耗。更重要的是破坏了车轮正常的运动学和力学关系,造成汽车的操纵性能、制动性能变差,对行车安全构成潜在威胁。

重点掌握

1. 悬架系统的检修内容有哪些,常见的故障有哪些,又如何排除?
2. 电子控制悬架系统的故障自诊断如何进行,如何排除常见故障?

13.6.1 悬架系统的检修

1. 减振器的检查

如图 13-30 所示,检查时应固定住减振器,上下运动活塞杆时应有一定阻力,而且向上比向下的阻力要大一些。若阻力过大,应检查活塞杆是否弯曲;若无阻力,则表示前减振器油已漏光或失效,必须更换。

减振器为免维护机构,减振器外面有轻微的油迹,不必更换减振器。若有大量油迹即漏油时,减振器在压缩到底或伸展时会产生跳动现象。车辆行驶时,有缺陷的减振器会发出冲击噪声,减振器失效后用手摸其外壳不发热,这时应更换减振器。

2. 减振器悬架轴承和橡胶挡块的检查

如图 13-31 所示,检查减振器悬架轴承的磨损与损坏情况,应能灵活转动,损坏时必须整体更换;检查橡胶挡块的损坏与老化情况,若损坏应及时更换。

3. 螺旋弹簧的检查

如图 13-32 所示,检查减振器螺旋弹簧有无损坏与变形,并测量螺旋弹簧的自由长度 A,若比标准弹簧长度减少 5%,即表示螺旋弹簧已产生永久变形,必须更换。更换时必须更换左右两侧的两个弹簧,以保持车辆两侧高度相同。

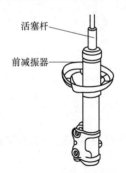

图 13-30 减振器的检查

图 13-31 减振器悬架轴承和橡胶挡块的检查

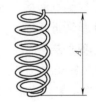

图 13-32 减振器螺旋弹簧的检查
A—螺旋弹簧的自由长度

若螺旋弹簧上有裂纹也要更换。

4. 钢板弹簧的检修与维护

钢板弹簧日常维护作业是检查、紧固 U 形紧固螺栓。紧固力矩必须符合原厂规定,绝非越紧越好。其次是按时向钢板弹簧销加注润滑脂。若发现断片、钢板弹簧固定卡、隔套、卡子螺栓缺少时应及时进行小修。二级维护时,拆检钢板弹簧,并向片间涂抹石墨润滑脂。钢板弹簧禁止加片。

13.6.2 悬架系统的故障诊断

1. 非独立悬架

非独立悬架系统的常见故障是车身倾斜、异响、行驶跑偏和行驶摆振等。

(1) 车身倾斜

1) 现象：汽车调整后停放在平坦地面上，车身横向或纵向歪斜，汽车行驶中方向自动跑偏。

2) 原因

① 钢板弹簧、螺旋弹簧断裂。

② 弹簧弹力下降。

③ 弹簧刚度不一致。

④ U 形螺栓松动等。

钢板弹簧折断，尤其是主片折断，会因弹力不足等原因，使车身歪斜。前钢板弹簧一侧主片折断时，车身在横向平面内倾斜；后钢板弹簧一侧主片折断时，车身在纵向平面内倾斜。

当某一侧的钢板弹簧由于疲劳导致弹力下降，或者更换的钢板弹簧与原弹簧刚度不一致时会使车身倾斜。钢板弹簧销、衬套和吊耳磨损过量时，会出现车身倾斜、行驶跑偏、行驶摆振、异响等故障现象。U 形螺栓松动或折断（或钢板弹簧第一片折断），会由于车辆移位倾斜，导致汽车跑偏。

(2) 异响

1) 现象：在行驶过程中，特别是道路颠簸、突然制动、转弯时从悬架部位发出噪声。

2) 原因

① 减振器漏油，油量不足。

② 活塞与缸筒磨损，配合松旷。

③ 连接部位脱落。

④ 铰链点磨损、老化或损坏。

⑤ 弹簧折断等。

2. 独立悬架

独立悬架总成主要由螺旋弹簧、上下摆臂、横向稳定杆及减振器等组成，总成铰接点多，独立悬架总成常见的故障如下：

1) 现象

① 异响，尤其在不平路面上转弯时。

② 车身倾斜，汽车在转弯时车身过度倾斜等。

③ 前轮定位参数改变。

④ 轮胎异常磨损。

⑤ 车辆摆振及行驶不稳。

2) 原因

① 螺旋弹簧弹力不足。

② 稳定杆变形。

③ 上、下摆臂变形。
④ 各铰接点磨损、松旷。

当汽车产生上述现象时，应对悬架系统进行仔细检查，发现故障部位及原因。

故障诊所

故障：一车主诉说其汽车驶入或离开通向汽车库的车道时，有噪声从汽车前端发出。

排除方法：类似这种噪声通常与前球铰链有关。驾驶汽车并慢慢转向，特别是在通向汽车库的车道上，来回行驶进行检测。出现此故障很有可能是车辆两侧的下球铰链磨损。检查球铰链，必要时进行更换。

13.6.3 电子控制悬架系统的故障自诊断与检修

1. 维修时注意事项

1）维修过程中，当点火开关在打开状态下，不要随意断开蓄电池，否则会丢失控制模块中存储的信息，也不要拆卸或安装控制模块及其电子插头。

2）用举升器或千斤顶将汽车举起时，必须停止高度控制或断开蓄电池负极。

3）当放下汽车使四轮落地时，必须将汽车下面的所有物体搬开。

4）在开动汽车之前，必须起动发动机使汽车高度恢复到正常状态。

5）在维修时，除非必要，一般不要触及前安全气囊碰撞传感器。若要触及，必须在维修前拆下安全气囊碰撞传感器，避免影响安全气囊系统的正常工作。

6）在控制系统检测中，必须使用生产厂家在维修手册中提到的检测工具，否则可能损坏控制系统的零部件。

2. 功能检查与调整

（1）检查汽车高度

将悬架刚度阻尼模式转换开关（LRC）拨到"NORM（标准）"位置，使汽车上下跳振几次，便于四个悬架处于稳定状态。再向前向后推动汽车，使车轮处于稳定状态。

将变速杆放在 N 挡位上，松开驻车制动器，起动发动机。

将高度控制开关拨到"HIGH（高）"位置，在汽车高度升高的状态下等待 1min 后，将高度控制开关拨回到"NORM（标准）"位置，此时汽车高度下降。在这种状态下等待 1min 后，再重复一次上述操作，其目的是使每个悬架处于稳定状态。

汽车前后部高度通常是测量地面到下悬架臂安装螺栓中心的距离，若不符合相应标准，可转动高度传感器连接杆螺栓进行调整。

（2）汽车高度调整

操作高度控制开关检查汽车高度的变化：

1）检查轮胎气压是否符合标准（前轮 230kPa，后轮 250kPa）。

2）测量汽车高度是否在标准范围以内，否则先调整汽车高度再进行下面的检查。

3）起动发动机，将高度控制开关从"NORM"转换到"HIGH"，检查高度升高 10～30mm 所需时间：从拨动高度控制开关到悬架压缩机起动大约 2s，从压缩机起动到完成高度升高需要约 20～40s。

4）在汽车处于"HIGH"时，同样起动发动机，再将高度控制开关从"HIGH"转换到

"NORM",检查高度降低10~30mm所需时间:从拨动高度控制开关到排气阀开始排气大约2s,从开始排气到完成高度降低需要约20~40s。

(3) 弹簧刚度和阻尼系数调节功能的检查

将点火开关转到ON位置。

方法一:按下车身前后左右使车身大幅度地上下摆动,同时将悬架刚度阻尼模式转换开关"LRC"从"NORM"变化到"SPORT(运动,硬)"模式,确认是否感觉到悬架刚度和阻尼系数有变化。

方法二:用专用导线将TDCL或检查连接器端子Tc与E1跨接,此时应该感觉到悬架刚度和阻尼系数变为"硬"状态。

经过上述两种方法的检查,如果没有感觉到悬架刚度和阻尼系数变为"硬"状态,则悬架刚度阻尼模式转换开关"LRC"、悬架电子控制单元(ECU)、执行器存在着故障,必须进一步检查排除。

(4) 溢流阀的检查

如图13-33所示,将点火开关ON,对接高度控制连接器的端子1与端子7,迫使压缩机不断地工作。

等待压缩机工作一段较短时间后,检查排气阀是否排放空气,如图13-34所示。

由于迫使压缩机工作,ECU存储了故障码。检查完毕后,将点火开关OFF,清除故障码。

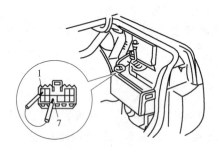

图13-33 高度控制连接器端子连接

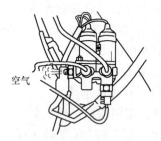

图13-34 溢流阀放气

(5) 供气系统的漏气检查

1)将高度控制开关转换到"高(HIGH)",使汽车高度升高。

2)将发动机熄火。

3)在供气管路和软管接头处,用肥皂水涂抹检查是否有漏气。

若有漏气,需更换漏气部位的管路、接头和密封垫圈。

3. 自诊断系统

(1) 悬架指示灯检查

电控悬架中的指示灯有两个:一个是高度控制指示灯,另一个是刚度阻尼指示灯"LRC"或"TEMS"。还有一个高度控制照明灯"HEIGHT"。

指示灯检查时,先将点火开关拧到ON位置,高度控制指示灯和刚度阻尼指示灯均点亮2s左右。当将"LRC"或"TEMS"开关拨到SPORT(运动)模式时,指示灯显示"SPORT"或"TEMSSPORT"。同时,当高度控制开关拨到"NORM(标准)"或"HIGH(高)"模式时,高度控制指示灯也相应地显示"NORM"或"HIGH"。另外,点火开关打开后,"HEIGHT"照明灯保持点亮状态。说明系统运行正常。如果当高度控制指示灯"NORM"以每1s的间隔闪烁时,说明悬架ECU存有故障码,需要根据故障码表进行检修。

有时指示灯显示会出现下列故障,必须对相应电路进行检查排除存在的故障。

1)点火开关打开后,"SPORT""HI""NORM"指示灯均不亮。

故障原因:汽车高度控制电源电路和指示灯电路短路或断路。

2)点火开关打开后,"SPORT""HI""NORM"指示灯点亮2s后,全部熄灭。

故障原因:悬架控制执行器电路短路或断路。

3)"SPORT""HI""NORM"指示灯点亮和"HEIGHT"照明灯有部分灯不点亮。

故障原因:指示灯电路或照明灯电路短路或断路。

4)当"LRC"开关转换到"NORM"模式时,"SPORT"指示灯不熄灭依然点亮。

故障原因:"LRC"开关电路短路或断路。

5)点亮的高度指示灯与高度控制开关选定的模式不一致。

故障原因:高度控制开关电路短路或断路。

(2)故障码的读取

将点火开关拧到ON位置,然后用专用导线将TDCL或检查连接器端子Tc与E1跨接,根据高度控制"NORM"指示灯的闪烁情况读取故障码。

(3)查码与检修

1)将读取的故障码对照车型故障码表查出故障部位和维修方法。

2)对故障部位进行检查和修复。

3)按故障码清除程序操作,将ECU中的故障码清除。

4)再按读取故障码的步骤检查一次,若指示灯显示正常,则故障已排除。

(4)故障码的清除

方法一:将点火开关关闭,拆下1号接线盒中的ECU-B熔断丝10s以上即可清除。

方法二:将点火开关关闭,用专用连接线连接高度控制连接器的端子9和端子8,同时连接检查连接器的端子Tc与E1,并保持此状态10s以上。然后打开点火开关,并脱开以上各端子,故障码即可清除。

4. 常见故障诊断

如果自诊断系统显示正常代码,可是汽车悬架系统故障仍然出现,此时就应该根据故障的现象进行人工判断排除。电控悬架系统常见故障就是悬架刚度和阻尼系数控制失灵和高度控制失灵。

(1)悬架刚度和阻尼系数控制失灵

1)LRC指示灯显示状态不变。

现象:不管如何操作悬架刚度和阻尼系数控制开关(LRC),LRC指示灯显示状态保持原样不变。

原因:悬架刚度和阻尼系数控制开关(LRC)电路故障,悬架电子控制单元(ECU)有故障。

2)悬架刚度和阻尼系数控制失效。

现象:汽车在行驶时,悬架刚度和阻尼系数不随着行驶状况、路况、汽车姿态的变化而调节。

原因：悬架控制执行器电路有故障，悬架控制执行器电源电路故障，Tc 与 Ts 端子电路有故障，悬架刚度和阻尼系数控制开关（LRC）电路故障，空气弹簧减振器故障，悬架电子控制单元（ECU）有故障。

3）只有防侧倾控制失效。

现象：汽车在急转弯行驶时有侧倾现象，其他方面正常。

原因：转向传感器电路故障，悬架电子控制单元（ECU）有故障。

4）只有防下坐控制失效。

现象：汽车在急加速行驶时车身后部有下沉（后倾）现象。

原因：节气门位置信号电路故障，悬架电子控制单元（ECU）有故障。

5）只有防栽头控制失效。

现象：汽车在紧急制动时车身前部有下沉（前倾）现象，其他均正常。

原因：停车灯开关电路故障，车速传感器电路故障，悬架电子控制单元（ECU）有故障。

6）只有高速控制失效。

现象：汽车在高速行驶时明显感到悬架比较软，操纵稳定性较差。

原因：车速传感器电路故障，悬架电子控制单元（ECU）有故障。

（2）高度控制失灵

1）高度控制指示灯的显示不随高度控制开关操作而变化。

现象：高度控制开关无论转换在何种模式，高度指示灯显示模式不变。

原因：高度控制开关电路故障，调节器电路故障，高度控制电源电路故障，高度控制传感器故障，悬架电子控制单元（ECU）有故障。

2）汽车高度控制功能失效。

现象：汽车在行驶、驻车、乘员和行李质量变化时，车高没有变化。

原因：调节器电路故障，高度控制电源电路故障，高度控制开关电路故障，高度控制开关 ON/OFF 有故障，高度控制传感器故障，悬架电子控制单元（ECU）有故障。

3）只有高速时汽车高度控制失效。

现象：汽车在高速行驶时，高度不降低而维持原样。

原因：车速传感器电路故障，悬架电子控制单元（ECU）有故障。

4）汽车高度变化不符合控制逻辑。

现象：汽车在行驶、驻车、乘员和行李质量变化时，车高变化不大或产生相反地变化。

原因：空气泄漏，高度控制传感器故障，悬架电子控制单元（ECU）有故障。

5）汽车有高度调节作用，但是车高不均匀。

现象：汽车在行驶、驻车、乘员和行李质量变化时，车高虽然有变化，但是前后左右高低不均匀。

原因：高度控制阀、排气阀电路故障，高度控制传感器连接杆调整不当。

6）汽车高度调节值与标准不符。

现象：汽车有高度调节作用，但是汽车高度升高或降低不符合规定高度。

原因：高度控制传感器连接杆调整不当。

7）汽车高度要么特别高要么特别低。

现象：调整车高时，汽车处于非常高或非常低的位置。

原因：高度控制传感器有故障。

8）关闭了高度控制，汽车高度控制仍起作用。

现象：虽然将高度控制 ON/OFF 开关拨到关闭（OFF）位置，汽车在行驶、驻车、乘员和行李质量变化时，车高依然按控制逻辑进行调节。

原因：高度控制 ON/OFF 开关有故障，悬架电子控制单元（ECU）有故障。

9）汽车驻车时汽车高度非常低。

现象：汽车驻车时，片刻或一两天左右高度下降太多。

原因：空气泄漏，空气弹簧减振器故障。

10）空气压缩机的驱动电动机长时间运转不停机。

现象：汽车在高度升高后，很长时间压缩机驱动电动机仍在工作不停机。

原因：空气泄漏，高度控制继电器电路有故障，压缩机驱动电动机电路有故障，悬架电子控制单元（ECU）有故障。

11）点火开关 OFF 控制不起作用。

现象：点火开关拧到 OFF 位置时，汽车高度并不下降为驻车状态。

原因：门控制开关电路有故障，高度控制电源电路故障，悬架电子控制单元（ECU）有故障。

12）车门打开后，点火开关 OFF 控制不解除。

现象：只要将汽车某一扇门打开，点火开关 OFF 控制仍有作用并没解除。

原因：门控制开关电路有故障，悬架电子控制单元（ECU）有故障。

13.7 实验实训

安全提示

1. 检修的方法符合相应的规定且遵守正确的安全操作规程。

2. 悬架系统许多零部件都处于高压和张紧状态下，拆卸这些零部件应按正确的方法释放压力或张力，以免它们对人造成伤害。

13.7.1 悬架装置的检修

1. 实验实训目的

1）对悬架装置的主要零件进行检修。

2）通过检修悬架装置，恢复汽车悬架的技术状况，保证汽车的稳定性、舒适性。

2. 实验实训设备及工、量具

1）具有完整悬架系统轿车多辆。

2）扭力扳手、套筒、螺钉旋具、游标卡尺、弹簧秤等常用工量具多套。

3. 实验实训基本方法（以皇冠轿车为例）

皇冠 MS、YS 和 LS 前悬架的检修

皇冠轿车装用的前独立悬架如图 13-35 所示，减振弹簧支撑在横梁和下摆臂的支承座

内。由于下摆臂内外端只有一个铰接点，在下摆臂与车身间装有支撑杆。

1) 拆卸与分解。皇冠 MY、YS 和 LS 系列轿车前悬架分解图如图 13-36 所示，按数字顺序拆卸与分解。

① 拆卸发动机一号下盖时，先拆下左右四个卡片螺栓。然后用举升器举起汽车前部并支住，拆下车轮，拆开制动管接头。

② 拆下减振器上端固定螺母，拆下减振器下端固定螺栓。

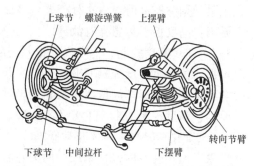

图 13-35 皇冠 MS、YS、LS 系列轿车前悬架

③ 拆下横向稳定杆和支撑杆。注意把支撑杆放在合适的位置，测量尺寸 B（图 13-37），拆开后，测量尺寸 A，以供装配时参考。

④ 拆卸球头销。用举升器顶在下摆臂弹簧座上，压缩减振弹簧，将上、下球头销螺母开口销拆下，并松开槽形螺母 2~3 圈，用专用工具松开球头销锥形柱面。

⑤ 拆卸减振弹簧。把专用工具装到螺旋弹簧上，如图 13-38 所示，拧紧螺栓压缩弹簧，直至解除下摆臂负荷，从转向节上拆出上、下球头销（注意：用绳索将转向节吊住，以免拉坏制动器软管和车速传感器配线），然后松开专用工具螺栓，拆出减振弹簧。拆卸时应注意安全。

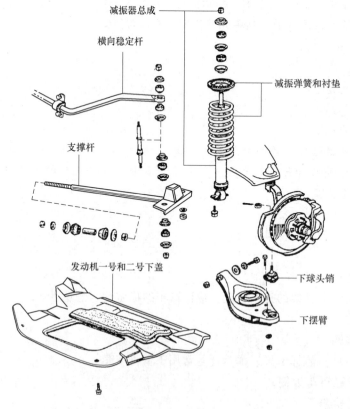

图 13-36 皇冠轿车前独立悬架分解图

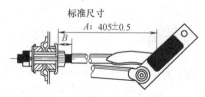

图 13-37 支撑杆安装尺寸

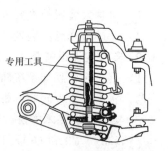

图 13-38 压缩螺旋弹簧工具

⑥ 拆卸上、下摆臂，以及车轮外倾角调整垫片（应记录调整垫片的安装位置和厚度，不能丢失垫片）。从上、下摆臂上拆出球头销，注意不要损坏球头销防尘罩。

2）零件检修

① 螺旋式减振弹簧的检查。检查弹簧的变形和损坏情况。若发现有变形或裂纹应更换。有条件时使用检测仪检查弹簧的弹性，也可简单通过左右弹簧自由高度的比较以及与标准弹簧相比确定其弹性变化，减振弹簧变软必须更换。检查弹簧衬垫有裂纹或磨损严重应换新件。

图 13-39　皇冠轿车前悬架螺旋弹簧型号与负荷等级颜色标记

检查左、右弹簧的颜色标记与负荷等级颜色的组合是否符合规定。皇冠轿车前悬架螺旋弹簧的颜色标记如图 13-39 所示。型号颜色标记有两种：蓝色和红色，蓝色型号标记的弹簧安装在驾驶员一侧，红色型号标记的安装在乘员一侧。前螺旋弹簧技术参数见表 13-1。

表 13-1　前螺旋弹簧技术参数

弹簧弹力/kN		负荷等级颜色					
		白色	粉红色	蓝色	红色	绿色	米黄色	棕色
型号颜色标记	蓝色	6.25~6.45	6.45~6.62	6.85~7.02	6.80~6.97	6.75~6.92	6.90~7.07	7.50~7.65
	红色	6.08~6.25	6.28~6.45	6.68~6.85	6.63~6.80	6.58~6.75	6.73~6.90	7.35~7.50

② 前减振器的检修。从汽车上拆下减振器后，检查内容见前面章节所述。

③ 上摆臂的检修。上摆臂若有变形应校正，有裂纹时可焊修，损坏严重时应更换新件。防尘套损坏或破裂时应更换新防尘套。

摆臂衬套若破裂或严重磨损，应更换。摆臂衬套有橡胶衬套和螺栓形衬套两种，更换方法不同。对橡胶衬套，首先拆下螺塞和缓冲垫，然后用专用工具拆出旧衬套和安装新衬套（必须使用专用工具以防止摆臂变形），最后装好缓冲垫和摆臂螺塞。对于螺栓型衬套，先拆出旧衬套，在上摆臂轴和衬套的螺纹部分涂上 MP 润滑脂，然后同时拧紧两边的衬套，并保证两边衬套拧紧量相同，最后紧固力矩为 280~320N·m，拧紧后上摆臂应能平顺转动，否则重新安装。

④ 下摆臂的检修。检查下摆臂若有变形应校正，有裂纹应焊接修复，损坏严重则更新。衬套若损坏或磨损严重时应更换。更换衬套时应使用专用工具借助压床压出旧衬套。压装衬套时不允许加润滑油，而且应连衬套保持架一起更新。拆装时应注意防止摆臂壳体变形。若摆臂轴螺纹损坏，应更换新轴。摆臂轴磨损严重时，可镀铬或堆焊修复。

⑤ 球头销接头的检查。将球头销接头壳夹在台虎钳上，用手摇动球头销 5 次，不应感觉有卡滞或松旷。然后用扭矩计以 2~4s 转一圈的速度转动球头销，取第 5 圈时的扭矩值，下球头销的转动力矩为 0.5~2.5N·m。若不符合以上要求应更换球头销接头。

⑥ 检查支撑杆总成。支撑杆若有弯曲应校直，支撑杆及各零件若有严重磨损或损坏应更换或修复。

3）安装与调整。安装皇冠轿车螺旋弹簧独立前悬架，按拆卸相反顺序进行。

① 在球头销防尘套的唇部涂 MP 润滑脂，然后把上、下球头销接头装到上、下摆臂上。注意不要将润滑脂涂到球头销的锥面和螺纹上，上摆臂螺栓紧固力矩为 15~25N·m，下摆

臂螺栓紧固力矩为40~55N·m。

② 将下摆臂安装到横梁上，用手暂时拧紧下摆臂轴固定螺栓。

③ 把上摆臂安装到车架上。安装摆臂轴时，车轮外倾角调整垫片按拆卸时的数量和位置安装。上摆臂轴螺栓紧固力矩为116~138N·m（螺栓型衬套），如果装用橡胶衬套时先暂时用手拧紧螺栓即可。

④ 将螺旋弹簧和衬垫装到下摆臂上，用专用工具压缩弹簧，然后用举升器顶起下摆臂，并把下球头销装到转向节下凸耳上。以90~130N·m力矩紧固球头销上开槽螺母，装上开口销。

⑤ 稍微顶起下摆臂和转向节，把上球头销装到转向节上凸耳上，装上开槽螺母并以90~130N·m力矩紧固，装上开口销。

⑥ 将支撑杆装到下摆臂和车架的托架上。安装时若使用原来的下摆臂和支撑杆，则按拆卸时测得的尺寸A、B安装调整支撑杆。如果更换了下摆臂或支撑杆，则按标准尺寸A为（405±0.5）mm（装用动力转向的结构取A为399mm）安装调整支撑杆。支撑杆安装螺母暂时用手拧紧。

⑦ 前减振器的安装

a. 将隔振套装到悬架支座上，将弹簧减振垫装到减振器上。

b. 用专用工具压缩螺旋弹簧并将其装到减振器上，注意：应使螺旋弹簧下端头嵌入减振器弹簧座的开口中。

c. 将悬架支座装到减振器杆上，暂时拧紧支座螺母。

d. 拆下螺旋弹簧专用工具SST，安装减振器。将带螺旋弹簧的减振器装到车上，按规定力矩拧紧螺母；减振器活塞杆安装到横梁上的自锁螺母必须用新件，其紧固力矩为22~34N·m。应注意先安装活塞杆上端自锁螺母，后安装减振器下端螺栓，紧固时则先紧固下端螺栓，力矩为15~22N·m，然后再按规定力矩拧紧自锁螺母。

e. 将减振器装到下托架上，螺母暂时拧紧。

f. 将转向节能装到上球节上，按规定力矩拧紧螺母。

⑧ 安装横向稳定杆。将稳定杆中部固定到车身上，螺栓紧固力矩为10~16N·m。用举升器稍微顶起下摆臂，将稳定杆两端与下摆臂连接。换装新的自锁螺母，紧固力矩为14~22N·m。

⑨ 装好制动油管，排除制动系统空气，安装车轮，车轮螺母紧固力矩为90~120N·m。

⑩ 拆除举升器和支撑架，使汽车完全落地，然后使汽车上下振动几次，再紧固未拧紧的螺栓和螺母。上摆臂轴固定螺栓（装用橡胶衬套）紧固力矩为108~148N·m，下摆臂轴固定螺栓紧固力矩为100~150N·m，支撑杆螺母紧固力矩为90~150N·m。

⑪ 拆下球头销螺塞并装上油嘴，给球头销内加注润滑脂，然后再拆下油嘴装好螺塞。

13.7.2 电子控制悬架系统的认识与检测

1. 实验实训目的

1) 了解空气弹簧、可变阻尼减振器结构及工作情况。

2) 了解电子控制悬架的基本结构和工作原理。

3) 掌握常见轿车电子控制悬架的检修方法。

2. 实验实训设备及工、量具

1）电子控制悬架轿车多辆。
2）空气弹簧、可变阻尼减振器和传感器若干套。
3）拆装工作台若干张。
4）举升器、常用、专用工具若干套。

3. 实验实训基本方法

1）观察电控悬架主要组成件的安装位置。
2）了解电控悬架各组成部分的作用。
3）掌握电控悬架故障诊断基本方法。

项目小结

1. 悬架一般由弹性元件、导向装置、减振器和横向稳定杆等组成。
2. 按控制形式不同，悬架可分为被动式悬架和主动式悬架；按汽车导向装置的不同，悬架又可分为独立悬架和非独立悬架。
3. 目前常见的弹性元件主要有钢板弹簧、螺旋弹簧、扭杆弹簧、气体弹簧等。
4. 钢板弹簧本身还起导向装置的作用，可不必单设导向装置，使结构简化；螺旋弹簧、扭杆弹簧和气体弹簧作弹性元件，悬架要加设导向装置。
5. 减振器在悬架压缩行程中，阻尼力较小，弹性元件起主要作用；在悬架伸张行程中，阻尼力较大，减振器起主要作用。
6. 双向作用筒式减振器工作缸筒内装有四个阀，即压缩阀、伸张阀、流通阀和补偿阀。流通阀和补偿阀弹簧很弱，而压缩阀和伸张阀弹簧较强。
7. 独立悬架采用断开式车桥，两侧车轮分别通过独立悬架与车架或车身相连，每侧车轮可单独运动，互不干扰。
8. 解放 CA1092 型汽车前悬架上装有橡胶缓冲块，以限制弹簧的最大变形并防止弹簧直接碰撞车架。
9. 主、副簧钢板弹簧悬架当汽车载荷不大时，副簧不起作用，只有主簧单独工作，悬架刚度较小；而在重载或满载的情况下，主簧与副簧共同发挥作用，悬架刚度得到提高。
10. 副钢板弹簧加装在主钢板弹簧下的悬架由于副簧逐渐随载荷增加而参与工作，悬架刚度逐渐变化，从而提高了汽车行驶平顺性。
11. 双横臂式独立悬架使用上下球头销代替主销，属于无主销式悬架。
12. 悬架控制系统的执行机构是电磁阀、步进电动机和空气压缩机。
13. 车身高度传感器的作用是不断检测车身和悬架之间的距离，以检测车辆高度。
14. 模式选择开关用来选择悬架的"软""中""硬"状态，ECU 检测到开关的状态后，操纵悬架控制执行器，从而改变减振器的弹簧刚度和阻尼系数。
15. 空气弹簧由主气室、副气室和空气阀控制杆等组成。
16. 非独立悬架系统的常见故障是车身倾斜、异响、行驶跑偏和行驶摆振等。
17. 电控悬架系统常见故障就是悬架刚度和阻尼系数控制失灵和高度控制失灵。

复习思考题

1. 悬架有何作用？由哪些部分组成？
2. 什么是非独立悬架与独立悬架，各有什么特点？
3. 常见的弹性元件有哪些，各有特点？
4. 减振器有何要求，其工作原理是什么？
5. 独立悬架有哪些类型，各有何特点？
6. 悬架的检修内容有哪些，又有哪些常见故障？
7. 电控悬架系统常用的传感器有哪些，其作用是什么？
8. 空气悬架刚度如何实现调整？
9. 电控悬架检修的注意事项包括哪些？

项目 14

汽车转向系统的构造与检修

 学习目标：

1. 掌握转向系统的结构及工作过程。
2. 掌握机械转向器和动力转向器的结构和工作原理。
3. 掌握转向系统主要零部件的检修。
4. 掌握电子控制动力转向系统的结构及工作原理。
5. 能识别转向系统的常见故障，并进行基本的故障诊断及检修。
6. 理解四轮转向的原理。

14.1 汽车转向系统的认识

重点掌握

1. 转向系统如何分类？
2. 转向系统的主要参数有哪些？

14.1.1 转向系统的功用、组成及分类

1. 功用

汽车转向系统的功用是改变和保持汽车的行驶方向。

当汽车需要改变行驶方向时，必须使转向轮绕主销轴线偏转一定角度，直到新的行驶方向符合驾驶员的要求时，再将转向轮恢复到直线行驶位置。这种由驾驶员操纵、转向轮偏转和回位的一套机构，称为汽车转向系统。

2. 类型

汽车转向系统按转向能源的不同分为机械转向系统和动力转向系统两大类。

图 14-1 为机械转向系统示意图。机械转向系统以驾驶员的体力作为转向能源。汽车转向时，驾驶员转动转向盘，通过转向轴、万向节和转向传动轴，将转向力矩输入转向器。转向器中有 1~2 级啮合传动副，具有减

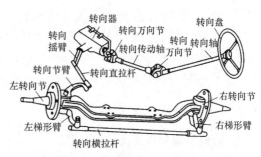

图 14-1 机械转向系统示意图

速增力作用。经转向器减速后的运动和增大后的力矩传到转向摇臂，再通过转向直拉杆传给固定于左转向节的转向节臂，使左转向节及装于其上的左转向轮绕主销偏转。左、右梯形臂的一端分别固定在左、右转向节上，另一端则与转向横拉杆作球铰链连接。当左转向节偏转时，经梯形臂、横拉杆和梯形臂的传递，使右转向节及装于其上的右转向轮随之绕主销同向偏转相应的角度。梯形臂以及转向横拉杆和前轴构成转向梯形，其作用是在汽车转向时，使内、外转向轮按一定的规律进行偏转。

图 14-2 为动力转向系统示意图。动力转向系统是利用一定的动力助力方式，帮助执行转向操作的转向系统。动力转向装置一般由机械转向器、转向动力缸和转向控制阀三部分组成。

汽车转向时，驾驶员顺时针转动转向盘，转向摇臂推动转向直拉杆后移，直拉杆的推力作用于转向节臂，并依次传到梯形臂和转向横拉杆，使之右移。与此同时，转向直拉杆还带动转向控制阀中的滑阀，使转向动力缸中的右腔接通转向油泵的出油口，左腔接通回油口，

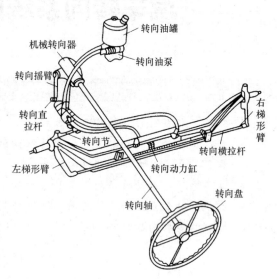

图 14-2 动力转向系统示意图

于是转向动力缸的活塞所受向右的液压作用力便经活塞杆施加在横拉杆上。这样，驾驶员需要加在转向盘上的力矩，比用机械转向系统时小得多。逆时针转动转向盘，过程与之相反。

3. 组成

转向系统形式多种多样，但所有的转向系统都由转向操纵机构、转向器和转向传动机构三大部分组成。

1) 转向操纵机构是操纵转向器和转向传动机构，使转向轮偏转。
2) 转向器是的功用是增大由转向盘传到转向节的力，并改变力的传动方向。
3) 转向传动机构的功用是将转向器输出的力和运动传给转向轮，使两侧转向轮偏转以实现汽车转向。

4. 对转向系统的要求

1) 转向时必须轻巧灵活，转向后车轮能自动回正。
2) 转小弯时，转向盘不必转很多圈。
3) 直向前进时，应稳定且无蛇行现象。
4) 车轮的振动及摆动不致使转向盘转动。
5) 转向时，左、右转向轮轴线的延长线和后轴的延长线应相交于一点。
6) 转向时，两轮的偏转角应符合一定的规律。

14.1.2 转向系统主要参数

1. 转向系统角传动比

转向盘的转角与同侧转向车轮偏转角的比值，称为转向系统角传动比，用 i_w 表示。转

向系统角传动比 i_w 是转向器的角传动比 i_1 与转向传动机构角传动比 i_2 的乘积。

转向器的角传动比 i_1 等于转向盘的转角与转向摇臂摆角之比；转向传动机构角传动比 i_2 等于转向摇臂摆角与安装在转向盘同侧的转向车轮偏转角之比。显然，三者之间的关系是

$$i_w = i_1 i_2$$

现代汽车结构中，转向传动机构角传动比 i_2 近似为 1（一般在 0.85~1.1 之间）故有

$$i_w \approx i_1$$

可见，转向系统角传动比 i_w 主要取决于转向器角传动比 i_1。货车的 i_1 一般为 16~32，轿车的 i_1 一般为 12~20。

转向系统角传动比 i_w 影响汽车的操纵轻便性和转向灵敏性。i_w 愈大，操纵转向盘的转向力矩愈小，当转向盘直径一定时，驾驶员施加于转向盘上的力就愈小，即转向操纵愈轻便。但 i_w 不能过大，否则将导致转向操纵不够灵敏，即为了得到一定的转向轮偏转角，需增加转向盘的转动量。因此，选取 i_w 时，应适当兼顾转向操纵轻便和转向灵敏两方面的要求。

2. 转向轮的运动规律

如图 14-3 所示，汽车转向时，内侧车轮和外侧车轮滚过的距离是不相等的。对于一般汽车而言，后桥左右两侧的驱动轮由于差速器的作用，能够以不同的转速滚过不同的距离。但前桥左右两侧的转向轮要滚过不同的距离，必然引起车轮沿路面边滚动边滑动，致使转向时的行驶阻力增大，轮胎磨损

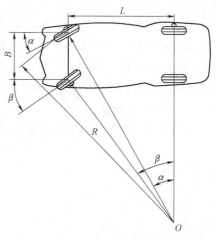

图 14-3 汽车转向示意图

增加。为了避免这种现象，要求转向系统能保证在汽车转向时，所有车轮均作纯滚动。显然，这只有在转向时，所有车轮的轴线都相交于一点方能实现。此交点称为汽车的转向中心。汽车转向时内侧转向轮偏转角 β 大于外侧转向轮偏转角 α。角 α 与 β 的关系是

$$\cot\alpha = \cot\beta + B/L$$

式中　B——两侧主销轴线与地面交点之间的距离；

　　　L——汽车轴距。

这一关系是由转向梯形机构来保证的，故上式也称为转向梯形理论特性关系式。迄今为止，所有汽车转向梯形的设计实际上都只能保证在一定的车轮偏转角范围内，使两侧车轮偏转角大体上接近以上关系式。

从转向中心 O 到外侧转向轮与地面接触点的距离 R 称为汽车转弯半径。转弯半径 R 愈小，则汽车转向所需场地就愈小，汽车的机动性也愈好。当外侧转向轮偏转角达到最大值 α_{max} 时，转弯半径 R 最小。

汽车内侧转向轮的最大偏转角一般在 35°~42°之间。载货车的最小转弯半径一般为 7~13m。

3. 转向器传动效率

转向器输出功率与输入功率之比称为转向器传动效率。当功率由转向盘输入，从转向摇臂输出时，所求得的传动效率称为正传动效率；反之，转向摇臂受到道路冲击而传到转向盘

的传动效率则称为逆传动效率。正、逆传动效率都很高的转向器（称为可逆式转向器），有利于汽车转向后转向轮的自动回正，但转向盘"路感"很强，也容易在坏路行驶时出现"打手"现象，因此主要应用于经常在良好路面行驶的车辆。正传动效率远大于逆传动效率的转向器（称为极限可逆式转向器），能实现汽车转向后转向轮的自动回正，只有路面冲击力很大时，方能部分地传到转向盘，其"路感"较差，主要应用于中型以上的越野汽车、工矿用自卸汽车等。

4. 转向盘自由行程

转向盘为消除转向系统各传动件之间的装配间隙、克服弹性变形所空转过的角度称为转向盘自由行程。由于转向系统各传动件之间都存在着装配间隙，而且这些间隙将随零件的磨损而增大，因此，在一定的范围内转动转向盘时，转向节并不随即同步转动，而是在消除这些间隙并克服机件的弹性形变后，才作相应的转动，即转向盘有一空转范围。

转向盘自由行程对于缓和路面冲击及避免驾驶员过于紧张是有利的，但过大的自由行程会影响转向灵敏性。汽车维护中应定期检查转向盘自由行程。机动车转向盘的最大自由转动量从中间位置向左或向右均不超过10°～15°。当零件磨损严重到转向盘自由行程超过25°～30°，则必须进行调整。

通常是通过调整转向器传动副的啮合间隙来调整转向盘自由行程。

14.2 转向器

重点掌握

1. 转向器的功用是什么？
2. 转向器的类型有哪些？
3. 转向盘自由行程如何检查？

1. 功用

转向器是转向系统中的减速传动装置，其功用是增大由转向盘传到转向节的力，并改变力的传动方向。

2. 类型

转向器的种类较多，一般按转向器中的传动副的结构形式分为齿轮齿条式、循环球式、蜗杆曲柄指销式和蜗杆滚轮式等几种。下面主要介绍齿轮齿条式转向器和循环球式转向器。

14.2.1 齿轮齿条式转向器

图14-4所示为齿轮齿条式转向器，它主要由转向器壳体、转向齿轮、转向齿条等组成。转向器通过转向器壳体的两端用螺栓固定在车身（车架）上。

齿轮齿条式转向器结构简单；传动效率高，操纵轻便；重量轻；由于不需要转向摇臂和转向直拉杆，还使转向传动机构得以简化。在有效地解决了逆传动效率高和实现转向器可变速比等技术问题后，这种转向器在前轮为独立悬架的中级以下轿车和轻型、微型货车上得以广泛应用，如一汽奥迪型轿车、上海桑塔纳轿车、广州标致轿车、天津夏利轿车及南京依维柯轻型货车等均采用齿轮齿条式转向器。

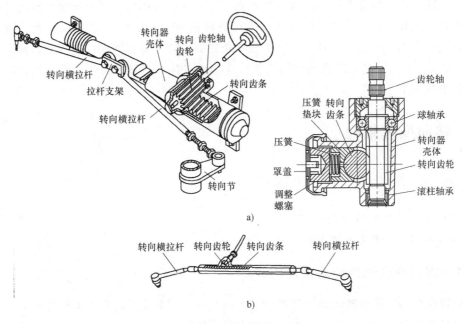

图 14-4 齿轮齿条式转向器

14.2.2 循环球式转向器

循环球式转向器如图 14-5 所示，是目前汽车应用最广泛的一种转向器。与其他形式的转向器相比，循环球式转向器在结构上的主要特点是有两级传动副。第一级传动副为螺杆-螺母传动副；第二级传动副为齿条-齿扇传动副。

转向螺杆支撑在两个推力球轴承上，轴承的预紧度可用调整垫片调整。在转向螺杆上松套着转向螺母。为了减少它们之间的摩擦，二者的螺纹并不直接接触，其间装有许多钢球，以实现滚动摩擦。螺杆和螺母的螺纹都加工成截面近似为半圆形的螺旋槽，二者的槽相配合即形成截面近似为圆形的螺旋管状通道。螺母侧面有两对通孔，可从此孔将钢球塞入螺旋通道内。螺母外有两根钢球导管，每根导管的两端分别插入螺母侧面的一对通孔中。导管内也装满钢球。这样，两根导管和螺母内的螺旋通道组合成两条各自独立的封闭的钢球"流道"。当转动转向螺杆时，通过钢球将力传给转向螺母，使螺母沿螺杆轴向移动。同时，由于摩擦力的作用，所有钢球便在螺杆和螺母之间的螺旋通道内滚动，钢球在螺旋通道内绕行两周后，流出螺母而进入导管的一端，再由导管的

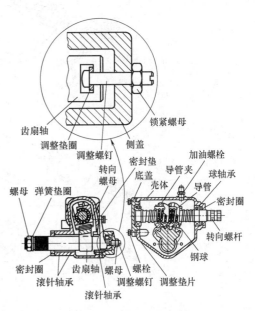

图 14-5 循环球式转向器

另一端流回螺母内。故在转向器工作时，两列钢球只在各自的封闭流道内循环流动，而不会脱出。循环球式转向器传动效率高（正效率最高可达 90%～95%），故操纵轻便，转向结束后自动回正能力强，使用寿命长。但其逆效率也很高，故容易将路面冲击传给转向盘而产生"打手"现象，不过，随着道路条件的改善，这个缺点并不明显。因此，循环球式转向器广泛用于各类汽车上。

14.3 转向操纵机构

重点掌握

1. 转向操纵机构的功用是什么？
2. 转向操纵机构的结构怎样？

14.3.1 转向操纵机构的功用及组成

转向操纵机构一般由转向盘、转向轴、转向柱管、万向节及转向传动轴等组成。它的主要作用是操纵转向器和转向传动机构，使转向轮偏转。

如图 14-6 为桑塔纳轿车转向操纵机构。转向柱管中部用橡胶垫和半圆形支架固定在驾

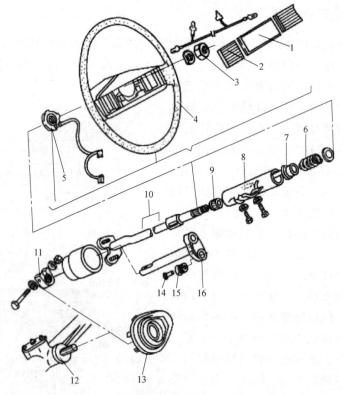

图 14-6　桑塔纳轿车转向操纵机构分解图

1—大盖板　2—喇叭按钮盖板　3—转向盘柱紧固螺母　4—转向盘　5—接触环　6—压缩弹簧　7—连接圈　8—转向盘柱套管　9—轴承　10—转向盘柱上段　11—夹紧箍　12—转向器　13—转向盘柱管橡胶垫　14—减振尼龙销　15—减振橡胶垫　16—转向盘柱下段

驶室前围板上,下端插入铸铁支座的孔中。支座固定在转向操纵机构支架上。

转向轴穿过转向柱管,其下端支撑在支座中的圆锥滚子轴承上,上部则通过衬套支撑在柱管的内壁上,其上端用螺母与转向盘相连接。转向盘上装有电喇叭按钮及相应部件。转向轴通过万向传动装置与转向器中的转向蜗杆相连。下万向节与转向传动轴用滑动花键相连接。

14.3.2 转向操纵机构的类型及特点

为了保证驾驶员的安全,同时也为了更加舒适、可靠地操纵转向系统,现代汽车通常在转向操纵机构上增设相应的安全调节装置。这些装置主要反映在转向轴和转向柱管的结构上。为了叙述方便,将转向轴和转向柱管统称为转向柱。

1. 安全式转向柱

安全式转向柱是在转向柱上设置能量吸收装置,当汽车紧急制动或发生撞车事故时,吸收冲击能量,减轻或防止冲击对驾驶员的伤害。

安全式转向柱有可分离式安全转向操纵机构和缓冲吸能式转向操纵机构。

(1) 可分离式安全转向操纵机构

上海桑塔纳轿车采用的是可分离式安全转向操纵机构(图14-7),转向轴分为上、下两段,上转向轴的下部弯曲,其端面焊有近似于半月形的法兰盘,盘上装有两个驱动销。下转向轴的上端装有带孔凸缘。驱动销与凸缘的孔相配合,将上、下转向轴连为一体,且保持其同轴度。在仪表板下面还装有可折叠的安全装置。当汽车发生碰撞时,转向柱和转向盘受到双向压力时,驾驶员因惯性对转向盘的压力,迫使上转向轴相对于下转向轴向下运动,并使两个驱动销迅速从凸缘的孔中退出。同时,安全装置也被压缩、折叠,在此过程中吸收冲击能量,减轻对驾驶员的伤害。

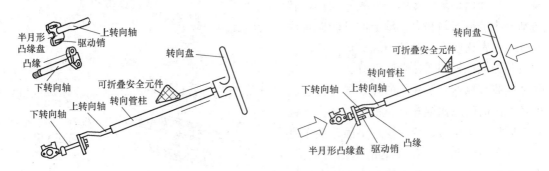

图 14-7 上海桑塔纳轿车可分离式安全转向操纵机构

(2) 缓冲吸能式转向操纵机构

1) 网状管柱变形式转向操纵机构。这种转向操纵机构的转向轴分为上下两段,如图14-8a所示。上转向轴套装在下转向轴的内孔中,两者通过塑料销结合在一起(也有采用细花键结合的)以传递转向力矩。塑料销的传力能力受到严格限制,它既能可靠地传递转向力矩,又能在受到冲击时被剪断,因此,它起安全销的作用。

这种转向操纵机构的转向管柱的部分管壁制成网格状,使其在受到压缩时很容易轴向变形,并消耗一定的变形能量,如图14-8b所示,另外,车身上固定管柱的上托架也是通过两

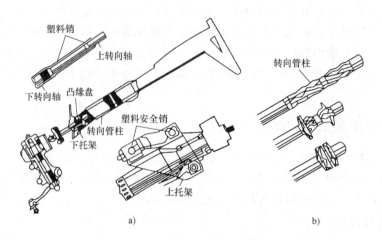

图 14-8 网状管柱变形式转向操纵机构

个塑料安全销与管柱连接的。当这两个安全销被剪断后,整个管柱就能前后自由移动。

当发生第一次碰撞时,塑料安全销被剪断,上转向轴将沿下转向轴的内孔滑动伸缩;同时转向管柱上的网格部分被压缩而变形,这两个过程都会消耗一部分冲击能量,从而阻止了转向管柱整体向上移动,避免了转向盘对驾驶员的挤压伤害。第二次碰撞时,固定转向管柱的塑料安全销被剪断,使转向管柱和转向轴的上端能自由移动;同时,当转向管柱受到来自上端的冲击力后,会再次被轴向压缩变形并消耗冲击能量,如图14-8b所示。这样,由转向系统引起的驾驶员的冲击和伤害被大大降低了。

2) 钢球滚压变形式转向管柱。图 14-9 所示为一种用钢球连接的分开式转向柱。转向轴分为上转向轴和套在轴上的下转向轴两部分,二者用塑料安全销连成一体。转向柱管也分为上柱管和下柱管两部分,上、下柱管之间装有钢球,下柱管的外径与上柱管的内径之间的间隙比钢球直径稍小。上、下柱管连同柱管托架通过特制橡胶垫固定在车身上,橡胶垫则利用塑料安全销与托架连接。当汽车发生碰撞时,转向器总成对转向柱施加轴向冲击力(第一次冲击),将连接上、下转向轴的塑料安全销切断,下转向轴便套在上转向轴上向上滑动。在这一过程中,上轴和上柱管的空间位置没有因冲击而上移,故可使驾驶员免受伤害。如果驾驶员的身体因惯性撞向转向盘(第二次冲击),则连接橡胶垫与柱管托架的塑料安全销被切断,托架脱离橡胶垫,即上轴和上柱管连同转向

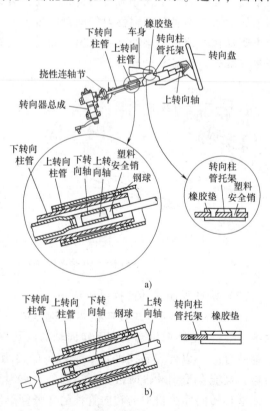

图 14-9 钢球滚压变形式转向管柱

盘、托架一起，相对于下轴和下柱管向下滑动，从而减缓了对驾驶员胸部的冲击。在上述两次冲击过程中，上、下柱管之间均产生相对滑动。因为钢球的直径稍大于上、下柱管之间的间隙，所以滑动中带有对钢球的挤压，冲击能量就在这种边滑动边挤压的过程中被吸收。

2. 可调节式转向柱

驾驶员不同的驾驶姿势和身材对转向盘的最佳操纵位置有不同的要求。而且，转向盘的这一位置往往会与驾驶员进出汽车的方便性发生矛盾。为此，一些汽车装设了可调节式转向柱，使驾驶员可以在一定的范围内调节转向盘位置。

转向柱调节的形式分为倾斜角度调节和轴向位置调节两种。

图 14-10 所示为转向轴倾斜角度调整机构。转向管柱的上段和下段分别通过倾斜调整支架和下托架与车身相连，而且转向管柱由倾斜调整支架夹持并固定。倾斜调整用的锁紧螺栓穿过调整支架上的长孔和转向管柱，螺栓的左端为左旋螺纹，调整手柄即拧在该螺纹上。当向下扳动手柄时，锁紧螺栓的螺纹放松，转向管柱以下托架上的枢轴为中心在装有螺栓的支架长孔范围内上下移动。确定了转向管柱的合适位置后，向上扳动调整手柄，从而将转向管柱定位。

图 14-11 所示的是一种转向轴伸缩机构。转向轴分为上下两段，二者通过花键连接。

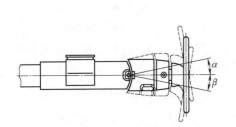

图 14-10 转向轴倾斜角度调整机构

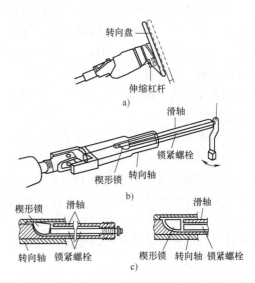

图 14-11 转向轴伸缩机构

14.4 转向传动机构

重点掌握

1. 转向传动机构的功用是什么？
2. 各种转向传动机构有什么特点？

转向传动机构的功用是将转向器输出的力和运动传给转向轮，使两侧转向轮偏转以实现汽车转向。

14.4.1 与非独立悬架配用的转向传动机构

图 14-12 为与非独立悬架配用的转向传动机构，它一般由转向摇臂、转向直拉杆、转向节臂、两个梯形臂和转向横拉杆等组成。各杆件之间都采用球形铰链连接，并设有防止松脱、缓冲吸振、自动消除磨损后的间隙等的结构措施。

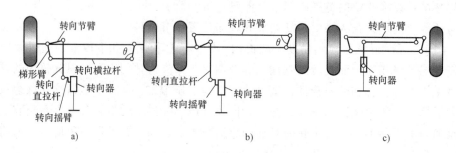

图 14-12 与非独立悬架配用的转向传动机构示意图

当前桥仅为转向桥时，由左、右梯形臂和转向横拉杆组成的转向梯形一般布置在前桥之后，称为后置式。这种布置简单方便，且后置的横拉杆有前面的车桥做保护，可避免直接与路面障碍物相碰撞而损坏。当发动机位置较低或前桥为转向驱动桥时，往往将转向梯形布置在前桥之前，称为前置式。若转向摇臂不是在汽车纵向平面内前后摆动而是在与路面平行的平面内左右摆动，则可将转向直拉杆横向布置，并借球头销直接带动转向横拉杆，从而使左右梯形臂转动。

1. 转向摇臂

图 14-13 所示为常见转向摇臂的结构形式。其大端具有三角细花键锥形孔，用以与转向摇臂轴外端相连接，并用螺母固定；其小端带有球头销，以便与转向直拉杆作空间铰链连接。转向摇臂安装后从中间位置向两边摆动的角度应大致相等，故在把转向摇臂安装到摇臂轴上时，二者相应的角位置应正确。为此，常在摇臂大孔外端面上和摇臂轴的外端面上各刻有短线，或是在二者的花键部分上都少铣一个齿，作为装配标记。装配时应将标记对齐。

2. 转向直拉杆

图 14-14 为解放 CA1092 型汽车的转向直拉杆。直拉杆体由两端扩大了的钢管制成，在扩大的端部里，装有由球头销、球头座、弹簧座、压缩弹簧和螺塞等组成的球铰链。球头销

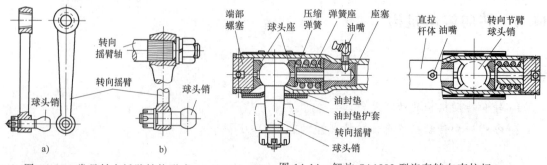

图 14-13 常见转向摇臂结构形式　　图 14-14 解放 CA1092 型汽车转向直拉杆

的锥形部分与转向摇臂连接,并用螺母固定;其球头部分的两侧与两个球头座配合,前球头座靠在端部螺塞上。

3. 转向横拉杆

图 14-15 为解放 CA1092 型汽车转向横拉杆。横拉杆体用钢管制成,其两端切有螺纹,一端为右旋,一端为左旋,与横拉杆接头旋装连接。接头的螺纹孔壁上开有轴向切口,故具有弹性,旋装到杆体上后可用螺栓夹紧。由于横拉杆体两端是正反螺纹,在旋松夹紧螺栓以后,转动横拉杆体,即可改变转向横拉杆的总长度,从而调整转向轮前束。

在横拉杆两端的接头上都装有由球头销等零件组成的球形铰链。球头销的球头部分被夹在上、下球头座内,球头座用聚甲醛制成,有较好的耐磨性。装配时上、下球头座凹凸部分互相嵌合。弹簧通过弹簧座压向球头座,以保证两球头座与球头的紧密接触,在球头和球头座磨损时能自动消除间隙,同时还起缓冲作用。弹簧的预紧力由螺塞调整。球铰上部有防尘罩,以防止尘土侵入。球头销的尾部锥形柱与转向梯形臂连接,并用螺母固定、开口销锁紧。

东风 EQ1090E 型汽车的转向横拉杆接头结构形式(图 14-16)与解放 CA1092 型汽车的相似。但其上、下球头座是钢制的。此外,螺孔切口(在横拉杆体上,而不在接头上)两边设有供夹紧螺栓穿入的耳孔,螺栓通过冲压制成的卡箍夹紧在杆体上,从而简化了接头的结构和制造工艺。

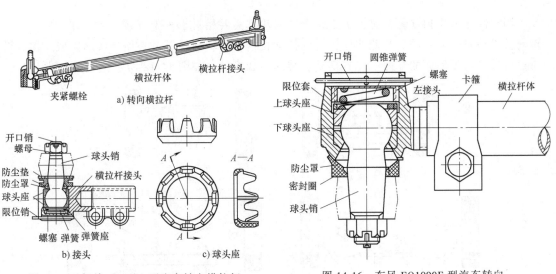

图 14-15 解放 CA1092 型汽车转向横拉杆

图 14-16 东风 EQ1090E 型汽车转向横拉杆接头结构形式

4. 转向节臂和梯形臂

如图 14-17 所示,转向直拉杆通过转向节臂与转向节相连。转向横拉杆两端经左、右梯形臂与转向节相连。转向节臂和梯形臂带锥形柱的一端与转向节锥形孔相配合,用键防止螺母松动。臂的另一端带有锥形孔,与相应的拉杆球头销锥形柱相配合,同样用螺母紧固后插入开口销将螺母锁住。

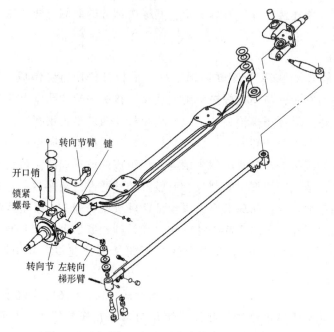

图 14-17　解放 CA1092 型汽车转向节臂和梯形臂

14.4.2　与独立悬架配用的转向传动机构

当转向轮采用独立悬架时，由于每个转向轮都需要相对于车架（或车身）作独立运动，转向桥必须是断开式的。与此相应，转向传动机构中的转向梯形也必须分成两段或三段，转向摇臂在平行于路面的平面中左右摆动，传递力和运动，如图 14-18 所示。

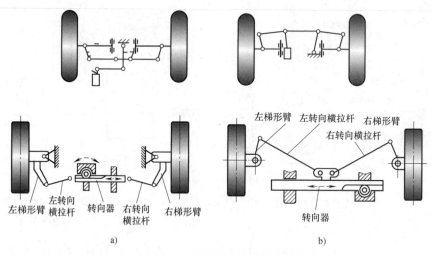

图 14-18　与独立悬架配用的转向传动机构示意图

图 14-19 为上海桑塔纳轿车的转向传动机构。转向齿条一端输出动力，输出端铣有平面并钻孔，用两个螺栓与转向支架连接。支架下端的两个孔分别与左、右转向横拉杆总成的内端相连，横拉杆外端的球头销分别与左、右转向节臂连接。通过调节杆可以改变两根横拉杆总成的长度，以调整前束。

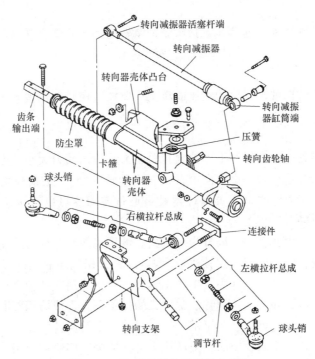

图 14-19 上海桑塔纳轿车转向机构

为了避免转向轮的摆振、减缓传至转向盘上的冲击和振动,转向器上还装有转向减振器。减振器缸筒端固定在转向器壳体上;其活塞杆端经减振支架与转向齿条连接。

14.5 动力转向装置

重点掌握

1. 动力转向装置的功用是什么?
2. 液压动力转向装置的结构、工作原理是什么?
3. 动力转向油泵的结构和工作原理是什么?

14.5.1 动力转向装置的功用、组成及类型

如图 14-20 所示,动力转向装置是利用一定的动力助力方式,帮助执行转向操作的转向装置。动力转向装置一般由机械转向器、转向动力缸和转向控制阀、转向油泵等组成。除机械转向器外,其他各部分的作用如下。

1. 转向油泵

转向油泵是液压动力转向系统的动力源,其作用是将发动机产生的机械能转变为驱动转向动力缸工作的液压能,再由转向动力缸驱动

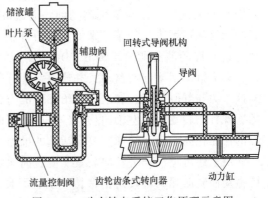

图 14-20 动力转向系统工作原理示意图

转向车轮。

转向油泵除油泵本体外，通常还包括限制油泵输出油压的安全阀和调节输出油量的溢流阀等。

2. 转向动力缸

转向动力缸是将转向油泵提供的液压能转变为驱动转向车轮偏转的机械力的转向助力执行元件。

3. 转向控制阀

转向控制阀是在驾驶员的操纵下，控制转向动力缸输出动力大小、方向和增力快慢的控制阀。转向控制阀通常还包含一个单向阀（也叫强制转向阀），它的作用是当动力转向系统中的液压部分出现故障时，单向阀能保证驾驶员通过转向盘可以直接操纵机械式转向器工作，使汽车能继续行驶。

动力转向装置按动力介质的不同分为气压式、液压式两种。气压式动力转向装置工作压力较低，结构尺寸较大，主要用于前轴质量为 3~7t 并采用气压制动的货车和客车。液压动力转向装置工作压力高，部件尺寸小，工作无噪声，广泛应用于各种货车和轿车。

动力转向器有常压式和常流式两种。常压式的优点是有蓄能器积蓄液压能，可以使用流量较小的转向油泵，而且还可以在油泵不工作时保持一定转向助力能力。常流式的优点则是结构简单、油泵寿命长、泄漏少，而且消耗功率也比较少，广泛被使用。

14.5.2 液压动力转向装置的工作原理

1. 液压常流滑阀式动力转向装置的工作原理

如图 14-21 所示，汽车直线行驶时，滑阀在回位弹簧的作用下保持在中间位置。转向控制阀内各环槽相通，自油泵输送出来的油液进入阀体环槽 A 之后，经环槽 B 和 C 分别流入动力缸的 R 腔和 L 腔，同时又经环槽 D 和 E 进入回油管道流回油罐。这时，滑阀与阀体各环槽槽肩之间的间隙大小相等，油路通畅，动力缸因其左、右两腔油压相等而不起加力作用。油泵泵出的油液仅需克服管道阻力流回油罐，故油泵负荷很小，整个系统处于低油压状态。

汽车右转向时，驾驶员通过转向盘使转向螺杆向右转动。开始时，由于转向车轮的偏转阻力很大，转向螺母暂时保持不动，而具有左旋螺纹的转向螺杆却在转向螺母的轴向反作用力推动下向右轴向移动，同时带动滑阀压缩回位弹簧向右轴向移动，消除左端间隙 h。此时环槽 C 与 E 之间、A 与 B 之间的油路通道被滑阀和阀体的相应槽肩封闭。而环槽 A 与 C 之间的油路通道增大，油泵送来的油液自环槽 A 经 C 流入动力缸的 L 腔，形成高压油区。而动力缸 R 腔的油液则经环槽 B、D 及回油管流回油罐，R 腔成为低压油区。在压力差作用下，动力缸的活塞向右移动，并通过活塞杆使转向摇臂逆时针转动，从而起转向加力作用。当这一力与驾驶员通过转向器传给摇臂的力合在一起，足以克服转向阻力时，转向螺母也就随着螺杆的转动而向左轴向移动，并通过转向直拉杆带动转向车轮向右偏转，由于动力缸 L 腔的油压很高，汽车转向主要靠活塞的推力，驾驶员作用于转向盘上的力就大大减小。

由上述可见，动力转向装置能使转向轮的偏转角随转向盘转角的增大而增大，转向盘保持不动而转向轮的偏转角也保持不动，即具有"随动"作用。动力缸活塞上的作用力用来克服转向轮的回正力矩，使转向轮的偏转角维持不动，这就是转向的维持过程。若转向轮进

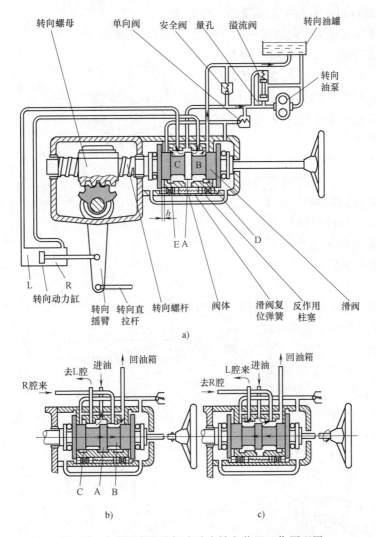

图 14-21 液压常流滑阀式动力转向装置工作原理图

一步偏转,则需继续转动转向盘,重复上述全部过程。

松开转向盘,如果不能自动回正,将增加驾驶员的劳动强度。因此,松开转向盘,转向轮及转向盘应能自动回到直线行驶位置。

其作用原理:松开转向盘,滑阀在回位弹簧和反作用柱塞上的油压的作用下回到中间位置,动力缸停止工作。转向轮在前轮定位产生的回正力矩的作用下自动回正,通过转向螺母带动转向螺杆反向转动,使转向盘回到直线行驶位置。如果滑阀不能回到中间位置,汽车将在行驶中自动跑偏。

在对装的反作用柱塞的内端,回位弹簧所在的空间,转向过程中总是与动力缸高压油腔相通。此油压与转向阻力成正比,作用在柱塞的内端。转向时,要使滑阀移动,驾驶员作用在转向盘上的力,不仅要克服转向器内的摩擦阻力和回位弹簧的张力,还要克服作用在柱塞上的油液压力。所以,转向阻力增大,油液压力也增大,驾驶员施于转向盘上的力也必须增大,使驾驶员感觉到转向阻力的变化情况,这种作用就是"路感"。

2. 液压常流转阀式动力转向装置的工作原理

液压常流转阀式动力转向装置的工作原理如图 14-22 所示。

当汽车直线行驶时，转阀处于中间位置，如图 14-23 所示。工作油液从转向器壳体的进油孔流到阀体的中间油环槽中，经过其槽底的通孔进入阀体和阀芯之间时阀芯处于中间位置。进入的油液分别通过阀体和阀芯纵槽和槽肩形成的两边相等的间隙，再通过阀芯的纵槽以及阀体的径向孔流向阀体外圆上、下油环槽，通过壳体油道流到动力缸的左转向动力腔 L 和右转向动力腔 R。流入阀体内腔的油液在通过阀芯纵槽流向阀体上油环槽的同时，通过阀芯槽肩上的径向油孔流到转向螺杆和输入轴之间的空隙中，从回油口经油管回到油罐中去，形成常流式油液循环。此时，上、下腔油压相等且很小，齿条-活塞既没有受到转向螺杆的轴向推力，也没有受到上、下腔因压力差造成的轴向推力。齿条-活塞处于中间位置，动力转向器不工作。

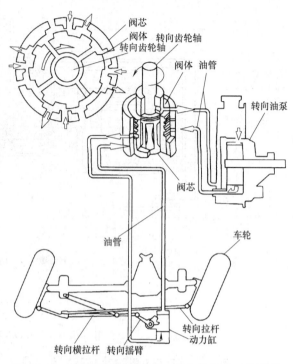

图 14-22 液压常流转阀式动力转向装置的工作原理

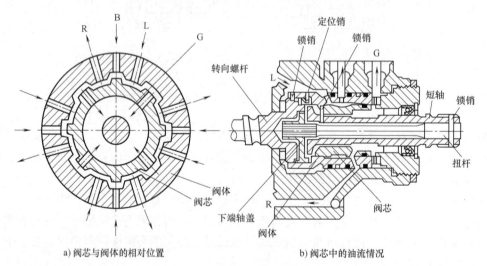

a) 阀芯与阀体的相对位置　　b) 阀芯中的油流情况

图 14-23 汽车直线行驶时转阀的工作情况

R—右转向动力腔　L—左转向动力腔　B—转向油泵　G—转向油罐

左转向时，向左转动转向盘，短轴逆时针转动，通过下端轴销带动阀芯同步转动，同时弹性扭杆也通过轴盖、阀体上的销子带动阀体转动，阀体通过缺口和销子带动螺杆旋转，但由于转向阻力的存在，促使扭杆发生弹性扭转，造成阀体转动角度小于阀芯的转动角度，两者产生相对角位移,如图 14-24 所示,造成通下腔的进油缝隙减小(或关闭),回油缝隙增大,油压降低;上腔正相反,油压升高,上、下动力腔产生油压差,齿条-活塞在油压差的作用下移动,产生助力作用。

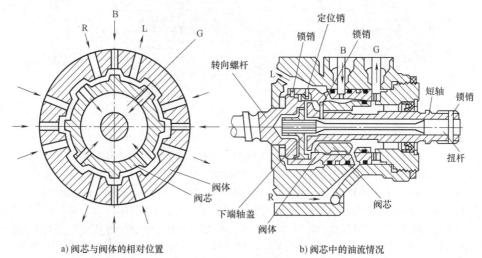

a) 阀芯与阀体的相对位置　　　　b) 阀芯中的油流情况

图 14-24　汽车左转向时转阀的工作情况

R—右转向动力腔　L—左转向动力腔　B—转向油泵　G—转向油罐

当转向盘转动后停在某一位置,阀体随转向螺杆在液力和扭杆弹力的作用下,沿转向盘转动方向旋转一个角度,使之与滑阀的相对角位移量减小,上、下动力缸油压差减小,但仍有一定的助力作用,使助力转矩与车轮的回正力矩相平衡,车轮即维持在某一转角位置上。

回位过程:转向后需回正时,驾驶员放松转向盘,阀芯在弹性扭杆作用下回到中间位置,失去了助力作用,转向轮在回正力矩的作用下自动回位。若驾驶员同时回转转向盘,则转向助力器助力帮助车轮回正。

自动回正:当汽车直线行驶偶遇外界阻力使转向轮发生偏转时,阻力矩通过转向传动机构、转向螺杆、螺杆与阀体的锁定销作用在阀体上,使之与阀芯之间产生相对角位移,动力缸上、下腔油压不等,产生与转向轮转向相反的助力作用,转向轮迅速回正,保证了汽车直线行驶的稳定性。

当液压助力装置失效后,失去方向控制是非常危险的,因此,一旦液压助力装置失效,该助力转向器将变成机械转向器,此时动力传递路线与齿轮齿条式机械转向系完全一致。

14.5.3　动力转向器

1. 滑阀整体式动力转向器

图 14-25 为黄河 JN1181C13 型汽车整体式动力转向装置:其中的机械转向器、转向动力缸和转向控制阀三者组装在一起,构成整体式动力转向器。

黄河 JN1181C13 型汽车整体式动力转向器的构造:转向力矩通过输入轴 10 输入,经一对直角锥齿轮传递并改变方向,其传动比为 1。

机械转向器部分属于循环球-齿条齿扇式。其转向螺杆前端与齿轮箱从动锥齿轮用花键连接。转向器壳体同时也是转向动力缸的缸体。转向螺母装在动力缸活塞中部的通槽中。转

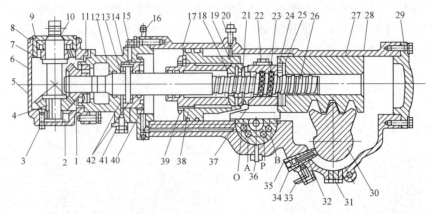

图 14-25 黄河 JN1181C13 型汽车单滑阀整体式动力转向器

1—从动锥齿轮 2、7—圆锥滚子轴承 3—齿轮箱放油螺塞 4—平键 5—主动锥齿轮 6—齿轮箱壳体 8、17、40—锁紧螺母 9—调整螺塞 10—输入轴 11—向心球轴承 12—转向器前盖 13—锥面垫圈 14—向心滚针轴承 15—调整座 16—动力缸前腔放气阀 18—球面垫圈 19、25—蝶形弹簧 20—动力缸后腔放气阀 21—径向推力球轴承 22—钢球导管 23—钢球 24、42—推力滚子轴承 26—转向螺杆 27—转向动力缸活塞 28—转向器壳体（动力缸体） 29—转向器后盖 30—齿扇轴 31—放油螺塞 32—转向限制阀柱塞 33—通动力缸前腔的油管 34—转向限止阀弹簧 35—转向限止阀体 36—紧定螺钉 37—转向螺母 38—调整垫 39—锁片 41—润滑油管 P—转向控制阀进油道 O—转向控制阀回油道 A—控制阀通动力缸前腔油道 B—控制阀通动力缸后腔油道

向螺杆的前端通过齿轮支于转向器前盖中的轴承上，其凸缘盘外圆用向心滚针轴承支撑，凸缘盘的两侧还各有一个推力滚子轴承。以螺纹旋装在转向器前盖中的调整座可用来调节轴承的预紧度。

2. 转阀整体式动力转向器

图 14-26 为北京切诺基汽车采用转阀整体式动力转向器。这种动力转向器由循环球一齿条齿扇式机械转向器、转阀式转向控制阀和转向动力缸三部分组成。

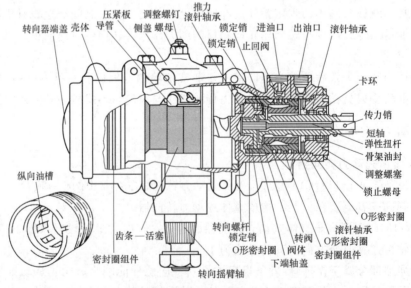

图 14-26 北京切诺基汽车转阀整体式动力转向器

(1) 机械转向器

循环球-齿条齿扇式机械转向器的转向螺母和齿条制成圆柱形（称为齿条-活塞），安装在转向器壳体的油压缸筒内，将缸筒分为左、右（对应于车上的安装位置分别为下、上）两腔室，构成转向动力缸。在齿条-活塞左部的圆柱形表面上制有环槽，槽内套有 O 形橡胶密封圈，在密封圈的外面还套有聚四氟乙烯活塞环，以保证活塞在动力缸中工作时的密封和耐磨。

(2) 转向控制阀

转向控制阀主要由阀体、转阀、短轴组件（短轴、弹性扭杆和下端轴盖等）及密封圈、轴承等零件组成。整个转向控制阀组件滑装在动力转向器壳体右端孔内。

阀体和阀芯上开有相对应的油道，动力缸左腔和右腔分别与阀体上相对两油道相连，阀上还开有回油道。

(3) 转向动力缸

转向动力缸为双向作用型。其作用是利用油压来扩大传送到转向传动机构上的转向力。动力缸缸体即转向器壳体，动力缸活塞即齿条活塞。

14.5.4 动力转向油泵

转向油泵是动力转向装置的动力源。转向油泵将发动机的机械能变为驱动转向动力缸工作的液压能再由转向动力缸输出受控制的转向力，驱动转向车轮转向。转向油泵有齿轮式转向油泵（图 14-27）、叶片式转向油泵（图 14-28）和转子式转向油泵（图 14-29）三种类型。目前最常用的是双作用叶片式转向油泵。

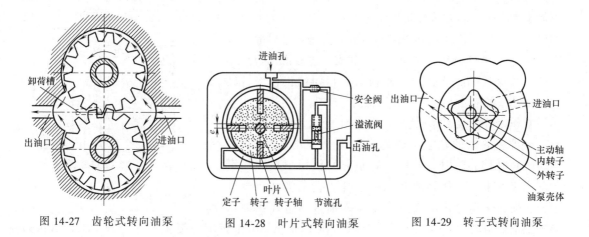

图 14-27 齿轮式转向油泵　　图 14-28 叶片式转向油泵　　图 14-29 转子式转向油泵

图 14-30 所示为双作用叶片式转向油泵结构。转子通过花键安装在油泵驱动轴上。驱动轴的外端装有带轮，由发动机通过传动带驱动油泵工作。转子上均匀地开有十个径向叶片槽，矩形叶片能在槽内径向滑动。当转子高速旋转时，由于离心力的作用，叶片的顶端会紧贴在定子的内表面上。为使叶片紧压在定子内表面上，在转子叶片槽内端设有台肩，使叶片位于槽内时，其根部始终留有一个小油腔，配油盘朝向转子的侧面上的腰形通孔和腰形槽与各个小油腔相通，从而使压油腔内的高压油经上述孔和槽始终充满叶片槽的底部。

在转子和定子的两个侧面各有一配油盘 19 和 23，转子的宽度稍小于定子的宽度，以免

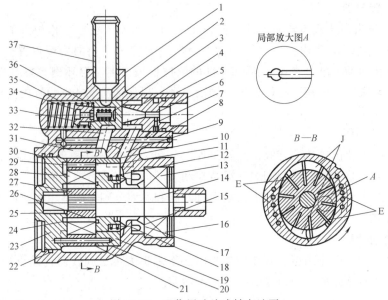

图 14-30 双作用叶片式转向油泵

1—壳体 2—溢流阀 3—安全阀 4—出油管接头 5、10、18、22—O形密封圈 6—节流孔 7—感压小孔
8—横向油道 9—出油道 11、20—定位销 12—配油盘压紧弹簧 13—轴承 14—驱动轴 15—骨架油封
16—卡圈 17—隔套 19—右配油盘 21—定子 23—左配油盘 24、26—环形油槽 25—滚针轴承 27—转子
28—叶片 29—定子轴向通孔 30—挡圈 31—进油腔 32—进油槽 33—螺塞 34—钢球 35—溢流阀弹簧
36—安全阀弹簧 37—进油道 J—吸油凹槽 E—压油凹槽

转子卡死。两个配油盘和定子一起装在壳体内，不能相对移动或转动。配油盘与转子相对的端面上各开有对称布置的腰形槽，与进油口相连的两腰形槽为吸油口，与出油口相连的两腰形槽为压油口。定子的内侧端面轮廓近似于椭圆形，由两个不等半径的圆弧和过渡曲线组成，这样使得转子、定子、叶片和配油盘之间形成若干个封闭的工作腔，其容积随转子旋转由小变大，由大变小，如此往复变化。

双作用叶片泵工作原理如图14-31所示。驱动轴上压有一个带轮并由曲轴上带轮通过传动带驱动转向油泵。当转子顺时针旋转时，叶片在离心力的作用下紧贴在定子的内表面上，工作容积开始由小变大，从吸油口吸进油液，而后工作容积由大变小。压缩油液时，经压油口向外供油。再转180°，又完成一次吸、压油过程。由于转子每旋转一周，每个工作腔都各自吸、压油两次，故将这种形式的叶片泵称为双作用叶片泵。

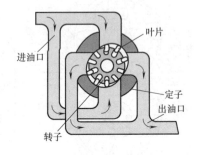

图 14-31 双作用叶片泵工作原理

14.6 电子控制动力转向系统及四轮转向系统

重点掌握

1. 电子控制动力转向系统由哪几部分组成？

2. 四轮转向的工作原理是什么？

14.6.1 电子控制动力转向系统

电子控制动力转向系统的构造及工作原理

如前所述，动力转向可以利用较小的转向盘操纵力使车辆转弯。但在低速时为了省力而规定一定工作压力，如转向比不变，则在高速时，由于转向操纵力减小，使驾驶员失去对车辆的控制，易产生危险。电子控制动力转向系统旨在使车辆低速尤其是停放车辆时转向轻便，而当车速较高时，电子控制使系统的液压助力作用减弱，转向操纵力增加，使驾驶员在高速行驶时对转向盘有更好的控制。在电子控制动力转向系统中，按照车速通过控制电磁阀改变动力转向系统中的油压控制回路，低速时转向力小，提高操纵力；在中高速时使之成为与手操纵相适应的转向力，提高操纵稳定性。

电子控制动力转向系统可分为流量控制、反力控制与电子控制电动式转向系统三种方式。其中每一种控制方式都具有一般动力转向装置的功能。

（1）流量控制式电子控制动力转向（EPS）

这是一种通过车速传感器调节向动力转向装置供应压力油，改变压力油的输入、输出流量，以控制操纵力的方法。这种方法的优点是在原来动力转向基础上增加了压力油流量控制功能，即增加一个旁通流量控制阀。图 14-32 所示为流量控制式电子控制动力转向系统。

这种系统由旁通流量控制阀、控制电路、车速传感器、转向盘角速度传感器、控制开关组成。在泵与转向器之间设有旁通道，在旁通管路中又设有旁通流量控制阀，按照来自车速传感器和开关的信号，控制电路向旁通流量控制阀供应电流，控制旁通流量，从而调整向转向器供油的流量。当向转向器供油流量减少时，转向器控制阀的灵敏度下降，转向操纵力增加。如果系统中某一部件发生故障时，安全保险装置确保与一般动力转向装置或手动转向装置同等的转向操纵特性。

图 14-33 所示为旁通流量控制阀结构示意图。在阀体内有主滑阀和稳压滑阀，在主滑阀前端与电磁线圈的柱塞连接，由调节螺钉调节旁通流量。主滑阀与电磁线圈的推力成正比改变前端主孔的开口面积。稳压滑阀用于防止由于作用于动力转向装置的负荷变动而引起主孔

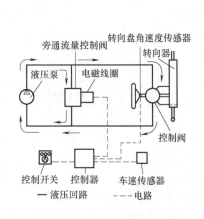

图 14-32 流量控制式电子控制动力转向系统

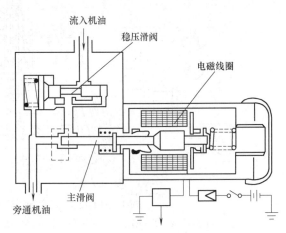

图 14-33 旁通流量控制阀结构示意图

前后压差变动,以经常保持一定压差。由此能随主孔开口面积变化控制旁通流量。当主孔前后压差偏离设定值时,即从左侧作用于稳压滑阀的挤压力 F_1 与从右侧来的挤压力 F_2 不平衡时,则稳压滑阀一直移动到规定的压力差为止,以调整向主滑阀供应的流量。规定旁通流量由主滑阀的开口面积决定,当主滑阀全开时,旁通流量为零,高速时则全关闭,以最大控制旁通流量。

流量控制式电子控制动力转向系统结构简单。但是当流向动力转向机构的液压油降低到极限值时,转向控制部的弹性刚度下降到接近转向刚度,所以在低供给区域内对于快速转向会产生压力油不足。由于响应性降低,必须在折中范围内设定操纵力的变化特性,从而减少了操纵力选择的自由度。

(2) 反力控制式电子控制动力转向

这是一种利用车速传感器、反力控制室油压,改变压力油输入、输出的增益幅度以控制转向操纵力的方法。图 14-34 所示为反力控制式电子控制动力转向示意图。该图说明动力转向的全部构成和工作过程。在图中未标出 ECU 的详细部分,仅使用了作为 ECU 输入信号的车速信号。扭力杆的上端与控制阀轴连接,下端部与小齿轮轴通过销子连接。扭力杆上部由销子与转阀连接,转向盘则与控制阀轴和转向轴连接。因此,转向盘的操纵力通过扭力杆及控制阀轴的作用被传向小齿轮轴。当扭力杆发出扭力时,转子阀便绕控制轴作相对旋转,并改变与各个通道口的连通状态,以便控制动力缸油液流量并切换向动力缸左室和右室的油路。当高压作用于油压反作用室时,柱塞强制压住控制阀轴,这时,在扭力杆上即使发生扭力,柱塞压力作用也会限制控制阀轴与转子阀之间的相对旋转。分流阀的作用是把来自油泵的压力油向转子阀一侧和电磁阀一侧进行分流。根据车速与转向要求,改变转子阀一侧与电磁阀一侧的油压,以确保向电磁阀一侧供应稳定的压力油。电磁阀的节流面积随通电电流的开/关占空比而变化。当线圈电流大时,滑阀被吸引,阀的节流面积增大,油箱排出的油量增加。

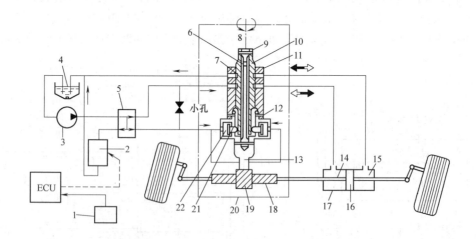

图 14-34 反力控制式电子控制动力转向示意图

1—车速传感器 2—电磁阀 3—油泵 4—油箱 5—分流阀 6—扭力杆 7—通道 8—转向盘 9、12—销子 10—控制阀轴 11—转阀 13—小齿轮轴 14—左油室 15—右油室 16—动力缸活塞 17—动力缸 18—齿条 19—小齿轮 20—转向齿轮箱 21—柱塞 22—油压反作用室

当车辆低速时，由于电磁线圈的通电电流大，利用分流阀进行分流的压力油通过电磁阀重新回流到油箱中。作用于柱塞的背压（油压反作用室压力）降低，于是柱塞推动控制阀轴的力变小，利用转向盘操纵力增大扭力杆扭力。转子阀被固定在小齿轮轴上，控制阀按照扭力杆的扭转角作相对的旋转，连接两个阀的通道口，使油泵油压作用于动力缸的右室（或左室），动力活塞向左（向右）运动，从而增加了转向操纵力。

在汽车中高速行驶时，直线行驶转向角小，扭力杆的相对扭力也比较小，转子阀与控制阀的连通通道的开度响应减小，转子阀一侧的油压升高。由于分流阀的作用，电磁阀一侧的油量增加。随车速增加，线圈电流变小，电磁阀的节流开度随之变小。而作用在油压反作用室的反压力增加，柱塞推开控制阀轴压力也变大，增加了驾驶员手的操纵力，具有良好的转向手感。

在汽车中高速转向行驶时，即从有油压反力的中高速直线行驶状态转向时，扭力杆扭转角变小，转阀与控制阀的连通口开度减小，在转阀一侧的油压进一步升高，于是，压力油从固定孔向油压反作用室供应，从分流阀向油压反作用室供应的压力油与从固定孔流出的压力油一起增加对柱塞的推压力，使转向操纵力随转向角线性增加，所以在高速时能获得稳定转向手感。

（3）电子控制电动式转向系统

图 14-35 为汽车电子控制动力转向系统。这种系统不再使用液压装置，完全依靠电动机实现动力转向，使结构更加紧凑。

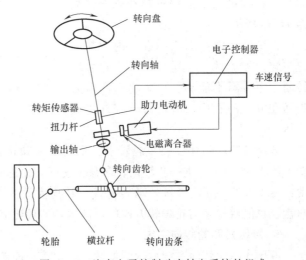

图 14-35　汽车电子控制动力转向系统的组成

14.6.2　四轮转向系统

1. 四轮转向系统的认识

四轮转向的功能主要是确保车辆良好的操纵性与稳定性，即有效控制车辆横向的运动特性，以充分保证车辆的操纵稳定性。当车辆转弯时，惯性使汽车向前行驶，而转向输入却要改变行驶方向。由于汽车对转向的瞬时抵抗，便产生了轮胎的侧偏角。一般两轮转向汽车的车身横向侧偏角比较大。

当汽车低速转弯时发生内轮差，导致后轮卷入与转向半径增加，而且当超过一定速度聚向时，为了与离心力平衡，在轮胎处产生横向偏离角，从而也使车身横向偏离角发生变化。转向性能随车速、转向角、路面状态的变化而变化，车速越高，操纵稳定性越差。四轮转向可以显著提高车辆转向性能，即横向运动性能。综上所述，四轮转向系统具有以下优点：

1）转向能力强。车辆在高速行驶时以及在湿滑路面上的转向特性更加稳定和可控。

2）转向响应快。在整个车速变化范围内，车辆对转向输入的响应更迅速、更准确。

3）直线行驶稳定性好。在高速工况下车辆的直线行驶稳定性提高，路面不平度和侧风对车辆行驶稳定性影响减小。

4）低速机动性好。低速时，后轮朝前轮偏转方向的反向偏转，使车辆转弯半径大大减小，因而更容易操纵。

目前，四轮转向系统有三种类型：机械式、液压式和电子控制液压式。

2. 机械式四轮转向系统

在机械式四轮转向系统中，采用了两个转向器，分别用于前、后轮偏转。两个转向器之间用一根双曲轴连接。采用的转向传动机构为常规型。该系统的核心是双曲轴。该轴从前转向器延伸到后转向器，最后端是一偏心轴。装配在偏心轴的偏置销与装配在行星轮上的偏置销相啮合，如图 14-36 所示。

行星轮和内齿圈相啮合。内齿圈固定于转向器壳体上。这样，行星轮可以转动，内齿圈不能动。行星轮上的偏心销插在滑块的孔中。滑块与行程杆连成一体。

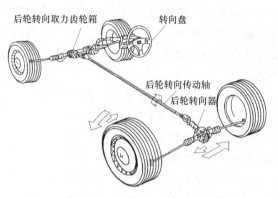

图 14-36 机械式四轮转向系统

转向盘转动 120°，行星轮转动，带动滑块和行程杆沿前轮偏转方向移动。后轮相应偏转大约 1.5°~15°。进一步转动转向盘，使其转角超过 120°，由于双曲轴作用和行星轮的转动，后轮开始回正。继续转动转向盘，转角大约为 230°时，后轮处于中立位置。再转动转向盘，将使后轮朝前轮偏转方向的反向偏转。后轮能达到的最大反向偏转角大约为 5.3°。

3. 液压式四轮转向系统

液压式四轮转向系统后轮的偏转方向始终与前轮偏转方向相同，且后轮的偏转角不大于 1.5°。系统没有采用电子传感器、计算机控制和先进的传动机构。当车速超过 50km/h 时，系统才起作用。倒车时系统不起作用，如图 14-37 所示。在后车架上装有双作用液压缸来偏转车轮。该液压缸的压力油来自后转向油泵。后转向油泵由差速器驱动。只有在前轮转向时，后轮油泵才工作。转动转向盘时，前轮转向油泵将压力油送入前动力转向装置的旋转阀中，再导通入前轮转向动力缸内，前轮便朝相应方向偏转。油液的压力随同转向盘转动状况而改变。转向盘转速越高、转角越大，油液压力就越高。

控制阀的供油压力与上述油液压力相同。当控制阀内滑阀在压力油的作用下移动时，来自后转向油泵的油液经滑阀进入后转向动力缸，从而推动后轮偏转。

4. 电子控制液压式四轮转向系的组成及结构

如图 14-38 所示，该系统主要由转向盘、转向油泵、前动力转向器、后轮转向传动轴、车速传感器、电子控制单元、后轮转向系统组成。

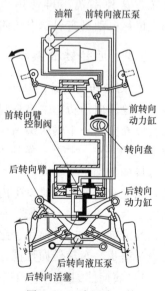

图 14-37 液压式四轮转向系统

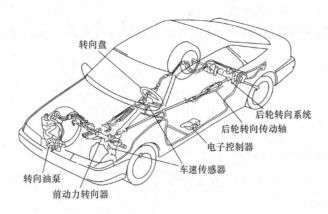

图 14-38 电子控制液压式四轮转向系统

14.7 转向系统故障诊断与检修

重点掌握

1. 转向系统常见的故障有哪些?
2. 转向系统如何检修?

14.7.1 转向系统常见故障的诊断

1. 机械转向系统常见故障诊断

(1) 转向沉重

汽车在行驶中驾驶员向左、向右转动转向盘时,感到沉重费力,无回正感;当汽车低速转弯行驶和调头时,转动转向盘感到超乎正常地沉重,甚至打不动。

1) 原因

① 转向器轴承装配过紧。
② 传动副啮合间隙过小。
③ 横、直拉杆球头销装配过紧或接头缺油。
④ 转向节主销与衬套配合过紧。
⑤ 转向轴或柱管弯曲,互相摩擦或卡住。
⑥ 转向装置润滑不良。
⑦ 前束调整不当。

2) 故障诊断

① 拆下转向臂,转动转向盘,若感觉沉重则应调整轴承预紧度和传动副啮合间隙。若有松紧不均或有卡住现象,则应拆下转向轴检查传动副及轴承有无损坏,转向轴与柱管有无摩擦或卡住现象,必要时进行修理或更换。

② 转动转向盘时,若感到轻松,则故障在传动机构,应顶起前轴,并用手左、右扳动前轮。若过紧,应检查转向节主销与衬套,推力轴承和直、横拉杆球头销配合是否过紧,润

滑是否良好，必要时进行调整和润滑。

③ 若上述情况均正常良好，则应检查前轴和车架是否变形，前束是否符合标准，必要时调整前束。

(2) 转向不稳

1) 原因

① 转向器轴承过松。

② 传动副啮合间隙过大。

③ 横、直拉杆球头销磨损严重。

④ 转向节主销与衬套磨损严重，配合间隙过大。

⑤ 前轮毂轴承松旷。

⑥ 前轴弯曲。

⑦ 车架和轮辋变形。

⑧ 前束过大。

2) 故障诊断

① 一人转动转向盘，另一人在车下察看传动机构，若转向盘转了许多而转向臂并不转动，则故障在转向器；若转向臂转动了许多而前轮并不偏转，则故障在传动机构。

② 如果故障在转向器，应检查传动副啮合间隙，必要时进行调整。

③ 如果故障在传动机构，应检查转向臂和直、横拉杆各球头销是否松旷，必要时进行调整。

④ 经检查上述情况良好，则应架起前轴并用手推动车轮，检查转向节主销与衬套，前轮毂轴承是否松旷，必要时进行调整或修理。

⑤ 转向盘经过上述检查、调整后仍不稳定，应检查前轴和车架以及轮辋是否变形，前束是否符合标准规定，必要时进行调整或修理。

(3) 单边转向不足

1) 原因

① 转向摇臂在转向摇臂轴上装配位置不合适。

② 有一边前轮转向角限位螺钉过长。

③ 直拉杆弯曲变形。

④ 前钢板弹簧骑马螺栓松动或中心螺栓折断。

⑤ 中心不对称的前钢板弹簧前后装反。

2) 故障诊断

① 若汽车转向原来良好，由于行驶中的碰撞而造成转弯半径一边大一边小时，应检查直拉杆、前轴、前钢板弹簧有无变形和中心螺栓折断现象。

② 若在维修后出现单边转向不足，可架起前桥，先检查转向摇臂是否装配正确。可将转向盘向一边转到尽头，再回到另一尽头，记住转向盘转动的总圈数，然后检查转向摇臂的位置，即在总转动圈数一半时前轮是否在居中的位置。倘若位置不对，应拆下转向摇臂另行安装。若摇臂位置始终不能使前轮对中，则应检查直拉杆有无弯曲变形。若转向角不等仅是受到转向限位螺钉不同长度的影响，则应调整限位螺钉。

③ 对于中心不对称的前钢板弹簧，则应检查是否有装反现象。

(4) 转向盘自由转动量过大

汽车保持直线行驶位置或静止不动时,转向盘左、右转动的游动角度过大。

1) 原因

① 转向器内主、从动啮合部位间隙过大或主、从动部位轴承松旷。

② 转向盘与转向轴连接部位松旷。

③ 转向摇臂与转向摇臂轴连接松旷。

④ 直、横拉杆球头连接部位松旷。

⑤ 直、横拉杆臂与转向节连接松旷。

⑥ 转向节主销与衬套磨损后松旷。

⑦ 车轮轮毂轴承间隙过大。

2) 故障诊断

① 更换轴承或调整轴承预紧度。

② 更换球头。

③ 调整转向器齿轮啮合间隙或更换损坏的齿轮。

(5) 车轮回正不良

1) 原因

① 转向车轮轮胎气压不足。

② 前轮定位失准。

③ 转向器齿轮调整不良或损坏。

2) 故障诊断

① 按标准充气。

② 检查调整前轮定位。

③ 调整转向器或更换损坏的齿轮。

2. 动力转向系统常见故障诊断

液压动力转向系统实际上是机械转向器加液压助力器。转向系统故障前面已叙述,因此动力转向系统的故障,就是指常见液压传动部分的泄漏、渗进空气、油泵工作不良、操纵阀失效等引起的转向沉重、跑偏等。

(1) 转向沉重

1) 原因

① 油箱缺油或油液高度不足或滤清器堵塞。

② 回路中有空气。

③ 油泵磨损,内部泄漏严重,或驱动带打滑。

④ 安全阀泄漏,弹簧太软或调整不当。

⑤ 动力缸或分配阀密封圈损坏。

⑥ 各油管接头泄漏。

2) 故障诊断

① 检查油泵传动带是否打滑或其他驱动形式的齿轮传动等有无损坏。

② 检查转向器、分配阀、油泵、动力缸、各油管接头等有无渗漏。

③ 从油箱检查油质及油面高度。若发现油中有泡沫时,可能是油路中有空气。此时,

可架起前桥或拆下直拉杆，起动发动机怠速运转，反复将转向盘从一个尽头转到另一个尽头，使动力缸在全行程往复运动，逐步排除油路中的空气。最后加添油液至规定高度。

④ 检查油泵、安全阀、动力缸是否良好。接上与规定油压相适应的压力表和开关。打开开关，转动转向盘到尽头，起动发动机低速运转。这时，若油压表读数达不到该车型规定压力值，且在逐步关闭开关时，油压也不提高，说明油泵有故障或安全阀未调整好。若油压表读数达到规定值，在逐步关闭开关时压力有所提高，说明油泵良好，故障在动力缸或分配阀。

(2) 汽车直线行驶时，转向盘发飘或跑偏

1) 原因

① 控制阀回位弹簧损坏或太软，难以克服转向器逆传动阻力，使滑阀不能及时回位。

② 因油液脏污使滑阀运动受到阻滞。

③ 由于滑阀与阀体台阶位置偏移使滑阀不在中间位置。

④ 流量控制阀卡住使油泵油量过大或油压管道布置不合理，导致油压系统管道节流损失过大，使动力缸左、右腔压力差过大。

2) 故障诊断

① 应当检查油液是否脏污，新车或大修后的车辆不认真执行走合维护的换油规定，往往使油液脏污。

② 对于使用较久的车辆，则可能是流量控制阀或分配阀反作用弹簧失效所致，可在不起动发动机的情况下，转动转向盘，凭手感判断滑阀是否开启运动自如。若有怀疑，一般应拆装检查。

(3) 左右转向轻重不同

1) 原因

① 分配阀的滑阀偏离中间位置，或虽在中间位置但与阀体台肩的缝隙大小不一致。

② 滑阀内有脏物阻滞，使左右移动时阻力不一样。

③ 调整螺母调整不当。

2) 故障诊断。这种故障多系油液脏污所致，应换新油。如果油液良好，对可调式分配阀，应将调整螺母重新调整，或拆开分配阀检查缝隙台肩是否有毛刺，滑阀位置是否居中等。

(4) 快转向时转向盘感到沉重

1) 原因

① 油泵传动带打滑。

② 流量控制阀弹簧过软。

③ 安全阀、流量控制阀泄漏严重。

④ 油泵磨损过甚。

⑤ 油泵选型不对，使供油不足。

2) 故障诊断与排除。这种故障多系供油量不足所致。因此，除应先检查传动带有无打滑，油箱存油是否符合规定外，可以顶起前桥，接上压力表及开关，进行快慢转向试验。同时变更发动机转速进行实验，根据压力变化作出诊断。

(5) 转向时有噪声

1) 原因

① 油箱中油面过低，油泵在工作时容易吸进空气。
② 油路中存有空气。或油泵传动带过松。
③ 滤油器滤网堵塞，或因其破裂造成油管堵塞。更换滤清器。
④ 各管路接头。
⑤ 油泵损坏或磨损严重。更换动力转向装置。
2）故障诊断
① 检查油箱液面高度，若缺油液，应加注液压油至标准高度。
② 检查油泵传动带是否打滑。必要时调整传动带紧度。
③ 查看油液中有无泡沫，若有泡沫，应查找漏气处，排除动力转向装置中的空气。
转向器有损坏或磨损严重。更换转向器齿轮。

故障诊所

故障：某汽车在向左向右转弯时，驾驶员感到很费力。

排除方法：此故障属于转向沉重。转向沉重主要与转向器、转向传动机构及前轮定位、轮胎气压有关，如果是动力转向系统，还与动力转向部分有关，经检查发现转向器中的润滑油严重不足，加注规定的润滑油后，转向明显轻松多了。

14.7.2 转向系统的检修

1. 机械转向系统检修

（1）转向器壳体及盖的检修

转向器壳体和盖的裂纹可用渗透探伤等方法检验。若有裂纹，一般应予更换。裂纹不大时，允许焊补。转向器壳体和盖上各轴承孔与轴承（衬套）的配合间隙不得大于原设计规定 0.02mm，轴承孔磨损后可进行镶套或刷镀修理。转向摇臂衬套磨损应更换。衬套压入的过盈量一般为 0.05~0.08mm。衬套可镗削或铰削，但应保证两孔衬套同轴。衬套与摇臂轴配合的最大间隙不得大于原设计规定 0.005mm；转向器壳体与盖整个接合面的平面度误差不得大于 0.1mm；否则应进行修磨。转向器壳体上两蜗杆轴承孔公共轴线与两摇臂轴轴承孔公共轴线的垂直度误差应符合厂家规定要求。两轴线间的距离应符合原设计规定。

（2）转向轴及蜗杆的检修

转向轴在使用中，由于装蜗杆的根部啮合受力会产生弯曲变形，其根部的不直度超过 0.25mm，或转向轴中部的不直度大于 0.17mm 时，应进行冷压校正。转向轴中部弯曲的校正应先在转向轴内充满细砂，然后进行校正。

转向轴与蜗杆过度处应用敲击法检视有无裂纹，以防隐蔽裂纹存在而导致严重事故。蜗杆的齿面和锥形轴颈有裂纹、疲劳剥落、磨损严重，甚至无法调整啮合间隙时，应予更换。更换蜗杆后，应将其下端轴管翻边铆紧，以保证转向轴与蜗杆牢固结合。如果蜗杆锥形轴颈部位磨损较大，可镀铬或镶配锥形套。

（3）转向摇臂轴及滚轮的检修

1）摇臂轴与衬套的配合间隙应为 0.03~0.07mm。若有松旷感觉，就会增大转向盘的游动间隙，应更换衬套。新套与座孔应有 0.06~0.62mm 的过盈配合。摇臂轴磨损超过 0.15mm 应修复或更换，摇臂轴弯曲应予校正。

2）滚轮与轴承的配合间隙应为0.04mm，转动灵活。若有松旷感觉，将增大转向盘的游动间隙。其轴向间隙不大于0.15mm，径向间隙不大于0.20mm，否则应修理或更换轴承。滚轮的轴承磨损起槽应予更换，或配换加粗的滚针，并加厚止推垫圈，然后焊修滚轮两端面，以消除过大的径向和轴向间隙。滚轮若有裂纹、疲劳剥落及梯形臂磨损应更换。

3）摇臂轴的轴颈磨损超过0.05mm，可予镀铬修复。摇臂轴的花键齿扭曲大于1mm时应更换。

4）摇臂花键孔磨损后，以致花键轴端面伸出花键孔端面，应更换。

（4）直、横拉杆的检修

1）直拉杆的球节孔磨损扩大2mm时，应堆焊后加工到标准尺寸，也可另制一块有标准尺寸孔的厚度不小于3.5mm的钢板焊在相应部位。直拉杆端头螺塞损坏，可重新予以攻螺纹进行修复。

2）横拉杆球节座孔的上缘磨损，其厚度小于2mm时，应堆焊后进行车削修理。横拉杆的弯曲超过2mm时，应进行冷压校正。

3）球头销的球面和头部单边磨损超过1mm，应焊修或更换。球头碗磨损过大，弹簧失效，螺塞损坏，均应更换。

2. 动力转向系统的检修

（1）流量控制阀的检修

1）流量控制阀的机械故障。检查流量控制阀凹槽边缘有无磨损、毛刺及其他损坏；检查转向泵壳体流量控制阀阀孔有无刮伤和磨损；将流量控制阀装入泵壳体内，检查进出移动是否平滑，有无卡滞现象，若不能平滑移动或有其他机械损伤，应更换转向泵总成。

2）流量控制阀密封性故障。将软管接至流量控制阀一端，将流量控制阀浸入装有液压油的容器内，并从软管中吹入压缩空气。如果压缩空气压力低于98kPa时，流量控制阀中有气泡冒出，则说明流量控制阀有泄漏。此时可对流量控制阀进行分解，并彻底清洗，用压缩空气吹干后重新组装进行再次密封性测试。

（2）驱动轴的检修

1）检查驱动轴是否磨损、弯曲，有无裂纹或其他损伤。若驱动轴磨损严重或弯曲变形或损坏，应予以更换。

2）检查驱动轴上的滚珠轴承，缓慢转动外座，如果感觉有间隙或转动不顺畅，应更换轴承。更换轴承应使用压力机或专用工具。

3）检查转向泵叶片磨损情况，如果叶片磨损严重或有表面划伤，应更换转向泵总成。

4）检查转向泵壳体和盖是否有裂纹、破损或变形，检查壳体轴承座孔、流量控制阀座孔、辅助阀座孔是否有磨损、刮伤或其他损伤，如果有上述缺陷，应更换转向泵总成。

5）检查转子与侧盘接触面是否平整，不允许有任何裂缝和划痕，否则应更换转向泵总成。

14.8 实验实训

安全提示

1. 不允许敲击转向节臂和直拉杆臂头部。

2. 注意各处的调整垫片应保持平整，并且不能任意调换，厚度不允许任意变动。

3. 螺栓、螺母紧固要可靠，开口销齐全、完整、锁止固定可靠。

14.8.1 转向器的拆装

1. 实验实训目的

1）熟悉转向系的构造及工作原理。

2）掌握转向器的拆装程序及要领。

3）正确进行转向器的检修。

4）掌握转向器各调整部位的调整方法。

2. 实验实训设备及工、量具

1）动力转向器总成4~6个。

2）V形铁4~6对，平板各4~6块。

3）常用拆装、测量工具。

4）清洗剂、润滑油、润滑脂、棉纱、油盆若干。

3. 实验实训基本方法

（1）机械转向器的拆装

1）拆卸

① 如图14-39所示，从转向臂处松开横拉杆球销防松螺母（该螺母的拧紧力矩30N·m），分别拆卸下左、右横拉杆的球铰链一端。

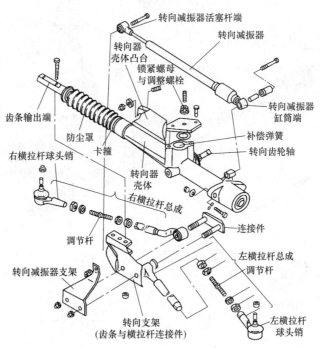

图14-39 上海桑塔纳轿车转向器与转向横拉杆

② 拆卸下转向支架上的左、右横拉杆另一端（该端自锁螺母的拧紧力矩为45N·m）这样分别拆卸下左、右横拉杆。

③ 从减振器支架上拆卸转向减振器活塞杆端，从转向器壳体上拆下转向减振器活塞杆另一端，取下转向减振器。

④ 齿条的输出端铣有扁舌，平面上钻有两孔，分别用两只 M10 的螺栓以 45N·m 拧紧力矩与转向支架相连接。因此，拆下这两只 M10 的紧固螺栓，可使转向器齿条输出端自由。

⑤ 拆下锁紧螺母与调整螺栓，取出补偿弹簧，更换密封圈，这样可使齿条与齿轮啮合放松。

⑥ 拆下转向器壳体左、右凸台与车身的连接螺栓（拧紧力矩分别为 20N·m、35N·m 可取下转向器（这时转向柱管下段早已拆去）。

2）安装。安装顺序基本上与拆卸顺序相反，这里再指出一些注意事项：

① 连接转向柱下段与齿轮轴时，夹箍应推至转向柱下段上，其自锁螺母的拧紧力矩为 25N·m。外面套有密封胶套，密封环应嵌入转向器壳体上的环形槽中。

② 转向器壳体的紧固螺栓不可拧得太紧。

③ 波纹橡胶管可在转向器安装后进行调换，这时在齿条上涂 AUF 063 000 04 转向器黄油。

④ 波纹管挡圈推至齿条限位处；将波纹管一端用夹箍夹紧在环槽中。

（2）动力转向器的分解（图 14-40）

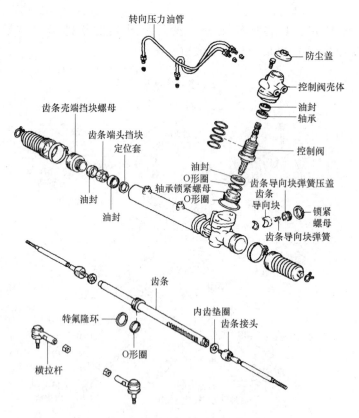

图 14-40 动力转向器的分解图

1）把齿轮壳体夹在台虎钳上（图 14-41）。

注意：用专用工具把齿轮壳体夹牢在台虎钳中。

2）拆左右转向压力油管（图14-42）。

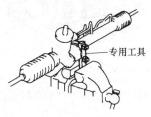

图14-41 齿轮壳体的夹持

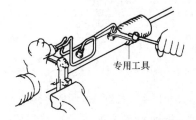

图14-42 转向压力油管的拆装

3）拆横拉杆。

① 松开锁紧螺母，在横拉杆与齿条接头上作一配对标记（图14-43）。

② 拆横拉杆和锁紧螺母（图14-44）。

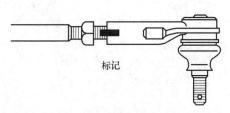

图14-43 横拉杆与齿条接头上的配对标记

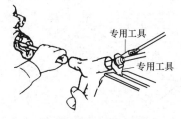

图14-44 横拉杆和锁紧螺母的拆卸

4）拆夹子、卡箍和齿条防护罩。

5）拆齿条接头和内齿垫圈（图14-45）。

6）拆齿条导向块弹簧的锁紧螺母（图14-46）。

图14-45 齿条接头和内齿垫圈的拆卸

图14-46 齿条导向块弹簧的锁紧螺母的拆卸

7）拆齿条导向块弹簧压盖。

8）拆齿条导向块、弹簧和弹簧座。

9）拆控制阀及阀体（图14-47）。

① 在阀体和齿条壳体上作定位配对标记。

② 旋出两个螺钉。

③ 拔出阀及阀体。

④ 取出O形圈。

10）拆齿条壳体端部挡块螺母：用专用工具拆挡块螺母（图14-48）。

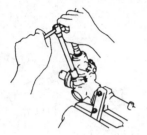

图14-47 控制阀及阀体的拆卸

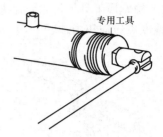

图14-48 齿条壳体端部挡块螺母的拆卸

11) 拆油封和齿条。

用黄铜棒和锤子打出油封(图14-49),取出齿条。

注意:要仔细拆卸;防止损伤齿条壳的内壁。

12) 拆控制阀(图14-50)。

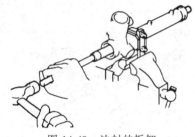

图14-49 油封的拆卸

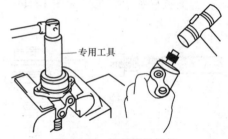

图14-50 控制阀的拆卸

① 拆出防尘盖。
② 用专用工具拆轴承锁紧螺母。
③ 用塑料锤打出控制阀。
④ 取出O形圈。

(3) 动力转向齿轮箱的组装

1) 给下列零件涂以机油或润滑脂(图14-51)。

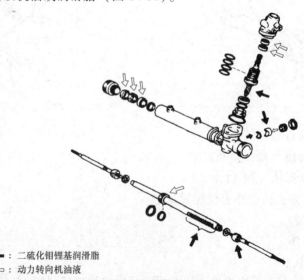

⬅:二硫化钼锂基润滑脂
⬅:动力转向机油液

图14-51 需涂机油或润滑脂的零件

2）装齿条及齿条接头导套（图14-52）。

① 把专用工具装到齿条上。

② 给专用工具涂上动力转向机油。

③ 把齿条插入齿条壳体内。

④ 取出专用工具。

⑤ 把齿条接头挡块推入齿条壳体。

3）装齿条壳体挡块（图14-53）。

① 给油封涂动力转向器油。

② 用专用工具，拧紧端挡块。

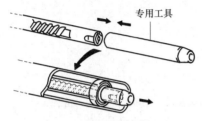

图14-52 装齿条及齿条接头导套

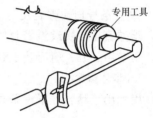

图14-53 装齿条壳体挡块

4）气密试验（图14-54）。

① 把专用工具接到齿条壳体的接头上。

② 抽53.3kPa的真空约30s。

③ 检查真空度有否变化。

5）把控制阀装入壳体（图14-55）。

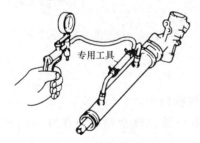

图14-54 齿条壳体气密试验

图14-55 控制阀装入壳体

① 把O形圈装入控制阀。

② 在特氟隆环和O形圈上涂上动力转向器油。

③ 把控制阀推入壳体。

④ 用专用工具装轴承压紧螺母（图14-56），转矩：25N·m，用锤子和錾子将螺母卷边。

⑤ 装防尘盖。

6）装控制阀（图14-57）。

① 把新的O形圈装入阀。

② 把阀体与齿条壳体按原来的配对标记对好。

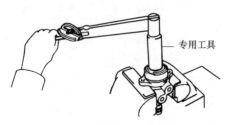

图 14-56 装轴承压紧螺母

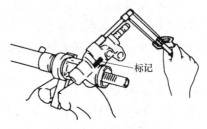

图 14-57 控制阀的安装

③ 拧紧两个螺钉。转矩：18N·m。

7) 装齿条导向块和齿条导向弹簧。

8) 装齿条导向块弹簧压盖（图 14-58）。

① 给弹簧压盖螺纹涂密封胶。

② 用专用工具，暂时装上弹簧压盖。

9) 调整总预紧力。

① 用专用工具，拧紧齿条导块的弹簧压盖（图 14-59），转矩：25N·m。

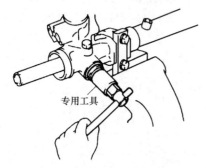

图 14-58 装齿条导向块弹簧压盖

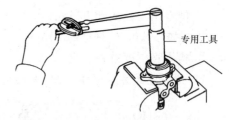

图 14-59 拧紧齿条导块的弹簧压盖

② 用专用工具，把齿条导向块弹簧压盖倒转 30°。

③ 正反转动控制阀轴 1~2 次。

④ 松开弹簧压盖至齿条导向块的压缩弹簧不起压紧作用为止。

⑤ 用专用工具和测力扳手，松开齿条导向块弹簧压盖，直至预紧力在规定的范围内（图 14-60）。预紧力：（转动时）0.5~1.0N·m。

10) 装齿条导向弹簧压盖锁紧螺母（图 14-61）。

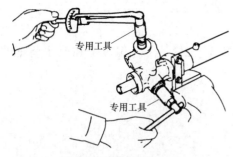

图 14-60 调整总预紧力

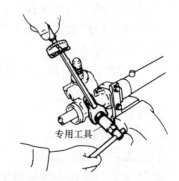

图 14-61 装齿条导向弹簧压盖锁紧螺母

① 给弹簧压盖螺纹涂上密封胶。
② 用专用工具，装上并拧紧锁紧螺母，转矩：69N·m。
③ 重新检查总预紧力。

11) 装内齿垫圈和齿条接头（图14-62）。

① 装内齿垫圈。

注意：应使内齿垫圈的齿嵌在齿条的槽中（图14-62a）。

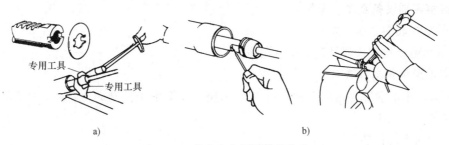

图14-62 装内齿垫圈和齿条接头

② 旋入齿条接头，并用专用工具把接头拧紧。转矩：103N·m
③ 将内齿垫圈朝齿条接头的两个平面上打弯（图14-62b）。

12) 装齿条防护罩、卡箍和夹子（图14-63）。

① 应使齿条上小孔不被润滑脂堵住。

注意：如果齿条的小孔被堵住，那么当它装配后转动时，防护罩内的压力就会变大。

② 装齿条防护罩。

注意：不应使防护罩损坏或扭曲。

③ 装卡箍。

④ 装夹子。

注意：如图14-63所示，应使夹子的端头朝前，以免碰坏防护罩。

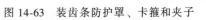

图14-63 装齿条防护罩、卡箍和夹子

13) 装横拉杆（图14-64）。

① 把锁紧螺母和横拉杆旋入齿条接头，并使它们的配对标记对齐。
② 调整前束后，拧紧锁紧螺母。

14) 装左右转向压力油管，用专用工具，旋入螺母并拧紧（图14-65）。

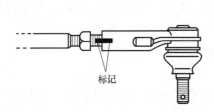

图14-64 装横拉杆

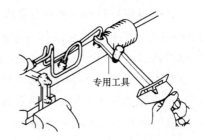

图14-65 装左右转向压力油管

注意：首先拧紧齿条壳体上的螺母。转矩：25N·m。

14.8.2 电子控制转向系统的认识与检测

1. 实验实训目的

1）熟悉电控转向系统的基本组成原理及电子元件的检测。

2）掌握电控转向系统的故障自诊断方法。

2. 实验实训设备及工、量具

1）带电控转向系统的轿车。

2）汽车电子检测仪器及数字式万用表。

3. 实验实训基本方法

以三菱"米尼卡"微型汽车使用的 EPS 为例，说明电子控制动力转向装置部件技术状况的检测方法。

（1）转向力矩传感器的检查

1）检测转向力矩传感器线圈电阻。从转向器总成上拔开力矩传感器插接器，其端子排列如图 14-66b 所示。测量转向力矩传感器 3 号与 5 号端子之间、8 号与 10 号端子之间的电阻，其标准值应为（2.18±0.66）Ω。若不符合要求，则为转向力矩传感器异常。

2）检测转向力矩传感器电压。用万用表直流电压挡测量上述各端子之间的电压，将转向盘置于中间位置，测得电压约 2.5V 为良好，4.7V 以上为断路，0.3V 以下为短路。

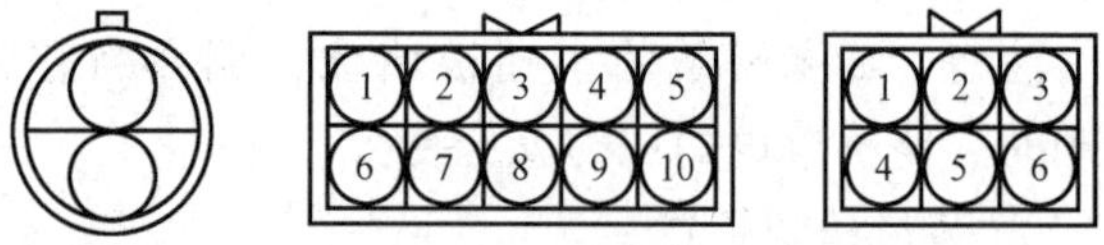

（2）电磁离合器的检查

从转向机上断开电磁离合器插接器，其端子排列参见图 14-66b。将蓄电池的正极接到 1 号端子上，蓄电池的负极与 6 号端子相接，在接通与断开 6 号端子的瞬间，离合器应有工作声音。若没有声音，表明电磁离合器有故障，应更换转向器总成。

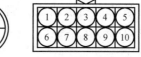

a) 电动机插接器　b) 转向力矩传感器与电磁离合器　c) 车速传感器

图 14-66　EPS 各部件插接器端子排列

（3）直流电动机的检查

从转向器上断开电动机插接器，其端子排列如图 14-66a 所示。给电动机加上蓄电池电压时，电动机应有转动声音。若没有声音，应更换转向器总成。

（4）车速传感器的检查

1）检查车速传感器转动情况。从变速器上拆下车速传感器，用手转动车速传感器的转子，检查其能否顺利转动，若有卡滞应予更换。

2）检测车速传感器电阻。拔开车速传感器插接器，其端子排列如图 14-66c 所示。测量车速传感器插接器 1 号与 2 号端子之间、4 号与 5 号端子之间的电阻值，其值等于（165±20）Ω 为良好。若与上述不符则必须更换车速传感器。

（5）电动动力转向系统的故障自诊断

以三菱"米尼卡"微型汽车使用的 EPS 为例，说明电动动力转向系统故障诊断与排除方法。

1）EPS 警告灯的检查。当点火开关处于 ON 位置时，EPS 警告灯应点亮，发动机起动后警告灯熄灭为正常。警告灯不亮时，应检查灯泡是否损坏，熔断丝和导线是否断路。若发动机起动后，警告灯仍亮时，首先应考虑系统是否处于保险状态（只有常规转向工作，无电动助力），然后进行自诊断操作。

2) 自诊断操作。将指针式万用表直流电压挡的正表笔接在诊断插座的2号端子上，负表笔接搭铁，如图14-67所示。接通点火开关，通过表针的摆动显示故障码。如果有多个故障码，将以由小到大的顺序显示出来。故障码输出波形如图14-67b所示。

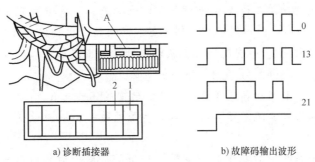

图14-67 自诊断操作
1—多点燃油喷射 2—电动助力转向 A—连接片

3) 故障检查与排除。确知故障码后，首先把蓄电池负极线拆下30s以上，即清除诊断记忆后，再进行一次自诊断操作，若故障码又重复显示，即证明故障确实存在（永久性故障），需进一步检查。

① 故障码41的检查

a. 起动发动机，不转动转向盘，观察故障码是否再次出现。再现时，按照故障码含义检查有关部件。不再现时，直接进入（4）的检查。

b. 拆下电动机导线插接器，检查电动机的两接线端子之间和端子与搭铁（外壳）之间的状态。用万用表电阻挡测试电动机两接线端子之间的电阻。正常时，应有一定的电阻，若无；则表明内部断路；电动机接线端子与搭铁之间应不通，否则，表明两接线端子与外壳之间有短路故障。

c. 若电动机及其接线端子均正常，则应检查转向器总成到电子控制单元（ECU）之间的导线是否良好，若导线正常，则表明电子控制单元（ECU）不良。

d. 检查导线无异常时，再进行行驶试验，若故障码不再出现时，转动转向盘，检查电动机是否工作。

② 故障码42的检查

a. 起动发动机，用1rad/s（弧度/秒）以下的速度转动转向盘观察故障码是否再现，不再现时，按（1）中所述检查导线，无异常时，通过行驶，进行再现试验。

b. 通过诊断，若故障码42再现，而且又发生11号、13号故障码时，可考虑是由转向力矩传感器系统的导线异常，或者是转向器总成异常所致。

③ 故障码43的检查。起动发动机，不转动转向盘，检查故障码是否再现，若再现，则表示电子控制单元（ECU）不良。不再现时，试转动转向盘，若此时故障码再现，应检查导线。

④ 故障码44的检查。起动发动机，不转动转向盘，检查故障码是否再现，再现时，应

检查与电动机有关的导线，若导线没有异常，用良好的电子控制单元（ECU）换下原车上的ECU，进行对比检查判断。若故障码不再现时，将点火开关重复通、断6次，并使点火开关在OFF位时的时间在5s以上。如此反复检查就能把某种故障的部位查清楚。

项目小结

1. 汽车转向系统的功用是改变和保持汽车的行驶方向。它分为机械转向系统和动力转向系统两大类。它们都由转向操纵机构、转向器和转向传动机构三大部分组成。

2. 转向系统角传动比 i_w 影响汽车的操纵轻便性和转向灵敏性。i_w 愈大，转向操纵愈轻便。但 i_w 不能过大，否则将导致转向操纵不够灵敏。

3. 汽车转向时内侧转向轮偏转角 β 大于外侧转向轮偏转角 α。

4. 转向盘为消除转向系统各传动件之间的装配间隙、克服弹性变形所空转过的角度称为转向盘自由行程。

5. 转向器是转向系统中的减速传动装置，其功用是增大由转向盘传到转向节的力，并改变力的传动方向。转向器常用的类型为齿轮齿条式、循环球式两类。

6. 转向操纵机构一般由转向盘、转向轴、转向柱管、万向节及转向传动轴等组成。它的主要作用是操纵转向器和转向传动机构，使转向轮偏转。

7. 转向传动机构的功用是将转向器输出的力和运动传给转向轮，使两侧转向轮偏转以实现汽车转向。主要机件有转向摇臂，转向直拉杆，转向横拉杆等。

8. 动力转向装置一般由机械转向器、转向动力缸和转向控制阀、转向油泵等组成。动力转向器有常压式和常流式两种。现代汽车上广泛应用常流式。

9. 在电子控制动力转向系统中，按照车速通过控制电磁阀改变动力转向系统中的油压控制回路，低速时转向力小，提高操纵力；在中高速时使之成为与手操纵相适应的转向力，提高操纵稳定性。

10. 电子控制动力转向系统可分为流量控制、反力控制与电动式转向系统三种方式。

11. 四轮转向的功能主要是确保车辆良好的操纵性与稳定性，即有效控制车辆横向的运动特性，以充分保证车辆的操纵稳定性。四轮转向系统有三种类型：机械式、液压式和电子控制液压式。

12. 转向系统的常见故障有转向沉重、转向不稳、单边转向不足、转向盘自由转动量过大、车轮回正不良、汽车直线行驶时，转向盘发飘或跑偏、左右转向轻重不同及转向时有噪声。

复习思考题

1. 汽车转向系统的作用是什么？
2. 汽车怎样才能实现正常转向？
3. 常见转向器有几种形式？各有何特点？
4. 液压式动力转向装置的工作原理如何？
5. 转向盘的自由行程是什么？它的大小对汽车转向操纵有何影响？

6. 转向沉重的原因有哪些？如何进行诊断与排除？
7. 转向传动机构如何进行调整？
8. 电子控制动力转向装置有几种类型？各有什么特点？
9. 四轮转向系统有什么优点？
10. 如何进行电子控制动力转向系统故障诊断？

项目 15

汽车制动系统的构造与检修

学习目标:

1. 掌握制动系统的工作原理。
2. 掌握车轮制动器、驻车制动器的结构和工作原理。
3. 了解制动力分配调节装置的结构和工作原理。
4. 能叙述各种制动器的制动过程。
5. 能识别制动系统的常见故障,并进行基本的故障诊断及检修。
6. 掌握制动系统主要零部件的检修。
7. 掌握驻车制动装置的调整方法和步骤。

15.1 汽车制动系统的认识

重点掌握

1. 制动系统的功用是什么,制动系统有哪些类型?
2. 制动力是如何分配调节的?
3. 制动系统容易产生哪些故障?

15.1.1 制动系统的功用、组成及类型

1. 制动系统的功用

为了提高汽车运输效率,要求汽车具有较高的平均行驶速度。但行驶的道路条件或交通情况是很复杂的,因此需要对汽车的行驶速度加以控制。如汽车在弯道和不平道路行驶或会车时,必须降低车速,特别是在遇到障碍物或是有妨碍安全行驶的情况下,更需要在尽可能短的距离内将车速降到很低甚至停车。

汽车下长坡时,在重力作用下,汽车不断加速,为避免危险,应当将车速限制在一定的安全值以内,并保持相对稳定。对已停驶(特别是在坡道上停驶)的汽车,应使之可靠地停留原地不动防止滑溜,需要制动。

汽车制动系统的功用:根据需要使汽车减速或在最短距离内停车;下坡行驶时限制车速;保证汽车停放可靠。

2. 制动系统的基本组成

为完成汽车制动系统的作用,现代汽车上一般设有以下几套独立的制动系统:

(1) 行车制动系统

用于使行驶中的车辆减速或停车，制动器安装在全部的车轮上，通常由驾驶员用脚操纵。

(2) 驻车制动系统

用于使停驶的汽车驻留原地，通常由驾驶员用手操纵。

(3) 应急制动、安全制动和辅助制动系统

应急制动装置是用独立的管路控制车轮的制动器作为备用系统。其作用是当行车制动装置失效的情况下保证汽车仍能实现减速或停车。

安全制动装置是当制动气压不足时起制动作用，使车辆无法行驶。

辅助制动装置是为下长坡时减轻行车制动器的磨损而设，其中利用发动机排气制动应用最广。

汽车上设置有彼此独立的制动系统，它们起作用的时刻不同，但它们的组成却是相似的。它们一般有以下四个组成部分：

1) 供能装置。此装置包括供给、调节制动所需能量以及改善传能介质状态的各种部件。如气压制动系中的空气压缩机等。

2) 控制装置。此装置包括产生制动动作和控制制动效果的各种部件，如制动踏板等。

3) 传动装置。此装置将驾驶员或其他动力源的作用力传到制动器，同时控制制动器的工作，从而获得所需的制动力矩。它包括将制动能量传输到制动器的各个部件，如制动主缸、制动轮缸等。

4) 制动器。制动器是产生阻碍车辆的运动或运动趋势的力的部件。

较为完善的制动系统还包括制动力调节装置以及报警装置、压力保护装置等。

3. 制动系统的类型

制动系统有不同的分类方法，按使用目的分类可分为行车制动系统、驻车制动系统和辅助制动系统；按使用能源分类可分为人力制动系统、伺服制动系统和动力制动系统。

4. 对制动系统的要求

为了保证汽车在安全的条件下发挥其高速行驶的能力，制动系统必须满足下列要求：

(1) 具有良好的制动性能

评价汽车制动性能的指标一般有制动距离、制动减速度、制动力和制动时间。

(2) 操纵轻便

操纵制动系统所需的力不应过大，对于重型汽车，这一点极为重要。

(3) 制动稳定性好

制动时，前后车轮制动力分配应合理，左右车轮上的制动力应基本相等，以免制动时汽车甩尾或跑偏。

(4) 制动平顺性好

制动力既能迅速、平稳地增加，又能迅速、彻底地解除。

(5) 散热性好

连续制动时，摩擦片的抗热衰退能力要强；水湿后恢复速度要快，磨损后制动蹄与制动鼓的间隙应能调整。

15.1.2 制动装置的结构与工作原理

以一定速度行驶的汽车具有一定的动能,要使它按需要减速或停车,路面必须对汽车车轮产生一个阻止汽车行驶的力——制动力,这个力的方向与汽车行驶的方向相反。实质上,制动力就是将汽车的动能强制地转化成其他形式的能量,通常是转化为热能,扩散于周围大气中。

1. 制动装置的结构

制动装置由制动器和制动传动机构两部分组成。

制动系统的组成及工作原理如图 15-1 所示。它由车轮制动器和液压制动传动装置两部分组成。车轮制动器由旋转部分、固定部分和张开机构所组成。旋转部分是制动鼓,它固定在轮毂上并随车轮一起旋转。固定部分主要包括制动蹄和制动底板等。制动蹄上铆有摩擦片,制动蹄下端套在支承销上,上端用回位弹簧拉紧压靠在轮缸的活塞上。支承销、轮缸都固定在制动底板上。制动底板用螺钉与转向节凸缘(前桥)或桥壳凸缘(后桥)固定在一起。制动蹄靠液压轮缸使其张开。不制动时,制动鼓的内圆柱面与摩擦片之间保留一定的间隙,使制动鼓可以随车轮一起旋转。

液压制动传动机构主要由制动主缸、轮缸、踏板、推杆和管路等组成。

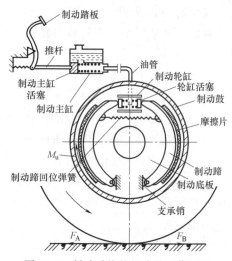

图 15-1 制动系统的组成及工作原理

2. 制动装置的工作原理

制动时,驾驶员踩下制动踏板,推杆便推动主缸活塞,迫使制动油液经管路进入轮缸,推动轮缸活塞克服弹簧的拉力,使制动蹄绕销转动向外张开,消除制动蹄与制动鼓之间的间隙后压紧在制动鼓上。这样,制动蹄摩擦片对旋转着的制动鼓就产生一个摩擦力矩 M_u,摩擦力矩 M_u 方向与车轮旋转方向相反,其大小取决于轮缸的张开力、摩擦系数及制动鼓和制动蹄的尺寸。制动鼓将摩擦力矩 M_u 传到车轮后,由于车轮与路面的附着作用,车轮即对路面作用一个向前的周缘力 F_A。同时,路面也会给车轮一个向后的反作用力,这个反作用力就是车轮受到的制动力 F_B。各车轮制动力之和就是汽车受到的总制动力。在制动力作用下使汽车减速,直至停车。

放松制动踏板,在回位弹簧作用下,制动蹄与制动鼓的间隙又得以恢复,从而解除制动。

15.2 车轮制动器

重点掌握

1. 盘式车轮制动器与鼓式车轮制动器有何区别?

2. 什么是平衡式制动器，什么是非平衡式制动器？

制动器的旋转元件固装在车轮上，制动力矩直接作用于车轮上的制动器称为车轮制动器。车轮制动器分为鼓式和盘式两大类，二者都是利用固定元件与旋转元件工作表面的摩擦而产生制动力矩，均属于摩擦式制动器。但鼓式制动器摩擦副中的旋转元件为制动鼓，其内圆柱面为工作表面；盘式制动器摩擦副中的旋转元件为圆盘状的制动盘，端面为工作表面。现代汽车广泛采用鼓式制动器，而盘式制动器多用于轿车和轻型汽车。

15.2.1 鼓式车轮制动器

鼓式车轮制动器多为内张双蹄式。按张开装置的形式不同，鼓式车轮制动器可分为以液压轮缸作为制动蹄张开装置的轮缸式制动器和以凸轮作为张开装置的凸轮式制动器。按制动时两制动蹄对制动鼓作用的径向力是否平衡，鼓式车轮制动器又可分为简单非平衡式、平衡式和自增力式制动器。

1. 轮缸式制动器

（1）简单非平衡式制动器

简单非平衡式制动器结构特点是两制动蹄的支承点都位于蹄的一端，两支承点与张开力作用点的布置都是轴对称式，轮缸中两活塞的直径相等。

图 15-2 为简单非平衡式制动器受力分析图。制动时，轮缸内油压升高，推动活塞向两端移动。因两活塞直径相等。故其对两制动蹄施加大小相等的张开力 F_s，使蹄分别绕各自的支承销向外转动，直至其摩擦片压靠到制动鼓内圆工作面上。与此同时，制动鼓对两制动蹄分别作用有法向反力 N_1、N_2，以及相应的切向反力即摩擦力 T_1、T_2。为简化起见，假设这些反力都集中作用于摩擦片的中央。如果车轮按逆时针方向旋转，则前制动蹄所受的摩擦力 T_1 和后制动蹄所受的摩擦力 T_2 的方向相反。摩擦力 T_1 绕支承销产生的力矩与该蹄张开力 F_s 绕支承销产生的力矩方向相同，因而摩擦力 T_1 作用

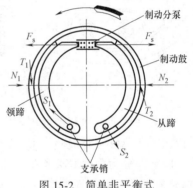

图 15-2 简单非平衡式
制动器受力分析图

的结果是使前制动蹄对制动鼓的压紧力增大，从而使该蹄所产生的制动（摩擦）力矩增大，即具有"助势"作用，故称为助势蹄，也称为领蹄或紧蹄，摩擦力 T_2 则有使制动蹄离开制动鼓的倾向，使蹄对鼓的压紧力减小，从而使该蹄的制动力矩减小，具有"减势"作用，故称为减势蹄，也称为从蹄或松蹄。

由上述可见，虽然前、后两蹄所受张开力 F_s 相等，但因摩擦力 T_1 相 T_2 所起的作用相反，且轮缸两活塞又是浮动的，结果使两蹄所受到制动鼓的法向反力却不相等，即 $N_1 > N_2$，相应地摩擦力 $T_1 > T_2$，故两制动蹄对制动鼓作用的制动力矩不相等。通常，助势蹄的制动力矩约为减势蹄的 2~2.5 倍。

由于制动蹄对制动鼓施加的法向力（数值上分别等于 N_1 和 N_2）不相等，二者不能相互抵消，其差值使轮毂轴承受附加载荷，故称这种制动器为非平衡式制动器。

倒车制动时，由于制动鼓旋转方向（即摩擦力方向）的改变，使前制动蹄变为减势蹄，后制动蹄变为助势蹄，但整个制动器的制动效能还是同前进制动时一样，这个特点称为制动

器的制动效能"对称"。

图 15-3 为北京 BJ2020N 型汽车的后轮制动器，即为简单非平衡式制动器。

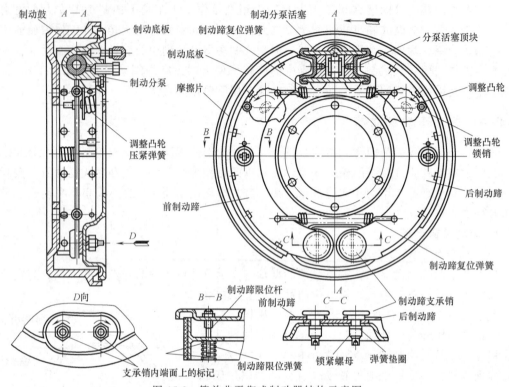

图 15-3　简单非平衡式制动器结构示意图

作为旋转部分的制动鼓用耐磨的灰口铸铁制成，它以鼓盘中部的制口和端面定位，并用螺栓固定在车轮轮毂的凸缘上，随同车轮旋转。

固定部分为制动底板和制动蹄。冲压成形的制动底板用螺栓与后驱动桥壳上的凸缘连接（前轮制动器的制动底板则与前桥转向节的凸缘连接）。制动底板外缘的翻边扣在制动鼓的敞口端，并有一定的缝隙，从而在不妨碍制动鼓转动的情况下减少泥水和灰尘的侵入，使摩擦表面保持干净。前后两制动蹄用钢板焊接而成 T 形截面，蹄腹板下端孔分别与支承销上的偏心轴颈作间隙配合，上端顶靠在轮缸的活塞顶块上。

张开机构是轮缸，用螺钉固定在制动底板上。顶块与活塞压合为一体，制动蹄腹板的上端松嵌入顶块的直槽中，制动蹄靠活塞在轮缸内的位移来张开，两个活塞的直径相同，故液压张开机构使两个蹄片张开的推力始终相等。在连续制动时，制动鼓产生的高温对轮缸的热辐射较大，严重时使制动液汽化而导致制动效果变差。为此，有些轮缸的外面装有一个隔热罩。

定位调整机构用以保持和调整制动蹄和鼓正确的相对位置。制动底板上装有两个调整凸轮用压紧弹簧使凸轮固定在调整好的任何位置上。制动蹄有两处调整部位：转动调整凸轮可使蹄内外摆动，制动器间隙按上大下小的规律变化，有利于恢复合理的间隙；转动偏心的支承销，可使蹄上下、内外运动，不仅改变制动间隙，而且还可使摩擦副的实际工作区域发生变化，有利于蹄、鼓全面贴合。在支承销尾端面上制有标记，用以指明偏心轴颈轴线的偏移方向。

(2) 平衡式制动器

平衡式制动器又分为单向助势平衡式和双向助势平衡式两种。

在前进制动时两蹄为助势蹄，倒车制动时两蹄均为减势蹄的，称为单向助势平衡式制动器；在前进和倒车制动时两蹄都为助势蹄的，称为双向助势平衡式制动器。

1) 单向助势平衡式制动器。单向助势平衡式车轮制动器受力分析示意图如图 15-4 所示，其结构特点是两制动蹄各用一个单向活塞制动轮缸，且前后制动蹄与其轮缸、调整凸轮零件在制动底板上的布置是中心对称的，两轮缸用油管连接。其性能特点是前进制动时两蹄均为"领蹄"，有较强的增力，倒车制动时两蹄均为"从蹄"，制动力较小。

2) 双向助势平衡式制动器。双向助势平衡式车轮制动器的结构示意图如图 15-5 所示，其结构特点是制动蹄、制动轮缸、回位弹簧均成对地对称布置，两制动蹄的两端采用浮式支承，且支点在径向位置浮动，用回位弹簧拉紧。其性能特点是汽车前进或倒车中制动时，两个制动蹄均为"领蹄"，均有较强的增力，制动效果好，蹄片磨损均匀。

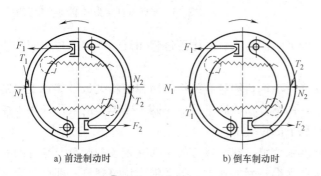

图 15-4 单向助势平衡式车轮制动器受力分析示意图

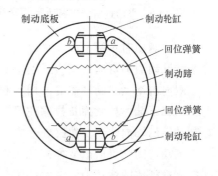

图 15-5 双向助势平衡式车轮制动器结构示意图

(3) 自增力式制动器

自增力式制动器可分为单向和双向两种。

1) 单向自增力式制动器示意图如图 15-6 所示。第一制动蹄和第二制动蹄的下端分别浮支在浮动的顶杆两端。制动器只在上方有一个支承销，不制动时，两蹄上端均靠各自的回位弹簧拉靠在支承销上。

单向自增力式制动器的工作过程：汽车前进制动时，单活塞式轮缸将促动力 F_{s1} 加于第一制动蹄，使其上端离开支承销，整个制动蹄绕顶杆左端支承点旋转，并压靠在制动鼓上。显然，第一制动蹄是领蹄，并且在促动力 F_{s1}、法向合力 N_1、切向（摩擦）合力 T_1 和沿顶杆轴线方向的力 S_1 作用下处于平衡状态。由于顶杆是浮动的，自然成为第二制动蹄的促动装置，而将与力 S_1 大小相等、方向相反的促动力 F_{s2} 施于第二制动蹄的下端，故第二制动蹄也是领蹄。

2) 双向自增力式制动器示意图如图 15-7 所示。前进制动时，两制动蹄在促动力 F_s 的作用下张开压向制动鼓，此时两蹄的上端均离开支承销，沿图中箭头方向旋转的制动鼓对两蹄产生摩擦力矩，带动两蹄沿旋转方向转过一个不大的角度，直到后蹄又顶靠到支承销上为止。此时，前蹄为"领蹄"，但其支承为浮动的推杆。制动鼓作用在前蹄的摩擦力和法向力的一部分对推杆形成一个推力 S，推杆又将此推力完全传到后蹄的下端。后蹄在推力 S 的作用下也形成"领蹄"，并在轮缸液压促动力 F_s 的共同作用下进一步压紧制动鼓。推力 S 比促动力 F_s 大得多，从而使后蹄产生的制动力矩比前蹄更大。

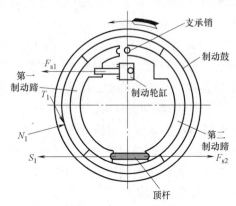

图 15-6 单向自增力式制动器示意图

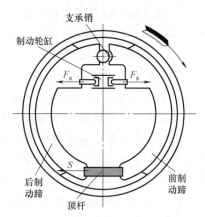

图 15-7 双向自增力式制动器示意图

倒车制动时，两个制动蹄以支承销的另一面为支点，作用过程相反，作用原理相同，故称这种制动器为双向自增力式制动器。

双向自增力式制动器的结构：制动蹄的上端两侧铆有夹板，用弹簧将夹板拉靠在支承销上，两蹄下端由拉紧弹簧拉靠在可调推杆两端直槽的底平面上。两个带弹簧的限位杆用来控制制动蹄的轴向位置。轮缸处于支承销稍下的位置上。

制动器间隙可借改变推杆的工作长度来调整。调整螺钉的中部有带齿的圆盘，螺钉的右端拧入推杆体的螺孔中，左端的圆柱体插入推杆套的孔中。拨动带齿调整螺钉，即可改变推杆的工作长度。由于调整螺钉带齿圆盘顶弯了拉紧弹簧，弹簧即对带齿圆盘产生向下压力，从而对调整螺钉起锁止作用。

南京依维柯轻型汽车、北京切诺基吉普车及丰田皇冠轿车的后轮制动器均采用双向自增力式制动器。

综上所述，简单非平衡式制动器虽然制动效能较低，但有结构简单、制造成本低、制动效能受摩擦系数的影响相对较小、制动较平顺等优点，所以使用仍较广泛。

平衡式制动器在制动效能的高低及稳定性、制动平顺性等方面都介于两者之间。其特有的优点是具有两个对称的轮缸，最宜布置双回路制动系统。

2. 凸轮式制动器

目前，气压传动的制动器一般采用凸轮式机械张开装置。这种制动器除了用凸轮作为张开装置外，其余部分结构与液压传动的简单非平衡式制动器大致相同。以凸轮为张开装置的双向自增力式制动器只宜用作中央制动器。

图 15-8 为东风 EQ1090E 型汽车的凸轮式前轮制动器。其前、后两制动蹄用可锻铸铁制成，均以下端支承孔与支承销的偏心轴颈间隙配合，并用挡板及锁销轴向限位。不制动时，由回位弹簧把制动蹄上端支承面拉靠到制动凸轮轴的凸轮上，凸轮与轴制成一体，多为中碳钢，其表面经高频淬火处理。制动凸轮轴通过支座固定在制动底板上，其尾部花键轴插入制动调整臂的花键孔中。

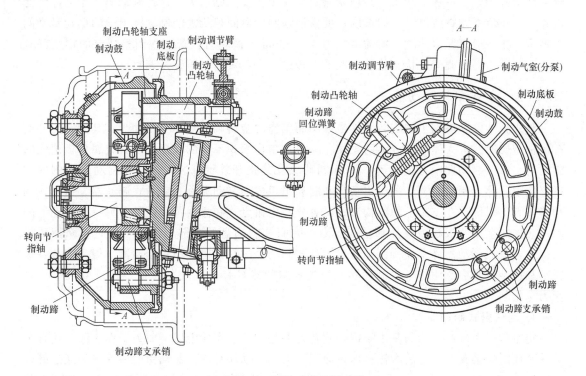

图 15-8 凸轮式前轮制动器

制动时，制动调整臂在制动气室的推动下，带动制动凸轮轴转动，凸轮便迫使两制动蹄张开并压靠在制动鼓上，产生制动作用。由于凸轮的工作表面轮廓中心对称，且凸轮只能绕固定的轴线转动而不能移动，故当凸轮转过一定的角度时，两蹄张开的位移是相等的。在蹄与鼓之间摩擦力的作用下。前蹄（助势蹄）力图离开制动凸轮，而后蹄（减势蹄）却更加靠紧制动凸轮，造成凸轮对助势蹄的张开力小于减势蹄。从而使两蹄所受到的制动鼓的法向反力近似相等，使两蹄的制动力矩也近似相等。正是由于这种制动器结构上不是中心对称，两蹄作用于制动鼓的法向等效合力虽然大小近似相等，但其作用线存在一不大的夹角而不在一条直线上，不可能相互平衡，故这种制动器仍是非平衡式的。

解放 CA1092 型汽车的制动调整臂。其蜗杆轴与调整臂的相对位置是靠锁止套和锁止螺钉来固定的。转动蜗杆轴时，需将具有六角孔的锁止套和弹簧压进一定行程，调好后将锁上螺钉拧入，使其杆部嵌入套的槽中，起锁止作用。这种锁止装置更可靠。

这类制动器由于是用一个凸轮的转动同时调整两个蹄的间隙，二者很难达到一致。因此凸轮轴支座和制动底板的相对位置应能进行微量调整。通常是使固定支座和底板的孔径都稍大于固定螺杆的直径，松开固定螺母可使支座和凸轮轴线相对于制动底板作任一方向的移动，以保证制动凸轮、蹄、鼓之间的正确位置，使两蹄与鼓的间隙一致。

有的制动器为了简化调整内容，支承销不带偏心轴颈，制动器间隙调整仅靠改变制动凸轮轴的原始角位置。国产黄河 JN1181C13 型汽车制动器即采用这种结构形式。与制动气室推杆连接的制动臂松套在制动凸轮轴上，而调整臂则用花键与制动凸轮轴连接。制动臂处于不制动时的原始位置。调整臂上端装有调整螺钉，调整臂由回位弹簧拉向制动臂，到螺钉接触到制动臂为止。将螺钉旋入，则制动器间隙减小，反之则增大。这种制动器的制动鼓上无检查孔，间隙不能直接测量，但可以根据为消除制动器间隙所需的制动臂上端的摆动量来间接测量。在一般情况下，这一摆动量应为15～35mm。调整时，若发现调整螺钉的螺纹部分长度不够用，可将调整臂从凸轮轴上取下，转过一个花键齿，再装复调整。

15.2.2 盘式车轮制动器

盘式制动器摩擦副中的旋转元件是以端面工作的金属圆盘，称为制动盘；其固定元件则有多种结构形式，大体上可分为两大类：一类是工作面积不大的摩擦块与其金属背板组成的制动块，每个制动器中有2～4个，这些制动块及其张开装置都装在横跨在制动盘两侧的夹钳支架中，称为制动钳，这种由制动盘和制动钳组成的制动器称为钳盘式制动器。钳盘式制动器按制动钳固定在支架上的结构形式又可分为定钳盘式和浮钳盘式两种。另一类制动器的固定元件的金属背板和摩擦片都呈圆盘形，因而其制动盘的全部工作面可同时与摩擦片接触，这种盘式制动器称全盘式制动器。钳盘式制动器过去只用作中央制动器，但目前被各级轿车和轻型货车广泛用作车轮制动器。全盘式制动器只有少数汽车（主要是重型汽车）采用为车轮制动器。

1. 定钳盘式制动器

定钳盘式车轮制动器的基本结构：旋转元件是固定在车轮上以端面为工作表面，用合金铸铁制成的制动盘。固定的摩擦元件是面积不大的制动块总成。制动钳的钳形支架通过螺栓与转向节（前桥）或桥壳（后桥）固装，并用调整垫片控制制动钳与制动盘之间的相对位置。另外，还有防尘护罩等件。

图15-9为定钳盘式制动器基本结构图。制动时，制动油液被压入内、外两液压缸中，在液压作用下两活塞带动两侧制动块作相向移动压紧制动盘，产生摩擦力矩。在活塞移动过程中，矩形橡胶密封圈的刃边在活塞摩擦力的作用下随活塞移动而产生微量的弹性变形。解除制动时，活塞和制动块依靠密封圈的弹力和弹簧的弹力回位。由于矩形密封圈的刃边变形量很小，在不制动时，制动块摩擦片与制动盘之间的间隙每边都只有0.1mm左右，以保证解除制动。制动块受热膨胀时，厚度方面只有微小的变化，故不会发生"拖滞"现象。但盘式制动器不能使用受热易膨胀的醇类制动油液，要求使用特制的合成型制动液。

若制动块摩擦片与制动盘的间隙磨损加大，制动时活塞密封圈变形达到极限后，活塞仍可在液压作用下，克服密封圈的摩擦力，继续移动，直到摩擦片压紧制动盘为止。但解除制动时，矩形密封圈所能将活塞推回的距离同摩擦片磨损之前是相同的，即摩擦片与制动盘间隙仍保持标准值。由此可见，矩形密封圈能兼起活塞回位弹簧和自动调整制动器间隙的作用。

2. 浮钳盘式制动器

图15-10为浮钳盘式制动器基本结构图。浮钳盘式制动器与定钳盘式的不同之处在于：制动钳体可以相对于制动盘作轴向滑动，而且，制动液压缸只装在制动盘的内侧，数目只有定钳盘式的一半，而外侧的制动块则固装在钳体上。制动时液压作用力推动活塞，使内侧制动块压靠制动盘，同时钳体上受到的反力使钳体连同固装在其上的外侧制动块靠到盘的另一侧面上，直到两侧制动块受力均等为止。与定钳盘式相比，浮钳盘式的优点是，它的外侧无液压件，单侧的液压缸结构不需要跨越制动盘的油道，故不仅轴向和径向尺寸小，能够布置

得更接近车轮轮毂，而且不易产生气阻。此外，浮钳盘式制动器在兼作行车和驻车制动器的情况下，不用加装驻车制动钳，只需在行车制动钳液压缸附近加一些用以推动液压缸活塞的驻车制动机械传动零件即可。因此，自 20 世纪 70 年代以来，浮钳盘式制动器已逐渐取代定钳盘式制动器。浮钳盘式制动器的缺点是刚度较差，摩擦片易产生偏磨损。

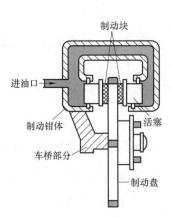

图 15-9　定钳盘式制动器基本结构图

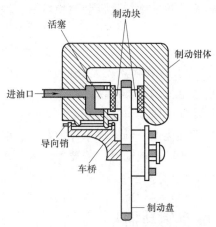

图 15-10　浮钳盘式制动器基本结构图

一汽奥迪 100 型轿车和北京切诺基吉普车的前制动器也是浮钳盘式制动器。

上海桑塔纳轿车浮钳盘式前轮制动器的制动钳。制动盘用合金铸铁制成，用两只螺栓固装在轮毂上，随轮毂一起转动。固定支架上有两根导轨，通过两根特制弹簧安装内、外摩擦片，内、外摩擦片可沿导轨作轴向平行移动，并通过导轨将制动力传到固定支架上。带有制动液压缸的浮动支架，用两只内六角螺栓弹性连接在固定支架上，并可沿塑料导管和橡胶套作轴向移动和微量的转动，其轴向移动能使内、外摩擦片对制动盘作浮动定位，而微量转动可起到一定的缓冲作用。浮动支架还与固定支架上的导轨接触，起辅助支承作用。内、外摩擦片分别安装于活塞和浮动支架上。

制动时，活塞在制动液压作用下，推动内摩擦片压向制动盘的内端面。由于制动盘不能轴向移动，所以当液压进一步上升时，液压反力推动缸体和浮动支架并带动外摩擦片压向制动盘的外端面，从而实现制动。橡胶油封在活塞移动时变形，解除制动时便回复原状，使活塞回位。

制动时为避免产生噪声，在活塞与制动块底板之间还设置消声片、消声压圈和粉末冶金制成的消声垫圈。制动时，活塞在液压作用下移向制动盘，并通过消声垫圈和消声压圈将固定的制动块压向旋转着的制动盘，起制动作用。这时矩形橡胶密封圈产生微量的弹性变形。解除制动时，活塞连同消声垫圈和消声压圈在密封圈的弹力作用下回位，直至密封圈变形完全消失为止。

3. 盘式制动器的特点

盘式制动器与鼓式制动器相比较，有以下优点：

1）制动盘暴露在空气中，散热能力强。特别是采用通风式制动盘，空气可以流经内部，加强散热。

2）浸水后制动效能降低较少，而且只需经一两次制动即可恢复正常。

3）制动时的平顺性好。由于无摩擦助势作用，产生的制动力矩仅与液压缸液压成比例，制动过程中，制动力矩增长比鼓式缓和。同时，制动器效能受摩擦系数的影响较小，即效能较稳定。

4）制动盘沿厚度方向的热膨胀量极小，不会像制动鼓的热膨胀那样使制动器间隙明显增加而导致制动踏板行程过大。此外，也便于装设间隙自调装置。

5）结构简单，摩擦片拆装更换容易，因而保修方便。

盘式制动器的缺点如下：

1）因制动时无助势作用，故要求管路液压比鼓式制动器高，一般需在液压传动装置中加装制动加力装置和采用较大缸径的液压缸。

2）由于盘式制动器活塞的回位能力差，且轮缸活塞的断面积大，制动器间隙又较小，故在液压系统中不能留有残余压力。

3）防污性能差，制动块摩擦面积小，磨损较快。

4）兼用于驻车制动时，需要加装的驻车制动传动装置较鼓式制动器复杂，因而在后轮上的应用受到限制。

15.3 驻车制动器

重点掌握

1. 驻车制动器有什么作用？
2. 驻车制动器有哪些类型，各有何特点？

驻车制动器（又称手制动器）的功用：使停驶的汽车驻留原地不动，便于在坡道上起步；行车制动器失效后临时使用或配合行车制动器进行紧急制动。

驻车制动器按其安装位置可分为中央制动式和车轮制动式两种。前者的制动器安装在变速器或分动器的后面，制动力矩作用在传动轴上；后者与车轮制动器共用一个制动器总成，只是传动机构是相互独立的。按制动器结构形式的特点可分为鼓式、盘式、带式和弹簧作用式驻车制动器。由于鼓式制动器可采用高制动效能的自动增力式制动器，且其外廓尺寸小，易于调整，防泥沙性能好，停车后没有制动热负荷，因而得到广泛应用。

15.3.1 中央制动器

1. 凸轮张开鼓式中央制动器

图15-11所示为东风EQ1090E型汽车驻车制动器的结构，该制动器为中央制动、鼓式、简单非平衡式驻车制动器。

（1）制动器的结构

制动鼓通过螺栓与变速器输出轴的凸缘盘紧固在一起，制动底板固定在变速器输出轴轴承盖上，两制动蹄通过偏心支承销支撑在制动底板上，其上端装有滚轮，在回位弹

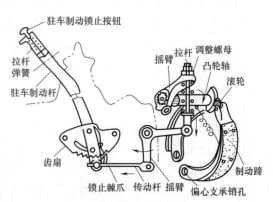

图15-11 东风EQ1090E型汽车驻车制动器结构

簧的作用下滚轮紧靠在凸轮的两侧，凸轮轴支撑在制动底板的上部，轴外端与摆臂连接，摆臂的另一端与穿过压紧弹簧的拉杆相连，拉杆再通过摇臂、传动杆与驻车制动杆相连。驻车制动杆上连有棘爪，驻车制动器工作时，棘爪嵌入齿扇上的棘齿内，起锁止作用。解除制动时，需按下驻车制动杆上的按钮使棘爪脱离棘齿才能扳动驻车制动杆。

（2）制动器的工作情况

进行驻车制动时，将驻车制动杆上端向后拉动，则制动杆的下端向前摆动，传动杆带动摇臂顺时针转动，拉杆则带动摆臂顺时针转动，凸轮轴亦顺时针转动，凸轮则使两制动蹄以支承销为支点向外张开，压靠到制动鼓上，产生制动作用。当制动杆拉到制动位置时，棘爪嵌入齿扇上的棘齿内，起锁止作用。

解除制动时，按下驻车制动杆上的按钮使棘爪脱离棘齿，向前推动制动杆，则传动杆、拉杆、凸轮轴按逆时针方向转动，制动蹄在回位弹簧的作用下回位，制动蹄与制动鼓间恢复制动间隙，制动解除。

15.3.2　带驻车制动的鼓式车轮制动器

图15-12为一汽奥迪100型轿车的后轮制动器，它兼作驻车制动器，属简单非平衡式制动器。制动蹄采用浮式支承，制动蹄的上、下支承面均加工成弧面，下端支靠在固定于制动底板上的支承板上。驻车制动采用机械传动装置。驻车制动杠杆上端用平头销与后制动蹄连接，其中上部卡入驻车制动推杆右端的切槽中作为中间支点，下端与拉绳连接。前、后制动蹄的腹板卡在驻车制动推杆两端的切槽中。推杆内弹簧左端钩在推杆的左弯舌上，右端钩在后制动蹄的腹板上，推杆外弹簧的左端钩在前制动蹄的腹板上，而右端则钩在推杆的右弯舌上。

进行驻车制动时，需将驾驶室中的手动驻车制动操纵杆拉到制动位置，经一系列杠杆和拉索传动，将驻车制动杠杆的下端向前拉，使之绕上端支点（平头销）顺时针转动。制动杠杆在转动过程中，其中间支点推动制动杠杆左移，将前制动蹄推向制动鼓，到前制动蹄压靠到制动鼓上之后，推杆停止运动，则制动杠杆的中间支点成为其继续转动的新支点。于是制动杠杆的上端右移，使后制动蹄压靠到制动鼓上，施以驻车制动。此时，由于棘爪的单向作用，棘爪便与棘爪齿板啮合，操纵杆不能反转，整个驻车机械制动杆系能可靠地被锁定在制动位置。

解除制动时，须先将操纵杆扳动少许再压；操纵杆端头的压杆按钮，通过棘爪压杆使棘爪离开棘齿板。然后将操纵杆向下推到解除制动位置，随后放松操纵杆端按钮。与此同时，杆在绕包在拉索外的弹簧作用下回位，回位弹簧将两蹄拉拢。推杆内、外弹簧除可将两蹄拉回到原始位置之外，还可以防止制动推杆在工作时窜动，碰撞制动蹄而发出噪声。

这种以车轮制动器为驻车制动器的驻车制动系可用于应急制动。上海桑塔纳轿车后轮制动器的结构与上述类似。

15.3.3　带驻车制动的盘式车轮制动器

图15-13所示为解放CA1091型汽车驻车制动器工作示意图。不制动时，手制动操纵杆处于最前位置，两制动臂和之间的定位弹簧将两制动蹄分开。制动蹄与制动盘之间有一定的间隙，无制动效果。制动时，将手制动杆向后拉（图示向右拉），通过传力结构使两制动臂

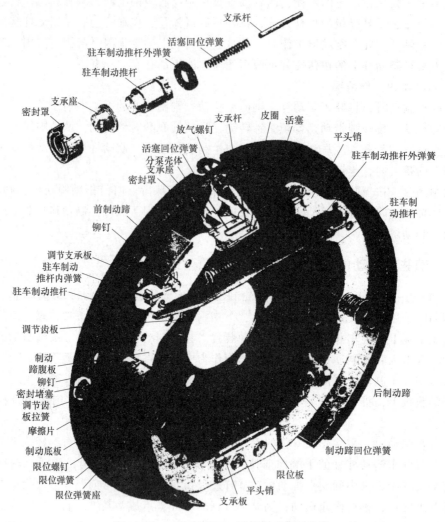

图 15-12 一汽奥迪 100 型轿车后轮制动器

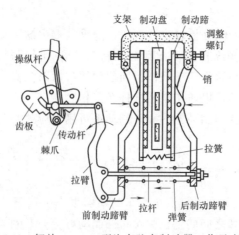

图 15-13 解放 CA1091 型汽车驻车制动器工作示意图

夹紧，蹄盘之间的间隙消除，产生制动效果，并通过制动杆下端的棘爪锁止制动位置。解除制动时，先向后拉手制动杆，同时按下手制动杆上的按钮，使棘爪脱出，然后将手制动操纵杆推向最前端，前后制动蹄回位，制动即被解除。制动盘与制动蹄之间的间隙可通过拉杆端面的螺母和调整螺钉调整。

15.4 制动传动装置

重点掌握

1. 双管路制动传动装置的布置形式有哪些？各有何特点？
2. 液压式和气压式制动传动装置主要部件的构造及工作原理是什么？
3. 真空液压制动传动装置的工作原理是什么？

15.4.1 液压式制动传动装置

液压式制动传动装置是利用特制油液作为传力介质，将驾驶员施于踏板上的力放大后传至制动器，推动制动蹄产生制动作用。

双管路液压制动传动装置是利用彼此独立的双腔制动主缸，通过两套独立管路，分别控制两桥或三桥的车轮制动器。其特点是若其中一套管路发生故障而失效时，另一套管路仍能继续起制动作用，从而提高了汽车制动的可靠性和行车安全性。

1. 双管路制动传动装置的布置形式

双管路的布置应力求当一套管路发生故障而失效时，只引起制动效能的降低，但其前、后桥制动力分配的比值最好不变，以保持汽车良好的操纵性和稳定性。双管路的布置方案在各型汽车上各不相同，可归纳为如下几种：

（1）前后独立式（图15-14）

前轴制动器与后轴制动器各有一套管路。这种布置形式最为简单，可与单轮缸鼓式制动器配合使用。是发动机前置，后轮驱动式汽车广泛采用的一种布置形式，如南京依维柯汽车、广州标致轿车等。其缺点是当一套管路失效时，前后桥制动力分配的比值被破坏。

（2）交叉（X）式（图15-15）

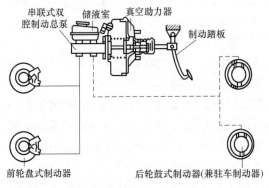

图15-14 前后独立式双回路液压制动系统示意图

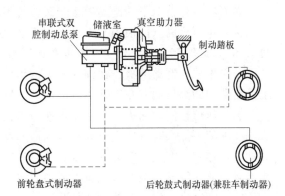

图15-15 交叉式双回路液压制动系统示意图

一轴的一侧车轮制动器与另一轴对侧车轮制动器同属一个管路。在任一管路失效时，剩余总制动力都能保持正常值的 50%，且前后桥制动力分配比值保持不变，有利于提高制动稳定性。这种布置形式多用于发动机前置、前轮驱动的轿车上，如上海桑塔纳、一汽奥迪 100、二汽富康—雪铁龙、天津夏利轿车等。

2. 液压式制动传动装置主要部件的构造及工作原理

（1）制动主缸

制动主缸的作用是将踏板输入的机械能转换成液压能。

图 15-16 为液压式制动主缸原理图。制动主缸的基本结构：主缸体用铸铁制成，其上开有进油孔和补偿孔，储油罐中的制动油液经此二孔与主缸相通。缸体内装有活塞，其头部沿周向均匀制有若干个轴向通孔。推杆经一系列传力杆件与制动踏板相连，其半球形端头伸入活塞背面的凹部。回位弹簧压住皮碗，并将活塞推靠在最左端，同时还使回油阀紧压住缸体上的阀座。回油阀为带金属托片的橡胶环，其中央的出油孔被带弹簧的出油阀密封。

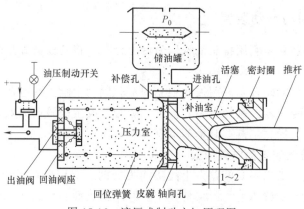

图 15-16　液压式制动主缸原理图

不制动时，活塞与皮碗正好位于进油孔和补偿孔之间，活塞两侧腔室均充满了制动油液。

踏下制动踏板时，推杆推动活塞和皮碗右移，到皮碗遮盖住补偿孔后，活塞右侧的工作腔即被封闭，腔内开始建立油压。油压稍有升高，即足以克服弹簧的预紧力而推开出油阀，将制动液压入轮缸。

若驾驶员保持踩下的制动踏板于某位置不动，即活塞右移到某位置不动，则工作腔及轮缸内油压不再升高。回油阀左右两侧油压相等，在弹簧张力的作用下出油阀关闭（回油阀也关闭）。此时制动系统处于"双阀关闭"状态，维持一定的制动强度。

若缓慢放松制动踏板，在弹簧张力的作用下活塞左移，工作腔容积增大，油压降低，轮缸及管路中的高压油向左压开回油阀流回主缸，制动随之被解除。

若迅速放松制动踏板，则活塞迅速左移，工作腔容积迅速增大，由于黏性和管道阻力的影响，油液不能及时流回主缸并充满因活塞左移所让出的空间，故在补偿孔开启之前，活塞右侧的工作腔中产生一定的真空度。此时活塞左侧的油压高于右侧，活塞左腔的油液经活塞头部轴向通孔推翻皮碗的边缘流入活塞右腔。与此同时，储油罐中的油液经进油孔流入活塞左腔。活塞完全回位后，补偿孔已开启，由管路继续流回主缸的多余油液即可经孔流回储油罐。当制动器间隙过大或液压系统渗入空气，致使踏板踩到极限位置仍感制动力不足时，可迅速放松踏板并随即再踩下，如此反复几次，使压入管路中的油液增多、油压升高，以进一步加大制动力。

不制动时，推杆球头端与活塞之间应保留有一定间隙，以保证活塞在弹簧的作用下完全恢复最左端位置，使皮碗不致堵住孔。制动时，为了消除这一间隙所需的踏板行程，称为制动踏板自由行程。推杆左端用螺纹与其他制动杆相连，转动杆可改变其工作长度，从而调整制动踏板自由行程。

双管路液压制动传动装置中的制动主缸一般采用串联式双腔制动主缸，如图 15-17 所示。它是利用一个缸体，装入两个活塞，形成两个彼此独立的工作腔，分别和各自的管路连接，每套管路分别有单独的储油罐。当共用一个储油罐时，罐中需装隔板，以免一管路漏油，影响另一管路正常工作。

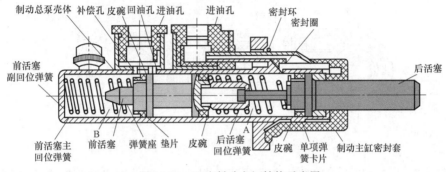

图 15-17　双腔制动主缸结构示意图

主缸内装有两个活塞，后活塞右端凹陷部与推杆相靠并留有一定间隙。前活塞位于缸筒的中间部位，把主缸内腔分隔为两个工作腔（前腔 B 和后腔 A）。两工作腔分别与前后两套液压管路相通。每套管路和工作腔又分别通过补偿孔及进油孔与各自的储油罐相通。前活塞两端都承受弹簧力，但前弹簧的张力大于后弹簧，故主缸不工作时，前活塞被推靠在限位螺钉上，以保持前活塞正确的初始位置。前活塞后端的两个皮碗为两工作腔的活动隔墙，两皮碗的刃口方向相反，以便两腔都建立油压并保证密封。组装在一起的出油阀和回油阀安装在主缸两腔的一侧。

当踩下制动踏板时，推杆推动后活塞左移至皮碗掩盖住补偿孔之后，后腔 A 中油压即升高。油液一方面通过后出油阀流入后制动管路；另一方面和后弹簧共同作用推动前活塞左移，使前工作腔油压升高，油液推开前出油阀流入前制动管路。于是两制动管路在等压下对汽车制动。

若与前腔连接的制动管路因损坏而漏油，则在踩下制动踏板时只有后腔 A 中能建立油压，而前腔 B 中无液压。此时，在液压差作用下，前活塞被迅速左推，直到其左端抵靠到堵塞为止。此后，后腔 A 中的液压方能上升到制动所需的数值。

若与后腔连接的制动管路损坏而漏油，则在踩下制动踏板时，开始只是主活塞左移，因后腔 A 中不能建立液压，所以油液不能推动前活塞。但在后活塞直接顶触前活塞时，推杆的作用力便能推动前活塞左移，使前腔 B 建立必要的油压而产生制动。

由此可见，双管路液压系统中任何一套管路泄漏时，另一套仍能工作，只是踏板行程增大，使汽车的制动距离增长，制动效能降低。

(2) 制动轮缸

制动轮缸的作用是把油液压力转变为轮缸活塞的推力,推动制动蹄压靠在制动鼓上,产生制动作用。制动轮缸有双活塞式和单活塞式两种。

上海桑塔纳轿车和一汽奥迪100型轿车的后制动器轮缸都采用双活塞式轮缸。图15-18为双活塞式制动轮缸的结构示意图。其结构为:铸铁制成的缸体用螺栓固定在制动底板上,缸内装有两个铝合金活塞,两个刃口相对的密封皮碗利用弹簧压靠在活塞上,保证皮碗与活塞、活塞外端顶块与制动蹄的紧密接触,并保持两皮碗间的进油孔畅通。缸体两端装有防护罩,可防止尘土及泥水的侵入,以免活塞和轮缸生锈卡住。在轮缸体上方还装有放气阀,以便放出液压系统中的空气。

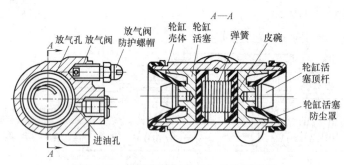

图 15-18 双活塞式制动轮缸结构示意图

单活塞式制动轮缸用于单向助势平衡式车轮制动器,如北京BJ2020N型汽车前轮制动器。缸体内装有一个铝制活塞和一个顶块,活塞上有环槽,用于安装橡胶皮圈,以免油液泄漏。放气阀的中部制有螺纹,尾部有密封锥面,平时应旋紧压靠在阀座上。与阀尾密封锥面相连的圆柱面两侧有径向孔,与阀中心的轴向孔道相通。橡胶护罩防止泥沙进入阀中心的轴向孔道。

3. 真空液压制动传动装置

在普通的液压制动系统中,加装真空加力装置,可以减轻驾驶员施加于制动踏板上的力,增加车轮制动力,达到操纵轻便、制动可靠的目的。真空加力装置是利用发动机工作时在进气管中形成的真空度(或利用真空泵)为力源的动力制动传动装置。它可分为增压式和助力式两种型式。增压式是通过增压器将制动主缸的液压进一步增加,增压器装在主缸之后;助力式是通过助力器来帮助制动踏板对制动主缸产生推力,助力器装在踏板与主缸之间。

(1) 真空增压式液压制动传动装置

跃进NJ1061A型汽车装用真空增压器的液压制动传动装置比普通液压制动传动装置多装了一套真空增压系统,其中包括:由发动机进气管(真空源)、真空单向阀、真空筒组成的供能装置;作为控制装置的控制阀;作为传动装置的加力气室及辅助缸。

发动机工作时,在进气歧管中的真空度作用下,真空筒中的空气经真空单向阀被吸入发动机,因而筒中也具有一定的真空度,作为制动加力的力源(柴油发动机因进气管的真空度不高,需另装一真空泵作为真空源)。单向阀的作用是:当进气管(或真空泵)的真空度高于真空筒的真空度时,单向阀被吸开,将真空筒及加力气室内的空气抽出;当发动机熄火或因工况变化以致使进气管的真空度低于真空筒的真空度时,单向阀即关闭,以保持真空筒及加力气室的真空度。

踩下制动踏板时,制动主缸输出的制动油液首先进入辅助缸,由此一面传入前后制动轮缸,另一面又作为控制压力输入控制阀,阀使真空加力气室起作用,这样气室输出的力与主缸传来的液压一同作用于辅助缸活塞上,使辅助缸输送至轮缸的液压变得远高于主缸液压。

图 15-19 为国产 66-Ⅳ 型真空增压器的结构及工作情况示意图。它由加力气室、辅助缸和控制阀三部分组成。

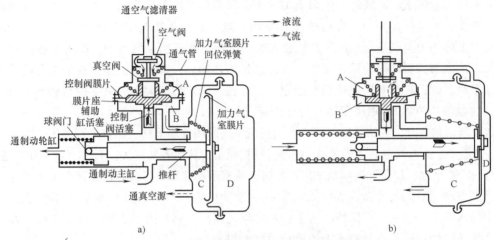

图 15-19 国产 66-Ⅳ 型真空增压器的结构及工作情况示意图

加力气室:是把进气管(或真空泵)产生的真空度与大气压力的压力差,转变为机械推力的总成。壳体是钢板冲压件,前壳体用螺钉与辅助缸体的后端相连,其间有连接块和密封垫圈。膜片的外缘装在用卡箍夹紧的壳体之间,中部经托盘等件与推杆紧固在一起,不制动时,膜片在回位弹簧作用下处于最右端位置。膜片的左腔 C 有孔管经单向阀与发动机的进气管相通,经由辅助缸体中的孔道与控制阀下气室 B 相通;其右腔室经通气管通至控制阀上腔 A。

辅助缸:把低压油变成高压油的装置。装有皮圈的活塞把辅助缸体分成两部分:左腔经出油管接头通向前后制动轮缸;右腔经进油接头通向制动主缸的出油口。活塞的中部有小孔而保持左、右腔在不制动时连通,加力气室不工作时,回位弹簧使活塞靠在活塞限位座的右极限位置。前端嵌装球阀的推杆用来推动活塞移动,杆的后端与加力气室膜片连接。密封圈起密封和导向作用。

控制阀:是控制加力气室起作用的随动控制机构。膜片的中部紧固在膜片座上,装有皮圈的控制活塞与座固装在一起,活塞处于与辅助缸右腔相通的孔中。真空阀和空气阀刚性地连接在一起,阀门弹簧在不制动时使空气阀关闭,膜片回位弹簧则使膜片保持在真空阀开启的下方位置。膜片座中央有孔槽使气室 A 和气室 B 相通,因此不制动时,4 个气室 A、B、C 和 D 相通而且有相等的真空度。

踩下制动踏板时,主缸中的制动液即被压入辅助缸,因此时球阀还是开启的,故液压油经活塞上的孔进入各制动轮缸,轮缸液压即等于主缸液压。与此同时,液压还作用在控制阀活塞上,并通过膜片座压缩弹簧,使真空阀的开度逐渐减小,直至关闭,气室 A 和 B 即隔绝,这时的控制液压还不足以使空气阀开启,膜片还未开始工作,即所谓增压滞后。

随着控制液压升高,液压使膜片座继续升起,压缩阀门弹簧打开空气阀,由空气滤清器进入的空气即进入气室 A 和 D。此时,气室 B 和 C 的真空度仍保持原值不变,在 D、C 两气室压力差作用下,膜片带动推杆左移,使球阀关闭。这样,制动主缸便与辅助缸左腔隔绝,辅助缸内的油液即增加了一个由加力气室膜片两侧气压差造成并经推杆传来的推动力。因此在辅助缸左腔及各轮缸中的压力远高于主缸的压力。

制动踏板在某一位置不动(即维持制动状态)时,随着进入气室空气量的增加,气室 A 和 B 的压力差加大,对膜片产生向下的压力,因而膜片座及活塞随之下移,使空气阀的开度逐渐减小,直至落座关闭,此时处于真空阀、空气阀都关闭的"双阀关闭"状态。油压对活塞向上的压力与气室 A、B 压力差造成的向下压力相平衡。气室 D、C 压力差作用在膜片上的总推力与控制油压作用在活塞右端的总推力之和,与高压油液作用在活塞左端的总阻抗力相平衡。辅助缸活塞即保持相对稳定状态。这一稳定值的大小取决于控制活塞下面的液压力(主缸液压力),即取决于踏板力和踏板行程。

放松制动踏板时,控制油压下降,控制阀活塞连同膜片座下移,使空气阀关闭,而真空阀开启。于是 D、A 两气室的空气经 B、C 两气室被吸出,从而各气室 A、B、C、D 又互相连通,都具有一定真空度,以备下次制动之用。此时,所有运动件都在各自回位弹簧作用下回位。

当真空增压器失效或真空管路无真空度(发动机熄火)时,推杆及活塞不会动作,辅助缸中的球阀将永远开启,保持制动主缸和轮缸之间的油路畅通。这样,整个系统与普通液压制动传动机构一样工作,但所需的踏板力要大得多。

(2)真空助力式液压制动传动装置

图 15-20 为真空助力式液压制动传动装置。串联双腔制动主缸的前腔通向左前轮制动器的轮缸,并经感载比例阀通向右后轮制动器的轮缸。主缸的后腔通向右前轮制动器的轮缸,并经阀通向左后轮制动器轮缸。加力气室和控制阀组成一个整体部件,称为真空助力器。制动主缸直接装在加力气室的前端,真空单向阀装在加力气室上,真空加力气室工作时产生的推力,也同踏板力一样直接作用在制动主缸的活塞推杆上。

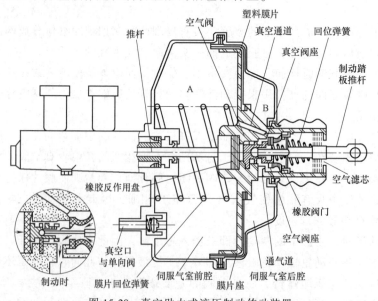

图 15-20 真空助力式液压制动传动装置

上海桑塔纳和一汽奥迪型轿车所用的真空助力器，加力气室用螺栓固定在车身的前围板上，并借调整叉与制动踏板机构连接，气室的前腔经真空单向阀通向发动机进气管。外界空气经过滤环和毛毡过滤环滤清后进入加力气室的后腔。

塑料膜片座内有通道 A 连通加力气室前腔和控制阀腔，通道 B 连通加力气室后腔和控制阀。带有密封套的橡胶阀门与在座上加工出来的阀座组成真空阀，又与控制阀柱塞的大气阀座组成大气阀。柱塞借推杆的球头铰接。

未踩下制动踏板时（图 15-21），弹簧将推杆连同柱塞推至右极限位置（即真空阀开启），阀门则被弹簧压靠在大气阀座上（即大气阀关闭位置）。加力气室前、后两腔经通道 A、控制

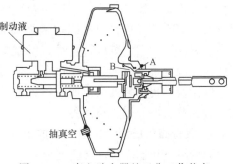

图 15-21　真空助力器处于非工作状态

阀腔和通道 B 互相连通，并与大气隔绝。发动机运转后，真空单向阀被吸开，加力气室左、右两腔内都有一定的真空度。

刚踩下制动踏板时，加力气室尚未起作用，膜片座固定不动，来自踏板机构的控制力可以推动推杆和柱塞相对于膜片座右移，当柱塞与橡胶反作用盘之间的间隙消除后，控制力便经反作用盘传给制动主缸推杆，如图 15-22 所示。

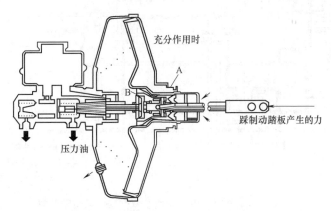

图 15-22　真空助力器处于工作状态

橡胶反作用盘装在由柱塞、座和推杆形成的密闭空间内。由于橡胶是体积不可压缩的柔性材料，故经盘的传动后，推杆从盘得到的力大于柱塞加于盘的力，但推杆的位移却小于柱塞的位移。此时，主缸内的制动液以一定压力流入制动轮缸。与此同时，阀门也在弹簧作用下左移，直至与膜片座上的真空阀接触，封闭通道 A 和 B，使它们隔绝。然后，推杆继续推动柱塞左移到其后端的大气阀座离开阀门一定距离。于是外界空气经滤环、控制阀腔和通道 B 充入加力气室的后腔，使其中真空度降低，在加力气室前、后腔之间产生一个压力差。在此过程中，膜片与阀座也不断左移，直到阀门重新与大气阀座接触而达到平衡状态为止。因此，在任何一个平衡状态下，加力气室后腔中的稳定真空度均与踏板行程成递增函数关系，从而体现控制阀的随动作用。

加力气室两腔真空度差值造成的作用力，除一部分用来平衡回位弹簧的力以外，其余部分都作用在反作用盘上。因此制动主缸推杆所受的力为膜片座和柱塞二者所施作用力之和。

另经反作用盘反馈过来的力，使得驾驶员有一定的踏板感。

15.4.2 气压式制动传动装置

气压式制动传动装置是利用压缩空气作为动力源的动力制动装置。制动时，驾驶员通过控制制动踏板的行程，便可控制制动气压的大小，得到不同的制动强度。其特点是制动操纵省力、制动强度大、踏板行程小，但需要消耗发动机的动力，制动粗暴而且结构比较复杂。因此，一般在重型和部分中型汽车上采用。

气压制动传动装置的组成与布置形式随车型而异，但总的工作原理相同。管路的布置形式也分为单管路和双管路两种。

1. 双管路气压制动传动装置的组成和管路布置

双管路气压制动传动装置是利用一个双腔（或三腔）的制动控制阀，两个或三个储气筒，组成两套彼此独立的管路，分别控制两桥（或三桥）的制动器。图15-23所示为解放CA1092型汽车双管路制动传动装置。

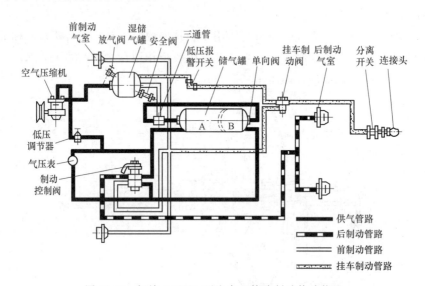

图15-23 解放CA1092型汽车双管路制动传动装置

发动机驱动的活塞式空气压缩机将压缩空气经单向阀压入湿储气罐，罐上装有安全阀和供其他系统使用的压缩空气放气阀。压缩空气在湿储气罐内冷却并进行油水分离，然后进入储气罐的前、后腔。储气罐的前腔A与制动控制阀的上腔相连，以控制后轮制动，同时通过三通管与气压表及气压调节器相连；储气罐后腔B与制动控制阀的下腔相连，以控制前轮制动，并通过三通管与气压表相连。气压表为双指针式，上指针指示储气罐前腔气压；下指针指示储气罐后腔气压。以上为供气管路，管中常存有压缩空气，储气罐最高气压为0.83MPa。

当驾驶员踩下制动踏板时，拉杆带动制动控制阀拉臂摆动，使阀工作。储气罐前腔的压缩空气经阀的上腔进入后制动气室，使后轮制动；同时储气罐后腔的压缩空气通过阀下腔进入前制动气室，使前轮制动。当放松制动踏板时，制动控制阀使各制动气室通大气以解除制动。

2. 气压式制动传动装置主要部件的构造及工作原理

（1）空气压缩机和调压阀

空气压缩机一般固定在发动机气缸的一侧，多由发动机通过传动带或齿轮来驱动，有的采用凸轮轴直接驱动。空气压缩机按缸数可分为单缸（用于东风 EQ1090E 型汽车）和双缸（用于解放 CA1092 型汽车）两种，其工作原理相同。

图 15-24 为东风 EQ1090E 型汽车采用的单缸风冷式空气压缩机。铸铁制成的缸体下端用螺栓紧固在曲轴箱上，缸体外表面铸有三道环形散热片。铝制气缸盖用螺栓紧固于气缸体上端面，其间装有密封缸垫。气缸盖内装有进气阀和排气阀，侧面进气口上装有空气滤清器。进气阀由导向座、弹簧、阀片、阀片座、密封圈等组成，经进气道与小空气滤清器相通。排气阀由导向座、弹簧、阀片、阀片座、密封圈、波形垫圈等组成，经排气管接头与储气罐相通。阀上方设有卸荷装置（卸荷室和卸荷阀），卸荷阀壳体内镶嵌着套筒，其中有卸荷柱塞和弹簧。

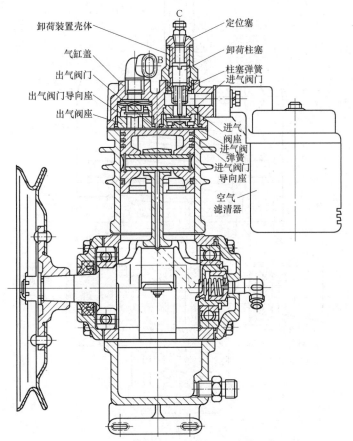

图 15-24 东风 EQ1090E 型汽车单缸风冷式空气压缩机

曲轴用两个球轴承支承在曲轴箱座孔内，前端伸出并固装着带轮。前轴颈和前轴承之间有油封，以防漏油。曲轴后端中心制成一圆孔，是空气压缩机润滑油的入口，在孔内装有弹簧及杯形油堵，油堵右端面有润滑油节流孔。弹簧的两端轴向伸出部分分别插入曲轴内孔和杯形油堵相应小孔中，带动油堵随曲轴一起旋转。弹簧又使油堵右端面压靠在后轴承盖中央的端面上，起端面油封作用，防止润滑油大量泄入曲轴箱影响发动机及空气压缩机的正常油压。曲轴箱底部有回油管接头使润滑油流回发动机油底壳。

空气压缩机工作时，活塞下行，气缸内形成一定真空度，迫使进气阀克服弹簧的张力离开阀座，外界的空气即经空气滤清器、进气道、进气阀被吸入气缸，活塞下行至下止点附近时，随着活塞移动速度的降低。其真空度也逐渐减小，当减到不能克服弹簧的张力时，进气阀被弹簧压靠在阀座上，切断进气通路。活塞上行时，缸内空气即被压缩，压力升高，当压力升高到足以克服排气阀弹簧的张力与排气室内压缩空气的压力之和时，压缩空气即压开排气阀，经排气室和气管道送至湿储气罐。当储气罐内的气压达到规定值（0.7~0.74MPa）后，调压机构使卸荷阀压开进气阀，使空气压缩机与大气相通，不再泵气。

图 15-25 为东风 EQ1090E 型汽车调压器，其作用是调节储气罐中压缩空气的压力，使之保持在规定的压力范围内，同时使空气压缩机能卸荷空转，减少发动机的功率损失。

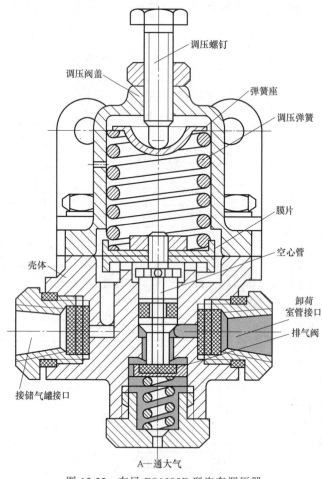

图 15-25　东风 EQ1090E 型汽车调压器

调压器壳体上装有两个带滤芯的管接头，分别与空气压缩机上的卸荷室和储气罐相通。膜片及弹簧下座等机件用螺母紧固在一起，膜片的外缘被夹持在盖与壳体之间，构成膜片上、下两腔室。膜片上腔室经上盖上的小孔与大气相通，而下腔室经气体通道及管接头用气管与储气罐相通，调压弹簧上端通过上弹簧座支撑于调压螺钉上；下端通过弹簧下座使膜片组件紧靠在壳体的环形凸肩上。空心管外圆柱面的中段与壳体的中心导向孔滑动配合，其间有密封圈。空心管的中心孔经上部的径向孔与膜片的下腔室相通，壳体下端腔室内装有排气阀及其压紧弹簧，并经孔与大气相通。调节阀调节气压值可通过旋转盖上的调压螺钉，改变调压弹簧的预紧力予以调整。

当储气罐内气压未达到规定值时，膜片下腔气压较低，不足以克服调压弹簧的预紧力，膜片连同空心管及排气阀被调压弹簧压到下极限位置，调压阀不起作用，此时由储气罐至卸荷室的通路被隔断，卸荷室与大气相通，卸荷阀杆在最高位置，进气阀处于密封状态，空气压缩机对储气罐正常充气。

当储气罐气压升高到 0.70~0.74MPa 时，膜片下方气压作用力即克服调压弹簧的预紧力而推动膜片向上拱曲，使空心管和排气阀随之上移，到排气阀压靠阀座而关闭，切断卸荷室与大气通路，并且空心管下端面也离开排气阀，出现一相应的间隙。于是储气罐中的压缩空气便沿图中箭头所标明的路线充入空气压缩机的卸荷室，迫使卸荷柱塞下移，使进气阀门开启。这时气缸与大气相通，空气压缩机卸荷空转，湿储气罐内气体压力也不再升高。

随着储气罐内的压缩空气不断消耗，调压阀膜片下面气压降低，膜片和空心管即在调压弹簧的作用下相应下移，当气压 0.70~0.74MPa 时，空心管下端将排气阀打开。卸荷室与储气罐的通路被切断，而与大气相通，卸荷室的压缩空气即排入大气。卸荷阀在其弹簧的作用下升高，进气阀又恢复正常，空气压缩机恢复对储气罐充气。

（2）制动控制阀

制动控制阀的作用是控制从储气罐充入制动气室和挂车制动控制阀的压缩空气量，从而控制制动气室中的工作气压，并有渐进变化的随动作用，即保证制动气室的气压与踏板行程有一定的比例关系。

图 15-26 为解放 CA1092 型汽车制动控制阀。它由上盖、上阀体、中阀体和下阀体等组成，并用螺钉连接在一起，其间装有密封垫。中阀体上的通气口 A_1 和 B_1 分别接后桥储气罐和后桥制动气室；下阀体上的通气口 A_2 和 B_2 分别接前桥储气罐和前桥制动气室。上下活塞与壳体间装有密封圈。下活塞由大小两个活塞套装在一起，小活塞对大活塞能进行单向分离。上腔阀门滑动地套装在芯管上，其外圆有密封隔套。下腔阀门滑动地套在有密封圈的下阀体中心孔中，中空的芯管和小活塞制成一体。

制动时，驾驶员将制动踏板踩下一定距离，通过滚轮、推杆使平衡弹簧及上腔活塞向下移动，消除排气间隙（上腔阀门至上腔活塞之间）而推开上腔阀门。此时，从储气罐来的压缩空气经 A_1、阀门与中阀体上的进气阀座间的进气间隙进入 G 腔，并经出气口 B_1 进入后制动气室，使后轮制动。与此同时，进入 G 腔的压缩空气通过通气孔 F，进入大活塞及下腔小活塞的上方，使其下移推开下腔阀门，此时从前桥储气罐来的压缩空气经下腔阀门与下体的阀座之间形成的进气间隙进入 H 腔，并经出气口 B_2 充入前制动气室，使前轮制动。

当制动踏板保持在某一位置（即维持制动状态）时，压缩空气在进入 G 腔的同时由通气孔 E 进入上腔活塞的下方，并推动上腔活塞上移，使 G 腔中的气压作用力与回位弹簧的张力之和与平衡弹簧的压紧力相平衡。与此同时，H 腔中的气压作用力与回位弹簧的张力之和与下腔活塞上方的气压作用力相平衡，此时上腔阀门和下腔阀门均关闭，G 和 H 腔中的气压保持稳定状态，即为制动阀的平衡位置。

若驾驶员感到制动强度不足，可将制动踏板再踩下一些，此时上腔阀门和下腔阀门又重新开启，使中阀体的 G 腔和下阀体的 H 腔以及制动气室进一步充气，直至 G 腔中气压又一

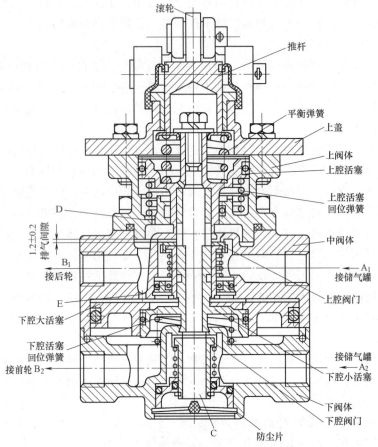

图 15-26 解放 CA1092 型汽车制动控制阀
A_1、A_2—进气口　B_1、B_2—出气口　C—排气口　D、E—通气孔

次达到与平衡弹簧的压力平衡,而 H 腔中的压缩空气对下腔活塞向上的压力重新与下腔活塞上方的压缩空气对下腔活塞向下作用的压力相平衡。在此新的平衡状态下,制动气室所保持的稳定压力比以前更高,同时,平衡弹簧的压缩量和踏板力也比以前更大。

当放松制动踏板时,操纵摇臂复位,芯管上移,平衡弹簧恢复到原来装配长度,上腔活塞上移到使下端与上腔阀门之间形成排气间隙。后制动气室的压缩空气经 G 腔排气间隙和其下面的排气口 C 排入大气;与此同时,下腔大活塞及下腔小活塞受回位弹簧张力的作用而上升,使下腔阀门与下阀体的阀座接触,从而关闭储气罐与前制动气室的通路;另一方面,由于下腔大活塞及下腔小活塞的上移,使小活塞的下端与下腔阀门之间也形成排气间隙,前制动气室的压缩空气经 H 腔排气间隙以及下腔阀门和排气口 C 排入大气中。

若前桥管路失效,控制阀的上腔室仍能按上述方式工作,因此后桥控制管路照常工作。当后桥管路失效时,由于下腔室的下活塞上方建立不起控制气压而无法动作,上腔平衡弹簧将通过上活塞推动小活塞及芯管使小活塞与大活塞单向地分离而下移,推开下阀门使前桥控制管路建立制动气压、并利用小活塞和平衡弹簧的张力相互平衡起随动作用。

为了消除上活塞与上阀门间的排气间隙[图示(1.2 ± 0.2)mm]所踩下的踏板行程,称为制动踏板自由行程。排气间隙亦可进行调整。

（3）制动气室

制动气室的作用是把储气罐经过控制阀送来的压缩空气的压力转变为转动凸轮的机械力。解放 CA1092 型汽车和东风 EQ1092 型汽车都采用膜片式制动气室。图 15-27 所示为膜片式制动气室，它由两个具有梯形断面的卡箍将冲压的外壳、盖和橡胶膜片紧固在一起。盖和膜片之间为工作腔，用橡胶软管与制动阀接出的钢管相联，膜片右方通大气。弹簧通过焊接在推杆上的支承盘将膜片推至左极限位置。推杆的外端借连接叉与制动器的制动调整臂相连。

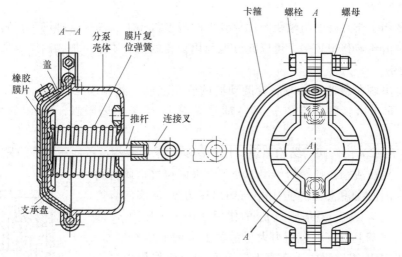

图 15-27　膜片式制动气室

当踩下制动踏板，压缩空气自制动阀充入制动气室的工作腔，使膜片向右拱曲，将推杆推出，使制动调整臂和制动凸轮转动而实现制动。放松制动踏板，工作腔则经制动阀的排气口通大气，膜片与推杆都在回位弹簧作用下回位而解除制动。

15.5　制动力分配调节装置

重点掌握

1. 限压阀与比例阀工作原理是什么？
2. 组合阀的工作原理是什么？

15.5.1　限压阀与比例阀

1. 限压阀

限压阀是一种最简单的压力调节阀，串联在制动主缸与后轮制动器的管路之间。

它的作用是当前后制动管路压力 p_1 和 p_2 由零同步增长到一定值后，即自动将后轮制动器管路中的液压限定在该值不变，防止后轮抱死。

图 15-28 为限压阀结构图。阀体上有三个接口。A 口与制动主缸连通，B 口通两后轮缸，阀体内有滑阀和有一定预紧力的弹簧，滑阀被弹簧顶靠在阀体内左端。

轻踩制动踏板时，主缸产生一定的液压，滑阀左端面推力为 $p_1 a$（a 为滑阀左端面有效面积），滑阀右端承受弹簧力 F。由于 $F>p_1 a$，滑阀不动，因而 $p_1=p_2$，限压阀尚不起限压作用。

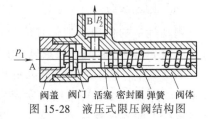

图 15-28　液压式限压阀结构图

当踏板压力增大时，p_2 与 p_1 同步增长到一定值 p_s 后（开始限压的液压），活塞左方压力便超过右方弹簧的预紧力，即 $p_1 a > F$，于是滑阀向右移动，关闭 A 腔与 B 腔的通路。此时 p_1 再增高，p_2 也不会增高。

限压阀多用于质心高度与轴距的比值较大的轻型汽车上，因为这种汽车在制动时，其后轮垂直载荷向前轮转移得较多，可以充分地利用前轮的附着质量，加大制动效果。

2. 比例阀

比例阀也串联在制动主缸与后轮制动器的管路之间。其作用是当前、后制动管路压力 p_1 和 p_2 由零同步增长到一定值 p_s 后，即自动对 p_2 增长加以限制，使 p_2 的增量小于 p_1 的增量。

图 15-29 所示为比例阀的结构原理，比例阀通常采用两端承压面积不等的异径活塞。

工作时，异径活塞在弹簧的作用下处于上极限位置。此时阀门保持开启，因而在输入控制压力 p_1 与输出压力 p_2 从零同步增长的初始阶段，$p_1=p_2$。但是压力 p_1 的作用面积小于压力 p_2 的作用面积，故活塞上方液压作用力大于活塞下方的液压作用力。在 p_1、p_2 同步增长的过程中，活塞上、下两端液压作用力之差超过弹簧的预紧力时，活塞便开始下移。当 p_1 和 p_2 增长一定值 p_s 时，活塞内腔中阀座与阀门接触，进油腔与出油腔被隔绝。此即比例阀的平衡状态。

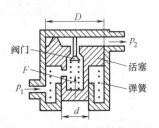

图 15-29　比例阀的结构原理

若进一步提高 p_1，则活塞上升，阀门再度开启，油液继续流入出油腔，使 p_2 也升高，但由于活塞的下端面积小于其上端面积，因此 p_2 尚未增加到新的 p_1 值，活塞又下降到平衡位置。

15.5.2　感载比例阀

质心高度与轴距的比值较小的汽车，在制动时前后轮间载荷转移较小。在这种情况下，只采用限压阀，将使前后轮制动力远小于后轮附着力，即附着力的利用率太低，不能满足制动力尽可能大的要求。因此，需采用比例阀或采用其性能随汽车轴载质量变化而改变的感载比例阀，从而使汽车前后轮的附着力能充分利用，以提高制动效果。它的安装位置限压阀，只是多装置了车身和车桥相对位置变化时的感载连接件。

图 15-30 所示为液压式感载比例阀。阀体安装在车身上，其中的活塞为两端承压面积不等的差径结构，其右部空腔内有阀门。

不制动时，活塞在拉力弹簧通过杠杆施加的推力 F 作用下处于右极端位置。阀门因右端杆部顶触螺塞而开启，使左右阀腔连通。

轻微制动时，来自主缸的液压 p_1 由进油口 A 进入，并通过阀门从出油口 B 输出至后轮轮缸，出油口 B 处液压 $p_2=p_1$。此时，活塞右端面的推力为 $p_2 b$（b 为活塞右端面圆形有效面积），小于左端的推力 p_1a（a 为左端面环形有效面积）与推力 F 之和，即 $p_2b<p_1a+F$。在此状态时，活塞不动，阀门仍为开启状态。

重踩踏板时，制动管路的液压 p_1 与 p_2 将同步增长，当增长至活塞左右两端面液压之差大于推力 F 时，活塞即左移一定距离。即 $p_2b>p_1a+F$ 时，活塞向左移动，阀门正好落座，将左右两腔隔绝。此时的液压为限压点的液压，相当于特性曲线折点的液压，活塞即处于平衡状态，限压阀的功能即到此为止。若进一步提高 p_1，则活塞将右移，阀门再度开启，油液继续流入出油腔，使 p_2 也升高。但由于 $b>a$，p_2 尚未来得及升高到等于 p_1 时，阀门又落座，将油道切断，活塞

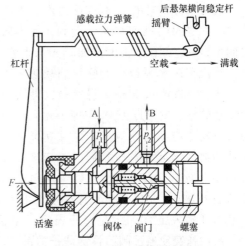

图 15-30 液压式感载比例阀

又处于平衡状态。这样，自动调节过程将随踏板力的变化反复不断地进行。在 p_s 超过 p_1 以后，p_2 虽随 p_1 按比例的增长，但总是小于 p_1，因而其特性折线的斜率总是在小于 45°线内变化（压比 $p_2/p_1<1$），更为接近理想分配特性曲线。

这种利用差径活塞和弹簧力相配合而不断调节液压的阀，称"比例阀"。压差比例一般为 1.3~4。

从上述过程中得知，在任一平衡状态下，差径活塞和弹簧的推力 F 使 p_1 和 p_2 总维持着下述关系：$p_2b=p_1a+F$

即 $p_2=(p_1a+F)/b$

根据平衡式得知，p_2 与弹簧推力 F 是成正比的，因而折点液压 p_s 的大小也取决于弹簧推力 F 的大小。F 愈大，折点液压就愈大；反之则小。只要使弹簧预紧力能随实际轴载质量变化，便能实现感载调节。这种比例阀，称感载比例阀。

可见，汽车是利用轴载变化时，车身和车桥间的距离发生变化来改变弹簧预紧力的。拉力弹簧右端经吊耳与摇臂相连，而摇臂则夹紧在汽车后悬架的横向稳定杆的中部。当汽车的轴载质量增加时，后桥向车身移近，后悬架的横向稳定杆便带动摇臂逆时针转过一个角度，将弹簧进一步拉伸，作用于活塞上的推力 F 便增加；反之，轴载质量减小，弹簧的拉伸量和推力 F 即减小。这样，调节作用起始点液压 p_s 就随轴载质量而变化。

放松制动时，液压 p_1 撤销后，液压 p_2 使阀门开启，卸掉活塞右腔的油压，又恢复不制动位置。

15.5.3 惯性阀

汽车轴载质量的变化不仅与汽车总质量或实际装载质量有关，还与汽车制动时的减速度大小有关。

惯性阀的作用是使限压点液压值 p_s，取决于汽车制动时作用在汽车重心上的惯性力，即 p_s 不仅与汽车的实际质量有关，还与汽车制动减速度有关。

如图 15-31 所示，惯性限压阀内有一个惯性钢球，惯性钢球的支承面相对于水平面的仰角 θ 必须大于零，惯性限压阀方可起作用。汽车在水平路面上时，θ 应为 10°~13°。

通常惯性钢球在其本身重力作用下处于下极限位置，并将阀门推到与阀盖接触，使得阀门与阀座之间保持一定间隙。此时进油门 A 与出油口 B 相通。

当汽车在水平路面上施行制动时，来自主缸方面的压力由进油口 A 输入惯性阀，再从油口 B 进入后制动管路，输出压力 p_2 即等于输入压力 p_1。当路面对车轮的制动力使汽车产生减速度时，作为汽车零件的惯性钢球也具有相同的减速度。在控制压力 p_1 较低、减速度较小时，惯性钢球向前的惯性力沿

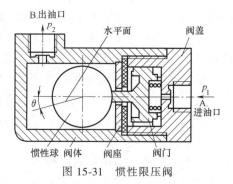

图 15-31　惯性限压阀

支承面的分力不足以平衡钢球的重力沿支承面的分力时，阀门仍保持开启状态，输出压力 p_2 仍等于输入压力 p_1。当 p_1 上升到一定值 p_s，制动减速度增大到足以实现上述二力平衡时，阀门弹簧便通过阀门将钢球推向前方，使阀门得以压靠阀座，切断液流通路，此后 p_1 继续升高，前轮制动力也随汽车总制动力继续增大，钢球的惯性力使钢球滚到前上极限位置不动。阀门对阀座的压紧力也因 p_1 的升高而加大，但 p_2 则保持 p_s 值不变。

当汽车在上坡路上施行制动时，由于支承面仰角 θ 增大，惯性钢球重力沿支承面的分力也增大，使得惯性阀开始起作用所需的控制压力 p_s 也升高，即所限定的输出压力 p_2 更高，这正与汽车上坡时后轮附着力加大相适应。相反，当汽车在下坡路上施行制动时，后轮附着力减小，惯性阀所限定的 p_s 也正好相应地降低。

15.5.4　组合阀

近年来一些新车型上装用了组合阀。图 15-32 所示即是集计量阀、故障警告开关及比例阀于一体的组合阀，用于前盘后鼓式制动系中。组合阀左端是计量阀，中间是制动故障警告开关，右端是比例阀。

一般情况下，盘式制动器动作快，而鼓式制动器需要克服弹簧拉力和杆系间隙，制动动作较慢（相对盘式制动器而言）。计量阀的作用是使后轮鼓式制动器开始工作后，制动管路中建立起一定压力并推动计量阀杆左移，此时前轮盘式制动器才开始工作。

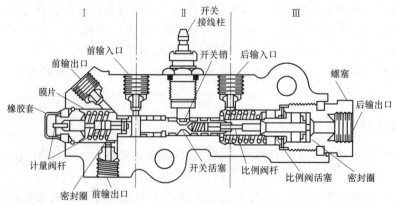

图 15-32　三功能组合阀

当前、后制动管路压力相等时，开关销位于开关活塞中部的轴颈中，开关销与开关接线柱不接触，故障警告灯灭。当前、后制动管路压力不相等时，假设后制动管路压力高于前制

动管路压力,则开关活塞左移,从而将开关销顶起,使之与开关接线柱接触,故障警告灯便点亮。右端的比例阀也是异径活塞结构,工作原理在前面已有叙述。

15.6 制动系统故障诊断与检修

重点掌握

1. 制动系统常见故障有哪些?
2. 制动系统检修如何检修?

15.6.1 制动系统常见故障的诊断

1. 液压制动装置常见故障的诊断

(1) 制动失效

1) 故障现象。汽车在行驶中使用制动时不能减速,连续踏下制动踏板时各车轮不起制动作用。

2) 故障原因

① 制动主缸(总泵)内无制动油液或缺少制动油液。

② 制动主缸内皮碗破损或踏翻。

③ 制动油管破裂或接头漏油。

④ 某机械连接部位脱开。

3) 故障的诊断

① 连续踩下制动踏板不升高,同时感到无阻力,应先检查主缸是否缺油,再检查油管和接头有无破损之处,若有应修理或更换。

② 若无漏油之处,应检查各机械连接部位有无脱开,若有应修复。

③ 若主缸推杆防尘套处严重漏油,大多是主缸皮碗严重损坏或踏翻所致;若车轮制动鼓边缘有大量油液,则是轮缸皮碗损坏或顶翻所致。

(2) 制动反应迟缓

1) 故障现象。汽车行驶中,将制动踏板踩到底后不能立即停车,制动减速度小,制动距离长。

2) 故障原因

① 制动主缸油液不足或变质;主缸阀门损坏。活塞与缸壁磨损严重,配合松旷;补偿孔和旁通孔堵塞。

② 制动鼓磨损失圆、过薄变形或有沟槽;制动摩擦片有油污、硬化或铆钉外露;制动鼓与制动蹄接触面积过小;制动间隙过大。

③ 制动管路中渗入空气,油路不畅通,制动油液变质。

3) 故障的诊断

① 踏板位置踩下很低,制动效果差;连续数次踩下踏板后,踏板高度才渐升起,并有弹性感。这主要是管路中有空气,应予排除。

② 踩下踏板,位置高度正常,但制动效果差。这大多是车轮制动鼓失圆,制动蹄接触

不良、硬化、油污或铆钉外露等因素所致，应予以检修排除。

③ 连续踩下踏板，踏板位置能升高，但不能保持，有下沉感觉。这说明制动系统中有漏油处或主缸关闭不严，应检修。

④ 连续踩下踏板，踏板位置高度升高，制动效果好转。这可能是踏板自由行程太大，或制动间隙过大，或主缸回油阀关闭不严所致。应调整踏板自由行程或制动间隙，必要时检查主缸回油阀，若有损坏应更换。

⑤ 连续数次踩踏板，踏板位置不能升高。这一般是制动主缸补偿孔或旁通孔堵塞所致，应检查疏通；或油液质量差，易受热蒸发导致严重亏缺。

（3）制动跑偏

1）故障现象。汽车制动时，左、右车轮制动力不等或制动生效时间不一致，导致汽车向制动力较大或制动作用较早一侧行驶的现象，紧急制动时出现扎头或甩尾现象。

2）故障原因

① 左、右车轮制动间隙大小不一致；接触面积相差太大；摩擦片材料、质量不一样。

② 左、右制动鼓内径相差过多；回位弹簧拉力相差太大；轮胎气压高低不一样。

③ 个别车轮摩擦片有油污、硬化或铆钉外露；轮缸内活塞运动不灵活，皮碗发胀或油管堵塞；制动鼓失圆，单边管路凹瘪或有气阻。

④ 车架变形；前轴外移；前、后轴不平行；两前钢板弹簧弹力不一样。

3）故障的诊断

① 汽车行驶中使用制动，汽车向左偏斜，即为右轮制动性能差；反之则为左轮制动性能差。

② 制动停车后，察看轮胎在路面上的拖印情况，拖印短或没有拖印的车轮即为制动有故障的车轮。

③ 查出有故障的车轮后，先检查该车轮制动管路是否漏油，轮胎气压是否充足，如果正常，检查制动间隙是否合乎规定，不符时予以调整；与此同时，结合排除轮缸里的空气。若仍无效，应拆下制动鼓，按原因逐一检查各件，特别是制动鼓的尺寸和精度等。

④ 经上述检修后，若各车轮拖印基本符合要求，但制动仍跑偏，则故障不在制动系统，应检查车架或前轴的技术状况；如果出现忽左忽右的跑偏现象，则应检查是否有前束或直、横拉杆球头销是否松旷。

（4）制动拖滞

1）故障现象。在行车制动中，当抬起制动踏板时，全部或个别车轮仍有制动作用，致使车辆起步困难，行驶阻力大，制动鼓发热。

2）故障原因

① 制动踏板没有自由行程或回位弹簧过软、折断。

② 踏板轴锈滞、发卡而回位困难。

③ 主缸皮碗、密封圈发胀，活塞变形或被污物粘住。

④ 主缸活塞回位弹簧过软或折断。

⑤ 制动间隙过小；制动蹄回位弹簧过软、失效，制动蹄在支承销上不能自由转动。

⑥ 制动轮缸皮碗胀大，活塞变形或被污物粘住。

⑦ 制动管路凹瘪、堵塞，导致回油不畅。

⑧ 制动油液太脏、黏度太大，回油困难。

3）故障的诊断

① 汽车行驶一段路程后，用手抚摸各制动鼓，若全部发热，说明故障在制动主缸；若个别车轮发热，则故障在该车轮制动轮缸。

② 若故障在制动主缸，应先检查踏板自由行程。如果无自由行程，一般为主缸推杆与活塞的间隙过小或没有间隙，应调整。如果自由行程符合标准，则应拆下主缸储油室加油螺塞，踩下踏板慢慢回位，看其回油状况。若不回油，则为回油孔堵塞；若回油缓慢，则为皮碗、密封圈发胀或回位弹簧无力；或是油液太脏、黏度太大。此时，应检查油液清洁度。若油液清洁、黏度适当，则应检查主缸，同时检查踏板回位弹簧是否良好无损，必要时进行修理或更换。

③ 若故障在制动轮缸，可顶起有故障的车轮，旋松制动轮缸放气螺钉，如果制动液随之急速喷出，车轮也立即旋转自如，说明管路堵塞，轮缸不能回油，此时应疏通油管。如果旋转车轮仍有拖滞，可检查制动间隙和回位弹簧，若正常，应拆检制动轮缸，必要时应更换活塞、皮碗。

（5）真空增压装置增压后高压油压力不足

1）故障现象。当踩下制动踏板时感到轻松，反作用力不大，制动效果差，没有制动拖印，旋开任何一个车轮的放气螺塞，喷出来的制动油液不足（出油冲劲不大）。

2）故障原因

① 辅助缸皮碗发胀变形或磨损过甚，失去密封作用。

② 辅助缸活塞出油单向阀座产生锈蚀、麻点过大而密封不严。

③ 辅助缸活塞磨损过甚，配合松旷，或活塞运动有卡滞。

④ 制动主缸连接处漏油，或油道有阻塞。

⑤ 加力推杆双口密封圈损坏，低压油被吸入真空腔。

3）故障的诊断

① 首先要检查制动主缸和各连接管接头有无漏油处，有则维修。

② 起动发动机，使其怠速运转。然后踩下制动踏板，旋松辅助缸放气螺塞，观察出油情况，若出油冲劲不大又无气泡，表明辅助缸活塞出油阀与座不密封，或阀与座不严，导致高压油压力不足，应及时排除。

③ 拆下增压器真空连接管，用一软导线通入加力气室的前腔，拉出软导线，若有油迹，表明加力推杆油封不密封。

④ 踩下制动踏板，若旋松辅助缸放气螺塞也不出油，表明增压缸的油路有堵塞。

（6）制动噪声

1）故障现象。汽车制动时发出"哽、哽"的噪声。

2）故障原因和排除方法

① 制动蹄摩擦片磨损超过极限，蹄片铁或铆钉直接与制动鼓（制动盘）接触。

② 制动蹄摩擦片松动或回位弹簧折断。更换不合格的制动零件。

③ 制动盘或制动鼓破裂、磨出沟痕。更换制动盘或制动鼓。

④ 摩擦片硬化或破裂。打磨或更换摩擦片。

⑤ 制动蹄弯曲、变形或破碎。更换损伤的制动蹄。

⑥ 制动盘表面铁锈过多。清洁制动盘周围铁锈。

⑦ 制动卡钳有毛刺或生锈。清洁制动钳上的毛刺或铁锈。

（7）制动踏板脉动

行车制动时，制动踏板产生周期性跳动的现象称制动踏板脉动。脉动使脚部产生不适，与制动力不足和制动跑偏有关。

主要原因是制动盘摆动、制动鼓偏心过大或制动底板摆动，此应视情况分别对待，在检测分析后决定对策。

（8）制动油液泄漏

泄漏的部位有管路连接处泄漏、油管破漏、制动主缸泄漏、轮缸处泄漏，另外密封件如皮碗破损等也会造成泄漏。

2. 气压制动装置常见故障的诊断

（1）制动失效

1）故障现象。汽车行驶中使用制动时，不能减速或停车，制动阀无排气声。

2）故障原因

① 储气筒内无压缩空气。

② 制动控制阀的进气阀不能打开或排气阀不能关闭。

③ 气管堵塞，制动控制阀或制动气室膜片破裂漏气。

④ 制动踏板与制动控制阀拉臂脱节。

3）故障的诊断

① 首先检查储气筒内有无压缩空气，若无压缩空气，应查找有无漏气之处，若无漏气处，则为空气压缩机故障，应进行检修。

② 若空气压缩机工作正常，则可检查制动踏板与制动控制阀拉臂是否脱节，制动控制阀调整螺钉是否松动。如果上述情况都正常，则应拆检制动控制阀、疏通气道。

（2）制动不灵

1）故障现象。汽车行驶中，将制动踏板踩到底后汽车减速度不够，制动距离过长。

2）故障原因

① 储气筒内压缩空气不足，气压表指示压力不足。

② 踏板自由行程过大。

③ 制动控制阀和制动气室膜片破裂。

④ 制动臂调整蜗杆调整不当，使制动气室推杆行程过长。

⑤ 气管破裂或接头松动漏气。

⑥ 制动蹄片与制动鼓间隙过大或蹄片上有油污、泥水。

3）故障的诊断

① 起动发动机中速运转数分钟，察看气压表值是否达到标准。如果气压不足，发动机停运后气压也不明显下降，说明故障在空气压缩机，应检查风扇带是否松动或折断。如果良好，再检查空气压缩机至储气筒一段有无漏气，若均良好，应检查空气压缩机。

② 发动机运转时，未踩下制动踏板，储气筒内气压不断升高，而当发动机熄火后，气压又不断下降，则为空气压缩机至制动控制阀之间的气道漏气。

③ 储气筒内气压符合标准，若踩下制动踏板，气压不断下降，即为制动控制阀至各制

动气室之间有漏气处,或膜片破裂而漏气。

④ 若无漏气,则检查制动踏板自由行程是否符合规定。检查摩擦片与制动鼓之间的间隙是否过大。再检查制动臂蜗杆的调整是否适当,必要时应进行调整修理。

(3) 制动跑偏

1) 故障现象。制动时左、右轮制动力不等或制动生效时间不一致,导致汽车向制动力较大或制动作用较早一侧偏驶。

2) 故障原因

① 左、右车轮制动间隙大小不等,或接触面积相差太大;摩擦片材料不一致;质量不同。

② 左、右车轮制动鼓内径相差过多;回位弹簧拉力相差很大;轮胎气压不等。

③ 个别车轮摩擦片有油污、硬化或铆钉外露;或轮缸内活塞运动不灵活,皮碗发胀或油管堵塞;或制动鼓失圆。

④ 车架变形;前轴位移;前后轴不平行;两前钢板弹簧弹力不等。

3) 故障的诊断

① 汽车行驶中使用制动,汽车向左偏斜,即为右轮制动性能差;反之则为左轮制动性能差。通常是根据路试后轮胎拖印判断。拖印短或没有拖印的车轮即为制动效能不良。

② 发现某个车轮制动不灵时,先检查制动气室。一人踏住制动踏板,另一人检查该车轮制动气室、气管或接头有无漏气。若有漏气之处应修复;若没有漏气处,应检查制动气室推杆伸缩情况,察看是否有弯曲、变形或卡住现象;左、右推杆行程是否一致。

③ 如果上述情况良好,可将车轮架起,从制动鼓检视孔观察摩擦片是否有油污,测量制动间隙是否过大。如果上述情况良好,可踩下制动踏板并迅速抬起,看制动蹄回位是否迅速自如。若不能迅速回位,多为制动蹄回位弹簧拉力不足或凸轮轴卡住,应进行修理或更换。

④ 若上述检查调整无效时,应拆下制动鼓检查是否失圆,摩擦片是否磨损过甚或硬化,铆钉头是否外露,以及弹簧拉力是否符合标准,调整臂凸轮轴转动是否灵活。检查后,可根据需要进行修理或换件。

⑤ 因摩擦片材料不同而引起制动跑偏时,是在更换新摩擦片后出现的,应换摩擦片。

(4) 制动拖滞

1) 故障现象。抬起制动踏板后,摩擦片与制动鼓仍然接触,致使汽车起步困难、行驶无力、制动鼓发热。

2) 故障原因

① 制动踏板无自由行程或制动间隙过小。

② 制动阀调整不当或排气阀弹簧失效,使排气阀不能完全打开,管路不畅通。

③ 制动踏板与制动阀拉臂之间传动件卡滞。

④ 制动气室推杆伸出过长或因变形而卡住。

⑤ 制动凸轮轴与衬套锈滞或同轴度超差使凸轮转动不灵活。

⑥ 桥壳、轮毂轴承、半轴套管之间配合松旷。

3) 故障的诊断

① 抬起制动踏板时,制动阀排气缓慢或不排气,大多属制动阀故障;若排气快或继续

排气而制动拖滞，则属个别车轮制动故障。用手摸试各车轮制动温度，如果是制动阀故障，则所有车轮制动鼓发热；若个别车轮制动器有故障，则该车轮制动鼓发热。

② 如果确定制动阀有故障，应先检查制动踏板自由行程。若行程正常，则拆检制动阀排气阀弹簧及座。若拆检良好，则检查制动阀挺杆是否锈滞。若制动踏板不能完全抬起，一般是制动踏板传动卡滞。

③ 个别车轮拖滞，可在抬起制动踏板时，观察制动气室推杆情况。若其回位缓慢或不回位，应检查制动凸轮轴与支架间润滑程度和同轴度。若推杆回位正常，可检查制动间隙。如果架起车轮检查的间隙与落下车轮检查的间隙有变化，则轮毂轴承松旷，半轴套管与桥壳配合松动等。若上述情况良好，则应拆下制动鼓，检查制动器各机件，进行必要的调整。

故障诊所

故障：某轿车在行走的过程中感到无力，在汽车制动时有"哽、哽"异响，车身发抖，行驶一定里程后，有个别制动鼓发热。

排除方法：此故障属于制动拖滞。主要是由于制动鼓或制动蹄片故障引起，经检查发现，发热的车轮的制动鼓失圆较厉害，光磨制动鼓并调整制动间隙后，故障消失，汽车恢复正常工作。

15.6.2 制动系统的检修

1. 鼓式制动器的检修

1) 检查制动鼓的磨损程度和变形，测量制动鼓内径（图15-33）。如果制动鼓有刮痕或磨损，则车削制动鼓到所允许的最大内径（一般最大内径是在标准内径基础上加大1mm）。

2) 检查制动蹄片的磨损情况。测量制动蹄摩擦衬片的厚度（图15-34），如果制动蹄摩擦片小于最小厚度或出现单边不均匀磨损，则应更换制动蹄片。

3) 检查摩擦片与制动鼓的接触状况（图15-35），根据需要更换制动蹄片或车修制动鼓的内表面。

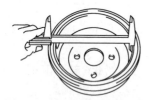

图15-33 测量后制动鼓内径

图15-34 测量制动蹄摩擦衬片的厚度

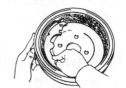

图15-35 检查摩擦片与制动鼓的接触状况

4) 检查制动分泵的锈蚀或损坏情况。
5) 检查背板的受腐蚀或损坏情况。

2. 盘式制动器的检修

1) 检查制动摩擦片的厚度片（图15-36）。若制动摩擦片厚度小于使用限度或磨损不均，应更换。

2) 检查制动盘是否有深度擦伤、翘曲变形。检查时在制动盘与制动片的接触面上沿圆周方向检测六个点的厚度，可用千分尺进行测量（图 15-37）。如果厚度的最大差值超过 0.013mm，则此制动盘需重新加工。

桑塔纳 YP 制动盘标准厚度 10mm，使用限度 8mm。

桑塔纳 JV 制动盘标准厚度 12mm，使用限度 10mm。

更换制动盘时，同一轴两个制动盘必须同时更换，以确保两轮产生的制动力相等。

3）检查制动盘端面圆跳动量是否超标　修理时，应同时检查测量制动盘端面圆跳动量，若误差大于 0.06mm，应予以更换。测量制动盘端面圆跳动量（图 15-38）。

图 15-36　摩擦块厚度检测

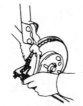
图 15-37　制动盘厚度的检测

图 15-38　制动盘端面圆跳动的检测

3. 制动总泵、分泵的检修

1）检查总泵和分泵缸孔的磨损情况，可将活塞放在泵缸中，用塞尺来检查活塞与缸孔之间的间隙。如果间隙过大（大于 0.15mm），必须更换泵总成。由于总泵的工作特点，使活塞的前端比后端磨损大，缸孔的内半部比外半部磨损大。因此，在测量配合间隙时，应把活塞倒过来放入缸孔内，在磨损最大处用塞尺测量。

2）总泵和分泵缸孔壁面必须光滑，无锈蚀。其壁面若有轻微的擦伤和斑点，可使用细砂布磨光，不可使用砂纸研磨。若刻痕较深，应更换总泵。

3）检查储液罐是否损坏、老化，检查过滤网是否阻塞，除去聚集的沉积物。

4）检查储液罐盖：检查储液罐盖通气孔是否阻塞，应使其畅通；检查浮标是否能自由地上下移动，如果不能，则更换储液罐盖总成；检查制动液位开关功能，将浮标置于下降的位置和上升的位置，测量端子之间的导通性；当浮标上升时，应为不导通。当浮标下降时，应为导通。

5）更换橡胶护圈、推杆密封圈、卡簧、初级活塞、次级活塞及其皮碗。

15.7　实验实训

安全提示

1. 在拆装制动器时，应将汽车可靠的停放。
2. 不能用汽油清洗或浸泡皮碗。
3. 拆卸制动蹄时，不要将润滑油弄到摩擦片上。

15.7.1　制动器的拆装、检修与调整

1. 实验实训目的

1）熟悉制动器的结构，掌握制动器的拆装与检修方法。

2)掌握制动系的基本调整。

2. 实验实训设备及工、量具

1)试验车 4 辆。

2)常用、专用拆装工具与量具若干套。

3. 实验实训基本方法(以后轮制动器为例)

后制动器分解图如图 15-39 所示。

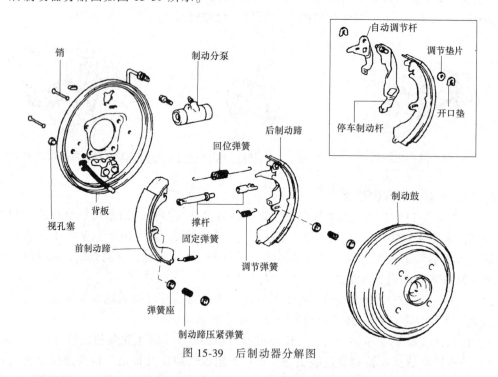

图 15-39 后制动器分解图

(1)后制动器的拆卸

1)检查制动蹄摩擦片厚度,如图 15-40 所示。拆出视孔塞,从孔中察看制动蹄摩擦片厚度,若其厚度小于最小厚度,则应更换制动蹄。

2)拆后轮和制动鼓,如图 15-41 所示。

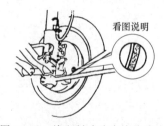

图 15-40 检查制动蹄摩擦片厚度

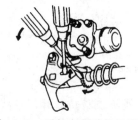

图 15-41 后轮和制动鼓的拆卸

注意:如果制动鼓不易拆出,可按以下步骤进行。

① 通过背板的孔插入一把螺钉旋具,固定住自动调节杆,但不要碰到调节螺钉。

② 再用另一把螺钉旋具,通过转动调节螺杆,压缩制动蹄调节螺杆装置。

3)拆卸前制动蹄,如图 15-42 所示。

① 用专用工具,拆卸回位弹簧,如图15-42a所示。
② 拆卸制动蹄压紧弹簧,弹簧座和销。
③ 使前制动蹄脱开固定弹簧钩子,拆出前制动蹄片,如图15-42b所示。

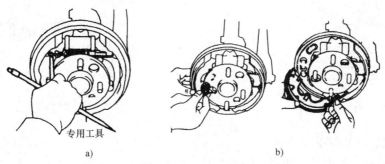

图 15-42 前制动蹄的拆卸

4) 拆固定弹簧。

5) 拆卸后制动蹄片,如图15-43所示。拆压紧弹簧、座圈和销;用螺钉旋具,从固定板拆出停车制动索;用钳子从停车制动杆上拆出停车制动索,并且将调节螺杆组件与后制动蹄一起拆出。

6) 从后制动蹄片中拆出调节螺杆组件,如图15-44所示。拆调节杆弹簧;把调节螺杆和回位弹簧一起拆出。

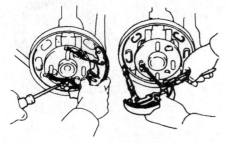

图 15-43 后制动蹄的拆卸

图 15-44 调节螺杆组件的拆卸

7) 从后制动蹄片上拆出停车制动杆和自动调节杆,如图15-45所示。用螺钉旋具撬出开口垫圈,并拆出垫片和制动杆及调节杆。

8) 从制动分泵上拆出制动油管,用专用工具拆开油管接头,如图15-46所示,并用一容器来承接制动液。

图 15-45 停车制动杆和自动调节杆的拆卸

图 15-46 制动油管的拆装

9) 拆制动分泵,旋出两个螺钉,取出制动分泵,如图15-47所示。

10）从制动分泵上取出下列零件：两个泵罩、两个活塞、两个皮碗、弹簧，如图15-48所示。

图15-47　制动分泵的拆装

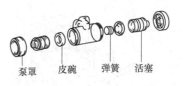

图15-48　制动分泵的分解

（2）检验后制动器零件

1）测量后制动鼓内径，如图15-49所示。如果制动鼓有刮痕或磨损，可进行车削加工，但不得超过所允许的最大内径。

2）测量制动蹄摩擦衬片的厚度，如图15-50所示。如果制动蹄摩擦片小于最小厚度或出现单边不均匀磨损，则应更换制动蹄片。

注意：为了保持有效的制动，当任何一个制动蹄片厚度不符合规定时，则应全部更换。

3）检查摩擦片与制动鼓的接触状况，如图15-51所示。根据需要更换制动蹄片或车修制动鼓的内表面。

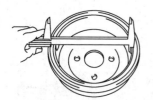

图15-49　测量后制动鼓内径

图15-50　测量制动蹄摩擦衬片的厚度

图15-51　检查摩擦片与制动鼓的接触状况

4）检查制动分泵的锈蚀或损坏情况。

5）检查背板的受腐蚀或损坏情况。

（3）后制动器的安装

1）在下列零件涂以锂皂基乙二醇润滑脂：两个活塞皮碗、两个活塞，如图15-52所示。

2）组装制动分泵，如图15-53所示。

① 给每个活塞装上皮碗，装时应使皮碗的口朝内。

图15-52　需涂润滑脂的零件

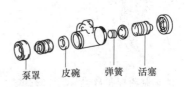

图15-53　制动分泵的组装

② 把两个活塞和弹簧装入制动分泵。

③ 装上两个泵罩。

3) 安装制动分泵，如图15-47所示。用两个螺钉将制动分泵装在背板上。

4) 把制动油管接到制动分泵上用专用工具接上制动油管，如图15-46所示。

5) 把耐高温润滑脂涂在下列零件上：背板和制动蹄片的接触点、固定板和制动蹄接触点、撑杆和调节螺杆的接触面、撑杆和制动蹄片的接触点，如图15-54所示。

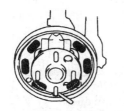
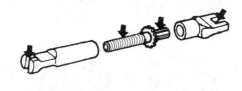

图15-54　高温润滑脂涂抹处

6) 把停车制动杆和自动调节杆装到后制动蹄上，如图15-55、图15-56所示。

① 用开口垫圈把制动杆、调节杆和垫片暂时装上。

② 用厚薄规测出制动蹄与杆之间的间隙。如果间隙不在规定范围之内，应考虑选择垫片厚度。

③ 用钳子夹紧开口垫圈的开口。

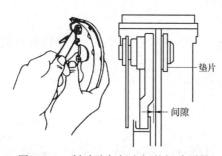
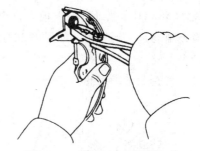

图15-55　制动蹄与杆之间的间隙测量　　　　图15-56　钳紧开口垫圈的开口

7) 把调节螺杆组件装入后制动蹄，如图15-57所示。把调节螺杆组件和回位弹簧放入并装调节杆弹簧。

8) 装后制动蹄，如图15-58所示。注意：不允许在制动蹄表面存在机油或润滑脂。

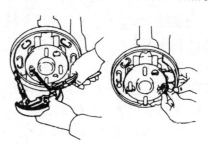

图15-57　调节螺杆组件的安装　　　　图15-58　后制动蹄的安装

① 用钳子把停车制动索接到制动杆。

② 通过槽口把停车制动索压入固定板。
③ 放入后制动蹄，将制动蹄的一端插入制动分泵，并把调节螺杆组件放入。
④ 装上压紧弹簧、弹簧座和销。

9）装前制动蹄，如图15-59所示。注意：不允许在制动蹄上存在机油或润滑脂。
① 在前后制动蹄，将制动蹄的一端插入制动分泵，并把调节螺杆组件放入。
② 装上压紧弹簧、弹簧座和销。
③ 用专用工具装上回位弹簧。

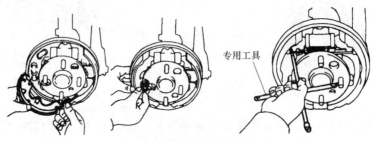

图15-59 前制动蹄的安装

10）检查自动调节机构的工作性能。
① 把调节螺杆组件调到可能的最短长度，装上制动鼓。
② 如图15-60所示，将驻车手柄上、下拉动数次。
③ 尽量将停车制动杆向上扳，直至听不到咔嗒声。
检查制动是否起作用。如果制动不起作用，调节螺杆也不能再调节，则应检查后制动器安装是否正确。

11）检查制动蹄与轮鼓之间的间隙，如图15-61所示。

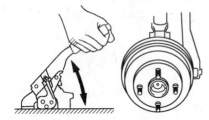 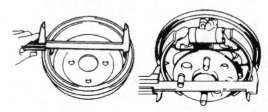

图15-60 检查自动调节机构的工作性能　　图15-61 检查制动蹄与轮鼓之间的间隙

拆出轮鼓，测量制动鼓的内径和制动蹄的外径，两直径差应为间隙，检查看看是否正确。如果间隙不正确，则应检查整个停车制动系统。

12）装制动鼓和后轮。
13）给制动储油室加制动液和排放制动系统中的气体。
14）检查制动液是否泄漏。

(4) 检查和调整停车制动器

1）检查停车制动杆扳动的正确性。把停车制动杆一直向上扳，并数出经过的齿数是否符合要求，如图15-62所示。
2）若有必要，调整停车制动器，如图15-63所示。注意：在调整停车制动器之前，必须使后制动蹄留有调整间隙。

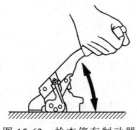

图 15-62 检查停车制动器

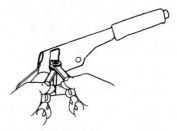

图 15-63 调整停车制动器

① 拆开控制盒。
② 松开锁紧螺母，转动螺母，使得停车制动杆的扳动正确。
③ 旋紧锁紧螺母，装好控制盒。

15.7.2 制动总泵的拆装、检修与调整

1. 实验实训目的

1) 熟悉双腔制动总泵的拆装过程。
2) 熟练掌握制动总泵的检修。
3) 能够正确进行制动总泵的安装和调整。

2. 实验实训设备及工、量具

1) 液压制动总泵 4~6 个。
2) 开口扳手、梅花扳手、套筒扳手各 4~6 套。
3) 游标卡尺、内径量表、万用表、真空表、推杆调节规、油盆各 4~6 组，制动液、清洗剂若干。

3. 实验实训基本方法

（1）制动总泵的分解

以广州本田雅阁液压制动总泵为例，如图 15-64 所示。

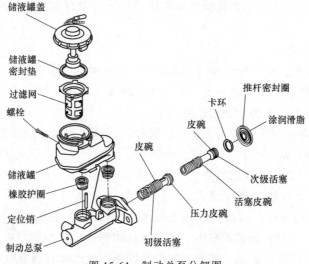

图 15-64 制动总泵分解图

1) 将制动总泵外部清洗干净，向内推动次级活塞并卸下卡簧。
2) 拆下储液罐，向里推动次级活塞，拆下定位销，再拆下次级及初级活塞。
3) 从储液罐上拆下橡胶护圈，从储液罐盖上拆下储液罐密封圈。

（2）制动总泵的检修

1) 检查总泵缸孔的磨损情况，可将活塞放在总泵缸中，用塞尺来检查活塞与缸孔之间的间隙。如果间隙过大（大于0.15mm），必须更换泵总成。由于总泵的工作特点，使活塞的前端比后端磨损大，缸孔的内半部比外半部磨损大。因此，在测量配合间隙时，应把活塞倒过来放入缸孔内，在磨损最大处用塞尺测量。

2) 总泵缸孔壁面必须光滑，无锈蚀。其壁面若有轻微的擦伤和斑点，可使用细砂布磨光，不可使用砂纸研磨。若刻痕较深，应更换总泵。

3) 检查储液罐是否损坏、老化，检查过滤网是否阻塞，除去聚集的沉积物。

4) 检查储液罐盖。检查储液罐盖通气孔是否阻塞，应使其畅通；检查浮标是否能自由地上下移动，如果不能，则更换储液罐盖总成；检查制动液位开关功能，将浮标置于下降的位置和上升的位置，测量端子之间的导通性；当浮标上升时，应为不导通。当浮标下降时，应为导通。

5) 更换橡胶护圈、推杆密封圈、卡簧、初级活塞、次级活塞及其皮碗。

（3）制动总泵的组装

组装前，应将所有零件用制动液清洗干净，用压缩空气吹净所有的通道，确保各零件无灰尘和其他异物。在制动总泵密封组件中使用推荐的润滑脂。组装步骤如下：

1) 将储液罐密封圈装入储液罐盖的凹槽里，然后将过滤网和储液罐盖装到储液罐上，再将新的橡胶护圈装到储液罐上。

2) 将活塞狭槽与制动总泵的定位销对正，把初级活塞总成装进制动总泵内。

3) 将次级活塞总成装进制动总泵中并推进初级活塞，使初级活塞上的狭槽与定位销对正，最后装上定位销。

4) 将储液罐装到制动总泵上。

5) 向内推动次级活塞，安装新的卡簧。

6) 在推杆密封圈上涂上总泵密封组件中推荐使用的密封润滑脂，并将密封圈装到制动助力器上。

（4）制动系统的调整

在制动总泵安装前，必须检查制动总泵推杆与活塞间的间隙，其检查调整步骤如下：

1) 将推杆调节规装到制动总泵上，转动调节螺母，使中心轴向内移动，直至其顶部与次级活塞端部接触为止，如图15-65所示。

2) 在保持中心轴位置不变的情况下，将推杆调节规装到制动助力器上，并安装制动总泵螺母，按规定力矩拧紧。

3) 在发动机真空管与制动助力器之间接一块真空表。

4) 测推杆调节规本体与调节螺母的间隙。起动发动机并保持一定的转速，以产生66kPa的真空。此时利用塞尺测量推杆调节规本体与调节螺母的间隙。此间隙的规定值为0~0.4mm，对制动总泵推杆间隙调整时，如果推杆调节规本体与调节螺母的间隙为0.4mm，则实际推杆与活塞的间隙为0mm。然而，如果推杆调节规本体与调节螺母的间隙为0mm时，则推杆调节规与活塞的间隙可能为 0.4mm 或更大，因此，必须进行调整并重新检查。

5）如果间隙不符合要求，则要进行调整。调整时，与制动助力器串接的真空表应保持在 66kPa 的真空读数。固定好 U 形夹，松开星型锁紧螺母，转动调整器来调节间隙，使其在规定的范围。然后紧固星形锁紧螺母，如图 15-66 所示。

6）拆下推杆调节规。

图 15-65 装调推杆调节规

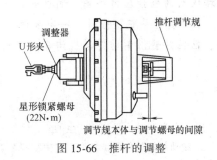

图 15-66 推杆的调整

项目小结

1. 汽车制动系的功用：根据需要使汽车减速或在最短距离内停车；下坡行驶时限制车速；保证汽车停放可靠。

2. 制动系统包括行车制动、驻车制动、应急制动、安全制动和辅助制动系统。它们一般由以下四个组成部分：供能装置、控制装置、传动装置、制动器。

3. 制动装置即由制动器和制动传动机构两部分组成。

4. 车轮制动器分为鼓式和盘式两大类。

5. 鼓式制动器分为简单非平衡式，平衡式和自动增力式三种。在制动器内有助势蹄和减势蹄。

6. 钳盘式制动器按制动钳固定在支架上的结构形式可分为定钳盘式和浮钳盘式两种。

7. 驻车制动器的功用：使停驶的汽车驻留原地不动，便于在坡道上起步；行车制动器失效后临时使用或配合行车制动器进行紧急制动。

8. 驻车制动器控其安装位置可分为中央制动式和车轮制动式两种；按结构形式的特点可分为鼓式、盘式、带式和弹簧作用式驻车制动器。

9. 液压式制动传动装置是利用特制油液作为传力介质，将驾驶员施于踏板上的力放大后传至制动器，推动制动蹄产生制动作用。液压式制动传动装置管路常用的布置形式有前后独立式和交叉式。

10. 制动主缸的作用是将踏板输入的机械能转换成液压能。制动主缸采用串联式双腔制动主缸，提供两套彼此独立的压力系统，使制动系统更安全。

11. 制动轮缸的作用是把油液压力转变为轮缸活塞的推力，推动制动蹄压靠在制动鼓上，产生制动作用。制动轮缸有双活塞式和单活塞式两种。

12. 在制动系统中，加装真空加力装置，可以减轻驾驶员施加于制动踏板上的力，增加车轮制动力，达到操纵轻便、制动可靠的目的。它可分为增压式和助力式两种形式。

13. 气压式制动传动装置是利用压缩空气作动力源的动力制动装置。其特点是：制动操纵省力、制动强度大、踏板行程小；但需要消耗发动机的动力；制动粗暴而且结构比较复杂。因此，一般在重型和部分中型汽车上采用。

14. 目前制动力分配调节装置有限压阀、比例阀、感载比例阀、惯性阀和组合阀等。

15. 制动系统常见故障有制动失效、制动反应迟缓、制动跑偏、制动拖滞、真空增压装置增压后高压油压力不足、制动噪声、制动踏板脉动、制动油液或气体泄漏等。

16. 制动系统检修时，一定要使用正确的工具，要检查制动盘、制动钳、制动鼓、制动蹄、回位弹簧、制动传动机构等。应按照厂家的维修手册进行放油和调试。

复习思考题

1. 试分析制动力是如何产生的？
2. 制动系统的作用是什么？它由哪些装置组成？
3. 鼓式车轮制动器有几种形式？各有何特点？
4. 常见的盘式制动器有几种形式？各有何特点？
5. 液压制动传动装置是由哪些部件组成的？
6. 简述液压制动系统调整中加注制动油液和排除空气的操作过程。
7. 简述液压制动主缸的装配注意事项。
8. 什么是理想的汽车前后制动力分配比？
9. 限压阀与比例阀的工作过程如何？
10. 气压制动传动装置是由哪些部件组成的？
11. 液压制动跑偏的原因有哪些？怎样判断和排除？

项目 16

汽车防滑（ABS/ASR）控制系统的构造与检修

 学习目标：

1. 掌握防滑控制系统的组成与工作原理。
2. 掌握防滑控制系统主要元件的结构。
3. 掌握 ABS 制动压力调节器的结构。
4. 能识别防滑控制系统的常见故障，并进行基本的故障诊断及检修。
5. 掌握电子制动力分配调节装置（EBD）的结构和工作原理。
6. 理解电控行驶平稳系统的基本工作原理。

16.1 汽车防滑（ABS/ASR）控制系统的认识

重点掌握

1. 车轮滑移率对附着系数有何影响？
2. 防滑控制系统有什么作用？

汽车防抱死制动系统（Anti-lock Braking System，ABS），是汽车上的一种主动安全装置。

随着汽车行驶速度的提高、以及人们对汽车行驶安全性的要求越来越高，ABS 已经成为汽车上的一种重要安全装置。当汽车在行驶中制动时，尤其是在潮湿、泥泞、冰雪等低附着系数路面上行驶而需实施紧急制动时，车轮很容易抱死滑移，这样不仅造成轮胎磨损，而且会使车辆失去转向能力，制动距离增加，还会导致侧滑甩尾，甚至造成相撞、倾覆等车毁人亡的恶性事故。汽车防抱死制动系统就是针对这一问题而开发出的汽车主动安全性装置。

随着对汽车性能要求的提高，不仅要求在制动过程中防止车轮抱死，而且要求在驱动过程中（特别是在起步、加速和转弯过程中），防止驱动车轮滑转，使汽车在驱动过程中的方向稳定性、转向控制能力和加速性能也得到提高，因而有的装用一种驱动防滑转系统（Acceleration Slip Regulation，ASR）。由于驱动防滑转系统多是通过调节驱动车轮的驱动力（或牵引力）实现控制的，有的叫驱动力（或牵引力）控制系统（Traction Control System，

TCS），在日本则称 TRAC 或 TRC，用以提高汽车的驱动性能，改善操纵稳定性。ASR 或 TCS 可以独立设立，但多数是与 ABS 组合在一起的，两个系统一体化，常用 ABS/ASR 或 ABS/TCS 表示，统称为防滑控制系统，该系统既具有制动防抱死功能，又具有驱动防滑转功能。

从 20 世纪 80 年代中后期以来，ABS 技术的迅速发展和普及，以及 ABS 与 ASR 系统一体化结构的逐渐采用，将汽车特别是轿车的主动安全性推向一个新的阶段，大大提高了汽车行驶中的安全性。

16.1.1 车轮打滑率对附着系数的影响

我们知道，所谓的汽车打"滑"，有两种情况：一是汽车制动时车轮的滑移，二是汽车驱动时车轮的滑转。ABS 是防止制动时车轮抱死而滑移；ASR 是防止驱动车轮原地不动地滑转。

如果我们用 S_b 表示制动时的滑移率，用 S_A 表示驱动时的滑转率，那么可以用下面两种式子表述制动和驱动时的滑移率和滑转率：

$$S_b = (v - r\omega)/v \times 100\%$$

$$S_A = [(r\omega - v)/r\omega] \times 100\%$$

式中　S——车轮的滑移率；
　　　r——车轮的自由滚动半径，m；
　　　ω——车轮的转动角速度，rad/s；
　　　v——车轮中心的纵向速度，m/s。

从式中可以看出，当车轮滚动的圆周速度 $r\omega$ 为 0 时（即车轮已经抱死），而实际车速 V 不为 0，则汽车处于完全滑移状态；而当实际车速 V 为 0（即汽车原地不动），车轮滚动的圆周速度 $r\omega$ 不为 0 时，则汽车处于完全滑转状态。

为简化起见，一般将制动时车轮的滑移率 S_b 和驱动时驱动轮的滑转率 S_A 统称为打滑率 S。打滑率 S 与轮胎路面之间附着系数 μ 的关系如图 16-1 所示。

由图 16-1 可以看出：

① 附着系数随路面的不同而呈大幅度的变化。

② 在各种路面上，附着系数均随打滑率的变化而变化。

③ 在打滑率从 0 达 S_{OPT} 时，纵向附着系数由 0 增至最大，在此区域横向附着系数也有

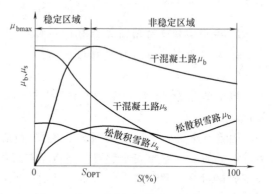

图 16-1　打滑率与附着系数的关系

较大值，此区域为稳定区域；之后，随着打滑率的增大，纵向附着系数反而减少，横向附着系数也下降很快，汽车进入不稳定区域，特别是当滑移率为 100% 时，横向附着系数接近于 0，也就是汽车不能承受横向力，车辆失去操纵稳定性，这是很危险的。所以应将制动滑移率控制在稳定区域内。

④ 在各种路面上，无论是制动还是驱动，都是当打滑率在某一范围内（S_{OPT} 附近，即 $S = 10\% \sim 20\%$）时，附着效果达到最佳组合，即纵向附着系数大，横向附着系数（决定着

转弯横向力）也足够大。

因此在制动过程中，将车轮的滑移率 S_b 控制在 15%~20% 的范围内，既可获得最大的地面制动力，又能得到足够大的横向转向力，而使汽车获得转向操纵能力，同时也提高了汽车制动时的方向稳定性。

同样在驱动控制时，将驱动轮的滑转率 S_A 控制在 10%~15% 的范围内，就可使驱动轮获得充足驱动力的同时，又保持车辆行驶的方向稳定性。

当然，图 16-1 所示仅仅是总的趋势，因为即使在同一路面上，还要受路面的具体状况、轮胎的种类、气压和磨损程度、车速、车轮载荷及大气的温度、轮胎的侧偏角等多种因素的影响。

16.1.2 防滑控制系统的功用

1. ABS 的基本功能

1) 提高汽车制动过程中的方向稳定性，防止汽车侧滑甩尾。
2) 使汽车在最短的距离内停车。
3) 在制动过程中保持对汽车的转向控制。
4) 防止轮胎抱死拖滑，减轻轮胎磨损。
5) 减少驾驶员的紧张情绪。

2. ASR 的功能

1) 能有效地提高车辆在各种路面上的附着能力，从而改善起步和加速性能。
2) 能提高车辆行驶的稳定性和乘坐的舒适性。
3) 能减少轮胎的磨损与发动机的功率消耗。

16.2 防滑控制系统的组成与工作原理

重点掌握

1. 什么是 ABS 和 ASR？
2. 防滑控制系统的工作原理是什么？

16.2.1 ABS 的基本组成和控制

1. ABS 的基本组成

从前述的分析可知，在制动时通过对制动器的制动力进行适当的控制，控制 S 在 15%~20% 的范围内，就能获得最佳制动效果，这就是我们要求 ABS 起到的作用。

现代 ABS 尽管采用的控制方式、方法以及结构各不相同，但除原有的传统的常规制动装置外，一般 ABS 都是由传感器、电控单元（ECU）、执行器三大部分组成。其中传感器主要是指车轮转速传感器，执行器主要是指制动压力调节器。如图 16-2 所示。

2. ABS 的分类

过去人们常将 ABS 分为两大类，即机械式 ABS 和电子式 ABS。机械液压式 ABS 只有压力调节器和压力感知元件，具有结构简单、安装方便、价格低的优点。但它没有将车轮的运动状态和路面的附着情况联系起来，难以适应不同的路面，因而制动效果不佳。这种结构在早期的车辆上用得比较多；电子控制式 ABS 目前广泛使用的是电子控制式 ABS，它把车轮运动状态与路面附着情况紧密联系在一起，并对该运动状态加以及时、准确的调控。这种结构是现代 ABS 技术的主流，具有良好的使用性能。国产或进口的一些轿车普遍采用这种 ABS。

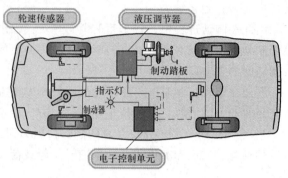

图 16-2　ABS 系统的组成

此外现代 ABS 还有按照生产厂家和按控制通道和传感器数目分类的方式，如博世（BOSCH）ABS、戴维斯（TEVES）ABS、德尔科（DELCO）ABS、本迪克斯（BENDIX）ABS 等都是按生产厂家分类的。

3．ABS 的控制方案

ABS 常见的控制方案有以下几种：

1）独立控制。也称单轮控制，是指独立调节各车轮的制动压力。

对车轮实施独立控制的 ABS，对每个车轮的制动力独立调节。这样，在各种道路条件下制动时，每个车轮均处于最佳运动状态，可充分利用路面附着系数，产生最大的制动力，制动距离最短。但当车辆在左、右侧附着系数不同的路面上制动时，两侧车轮的制动力不相等，将产生较大的偏转力矩，会导致车辆跑偏或自动转向，从而破坏操纵性和稳定性。为防止这种现象的发生，对具有这种控制方案的 ABS 的控制过程，需要作一些修正。

2）一同控制。是指两个（或两个以上）车轮的制动压力是一同进行调节的，即施加相等的制动压力控制两个车轮的转动。实施一同控制时，同轴的两个车轮可以有各自的转速传感器（也可只设置一个转速传感器），而共用 ABS 的一个控制通道。

对两个车轮实施一同控制时，如果以保证附着力较大的车轮不发生制动抱死为原则进行制动压力调节，称这两个车轮是按高选原则一同控制；如果以保证附着力较小的车轮不发生制动抱死为原则进行制动压力调节，则称这两个车轮是按低选原则一同控制。

3）混合控制。是指上述的各种方式自由组合使用，可形成 ABS 在车辆上的多种控制方案。目前使用较为广泛的控制方案是：采用对两前轮进行独立控制、对两后轮按低选原则一同控制的三通道四轮防抱死制动系统，其优点是汽车制动稳定性好，方向操纵灵活，有较高的附着系数利用率，特别是弯道行驶时制动性能优越。

4．控制通道

ABS 中，能够独立进行制动压力调节的制动管路称为控制通道。按照控制通道数目的不同，ABS 分为四通道、三通道、双通道和单通道四种形式，而其布置形式却多种多样，如图 16-3 所示。

（1）四通道 ABS

对应于双制动管路的前后独立式或交叉式两种布置形式，四通道 ABS 也有两种布置形式，如图 16-3a、图 16-3b 所示。

为了对四个车轮的制动压力进行独立控制，在每个车轮上各安装一个转速传感器，并在

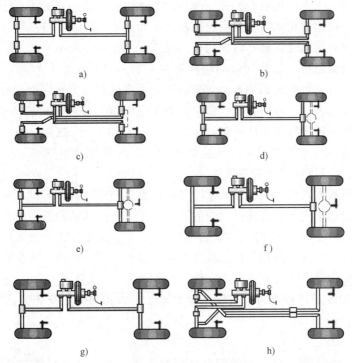

图 16-3 ABS 布置示意图

通往各制动轮缸的制动管路中各设置一个制动压力调节分装置（通道）。

由于四通道 ABS 可以最大限度地利用每个车轮的附着力进行制动，汽车的制动效能最好。但在附着系数分离（两侧车轮的附着系数不相等）的路面上制动时，由于同一轴上的制动力不相等，使得汽车产生较大的偏转力矩而产生制动跑偏。因此，ABS 通常不对四个车轮进行独立的制动压力调节。

（2）三通道 ABS

四轮 ABS 大多为三通道系统，而三通道系统都是对两前轮的制动压力进行单独控制，对两后轮的制动压力按低选原则一同控制，如图 16-3c～图 16-3e 所示。

按对角布置的双管路制动系统中，虽然在通往四个制动轮缸的制动管路中各设置一个制动压力调节装置，但两个后制动压力调节分装置却是由电子控制装置一同控制的，实际上仍是三通道 ABS。由于三通道 ABS 对两后轮进行一同控制，对于后轮驱动的汽车可以在变速器或主减速器中只设置一个转速传感器来检测两后轮的平均转速。

汽车紧急制动时，会发生很大的轴荷转移（前轴荷增加，后轴荷减小），使得前轮的附着力比后轮的附着力大很多（前置前驱动汽车的前轮附着力约占汽车总附着力的 70%～80%）。对前轮制动压力进行独立控制，可充分利用两前轮的附着力对汽车进行制动，有利于缩短制动距离，并且汽车的方向稳定性得到很大改善。

（3）双通道 ABS

双通道 ABS 在按前后布置的双管路制动系统的前后制动管路中各设置一个制动压力调节分装置，分别对两前轮和两后轮进行一同控制。两前轮可以根据附着条件进行高选和低选转换，两后轮则按低选原则一同控制，如图 16-3g、图 16-3h 所示。

对于后轮驱动的汽车，可以在两前轮和传动系统中各安装一个转速传感器。当在附着系数分离的路面上进行紧急制动时，两前轮的制动力相差很大，为保持汽车的行驶方向，驾驶员会通过转动转向盘使前轮偏转，以求用转向轮产生的横向力与不平衡的制动力相抗衡，保持汽车行驶方向的稳定性。但是在两前轮从附着系数分离路面驶入附着系数均匀路面的瞬间，以前处于低附着系数路面而抱死的前轮的制动力因附着力突然增大而增大，由于驾驶员无法在瞬间将转向轮回正，转向轮上仍然存在的横向力将会使汽车向转向轮偏转方向行驶，这在高速行驶时是一种无法控制的危险状态。

双通道 ABS 多用于制动管路对角布置的汽车上，两前轮独立控制，制动液通过比例阀（P 阀）按一定比例减压后传给对角后轮。

对于采用此控制方式的前轮驱动汽车，如果在紧急制动时离合器没有及时分离，前轮在制动压力较小时就趋于抱死，而此时后轮的制动力还远未达到其附着力的水平，汽车的制动力会显著减小。而对于采用此控制方式的后轮驱动汽车，如果将比例阀调整到正常制动情况下前轮趋于抱死时，后轮的制动力接近其附着力，则紧急制动时由于离合器往往难以及时分离，导致后轮抱死，使汽车丧失方向稳定性。

由于双通道 ABS 难以在方向稳定性、转向操纵能力和制动距离等方面得到兼顾，因此目前很少被采用。

（4）单通道 ABS

所有单通道 ABS 都是在前后布置的双管路制动系统的后制动管路中设置一个制动压力调节装置，对于后轮驱动的汽车只需在传动系统中安装一个转速传感器，如图 16-3f 所示。

对于后轮驱动的汽车，可以在两前轮和传动系统中各安装一个转速传感器。当在附着系数分离的路面上进行紧急制动时，两前轮的制动力相差很大，为保持汽车的行驶方向，驾驶员会通过转动转向盘使前轮偏转，以求用转向轮产生的横向力与不平衡的制动力相抗衡，保持汽车行驶方向的稳定性。

在两前轮从附着系数分离路面驶入附着系数均匀路面的瞬间，以前处于低附着系数路面而抱死的前轮的制动力因附着力突然增大而增大，由于驾驶员无法在瞬间将转向轮回正，转向轮上仍然存在的横向力将会使汽车向转向轮偏转方向行驶，这在高速行驶时是一种无法控制的危险状态。

5. ABS 的控制原理

（1）控制方法

ABS 的控制效果主要取决于系统所采用的控制通道数和控制方法。目前绝大多数 ABS 都采用"逻辑门限值控制方法"。在这种方法中，通常是将车轮加速度或减速度作为主要控制参数，而将车轮的滑移率作为辅助控制参数。因为单独采用其中任何一种控制参数进行防抱控制，都存在着一定的局限性。比如，若仅以车轮的加速度作为控制参数，当汽车在湿滑路面上高速行驶需紧急制动时，在车轮的滑移率还未达到最佳值而制动过程仍处在稳定区域时，因车轮的加速度（实为减速度）可能已达到了防抱控制的临界值，而使得 ABS 作为进入减压调节阶段，这会在一定程度上影响汽车的制动效果。若仅以车轮的滑移率作为控制参数，因各种路面的峰值附着系数对应的 S_{OPT} 在一定范围内变化，如果按固定的滑移率临界值进行防抱死控制，就很难保证 ABS 在各种路面上都能获得最佳的制动效果。

所谓临界值，是指 ABS 在进行防抱死控制时，为控制参数所设定的控制限值，也称作控制参数的阈值，在逻辑门限值控制方法中，还把它称作控制门限值。对于 ABS，各个控制参数的控制临界值，都是经过反复试验设定的合适数据。

车轮加速度可以由 ECU 根据车轮转速传感器输入的信号直接经计算确定，但车轮的实际滑移率难以准确得到，因为制动时的车速难以精确实时地测量，除非采用车速传感器（如多普勒雷达）检测车速，但成本高，不实用。目前绝大多数 ABS 都是由 ECU 根据各车轮的转速信号，由系统的控制软件按一定的估算方法，推算出汽车的参考车速，再计算出各个车轮的参考滑移率，它与实际滑移率之间存在有一定的差异。

ABS 的防抱死控制过程，主要有高附着系数路面控制和低附着系数路面控制两种。更先进的 ABS，还能进行附着系数发生变化的过渡路面防抱死控制。在不同的附着系数路面上，ABS 就具有不同的防抱死控制过程，对控制参数设定有不同的控制临界值，并具有不同的制动压力调节率。

总之，ABS 将车轮的加速度与滑移率这两个参数结合起来进行防抱死控制，有助于系统识别路面的附着状况，提高系统的自适应控制能力和防抱死控制能力及防抱死控制效果。

（2）控制过程

图 16-4 所示的控制过程曲线即是 ABS 进行防抱控制的实例。

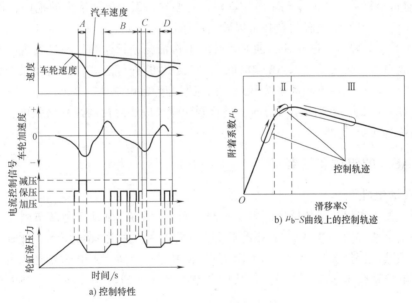

图 16-4　ABS 系统的控制过程

踩下制动踏板，当汽车开始制动时，制动系统液压力升高，车轮速度开始下降，降到某一个车轮趋于抱死时，ECU 向相应的电磁阀发出"保压"信号，接着输出"减压"信号，于是车轮制动液压缸内的液压力下降。

减压工况的持续，由 ECU 的控制程序根据车轮转速情况来控制，如图 16-4a 中区域 A 所示。在此之后，电磁阀处于"保压"状态，ECU 根据车轮速度与车轮加速度情况，继续监测此时车轮转速的恢复状况，如果车轮转速提前恢复，ECU 则来回微调控制为"加压""保压"工况，如图 16-4 区域 B 所示。当监测到车轮又趋于抱死时，ECU 发出"减压"信号调压，如图 16-4 区域 C 所示。这样来回控制车轮制动液压缸的保压、减压、加压过程，以使车辆尽快制动停车。

从图 16-4b 所示的车辆制动过程中车轮附着系数 μ_b 与滑移率 S 的曲线上，也可以了解到系统的控制情况。汽车开始制动后，当车轮运动状态进入到图中的Ⅲ区域时，ECU 通过减压、保压控制，使车轮运动状态回复到Ⅰ区域内。ECU 通过这一控制过程，判断车轮处于何种附着系数路面。当车轮所处的路面附着状况确定后，ECU 就按照高、低附着路面或过渡路面的防抱死控制，将车轮滑移率 S 控制在最佳范围内，即图中Ⅱ区域所示的最佳滑移率范围，从而达到 ABS 系统的控制目标。

6. ABS 的工作特性

1) ABS 只有在车速高于一定值时才起作用，低于此值 ABS 就会自动中止防抱死调节，而回到传统制动系统状态。

2) 在制动过程中，只有当被控车轮趋于抱死时，ABS 才会进行防抱死调节；在被控车轮还没有趋于抱死时，制动过程与传统制动系统的制动过程完全相同。

3) 当汽车制动 ABS 参与工作时，驾驶员会感觉制动踏板有回弹行程，制动踏板的这种动作反馈是正常的。

4) 在防抱死制动循环中，制动压力调节器内的电磁阀动作，会产生一定的工作噪声。

5) 具有传统制动系统的车辆紧急制动时，轮胎在路面上留下清晰的拖印；而 ABS 车辆在紧急制动时，只会留下轻轻的勉强可以看出的印痕。

6) ABS 具有故障自诊断功能，能对系统的工作情况进行监测，一旦发现存在影响系统正常工作的故障时，会自动关闭 ABS 功能，并将 ABS 警告灯点亮，向驾驶员报警，同时将汽车的制动功能恢复到传统制动系统状态，而能够进行常规制动。

7) 在 ABS 警告灯持续闪亮的情况下进行制动时，应注意控制好制动强度，以免因 ABS 失效而影响行车安全。

16.2.2 ASR 的组成和控制

1. ASR 的组成

ASR 的主要由车轮转速传感器、电子控制单元（ECU）、制动压力调节器，以及发动机副节气门（辅助节气门）执行器与 ASR 制动执行器组成，如图 16-5 所示。此外，还增设了 ASR 选择开关（关闭开关）、ASR 关闭指示灯、ASR 警告灯等。ASR 系统还同发动机与传动系统的集中电控系统建立通信联系，以共同调节驱动轮的滑转率。同样，ASR 也具有故障自诊断功能。

驾驶员通过 ASR 选择开关，可使 ASR 进入等待工作状态或处于关闭（不工作）状态。在 ASR 处于关闭状态时，ASR 关闭指示灯将点亮，以通知驾驶员。

ASR 警告灯的功能是当 ASR 出现故障时，该灯点亮向驾驶员报警；在对 ASR 进行故障自诊断操作时，利用该灯的闪亮提示功能，可读出 ECU 中储存的故障码。

2. ASR 的控制方式

ASR 的控制方式可分以下两种：

(1) 发动机输出功率控制

发动机输出功率控制是最早应用的驱动防滑转控制方式，即控制发动机的输出功率来调节传递到驱动轮上的转矩，从而调节驱动轮的滑转率。可采用的控制方法如下：

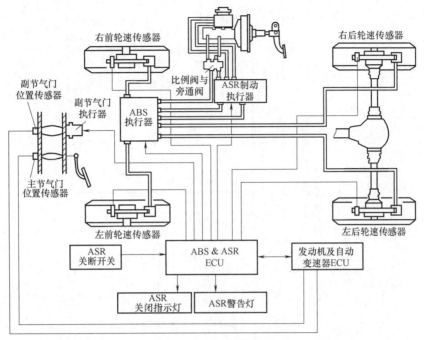

图 16-5 ASR 系统的组成

① 节气门开度调节。即是指在发动机原节气门的基础上，串联一个副节气门，由系统的执行机构控制其开度。这种方式工作比较平稳，容易与其他控制方式配合使用。

② 喷油量的减少或切断控制。

③ 减小点火提前角的控制。

（2）驱动轮制动控制

驱动轮制动控制是在发生滑转的驱动轮上施加制动力矩来控制滑转率。它一般要与调节发动机输出功率的方法结合起来应用，否则，控制过程中就可能发生制动力矩与发动机输出转矩之间出现平衡现象，而导致无意义的功率消耗。这种控制方式响应最迅速。但为了保证制动过程中的乘坐舒适性，制动力不能升高过快。

3. ASR 的控制原理

在驱动控制中，要确定驱动轮的滑转率较为方便和精确。由于非驱动轮近似于自由滚动，根据非驱动轮转速所确定的参考车速就可以认为是实际车速（车身速度），由此通过计算得到的驱动轮的参考滑转率与实际滑转率就比较接近。

图 16-6 所示为 ASR 控制过程实例。ECU 根据前左、前右车轮（非驱动轮）的转速传感器送来的转速信号，推算车身速度，以此速度值为基础设定驱动轮（后轮）的目标控制速度值，并与驱动轮的实际速度（从驱动轮的转速传感器信号得到）作比较，以控制其滑转率在最佳范围内。

在某种湿滑路面上行驶时，驾驶员踩下加速踏板会使主节气门迅速打开，后轮（驱动轮）会迅速加速旋转。当后轮速度超过其目标控制速度时，ECU 发出指令，ASR 制动执行元件中的三位电磁阀通电开启；ECU 还向操纵发动机副节气门开度的步进电动机输送控制信号。这时要综合进行副节气门开度减小的控制和后轮液压缸的加压、保压、减压控制，以

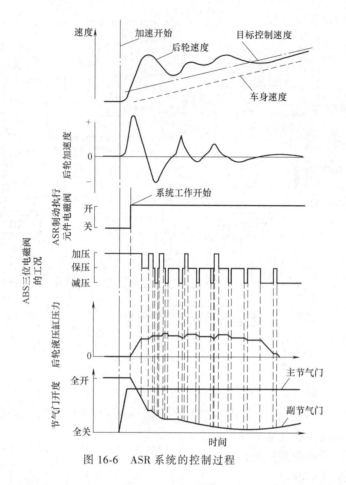

图 16-6 ASR 系统的控制过程

尽快降低后轮速度，使其达到其目标控制速度。当控制过程中后轮速度下降得太多，出现后轮速度低于其目标控制速度时，ECU 将控制后轮的 ABS 三位电磁阀处于减压工况，并加大副节气门的开度，增加发动机的功率输出，以使后轮速度尽快恢复至目标控制速度。

在进行发动机输出功率控制时，有些 ABS/ASR 防滑控制系统的 ECU，还同发动机与传动系集中控制系统的 ECU 建立交互式通信联系，利用后者的控制功能减少喷油器的喷油量，减小点火提前角，以减小发动机的功率输出。

ABS/ASR 的 ECU 通过重复进行以上的这种协调控制，可将驱动轮速度保持在目标控制速度值附近，从而达到驱动轮防滑转目的。

4. ASR 的工作特性

各种 ASR 的具体结构和工作过程不尽相同，但一般都具有以下共同的工作特性：

1) ASR 在进行防滑控制过程中，如果驾驶员踩下制动踏板进行制动，ASR 将会自动退出防滑控制，而不影响汽车的正常制动。

2) ASR 通常只在一定车速范围内进行防滑控制，当车速达到一定值以后，ASR 会自动退出防滑控制。

3) ASR 可由驾驶员通过 ASR 选择开关对系统是否进入工作状态进行选择。如果通过 ASR 选择开关关闭了 ASR，则 ASR 关闭指示灯会自动点亮。

4) ASR 处于关闭状态时，发动机副节气门会自动处于全开位置，此时 ASR 的制动执行元件也不会影响制动系统的正常工作。

5) ASR 具有故障自诊断功能，当发现有影响系统正常工作的故障时，ASR 会自动关闭，并将 ASR 警告灯点亮，向驾驶员报警。

16.2.3　ABS 与 ASR 的比较

ABS 的作用是防止汽车制动过程中车轮抱死，将车轮的滑移率控制在理想滑移率附近范围内，以达到缩短制动距离，提高汽车制动时的方向稳定性和转向操纵性，从而大大提高汽车行驶的安全性。而汽车防滑控制系统中，ASR 的作用是防止汽车起步、加速过程中驱动轮打滑，特别是防止汽车在非对称路面或转弯时驱动轮空转。ABS 和 ASR 都是控制车轮"打滑"，但 ABS 是防止制动时车轮抱死在路面上滑移，而 ASR 则是防止驱动时车轮在路面上原地不动的滑转，两者控制车轮的滑移方向是相反的，但从控制车轮与路面的滑移率看，ABS 和 ASR 采用了相同的技术。

16.3　防滑控制系统主要元件的结构及工作原理

重点掌握

1. 车轮转速传感器的结构和工作原理是什么？
2. 电子制动力分配调节装置的工作过程如何？

16.3.1　车轮转速传感器

1. 电磁式转速传感器

轮速传感器用以检测车轮的转速，并把速度信号送到 ECU。

轮速传感器的结构形式按工作原理可分为电磁感应式和霍尔效应式两种，但目前通常都是采用电磁感应式。

电磁感应式轮速传感器主要由传感头和齿圈（转子）组成，如图 16-7~图 16-9 所示。

传感头是一个静止部件，一般都安装在车轮附近不随车轮转动的部件上，如转向节、半轴套管、悬架构件等。传感头由永久磁铁、感应线圈、极轴等组成。齿圈（有的称转子）多为一带齿的圆环，一般安装在随车轮一同转动的部件上，如轮毂、制动盘、半轴等。传感头与齿圈之间的空气间隙很小，通常只有 0.5~1mm。此传感器一定要安装牢固，只有这样才能保证汽车在制动过程中的振动不会干扰或影响传感器信号，实现正确无误的输出。为了避免灰尘与飞溅的水、泥等对传感器工作的影响，在安装前可在传感器上涂覆防锈油。

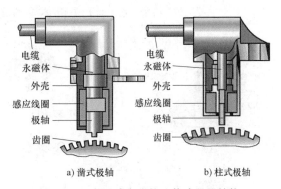

图 16-7　电磁感应式轮速传感器的结构
a) 凿式极轴　　b) 柱式极轴

如图 16-7 所示，传感器的永久磁铁产生一定强度的磁场，齿圈在磁场中旋转时，齿圈齿顶和电极之间的间隙就以一定的速度变化，这样就会使齿圈和电极组成的磁路中的磁阻发生变化。其结果使磁通量周期性增减，在线圈两端产生正比于磁通量增减速度的感应电压。

轮速传感器安装方式有径向安装和轴向安装两种方法，如图 16-8 所示。

电磁式转速传感器的缺点在于其输出信号随车速的变化而变化；响应过慢；抗电磁波干扰能力差。

2. 霍尔式转速传感器

而霍尔式转速传感器能克服上述这些缺点。其能保证在很低的速度下都有很强的信号。霍尔式转速传感器是利用霍尔效应的原理制成的。霍尔效应是指在一个矩形半导体薄片上有一电流通过，此时若有一磁场也作用于该半导体材料上，则在垂直于电流方向的半导体两端，会产生一个很小的电压，该电压就称为霍尔电压。当磁性材料制成的传感器转子上的凸齿交替经过永久磁铁的空隙时，就会有一个变化的磁场作用于霍尔元件（半导体材料）上，使霍尔电压产生脉冲信号，如图 16-9 所示。根据所产生的脉冲数目即可检测转速。

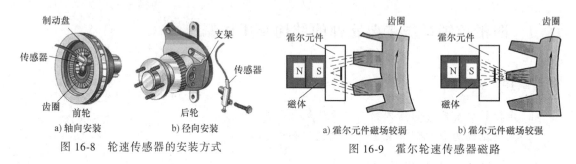

图 16-8 轮速传感器的安装方式　　图 16-9 霍尔轮速传感器磁路

16.3.2 汽车减速度传感器

减速度传感器有光电式、水银式、差动变压器式和半导体式等。

1. 光电式减速度传感器

光电式减速度传感器的结构如图 16-10a 所示。由两个发光二极管、两个光电三极管、一个透光板和一个信号电路（图中未画）组成。

汽车匀速行驶时，透光板静止不动。当汽车减速度时，透光板则随着减速度的变化沿汽车的纵轴方向摆动，如图 16-11 所示。减速度越大，透光板摆动位置越大，由于透光板的位置不同，允许发光二极管传送到光电晶体管的光线不同，使光电晶体管形成开和关两种状

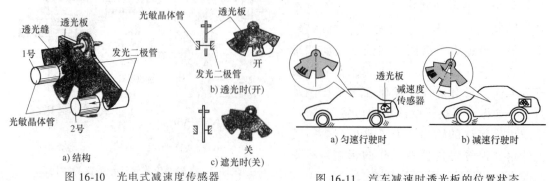

图 16-10 光电式减速度传感器　　图 16-11 汽车减速时透光板的位置状态

态,如图16-10b、图16-10c所示。两个发光二极管和两个光电晶体管组合作用,可将汽车的减速度区分为四个等级,此信号送入电子控制器就能感知路面附着系数情况。

2. 水银式减速度传感器

水银式减速度传感器的结构如图16-12a所示,由玻璃管和水银组成。

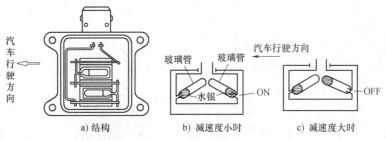

图16-12 水银式减速度传感器

在低附着系数路面时,汽车减速度小,水银在玻璃管内基本不动,开关在玻璃管内处于接通(ON)状态。在高附着系数路面上制动时,汽车减速度大,水银在玻璃管内靠惯性作用前移,使玻璃管内的电路开关断开(OFF),如图16-12b、图16-12c所示,此信号送入ECU就能感知路面附着系数情况。水银式汽车减速度传感器,不仅在前进方向起作用,在后退方向也能送出减速度信号。

3. 差动变压器式减速度传感器

差动变压器式减速度传感器的基本结构如图16-13所示。从图16-13b可以看出,差动变压器式减速度传感器由两部分组成,其上部为差动变压器,下部为电子电路。差动变压器主要由一个初级绕组、两个相串联的次级绕组和铁心组成。直流电经过振荡电路变成交流电压u_p加到一次绕组上,因此时穿过铁心的磁通发生变化,在二次绕组中分别产生电压u_1和u_2。当铁心在中间位置时,u_1和u_2相等;当铁心左右移动偏离中间位置时,u_1和u_2不再相等,二者出现一个电压差u_s,u_s即是差动变压器的感应电压信号。u_s的高低与铁心的位移距离成正比。u_s信号经过电子电路处理后成为传感器输出信号。

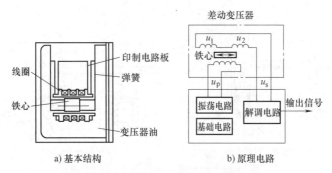

图16-13 差动变压器式减速度传感器

在汽车正常行驶时,差动变压器线圈中的铁心处于线圈中间位置;当汽车制动减速时,铁心受惯性力的作用向前移动,使差动变压器内的感应电压信号发生变化。汽车制动时减速度越大,铁心位移越大,输出电压信号越大。该信号送入ECU用来控制ABS工作。

16.3.3 ABS 制动压力调节器

制动压力调节器是 ABS 中的主要执行器。其作用是接受 ECU 的指令，驱动调节器中的电磁阀动作（或电动机转动等），调节制动系统的压力，使之增大、保持或减小，实现制动系统压力的控制功能。

(1) 结构形式

液压式制动压力调节器主要由电动泵、若干个电磁阀、储液器、蓄能器等元件组成，它串接在制动主缸与制动轮缸之间。

图 16-14 所示是一制动压力调节器的主要结构。电动泵分回液泵和油泵两种。回液泵也称作再循环泵，用于循环调压式制动压力调节器中，多采用柱塞泵，它受 ECU 的控制，由电动机驱动，其作用是在减压过程中将从轮缸流出的制动油液泵回制动主缸。而油泵则用于变

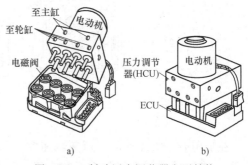

图 16-14 制动压力调节器主要结构

容调压式制动压力调节器中，它也受 ECU 的控制，但它与循环调压方式中的回液泵的作用有所不同，主要是用于在控制管路中建立控制油压。

蓄能器根据其储存制动油液的压力范围，分为高压蓄能器和低压蓄能器。高压蓄能器用于储存经电动泵加压后的高压制动油液，并向制动轮缸（循环调压方式）或调压缸（变容调压方式）供给高压制动油液；而低压蓄能器则用于接收和储存回流的低压制动油液，并可衰减回流制动油液的压力波动。为了区别这两种蓄能器，一般将高压蓄能器简称为蓄能器或储能器，而将低压蓄能器简称为储液器、储液室或储油箱等。

蓄能器（或储液器）在结构上是一内装活塞与弹簧的液压缸。储液器与回液泵的结构如图 16-15 所示，由制动轮缸经电磁阀回液口流回的制动油液进入储液器内作用于活塞上，并压缩弹簧使储液容积增大，以暂时储存制动油液。也有的蓄能器（或储液器）采用气囊式结构，气囊的气室内充有可被压缩的氮气。

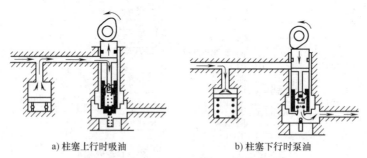

a) 柱塞上行时吸油　　　b) 柱塞下行时泵油

图 16-15 储液器与回液泵的结构简图

(2) 调压方式

ABS 的制动压力调节器，可以采用循环调压方式或变容调压方式，进行防抱死制动压力调节。

循环调压方式是采用电磁阀来直接调节轮缸的制动压力。它在制动主缸与轮缸之间串联

一个电磁阀，通过使制动轮缸中的制动油液流回制动主缸或储液器实现制动压力的减小，又通过使制动主缸或供能装置中的制动油液流入制动轮缸实现制动压力的增大，这种调压方式也称为流通调压方式。

变容调压方式是通过电磁阀的控制来间接调节轮缸的制动压力。它是在汽车原有制动管路上增加一套液压控制装置，并将制动轮缸与制动主缸隔离，通过控制制动管路中容积的增减，来控制轮缸中制动压力的变化。如美国德尔科公司生产的 ABS Ⅵ 防抱死制动系统，就采用了变容调压方式的制动压力调节器。

(3) 工作过程

在汽车制动时，通过制动压力调节器所形成的制动工况包括常规制动时正常工况（制动无抱死工况）、紧急制动时防止车轮抱死的压力保持工况、减压工况及加压工况四种。

图 16-16 给出的是 ABS 的液压控制回路。其制动压力调节器采用循环调压方式，对每一个控制通道都设置了一个三位三通电磁阀。该系统共有三个控制通道，因而有三个二位三通电磁阀，ECU 按控制电流的大小分三种电流向每个电磁阀通电，可使每个电磁阀有三种工作位置，从而在制动主缸、制动轮缸和回油管路之间建立起液压联系，并使 ABS 实现压力升高、压力保持和压力降低的调节。

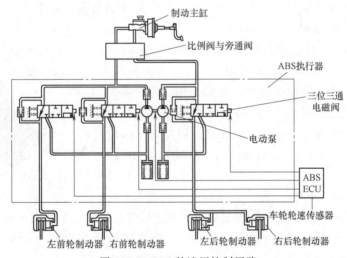

图 16-16 ABS 的液压控制回路

① 常规制动时正常工况。在常规制动时，车轮均未抱死，ABS 不介入制动压力调控，ECU 不向三位三通电磁阀的电磁线圈供电，这时电磁阀的衔铁在回位弹簧预紧力的作用下而处在图 16-16 所示的最左端位置，使制动液流向制动轮缸（车轮液压缸），实施制动。

② 紧急制动时的保压工况。当进行紧急制动、ABS 的 ECU 判定某个或某几个车轮正趋于抱死时，系统就进入防抱死制动控制。防抱死制动循环首先进入保压工况，以使车轮充分地进行制动，此时 ECU 向电磁阀通以较小的控制电流（一般为 2~2.5A，约为最大控制电流半值），衔铁在一定电磁力的作用下克服回位弹簧的弹力运动，即处于图 16-16 所示的中间位置。主缸、轮缸与回油管路之间的油路相互隔断，因而车轮液压缸内的压力保持不变，ECU 再根据车轮的运动状态，判断是否进入下一步控制工况。

③ 紧急制动时的减压工况。在保压工况后，车轮会进入不稳定区域，防抱死制动循环

就过渡到减压工况（车轮则在汽车惯性作用下开始加速）。这时 ECU 向电磁阀通以最大控制电流（一般为 5~5.5A），衔铁在较大电磁力作用下，进一步克服弹簧力向上运动而上升到最高位置，即处于图 16-16 所示的右端位置。车轮制动器中的制动油液流回到储油箱。同时，ECU 向回液泵电动机发出通电信号，油泵开始工作，把储油箱中的液压油泵出，形成比制动主缸内的压力要高的油压，该油压把第 1 检验阀（单向阀）向上顶起，制动油液流回到制动主缸内（此时主缸内的油压经制动踏板与回液泵共同加压形成，并使制动踏板有所回弹），这样车轮制动器内的制动压力迅速下降，避免了车轮抱死的危险。

④ 紧急制动时的加压工况。当车轮抱死解除时，防抱死制动循环就过渡到加压工况。这时 ECU 停止向电磁阀通电，三位三通电磁阀的工作状态又恢复到与正常工况时相同，而把制动主缸内的油压传递到车轮制动器内。

由保压—减压—加压形成的防抱死制动循环工况是在瞬间完成的，其循环动作的频率可达到 3~20 次/s，从而可保证每个车轮都不会发生制动抱死，并将车轮的滑移率控制在最佳范围内。这种防抱死调节一直持续到车速降至很低，或者车轮不再趋于抱死时为止。

16.3.4 ASR 执行元件

ASR 的执行元件主要包括副节气门执行元件和 ASR 制动执行元件。

1. 副节气门执行元件

主要由 ASR 的 ECU 控制的副节气门执行器、主动齿轮、凸轮轴齿轮等组成，如图 16-17 所示。

副节气门执行器是一种步进式电动机，在其旋转轴的末端安装有一个主动齿轮（小齿轮），它能带动安装在副节气门轴末端的凸轮轴齿轮旋转，以此来控制副节气门的开启角度。副节气门执行元件的工作状态如图 16-18 所示。

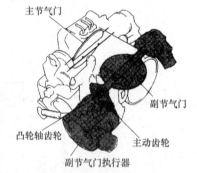

图 16-17 节气门总成

2. ASR 制动执行元件

如图 16-19 所示，ASR 制动执行元件包括在比例旁通阀、油泵之间加设的主液压缸切断电磁阀（M/C）、蓄能器切断电磁阀（ACC）、储油箱切断电磁阀（RSV）、ASR 蓄能器、ASR 电动泵（电动供液泵）及压力开关或压力传感器等。

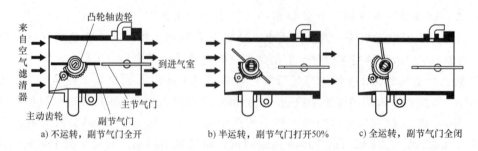

图 16-18 副节气门执行元件的工作状态

当 ASR 制动执行元件不工作时，M/C 阀、ACC 阀及 RSV 阀均不通电，ACC 阀与 RSV 阀的阀门处于关闭状态，M/S 阀的阀门处于开启状态，制动防滑调节处于关闭状态，而

ABS 的防抱死制动和传统制动系统的常规制动均可正常进行。

当 ASR 制动执行元件工作时，ASR 的 ECU 向这三个电磁阀通电，M/C 阀的阀门关闭，切断主液压缸与后轮制动液压缸的液压通路，ACC 阀与 RSV 阀均开启，制动防滑调节进入工作状态。

① 加压工况。当 ASR 与 ABS 的 ECU 检测到驱动轮开始打滑时，ECU 向 M/C、ACC、RSV3 个电磁阀通电，M/C 阀关闭，ACC 阀、RSV 阀开启，ECU 控制后轮（驱动轮）的 ABS 三位电磁阀进入加压工况，蓄能器经过 ACC 阀向后轮液压缸供给制动油液，以实施制动，从而减小后轮的滑转趋势。

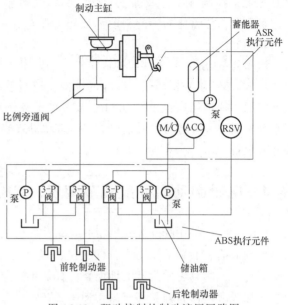

图 16-19 驱动控制的制动液压回路图

② 保压工况。M/C 阀、ACC 阀、RSV 阀继续处于通电状态，而后轮的 ABS 三位电磁阀进入保压工况，暂时保持后轮液压缸内的油压不变，以控制后轮的滑转率在规定范围内。

③ 减压工况。三个执行元件继续通电，而后轮的 ABS 三位三通电磁阀进入减压工况，后轮液压缸内的油压经过 ABS 三位三通电磁阀、RSV 阀回流到制动主缸储油箱内，后轮的制动解除，以便在后轮转速过分降低后，又尽快地有所恢复。此时，ABS 的电动泵并不工作。

在图 16-20 中，压力传感器的作用是将蓄能器中的压力信息传送给 ASR 与 ABS 的 ECU，

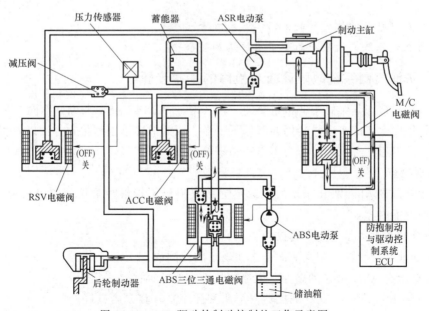

图 16-20 ASR 驱动轮制动控制的工作示意图

ECU 据此来控制 ASR 电动泵的运转。ASR 电动泵从主缸储油箱中提取制动油液，加压后再送往蓄能器，使蓄能器中的制动油液压力保持在一定范围内，为 ASR 的驱动轮制动控制提供制动能源。

汽车的 ABS 与 ASR 共同构成了汽车的防滑控制系统。现代汽车特别是一些高级轿车采用了集成 ABS 与 ASR 功能于一体的结构，控制系统可共用一个 ECU，以共享 ECU 的硬件与软件资源，这种结构也简称为 ABS/ASR 防滑控制系统。现在这种结构已成为汽车上防滑控制系统发展的一种趋势，目前已有许多高级轿车将 ABS/ASR 防滑控制系统作为标准件或选装件来装备。

16.4 电子制动力分配调节装置（EBD）

EBD（Electric Brake force Distribution）能够根据由于汽车制动时产生轴荷转移的不同，而自动调节前、后轴的制动力分配比例，提高制动效能，并配合 ABS 提高制动稳定性。汽车在制动时，四只轮胎附着的地面条件往往不一样。比如，有时左前轮和右后轮附着在干燥的水泥地面上，而右前轮和左后轮却附着在水中或泥水中，这种情况会导致在汽车制动时四只轮子与地面的摩擦力不一样，制动时容易造成打滑、倾斜和车辆侧翻事故。EBD 用高速计算机在汽车制动的瞬间，分别对四只轮胎附着的不同地面进行感应、计算，得出不同的摩擦力数值，使四只轮胎的制动装置根据不同的情况用不同的方式和力量制动，并在运动中不断高速调整，从而保证车辆的平稳、安全。

16.5 防滑控制系统的故障自诊断与检修

重点掌握

1. 防滑控制系统的故障码的如何读取与清除？
2. 防滑控制系统的使用与维护中应注意哪些事项？

16.5.1 防滑控制系统故障诊断与检修的基本步骤

故障诊断和检查是维修中非常重要的一环。对于 ABS 或 ASR 来说，不同车型，甚至同一系列不同年代生产的车型，装用的型号不一样。因而故障诊断和检查方法以及程序都可能会有所不同，但通常都采用以下基本方法和步骤。

1. 直观检查

直观检查是在 ABS/ASR 出现故障或感觉系统工作不正常时采用的初步目视检查方法，具体常检查以下内容：

1）检查驻车制动是否完全释放。
2）制动液是否渗漏、制动液面是否在规定的范围内。
3）检查所有 ABS/ASR 的熔丝、继电器是否完好、插接是否牢固。
4）检查 ABS/ASR 的 ECU 插接器（插头和插座）连接是否良好。
5）检查有关元器件（轮速传感器、电磁阀体、电动泵、压力警告开关和压力控制开关等)的插接器和导线是否连接良好。

6)检查 ABS/ASR ECU、压力调节器等的搭铁线是否接触可靠。

7)检查蓄电池电压是否在规定范围内,正、负极柱的导线是否连接可靠。

2. 读取故障码

ABS 和 ASR 一般都具有故障自诊断功能(也有些没有),电子控制器工作时能对自身和系统中的有关电器元件进行测试。如果电子控制器发现系统中存在故障,一方面使 ABS 或 ASR 警告灯点亮,中断 ABS 或 ASR 工作,恢复常规制动系统,另一方面会将故障信息以代码的形式存入存储器中,然后在检修时由修理人员将故障码调出(读出),以便了解故障情况。

故障码的读取和清除与发动机电子控制系统含义相同。ABS/ASR 故障码的读取方法大致可归纳为下述三种:

1)按规定连接 ABS、ASR 自诊断起动线路,通过仪表板上故障警告灯的闪烁规律读取故障码。

2)借助专用诊断测试仪与 ABS 或 ASR 故障诊断通信接口相连,从检测仪的显示器或指示灯显示规律上读取故障码。

3)利用汽车中心计算机系统,检修人员可以按照一定的自检操作程序,从仪表板上的信息显示系统读出故障码或故障信息。

3. 快速检查

快速检查一般是在自诊断基础上进行的,它是利用专用仪器或万用表等,对系统的电路和元器件进行连续测试,以查找故障的方法。

根据故障码,多数情况下只能了解故障大致范围和基本情况,有的还没有自诊断功能,不能读取故障码。为了进一步查清故障。经常采用一些仪器或万用表等,对防滑控制系统的电路和元器件,特别是怀疑可能有故障部位的电参数(如电阻、电压、波形等)进行深入测试。根据测试仪和仪表显示的信息,确诊故障的部位、性质和原因,特别是借助专用的诊断测试仪,可以得到快速满意的结果。

4. 故障指示灯诊断法

在实际应用中,自诊断方法和快速检查法一般都能迅速准确地判断出故障位置。而故障指示灯法则是通过观察 ABS、ASR 警告灯的闪烁规律来进行判断的一种简易方法,驾驶员也可通过这种方法对 ABS、ASR 发生的故障进行粗略判断。不同车型的故障警告灯诊断表可在该车型的维修手册中查找。

16.5.2 防滑控制系统的故障自诊断

1. 故障自诊断与故障保险功能

防滑控制系统的 ECU 大都具有故障自诊断与故障保险功能。

1)在正常情况下,当点火开关处于点火位置时,ECU 会自动地对系统进行以下几项静态自检:

① 对 ECU 自身进行自检。

② 对各种车轮转速传感器、ABS 执行器中的电气元件,如电磁阀、回液泵电动机、继电器等进行短暂的通电自检。

③ ECU 监测蓄电池电压是否在正常工作范围内，储油箱中的制动油液液位与蓄能器的制动液压力是否过低等。

在自检的过程中，ABS 警告灯、ASR 警告灯还会自动点亮，驾驶员由此可以检查警告灯及其线路是否完好。在此期间，如果 ECU 未发现故障，则在自检过程结束后，警告灯会自动熄灭。系统静态自检时间一般只持续 3~5s。

2) 当汽车速度达到一定值以后（如装备博世 ABS 2S 系统的车辆，当车速达到 6.5km/h 以后），ECU 还会周期性地对车轮转速传感器、电磁阀及回液泵电动机等元件进行短暂动态测试。

3) ECU 在防滑系统处于工作期间，对系统的工作状态进行监测。

4) 在上述各个检测过程中，当 ECU 发现系统存在故障时，ABS 警告灯和 ASR 警告灯中的一个或两个会持续点亮，ECU 将使防滑系统自动关闭，同时使汽车的制动系统恢复到传统制动系统状态，并将故障情况以故障码的形式储存在故障存储器中。

综上所述，当防滑系统的警告灯持续点亮时，就表明系统因故障已退出了工作状态，并将故障情况以故障码形式储存记忆。然而，并非系统中所有的故障都可以由 ECU 检查出来。所以，即使系统的警告灯未持续点亮，但当发现系统的工作不正常时，也需要全面检查防滑系统，彻底查清原因，并及时排除故障。

2. 故障码的读取与清除

大多数具有自诊断功能的防滑控制系统，可以通过跨接其诊断座中的相应端子，根据仪表板上的警告灯或 ECU 上的发光二极管的闪烁情况，来读取故障码，然后从维修手册中查找出故障码所代表的故障情况，也可以利用相应的电脑解码器来直接读取故障码。还有一些防滑系统，只能用电脑解码器来读取故障码，如通用汽车公司在其生产的一些车型上所装备的 ABS Ⅵ系统，就只能用解码器来读取 ECU 中储存的故障码。

不同的防滑控制系统在读取故障码时，其警告灯或发光二极管的闪烁情况和计数方法不尽相同，应从维修手册中查找故障码所代表的故障情况。下面以丰田 TOYOTA 车系为例来说明故障码的读取与清除方法。

丰田车系 ABS 故障码的读取方法一般包括静态和动态两种。所谓静态与前述读取故障码的含义基本相同，而动态则可以更准确的测量轮速传感器的故障码。另外，有些丰田车还有 TRC（即 ASR）系统的故障码。丰田车的车型不同，其故障码的读取方法和步骤也略有差异（应以维修手册为准）。现仅就普遍采用的方法介绍如下：

（1）故障码（普通静态）的读取

接通点火开关，从自诊断插座中拔出连接 A 线（W_A）和 B 线（W_B）的短路插销，如图 16-21a 所示（一般为 1993 年以后生产的车型），或将 ABS 维修插接器插头分开，如图 16-21b（一般为 1993 年前生产的车型，但车型不同，维修插接器位置可能不同）。

找到自诊断插座或驾驶室的 TDCL，用导线跨接其端子 Tc 和 E1（图 16-22），4s 后，ABS 警告灯开始闪烁故障码。正常代码为间隔 0.25s 的连续闪烁。如果有 2 个或 2 个以上故障码，则各故障码间将暂停 2.5s。各故障码按从小到大顺序显示。每次循环后，暂停 4s。

故障码的清除：故障排除后，在点火开关接通、导线跨接 Tc 和 E1、W_A 与 W_B 短接插销拔出（或维修插接器分开）的情况下，3s 内连续快速地踩、放制动踏板 8 次以上，故障码即可清除。用一般方法，即拆除蓄电池负极搭铁线也可清除故障码，但此时ECU存储的其他信息也会一起被清除。

（2）轮速传感器故障码（动态）的读取

关断点火开关，用导线连接图16-22诊断插座中端子Tc与E1；起动发动机使其怠速运转，此时ABS警告灯应闪亮；接着驾驶汽车以90km/h以上的速度行驶，行驶一段时间后缓慢停车；再用导线连接诊断插座中的端子Tc与E1，此时ABS警告灯开始闪烁轮速传感器故障码。

（3）ABS/ASR故障码的读取

接通点火开关，用导线跨接图16-22诊断插座或TDCL。连接器中的端子Tc与E1，仪表板上的TRC警告灯开始闪烁故障码。

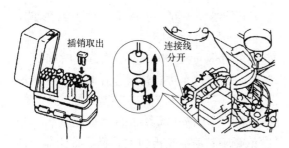

图16-21 W_A、W_B短接插销和维修插接器接头

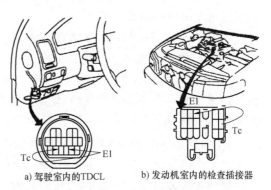

图16-22 诊断插座和诊断通讯插接器（TDCL）

故障码的清除：在点火开关接通、导线跨接Tc和E1的情况下，在3s内连续快速地踩、放制动踏板8次以上，故障码即可清除。

这里要说明，不同车型，其故障码清除的方法也不同，具体操作应参考相应车型的技术手册。

故障诊所

故障：某车行驶里程为27000km。车辆行驶过程中ABS故障灯常亮，用故障诊断仪（ELIT）删除后进行路试，不久ABS故障灯又亮，而且在制动时明显感到ABS不在工作。

排除方法：

（1）故障诊断仪（ELIT）读取故障内容，显示右前车速传感器有故障，而其他有关数据及传感器均正常。确定是右前车速传感器出现故障。

（2）将右前车速传感器拆下，用万用表进行检查。其电路部分一切正常，对连线部分进行检查也正常。

（3）对车速传感器进行外观检查，发现在车速传感器周边有许多铁屑。将铁屑用工具清除干净，并重新安装上传感器。

（4）用故障诊断仪（ELIT）删除故障信息。

（5）对车辆进行路试，并用故障诊断仪（ELIT）进行参数测量，一切恢复正常。

分析认为，是车辆在行驶时，路面上的铁屑被车轮带起，吸附在有磁性的右前车速传感器上，影响了其磁通量的变化，从而导致其工作不正常。

16.5.3 防滑控制系统使用与维护中的注意事项

1) ABS 与常规制动系统是不可分割的。常规制动系统一旦出现问题，ABS 就不能正常工作。因此，要将二者视为一个整体进行维修。当制动系统出现故障时，一般应首先判断出是常规制动系统还是 ABS 的故障，不能只把注意力集中到传感器、电子控制器和压力调节器上。

2) 由于 ABS、ASR 的 ECU 对过电压、静电压非常敏感，为防止损坏，应注意：

① 若点火开关处于接通（ON）位置时，不要拆装系统中的电器元件和线束插头。若要拆装系统中的电器元件和线束插头，应先将点火开关关断。

② 用充电机给汽车上的蓄电池充电时，要从车上拆下蓄电池电缆线后再进行充电，切记不可用充电机起动发动机。

③ 在车上进行电焊时，要戴好静电器（也可以用导线一头缠在手腕上，一头缠在车体上，在拔下 ECU 插接器后再进行焊接。

3) 高温环境容易损坏 ECU。一般 ECU 只能在短时间承受 90℃，或在一定时间（约 2h）内承受 85℃。有的要求 ECU 受热不能超过 82℃。在对汽车进行烤漆作业时，应视情况将 ECU 从车上拆下。

4) 在很多 ABS 或 ASR 中有高压蓄能器，在对这类制动液压系统进行维修之前，切记首先泄压，使蓄能器中的高压制动液完全释放，以免高压制动液喷出伤人。释放蓄能器中的高压制动液的方法是，先将点火开关关断，然后反复踩、放制动踏板（至少 25 次以上），直到制动踏板变得很硬时为止；另外，在制动液系统没有完全装好之前，不能接通点火开关，以免电动泵通电运转泵油。

5) 要求制动液每年更换一次。ABS 推荐使用 DOT3 乙二醇型制动液（有的要求使用 DOT4 型制动液），注意不能选用 DOT5 硅酮型制动液，它对 ABS 有严重损害。DOT3 或 DOT4 制动液吸湿性很强，使用一年后其中含水量会增至 3%。含水分的制动液不仅使沸点降低，制动系统内部产生腐蚀，而且使制动效果明显下降，影响 ABS 的正常工作，因此制动液应及时更换。

另外，对制动液要做到及时检查、补充，一般制动液液面过低时 ABS 会自行关闭。在存储和更换制动液时，要注意保持器皿清洁，不要使灰尘、污物进入制动液装置中。

6) 维修轮速传感器要十分细心。拆卸时不要碰撞和敲击传感头，不要把传感器齿环当作撬面；防止上面沾染油污或其他脏物，必要时，可涂上一层薄薄的防锈油；传感器间隙有的是不可调的，有的是可调的，调整时应用非磁性塞尺或纸片。

7) 在对制动系统进行维修后，或者使用过程中感觉制动踏板变软时，应对制动液压系统的中的空气进行排除。装备 ABS 的制动系统与常规制动系统的空气排除方法一般都有所不同，且不同型式的 ABS，其放气的顺序和程序也可能不同。在进行空气排除时，应按照相应的维护手册所要求的方法和顺序进行，否则浪费工时，制动系统内的空气还放不干净。

8) 应尽量选用汽车生产厂推荐的轮胎，若要换用其他型号的轮胎，应选用与原车所用轮胎的外径、附着性能和转动惯量相近的轮胎，但不能混用不同规格的轮胎，否则会影响 ABS 的控制效果。

9) 大多数 ABS、ASR 中的轮速传感器、电子控制器和压力调节器都是不可修复的，若发生损坏，一般进行整体更换。由于 ABS、ASR 都是针对某种车型专门设计的，一般并不通用，所以要求选用本车型高质量的正宗配件，以确保维修质量。

10）装备 ABS 的汽车，其制动操作方法和没有装备 ABS 的普通制动系统的方法是一样的。但在紧急制动时，不要重复地踩放制动踏板，而只要把脚持续地踩在制动踏板上。ABS 就会自动进入制动状态，不需人工干预。多踩几脚制动踏板，反而会使 ABS ECU 得不到正确信号，导致制动效果不良。对液压制动系统而言，ABS 工作时制动踏板会有些轻微振动，或听到一点噪声，这些都是正常现象，表明 ABS 正在工作，并非故障。

11）故障警告灯亮说明在 ABS、ASR 中有故障。因为某些故障有可能在行驶时才被识别出，因此必须在修理工作结束后进行试车。在试车时，车速不低于 60km/h，行驶时间应超过 30s。

16.6 电控行驶平稳系统（ESP）

重点掌握

1. 电控行驶平稳系统（ESP）由哪几部分组成？
2. 电控行驶平稳系统（ESP）的工作原理是什么？

16.6.1 电控行驶平稳系统的功用与组成

ESP（Electronic Stability Program）意为电子稳定程序。在大众、奥迪、奔驰车型上使用此简称。在其他车型上，相同或相近功用的系统采用了不同的名字，如：Dynamic Stability Control（DSC，BMW 公司）、Vehicle Stability Control（VSC，Toyota 公司）、Vehicle Stability Assist（VSA，Honda 公司），ESP 是一个建立在其他牵引控制系统之上的非独立的主动安全系统。装备 ESP 的车型，将同时具有 ASR（TCS）和 ABS 功能。ABS/ASR 是要防止在车辆加速或制动时出现我们所不期望的纵向滑移，而 ESP 就是要控制横向滑移。它可以在各种工况下处理各种异常情况，减轻驾驶员的精神紧张及身体疲劳。ESP 包含 ABS 及 ASR，是这两种系统功能上的延伸，它能防止车轮在制动时抱死和在启动时打滑，是当前汽车防滑装置的最高级形式。

ESP 系统由控制单元及转向传感器（监测转向盘的转向角度）、车轮传感器（监测各个车轮的速度转动）、侧滑传感器（监测车体绕垂直轴线转动的状态）、横向加速度传感器（监测汽车转弯时的离心力）等组成。通过在汽车上安装的各种传感器，检测到汽车的速度、角速度、转向盘转角以及其他的汽车运动姿态，根据需要可以主动对车轮进行制动，改变汽车的运动状态，使汽车达到最佳的行驶状态和操纵性能，增加了汽车的附着性、控制性和稳定性。

不仅如此，电子稳定程序还能在横向上帮助驾驶者。通过转向角传感器，能够探测出转向盘的转向角度，从而系统能辨别出驾驶者的行驶意图。同样，传感器记录车辆的绕其垂直轴的转动情况以及侧向的加速度。依靠这些数据，控制单元计算车辆的实际行驶情况，并以每秒 25 次的频率与驾驶员的意图比较。如果结果不符合，系统马上进行更正，不需要驾驶员的任何操作。如果这还不够，ESP 还能分别制动各个车轮，尽可能的抵消车辆的侧滑，从而使车辆安全地按照预想的路径行驶。

ESP 具有三大特点：

1) 实时监控：ESP 能够实时监控驾驶者的操控动作、路面反应、汽车运动状态，并不断向发动机和制动系统发出指令。

2) 主动干预：ABS 等安全技术主要是对驾驶者的动作起干预作用，但不能调控发动机。ESP 则可以通过主动调控发动机的转速，并调整每个轮子的驱动力和制动力，来修正汽车的过度转向和转向不足。

3) 事先提醒：当驾驶者操作不当或路面异常时，ESP 会用警告灯警示驾驶者。

有 ESP 的车与只有 ABS 及 ASR 的汽车相比，它们之间的差别在于 ABS 及 ASR 只能被动做出反应，而 ESP 则能够探测和分析车况并纠正驾驶员的错误，防患于未然。

16.6.2 电控行驶平稳系统的基本工作原理

ESP 借助制动防抱死系统和牵引力控制系统对加速度、负加速度等优化控制的原始功能，通过降低发动机转矩和将制动力作用于一个或多个车轮，使转向能力得到改善，并确保汽车稳定性，实现或接近驾驶员的理想行车轨迹。

当出现大侧向加速度和大侧偏角的极限工况下，汽车稳定性控制系统利用左右两侧制动力差产生的力偶矩来防止侧滑现象。从而防止弯道行驶中因前轴侧滑而失去路径跟踪能力的驶出和因后轴侧滑甩尾而失去稳定性等危险工况。

当后轴将出现侧滑时，形成过多转向，在前外轮上施加制动力，产生一个向外侧的横摆力偶矩，即可防止后轴侧滑，如图 16-23a 所示。例如汽车在路滑时左拐过度转向（转弯太急）时会产生向右侧甩尾，传感器感觉到滑动就会迅速制动右前轮使其恢复附着力，产生一种相反的转矩而使汽车保持在原来的车道上。

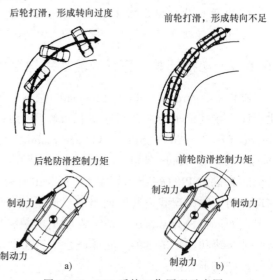

图 16-23　ESP 系统工作原理示意图

当前轴要出现侧滑时，形成转向不足，需要一个适度的向内侧的横摆力偶矩，如图 16-23b 所示，同时还应对汽车施加纵向减速力。若施加较小的制动力，则制动力施加在内后轮上效果最好，当然也可通过制动前内轮或后外轮获得向内侧的横摆力偶矩。若需要获得较大的制动力时，则需要合理地将制动力分配到每个车轮，以求获得恰当的横摆力偶矩和总的制动力，从而提高路径跟踪能力。

16.7　实验实训

安全提示

1. 无论何时，断开输入传感器和输出元件的电线时都要把电线进行标记，以便于重新进行连接。

2. 检测轮速传感器要十分细心。不要碰撞和敲击传感头，防止上面沾染油污或其他脏物，必要时，可涂上一层薄薄的防锈油；传感器间隙有的是不可调的，有的是可调的，调整时应用非磁性塞尺或纸片。

3. 小心不要将制动液弄到车辆的涂漆表面，以免损伤漆面。

ABS 的认识与检测

1. 实验实训目的

1) 了解 ABS 的基本组成、在车上的位置及工作原理。
2) 轮速传感器的检查。

2. 实验实训设备及工量具

1) 典型车辆。
2) 车用万用表、塞尺。

3. 实验实训基本步骤

1) 认识 ABS 的基本组成及在车上的位置（以雷克萨斯 LS400 为例）。

ABS 的基本组成及在车上的位置如图 16-24、图 16-25 所示。

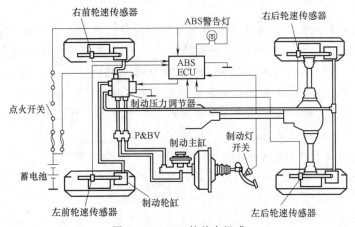

图 16-24　ABS 的基本组成

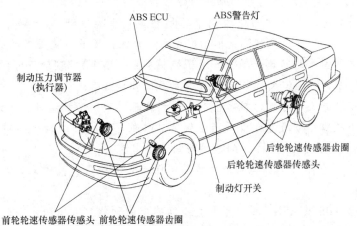

图 16-25　ABS 在车上的位置

2）简单介绍 ABS 的工作原理。

3）轮速传感器的检测

① 传感头与齿圈齿顶端面之间间隙的检查。将齿圈上的一个齿正对着传感器的头部，选择规定厚度的塞尺，放入轮齿与传感头之间，来回拉动塞尺，其阻力应合适，如图 16-26 所示。若阻力较小，说明间隙过大；若阻力较大，说明间隙过小。

② 检查传感器电磁线圈电阻。使点火开关处于 OFF 位置，将 ABS ECU 插接器插头拆下，查出各传感器与电子控制单元连接的相应端子，在相应端子上用万用表电阻档检测传感器线圈电阻值是否正常。

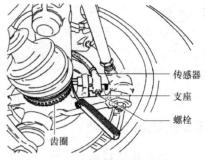

图 16-26 轮速传感器检测

③ 模拟检查。使车轮离开地面，将汽车用万用表测试线接于 ABS ECU 插接器插头的被测传感器对应端子上，用手转动被测车轮（传感器装在差速器上则应挂上前进挡起动发动机低速运转），观察信号电压及其波形是否与车轮转速相当，以及波形是否残缺变形，以判定传感头或齿圈是否脏污或损坏。

项目小结

1. ABS 是防止制动时车轮抱死而滑移；ASR 则是防止驱动车轮原地不动地滑转。

2. 在各种路面上，无论是制动还是驱动，都是当打滑率 S 在某一范围内（$S = 10\% \sim 20\%$ 左右）时，附着效果达到最佳组合，即纵向附着系数大，横向附着系数也足够大。这样，在制动过程中，既可获得最大的地面制动力，又能得到足够大的横向转向力，而使汽车获得转向操纵能力，同时也提高了汽车制动时的方向稳定性；而在驱动控制时，也可使驱动轮获得充足驱动力的同时，又保持车辆行驶的方向稳定性。

3. ABS 中，能够独立进行制动压力调节的制动管路称为控制通道。按照控制通道数目的不同，ABS 分为四通道、三通道、双通道和单通道四种形式。

4. ABS 常见的控制方案有独立控制、一同控制和混合控制。

5. ABS 都是由传感器、电控单元（ECU）、执行器三大部分组成。其中传感器主要是指车轮转速传感器，执行器主要是指制动压力调节器。

6. 在汽车制动时，通过制动压力调节器所形成的制动工况包括常规制动时正常工况（制动无抱死工况）、紧急制动时防止车轮抱死的压力保持工况、减压工况及加压工况四种。

7. ASR 的主要由车轮转速传感器、电子控制单元（ECU）、制动压力调节器，以及发动机副节气门（辅助节气门）执行器与 ASR 制动执行器组成。

8. ASR 的控制方式可分发动机输出功率控制和驱动轮制动控制等。

9. EBD 能够根据由于汽车制动时产生轴荷转移的不同，而自动调节前、后轴的制动力分配比例，提高制动效能，并配合 ABS 提高制动稳定性。

10. 防滑控制系统故障诊断与检测的方法步骤为直观检查、故障自诊断、快速检查、故障指示灯诊断法。

11. ESP 包含 ABS 及 ASR，是这两种系统功能上的延伸，它能防止车轮在制动时抱死和在起动时打滑。

复习思考题

1. 车轮的滑移率指的是什么？车轮与路面间的附着系数随滑移率如何变化？
2. ABS 需将车轮的滑移率控制在什么范围内才能得到最佳的控制效果？
3. ABS 的种类有哪些？各有何特点？
4. ABS 的控制方案有哪几种？目前用得较多的控制方案是怎样的？
5. 制动压力调节器所调节的制动工况包括哪几种？
6. 大多数 ABS 采用哪种控制方法？该方法采用了哪几个控制参数？
7. ABS 的工作特性有哪几点？
8. ASR 具有哪些功能？
9. ASR 警告灯的功能是什么？
10. EBD 的作用是什么？
11. ESP 的作用什么？

项目 17

电子伺服制动系统的构造与原理

 学习目标：

1. 了解电子伺服制动系统的基本组成和功用。
2. 掌握电子伺服系统的主要类型及基本工作原理。

17.1 电子伺服制动系统的认识

重点掌握

1. 什么是电子伺服制动系统？其作用是什么？
2. 电子伺服制动系统可分为哪几种类型？

从汽车诞生时起，车辆制动系统在车辆的安全方面就扮演着至关重要的角色。近年来，随着车辆技术的进步和汽车行驶速度的提高，这种重要性表现得越来越明显。而车辆制动控制系统的发展主要是控制技术的发展。这一方面是扩大控制范围、增加控制功能；另一方面是采用优化控制理论，实施伺服控制和高精度控制。因此汽车制动系统中运用电子控制也越来越多。

17.1.1 电子伺服制动系统的功用

电子伺服制动系统的功能在于可进一步提高汽车制动性能、制动稳定性和舒适性。在电子伺服制动系统中，驾驶员施加的制动踏板力由传感器转换成一个电信号，输送给 ECU，ECU 根据此信号并结合其他数据确定出各个车轮所需的制动力，发出指令给执行器对车轮实施制动。与传统的制动系统相比，电子伺服制动系统具有制动响应时间短、摩擦片磨损轻、装配测试简单迅速、易于升级、利于环保等优点。

17.1.2 电子伺服制动系统的组成与类型

与其他电控系统一样，电子伺服制动系统主要由若干个传感器、电子控制单元（ECU）和执行元件组成。按照其控制方式的不同可分为三种类型：电控液压制动系统（Electro-Hydraulic Brake，EHB）、电子制动系统（Electronic Braking System，EBS）、全电路制动系统（Brake-By-Wire，BBW）。电控伺服制动系统的共同特点是都具有踏板转角与踏板力可按比例调控的电子踏板；具有控制制动力矩与踏板转角相对应的程序控制单元；具有的程序控制单元可基于其他传感器或控制器的输入信号实现主动制动及其他功能。

17.2 电子伺服制动系统的基本工作原理

重点掌握

电控液压制动系统、电子制动控制系统和全电路制动系统各有何特点？

17.2.1 电控液压制动系统（EHB）

电控液压制动系统是将电子与液压系统相结合，由电子系统提供控制，液压系统提供动力。该系统的主要特点是通过传感器建立了运动状态、制动压力的动态监测和危险工况的预警。还增加了制动管路的压力控制和制动准备功能，一旦踩下制动踏板，车辆即以最大的压力、最快的响应实施制动，前后制动压力比会随路况的不同而变化，从而提高弯道制动时的安全性。

其优点在于提高了制动的舒适性，能提前做出响应，而不是像传统的 ABS 在制动后通过信号反馈进行控制；此外，可以实现完全的干式制动，在潮湿的气候或路面条件下，制动盘表面也不会形成水膜，保证了车辆快速响应。

该系统增加了电子踏板、电控单元、阀驱动器及电液制动阀，取消了原有的压力控制阀，保留了原全动力制动系统中的泵、蓄能器充液阀、蓄能器及制动器，如图 17-1 所示。

基本原理：电子踏板将踏板角转换为电子信号，同时输入到电控单元及阀驱动器。

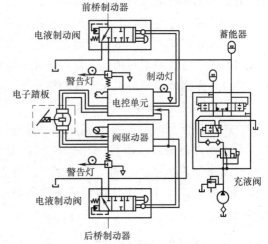

图 17-1 电控液压制动系统

电控单元将控制电流及信号分别输入到前桥电液制动阀和阀驱动器。阀驱动器根据两个输入信号中的较大值产生控制电流输入到后桥电液制动阀。前、后桥电液制动阀根据输入电流调整输出到制动器的压力。

采用电控液压制动系统可将制动阀和液压管路布置于远离驾驶室而更接近于制动器的位置。不但改善了系统性能和操作人员的工作环境，而且减少了管路的消耗并使管路布置更容易；采用电控液压制动系统能够很容易地进行远程操作或增加遥控操作系统而无需采用更多的管路及阀；电液系统能适时监控制动系统的状况，使故障的诊断和排除更容易，提高了机械的安全性；制动信号还能与发动机电子控制器及变速器控制器共享以改进车辆的性能；通过调整控制方案可形成多用途、多形式的制动系统。

电液制动系统能够实现多种控制方案，如防抱死制动、遥控制动及牵引控制制动等。图 17-2 为 MI-CO 公司带有牵引控制的电液制动系统方案。系统在全液压制动系统的基础上，增设了传感器、电液制动阀及电控单元。在电液制动阀中加入单向阀，使得双联制动阀的输

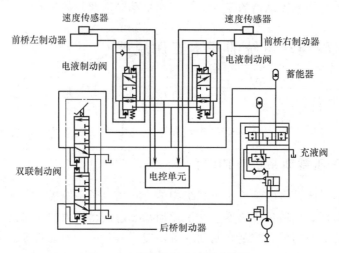

图 17-2　牵引控制电液制动系统

出压力高于电液制动阀和牵引控制系统产生的压力。正常情况下电液制动阀开启，制动压力由制动阀控制，并与踏板上的操纵力成比例关系。安装于轮边的速度传感器将产生的电子脉冲信号输入电控单元。当车轮转动过快时，根据控制规则，电控单元控制发送到每个电液制动阀的电流，电液制动阀调整来自蓄能器的制动器压力。停止车轮的过度转动以改善车辆的牵引力。在车辆地面牵引工况恶劣的情况下，带有牵引控制的全动力制动系统能够帮助操作人员保证车辆具有足够的牵引力。

目前电控液压制动系统的实施仍面临一些问题，如控制系统失效处理及抗干扰处理等。电液制动控制系统需要一个保证制动安全的监控系统，无论哪个电控元件失效，都应立即发出警告信息。轮式工程机械在工作过程中存在各种干扰信号，需要良好的抗干扰控制系统以消除这些干扰信号造成的影响。如果此类问题解决不好会使系统结构复杂，成本增高。

17.2.2　电子制动系统（EBS）

传统的汽车制动系统管路长，阀类元件多。对于长轴距汽车或多轴汽车或汽车列车来说，气体传输路线长，速度慢，常产生制动滞后现象，导致制动距离增大，安全性能降低，而且制动系统的成本也比较高。如果将制动系统的许多阀省去，制动管路以电线代替，用电控元件来控制制动力的大小和各轴制动力的分配，便是汽车的电子制动系统 EBS。ABS 的制动系统可以沿用传统的阀类控制元件，而 EBS 则是完全的电控制动系统。EBS 可以实现 ABS 的功能，只需在 EBS 的控制器里设计相应的防抱死程序就行了。汽车制动系统的电子化，还容易与其他电控系统结合在一起，如汽车发动机燃油和点火的控制、主动或半主动悬架、自动换挡和防碰撞系统的控制等，为汽车实现电子化提供了良好条件。此外，EBS 还具有监控作用。在汽车起步、匀速或加（减）速过程中，电子控制器还可监视各车轮的速度或加速度，一旦发现某一车轮有打滑趋势，便可对打滑车轮实现部分制动，使其他车轮获得更大的驱动力矩，以便顺利起步或加速。同时 EBS 还容易实现系统的故障自动诊断，随时将制动系统的故障通过警告系统报告驾驶员，以便及时进行修复，从而保证行车安全。

17.2.3 全电路制动系统（BBW）

一种完全无油液、完全的电路制动系统（BBW）不同于传统的制动系统，因为其传递的是电，而不是液压油或压缩空气，可以省略许多管路和传感器，缩短制动反应时间。全电制动系统的结构如图 17-3 所示。其主要包含如下部分：

1）电制动器。其结构和液压制动器基本类似，有盘式和鼓式两种，作动器是电动机。

2）电制动控制单元（ECU）。接收制动踏板发出的信号，控制制动器制动；接收驻车制动信号，控制驻车制动；接收车轮传感器信号，识别车轮是否抱死、打滑等，控制车轮制动力，实现防抱死和驱动防滑。因未来的车辆，各种控制系统如卫星定位、导航系统，自动变速系统，无级转向系统，悬架系统等的控制系统与制动控制系统高度集成，所以 ECU 还得兼顾这些系统的控制。

3）轮速传感器。准确、可靠、及时地获得车轮的速度。

4）线束。给系统传递能源和电控制信号。

5）电源。为整个电制动系统提供能源，与其他系统共用。可以是各种电源，也包括再生能源。

从结构上就可以看出这种全电路制动系统具有其他传统制动控制系统无法比拟的优点：

1）整个制动系统结构简单，省去了传统制动系统中的制动油箱、制动主缸、助力装置、液压阀、复杂的管路系统等部件，使整车质量降低。

2）制动响应时间短，提高制动性能。

3）无制动液，维护简单。

4）系统总成制造、装配、测试简单快捷，制动分总成为模块化结构。

5）采用电线连接，系统耐久性能良好。

6）易于改进，稍加改进就可以增加各种电控制功能。

全电制动控制系统是一个全新的系统，给制动控制系统带来了巨大的变革，为将来的车辆智能控制提供条件。但是，要想全面推广，还有不少问题需要解决：

1）驱动能源问题。采用全电路制动控制系统，需要较多的能源，一个盘式制动器大约需要 1kW 的驱动能量。目前车辆 12V 电力系统提供不了这么大的能量，因此，将来车辆动力系统采用高压电，加大能源供应，可以满足制动能量要求，同时需要解决高电压带来的安全问题。

2）控制系统失效处理。全电制动控制系统面临的一个难题是制动失效的处理。因为不存在独立的主动备用制动系统，因此需要一个备用系统保证制动安全，不论是 ECU 元件失效，传感器失效还是制动器本身、线束失效，都能保证制动的基本性能。但绝不是回到传统制动控制的老路上去。实现全电制动控制的一个关键技术是系统失效时的信息交流协议，如 TTP/C。系统一旦出现故障，立即发出信息，确保信息传递符合法规最适合的方法是多重通道分时区（TDMA），它可以保证不出现不可预测的信息滞后。TTP/C 协议是根据 TDMA 制定的。

3）抗干扰处理。车辆在运行过程中会有各种干扰信号，如何消除这些干扰信号造成的影响，目前存在多种抗干扰控制系统，基本上分为两种：对称式和非对称式抗干扰控制系统。对称式抗干扰控制系统是用两个相同的 CPU 和同样的计算程序处理制动信号。非对称式抗干扰控制系统是用两个不同的 CPU 和不一样的计算程序处理制动信号。两种方法各有优缺点。另外，电制动控制系统的软件和硬件如何实现部件化，以适应不同种类的车型需要；如何实现底盘的部件化，是一个重要的难题。只有将制动、转向、悬架、导航等系统综合考虑进来，从算法上部件化，建立数据总线系统，才能以最低的成本获得最好的控制系统。

电制动控制系统首先用在混合动力制动系统车辆上，采用液压制动和电制动两种制动系统。这种混合制动系统是全电制动系统的过渡方案。由于两套制动系统共存，使结构复杂，成本偏高。

随着未来技术的进步，上述的各种问题会逐步得到解决，全电制动控制系统会真正代替传统的以液压为主的制动控制系统。图 17-4 是这种全电制动控制系统的配置方案。

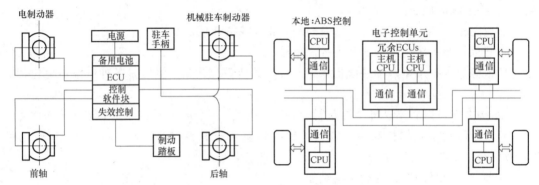

图 17-3 全电制动系统的结构　　　　图 17-4 全电制动控制系统的配置方案

综上所述，现代汽车制动控制技术正朝着电子制动控制方向发展。全电制动控制因其巨大的优越性，将取代传统的以液压为主的传统制动控制系统而占据下一代制动控制系统统治地位。同时，随着其他汽车电子技术特别是超大规模集成电路的发展，电子元件的成本及尺寸不断下降。汽车电子制动控制系统将于其他汽车电子系统如汽车电子悬架系统、汽车主动式方向摆动稳定系统、电子导航系统、无人驾驶系统等融合在一起成为综合的汽车电子控制系统，未来的汽车中就不存在孤立的制动控制系统，各种控制单元集中在一个 ECU 中，并将逐渐代替常规的控制系统，实现车辆控制的智能化。但是，汽车制动控制技术的发展受整个汽车工业发展的制约。有一个现有及潜在的巨大的汽车市场的吸引，各种先进的电子技术、生物技术、信息技术以及各种智能技术才会陆续应用到汽车制动控制系统中来。

项 目 小 结

1. 电子伺服制动系统的功能在于可进一步提高汽车制动性能、制动稳定性和舒适性。
2. 电子伺服制动系统可分为电控液压制动系统（Electro-hydraulic Brake，EHB）、电子制动系统（Electronic Braking System，EBS）、全电路制动系统（Brake-By-Wire，BBW）三类。
3. 电控液压制动系统（EHB）是将电子与液压系统相结合，由电子系统提供控制，液压系统提供动力。
4. 电子制动系统 EBS 是将制动系的许多阀省去，以电线代替制动管路，用电控元件来控制制动力的大小和各轴制动力的分配。

5. 全电路制动系统（BBW）与传统的制动系统，因为其传递的是电，而不是液压油或压缩空气，可以省略许多管路和传感器，缩短制动反应时间。

复习思考题

1. 电子伺服制动系统的功用是什么？
2. 电控液压制动系统的组成特点有哪些？
3. 电子制动控制系统的特点有哪些？
4. 全电路制动系统主要由哪几部分组成？目前应用主要受哪些条件的制约？

参 考 文 献

［1］　王庆和. 汽车底盘构造与检修［M］. 长春：吉林大学出版社，2016.
［2］　刘智婷. 汽车底盘故障维修［M］. 北京：机械工业出版社，2012.
［3］　曹永军. 汽车构造［M］. 长春：吉林大学出版社，2017.
［4］　张芳玲. 汽车底盘构造与维修［M］. 哈尔滨：哈尔滨工业大学出版社，2013.
［5］　骆孟波，骆颖哲，黄昭明. 汽车底盘电控系统检修［M］. 哈尔滨：哈尔滨工业大学出版社，2019.
［6］　许炳照. 汽车底盘电控系统检修［M］. 北京：人民交通出版社，2017.
［7］　王正旭. 汽车自动变速器构造与检修［M］. 北京：人民交通出版社，2012.
［8］　沈锦. 汽车底盘技术与维修［M］. 北京：机械工业出版社，2017.
［9］　黄华，王文涛. 汽车底盘机械系统构造与检修［M］. 镇江：江苏大学出版社，2019.